COLLECTION LECOFFRE

LES

GRANDS FAITS

DE

L'HISTOIRE DE FRANCE

RACONTÉS PAR LES CONTEMPORAINS

CHOIX DE LECTURES

EXTRAITES DES DOCUMENTS ORIGINAUX ET ANNOTÉES

PAR

L. DUSSIEUX

Professeur honoraire à l'École militaire de Saint-Cyr
Chevalier de la Légion d'honneur, Officier de l'Instruction publique

TOME TROISIÈME

Depuis Louis XI jusqu'à la Ligue

LECOFFRE FILS ET Cie, ÉDITEURS

PARIS | LYON
90, RUE BONAPARTE | RUE BELLECOUR, 2

LES
GRANDS FAITS
DE
L'HISTOIRE DE FRANCE

VERSAILLES

CERF ET FILS, IMPRIMEURS

RUE DUPLESSIS, 59

LES
GRANDS FAITS

DE

L'HISTOIRE DE FRANCE

RACONTÉS PAR LES CONTEMPORAINS

CHOIX DE LECTURES

EXTRAITES DES DOCUMENTS ORIGINAUX ET ANNOTÉES

PAR

L. DUSSIEUX

Professeur honoraire à l'École militaire de Saint-Cyr
Chevalier de la Légion d'honneur, Officier de l'Instruction publique

TOME TROISIÈME

Depuis Louis XI jusqu'à la Ligue

LIBRAIRIE LECOFFRE FILS ET CIE

PARIS | LYON
90, RUE BONAPARTE | RUE BELLECOUR, 2

1879

LES
GRANDS FAITS
DE
L'HISTOIRE DE FRANCE

LOUIS XI A PÉRONNE.

1468.

Philippe de Comines.

Philippe de Comines naquit à Comines, près de Lille, en 1445 et mourut en 1511. Il servit d'abord Charles-le-Téméraire, duc de Bourgogne, et passa au service de Louis XI en 1472. Comines est un des meilleurs écrivains de notre ancienne littérature.

Vous avez entendu par quelle manière avoit été conclu que le roy viendroit à Péronne[1]. Ainsi le fit, et n'amena

---

[1] Voici le texte du sauf-conduit donné par Charles-le-Téméraire à Louis XI :

Monseigneur, très-humblement en votre bonne grâce je me recommande ; monseigneur, si votre plaisir est venir en cette ville de Péronne pour nous entrevoir, je vous jure et promets par ma foi et sur mon honneur, que vous y pouvez venir, demeurer et séjourner, et vous en retourner sûrement ès lieux de Chauny et de Noyon à votre bon plaisir, toutes les fois qu'il vous plaira, franchement et quittement (entièrement), sans qu'aucun empêchement de ce faire soit donné à vous, ni nuls de vos gens, par moi ni par autres, pour quelque cas qui soit ou qui puisse advenir. En témoin (témoignage) de ce, j'ai écrit et signé cette cédule de ma main, en la ville de Péronne, le 8ᵉ jour d'octobre, l'an 1468.

Votre très-humble et très-obéissant sujet,.
                                                    CHARLES.

nulle garde : mais voulut venir de tous points à la garde et sûreté du duc de Bourgogne, et voulut que monseigneur des Cordes [1] lui vînt au devant [avec] les archers dudit duc pour le conduire. Ainsi fut fait. Peu de gens vinrent avec lui : toutesfois il y vint de grands personnages, comme le duc de Bourbon, son frère le cardinal de Bourbon, le comte de Saint-Pol, connétable de France, qui en rien ne s'étoit mêlé de cette vue (a); mais lui en déplaisoit : car pour lors le cœur lui était cru (b), et ne se trouvoit pas humble envers ledit duc comme autrefois ; et pour cette cause n'y avoit nul amour entre les deux. Aussi y vint le cardinal de la Balue, le gouverneur de Roussillon [2] et plusieurs autres. Comme le roy approcha de la ville de Péronne, ledit duc lui alla au devant, bien fort accompagné, et le mena en la ville, et le logea chez le receveur, qui avoit belle maison, et près du château, car le logis du château ne valoit rien et y en avoit peu.

La guerre entre deux grands princes est bien aisée à commencer, mais très-mal aisée à apaiser, pour (c) les choses qui y adviennent et qui en dépendent. Car maintes diligences se font de chaque côté pour grever son ennemi, qui si soudainement ne se peuvent rappeler (d), comme il se vit par ces deux princes, qui avoient entrepris cette vue si soudain, sans avertir leurs gens qui étoient au loin, lesquels des deux côtés accomplissoient les charges que leurs maîtres leur avoient baillées. Le duc de Bourgogne avoit mandé l'armée de Bourgogne, où avoit grand' noblesse, et avec eux venoient monseigneur de Bresse [3], l'évêque de Genève, le comte de Romont, tous frères, enfans de la maison de Savoie (car

[1] Philippe de Crèvecœur, un des principaux officiers du Téméraire.
[2] Tanneguy du Châtel.
[3] Philippe de Savoie.

(a) Entrevue. C'était en effet le cardinal de la Balue qui avait machiné le piége où tombait le roi. — (b) Augmenté. — (c) A cause de. — (d) Empêcher, décommander assez vite.

Savoisiens et Bourguignons de tout temps s'entraimoient très-fort), et aussi aucuns Allemands (qui confinent tant en Savoie qu'en la comté de Bourgogne[1]) étoient en cette bande. Or faut entendre que le roy avoit autrefois tenu ledit seigneur de Bresse en prison[2], à cause de deux chevaliers qu'il avoit fait tuer en Savoie, par quoi n'y avoit pas grand amour entre eux deux.

En cette compagnie étoient encore monseigneur du Lau (que le roy semblablement avoit longtemps tenu prisonnier, et puis s'étoit échappé de la prison et retiré en Bourgogne) et messire Poncet de Rivière et le seigneur d'Urfé, depuis grand-écuyer de France. Et toute cette bande, dont j'ai parlé, arriva auprès de Péronne comme le roy y entroit : et entra ledit de Bresse, et les trois dont j'ai parlé, en la ville de Péronne, portant la croix Saint-André, et cuidoient (a) venir à temps pour accompagner le duc de Bourgogne quand il iroit au devant du roy, mais ils vinrent un peu trop tard. Ils entrèrent tout droit en la chambre du duc, lui faire la révérence, et porta monseigneur de Bresse la parole, suppliant au duc que les trois dessus nommés vinssent là en sa sûreté, nonobstant la venue du roy, ainsi comme il leur avoit été accordé en Bourgogne et promis à l'heure qu'ils y arrivèrent; et aussi qu'ils étoient prêts à le servir envers tous et contre tous. Laquelle requête ledit duc leur octroya de bouche et les remercia. Le demeurant de cette armée qu'avoit conduite le maréchal de Bourgogne, se logea aux champs, comme il fut ordonné. Ledit maréchal ne vouloit point moins de mal au roy que les autres dont j'ai parlé, à cause de la ville d'Épinal, assise en Lorraine, qu'il avoit autrefois donnée audit maréchal, et puis la lui ôta pour la donner au duc Jean de Calabre.

[1] Franche-Comté.
[2] Du consentement de son père.

(a) Croyaient.

Tôt fut le roy averti de l'arrivée de tous ces gens dessus nommés, et des habillements (a) en quoi étoient arrivés; si entra en grande peur et envoya prier au duc de Bourgogne qu'il pût loger au château, et que tous ceux-là qui étoient venus étoient ses malveillans (b). Ledit duc en fut très-joyeux[1], et lui fit faire son logis, et l'assura fort de n'avoir nul doute (c).

Or vous avez ouï de l'arrivée de cette armée de Bourgogne, laquelle fut à Péronne presque aussitôt que le roy (car ledit duc ne les eût su contraindre ni contremander à temps), car jà bien avant étoient en campagne, quand la venue du roy se traitoit, et troublèrent assez la fête par les suspicions qui advinrent après. Toutesfois ces deux princes commirent de leurs gens à être ensemble et traiter de leurs affaires le plus amiablement que faire se pourroit; et comme ils étoient bien avant en besogne, et jà y avoient été par trois ou quatre jours, survinrent de très grandes nouvelles et affaires de Liége, que je vous dirai.

Le roy en venant à Péronne ne s'étoit point avisé qu'il avoit envoyé deux ambassadeurs à Liége, pour les[2] solliciter contre ledit duc, et néanmoins lesdits ambassadeurs avoient si bien diligenté, qu'ils avoient jà fait un grand amas (d), et vinrent d'emblée les Liégeois prendre la ville de Tongres où étoient l'évêque de Liége et le seigneur d'Hymbercourt bien accompagné, jusques à 2000 hommes et plus; et prirent ledit évêque et ledit d'Hymbercourt, tuèrent peu de gens, et n'en prirent nuls que ces deux et aucuns particuliers de l'évêque. Les autres s'enfuirent, laissant tout ce qu'ils avoient, comme gens déconfits. Après cela lesdits Liégeois se

---

[1] En effet, le roi se mettait lui-même en cage; il allait être enfermé dans le château où le comte de Vermandois, Herbert II, avait enfermé et fait périr le roi Charles-le-Simple, en 929.

[2] Les Liégeois.

(a) Équipages de guerre. — (b) Ennemis. — (c) Nulle crainte. — (d) Rassemblement.

mirent en chemin vers la cité de Liége, assise assez près de ladite ville de Tongres. En chemin composa ledit seigneur d'Hymbercourt avec un chevalier, appelé messire Guillaume de Vilde[1], autrement dit en françois le Sauvage. Cedit chevalier sauva le dit d'Hymbercourt, craignant que ce peuple fol ne le tuât, et retint sa foi, qu'il ne tarda guères, car peu après il fut tué lui-même. Ce peuple étoit fort joyeux de la prise de leur évêque, le seigneur de Liége[2]. Ils avoient en haine plusieurs chanoines qu'ils avoient pris ce jour, et, à la première repue (a), en tuèrent cinq ou six. Entre les autres y en avoit un, appelé maître Robert, fort privé dudit évêque, que plusieurs fois j'avois vu armé de toutes pièces après son maître, car telle est l'usance des prélats d'Allemagne. Ils tuèrent ledit maître Robert, présent ledit évêque, et en firent plusieurs pièces, qu'ils se jetoient à la tête l'un de l'autre, par grande dérision.

Avant qu'ils eussent fait sept ou huit lieues qu'ils avoient à faire, ils tuèrent jusques à seize personnes, chanoines ou autres gens de bien, quasi tous serviteurs dudit évêque. Les fuyans, dont j'ai parlé, effrayoient fort tout le quartier par où ils passoient, et vinrent tôt ces nouvelles au duc. Les uns disoient que tout étoit mort, les autres le contraire. De telles matières ne vient point volontiers un message seul : mais en vinrent aucuns, qui avoient vu habiller (b) ces chanoines, qui cuidoient que ledit évêque fût de ce nombre, et ledit seigneur d'Hymbercourt, et que tout le demeurant fût mort, et certifioient avoir vu les ambassadeurs du roy en cette compagnie, et les nommoient. Et fut conté tout ceci audit duc, qui soudainement y ajouta foi, et entra en une grande colère, disant que le roy étoit venu là pour le

---

[1] Il était prévôt de la ville de Liége.
[2] L'évêque de Liége était à la fois évêque et prince souverain de Liége. L'évêque était alors Louis de Bourbon.

(a) Repas. — (b) Tuer et couper en morceaux.

tromper; et soudainement envoya fermer les portes de la ville et du château, et fit semer une assez mauvaise raison, c'étoit qu'on le faisoit pour une boëte qui étoit perdue, où il y avoit de bonnes bagues (*a*) et de l'argent. Le roy, qui se vit enfermé en ce château (qui est petit) et force archers à la porte, n'étoit point sans doute, et se voyoit logé rasibus (*b*) d'une grosse tour, où un comte de Vermandois fit mourir un sien prédécesseur roy de France. Pour lors, j'étois encore avec ledit duc et le servois de chambellan, et couchois en sa chambre quand je voulois; car tel étoit l'usance de cette maison.

Ledit duc, quand il vit les portes fermées, fit saillir (*c*) les gens de sa chambre et dit à aucuns que nous étions, que le roy étoit venu là pour le trahir, et qu'il avoit dissimulé ladite venue de toute sa puissance, et qu'elle s'étoit faite contre son vouloir : et va conter ses nouvelles de Liége, et comme le roy l'avoit fait conduire par ses ambassadeurs, et comme tous ses gens avoient été tués. Et étoit terriblement ému contre le roy, et le menaçoit fort; et crois véritablement que, si à cette heure là il eût trouvé ceux à qui il s'adressoit prêts à le conforter (*d*) ou conseiller de faire au roy une mauvaise compagnie (*e*), il eût été ainsi fait; et pour le moins eût été mis en cette grosse tour. Avec moi n'y avoit à ces paroles que deux valets de chambre, l'un appelé Charles de Visen, natif de Dijon, homme honnête et qui avoit grand crédit avec son maître. Nous n'aigrîmes rien, nous adoucîmes à notre pouvoir. Tôt après tint aucunes de ces paroles à plusieurs, et coururent par toute la ville jusques en la chambre où étoit le roy, lequel fut fort effrayé; et si étoit généralement chacun, voyant grande apparence de mal, et regardant quantes choses (*f*) y a à considérer pour pacifier un différend, quand il est commencé entre de si grands prin-

(*a*) Anneaux. — (*b*) Tout près. — (*c*) Sortir. — (*d*) Encourager. — (*e*) Un mauvais parti. — (*f*) Combien de choses, quelles choses importantes.

ces, et les erreurs qu'ils firent tous deux de n'avertir leurs serviteurs qui étoient loin d'eux, empêchés pour leurs affaires, et ce qui soudainement en cuida advenir.

Les portes de Péronne ainsi fermées et gardées par ceux qui y étoient commis, furent ainsi deux ou trois jours : et ce pendant ledit duc de Bourgogne ne vit point le roy, ni n'entroit des gens du roy au château, que peu et par le guichet de la porte. Nuls des gens dudit seigneur ne furent ôtés d'auprès de lui, mais peu ou nuls de ceux du duc alloient parler à lui, ni en sa chambre, au moins de ceux qui avoient aucune autorité avec lui. Le premier jour, ce fut tout effroi et murmure par la ville. Le second jour, ledit duc fut un peu refroidi ; il tint conseil la plupart du jour et partie de la nuit. Le roy faisoit parler à tous ceux qu'il pouvoit penser qui lui pourroient aider, et ne falloit (a) pas à promettre ; et ordonna distribuer 15,000 écus d'or ; mais celui qui en eut la charge en retint une partie et s'en acquitta mal, comme le roy sut depuis. Le roy craignoit fort ceux qui autrefois l'avoient servi, lesquels étoient venus avec cette armée de Bourgogne dont j'ai parlé, qui jà se disoient au duc de Normandie, son frère. A ce conseil dont j'ai parlé, y eut plusieurs opinions. La plupart disoient que la sûreté qu'avoit le roy lui fût gardée, vu qu'il accordoit assez la paix en la forme qu'elle avoit été couchée par écrit ; autres vouloient sa prise rondement, sans cérémonie. Aucuns autres disoient qu'à diligence on fît venir monseigneur de Normandie, son frère, et qu'on fît une paix bien avantageuse pour tous les princes[1] de France. Et sembloit bien à ceux qui faisoient cette ouverture, que si elle s'accordoit, le roy seroit restreint (b) et qu'on lui bailleroit gardes, et qu'un si grand seigneur pris, ne se délivre jamais, ou à

[1] Grands seigneurs féodaux.

(a) Faisait pas faute de. — (b) Resserré, limité, enfermé.

peine (a), quand on lui a fait si grande offense. Et furent les choses si près, que je vis un homme houssé (b) et prêt à partir, qui jà avoit plusieurs lettres adressées à monseigneur de Normandie, étant en Bretagne, et n'attendoit que les lettres du duc : toutesfois ceci fut rompu. Le roy fit faire des ouvertures, et offrir de bailler en otages le duc de Bourbon et le cardinal son frère, le connétable et plusieurs autres, et qu'après la paix conclue, il pût retourner jusques à Compiègne, et qu'incontinent il feroit que les Liégeois répareroient tout, ou se déclareroit contre eux. Ceux que le roy nommoit pour être otages, s'offroient fort, au moins en public. Je ne sais s'ils disoient ainsi à part, je me doute que non. Et à la vérité, je crois qu'il les y eût laissés et qu'il ne fût pas revenu.

Cette nuit, qui fut la tierce, ledit duc ne se dépouilla oncques, seulement se coucha par deux ou trois fois sur son lit, et puis se pourmenoit (car telle étoit sa façon, quand il étoit troublé). Je couchai cette nuit en sa chambre, et me pourmenai avec lui par plusieurs fois. Sur le matin se trouva en plus grande colère que jamais, en usant de menaces, et prêt à exécuter grand'chose. Toutesfois, il se réduisit, en sorte que si le roy juroit la paix et vouloit aller avec lui à Liége, pour lui aider à venger monseigneur de Liége, qui étoit son proche parent, il se contenteroit : et soudainement partit pour aller en la chambre du roy, et lui porter ces paroles. Le roy eut quelque ami [1] qui l'en avertit, l'assurant de n'avoir nul mal s'il accordoit ces deux points, mais que en faisant le contraire, il se mettoit en si grand péril, que nul plus grand ne lui pourroit advenir.

---

[1] Cet ami est bien probablement Philippe de Comines lui-même, qu'il avait déjà gagné à sa cause, et qui passa tout à fait à son service en 1472.

(a) Ne se délivre qu'au détriment de ceux qui l'ont pris et délivré. — (b) Qui avait mis ses houseaux, ses bottes.

Comme le duc arriva en sa présence, la voix lui trembloit, tant il étoit ému et prêt de se courroucer. Il fit humble contenance de corps, mais sa geste et parole étoient âpres, demandant au roy s'il vouloit tenir le traité de paix qui avoit été écrit et accordé ; et si ainsi le vouloit jurer ; et le roy lui répondit que oui. A la vérité il n'y avoit rien été renouvelé de ce qui avoit été fait devant Paris, touchant le duc de Bourgogne, ou peu du moins : et touchant le duc de Normandie[1], lui étoit amendé beaucoup[2] ; car il étoit dit qu'il renonceroit à la duché de Normandie, et auroit Champagne et Brie pour son partage[3]. Après, lui demanda ledit duc s'il ne vouloit point venir avec lui à Liége, pour aider à revancher la trahison que les Liégeois lui avoient faite, à cause de lui et de sa venue ; et aussi il lui dit la prochaineté du lignage qui étoit entre le roy et l'évêque de Liége, car il étoit de la maison de Bourbon. A ces paroles le roy répondit que oui[4], mais que la paix fût jurée (ce qu'il désiroit), qu'il étoit content d'aller avec lui à Liége, et d'y mener des gens, en si petit ou si grand nombre que bon lui sembleroit.

Ces paroles éjouirent fort ledit duc, et incontinent fut apporté ledit traité de paix[5] : et fut tirée des coffres du roy la vraie croix, que saint Charlemagne portoit, qui s'appelle la *Croix de Victoire*, et jurèrent la paix, et tantôt furent sonnées les cloches par la ville ; et tout le monde fut fort éjoui. Autresfois a plu au roy me faire

---

[1] Le frère du roi.
[2] Ledit traité était très-modifié.
[3] Le frère de Louis XI, toujours en révolte ou en complot contre le roi, devenant le comte de Champagne, son apanage réunissait la Bourgogne aux Pays-Bas, et donnait ainsi au Téméraire une puissance encore plus redoutable.
[4] Louis XI sauvait ainsi sa vie, mais perdait son honneur. Quand les Pays-Bas furent sur le point de devenir province française, à la mort de Charles-le-Téméraire, personne n'avait oublié la honteuse conduite de Louis XI dans l'affaire de Liége, et personne ne voulut tomber sous une pareille domination.
[5] Le traité de Péronne.

cet honneur de dire que j'avois bien servi à cette pacification. Incontinent écrivit ledit duc en Bretagne[1] ces nouvelles, et envoya le double du traité.

LETTRES DE LOUIS XI AU COMTE DE DAMMARTIN

GRAND MAITRE DE FRANCE

ÉCRITES PENDANT SON SÉJOUR A PÉRONNE.

1468.

I

Monsieur le grand-maître, vous pouvez avoir su que depuis aucuns temps en çà, certaines paroles ont été tenues entre mes gens et ceux du conseil de mon beau-frère de Bourgogne, pour affaires qui étoient entre moi et lui, et tellement a été procédé que pour y prendre une bonne conclusion, je suis venu jusques en cette ville de Péronne, auquel lieu, après plusieurs demandes qui ont été faites entre moi et lui, avons tellement besogné, qu'aujourd'hui, grâces à Notre-Seigneur, moi et mondit frère avons ès mains du cardinal d'Angers[2], présens tous les seigneurs du sang, prélats et autres grands et notables personnages, en grand nombre, tant de ma compagnie, comme de la sienne, juré paix finable solennellement sur la vraie croix, et promis aider, défendre et secourir l'un l'autre à jamais; et avec ce, avons juré ès mains, et sur la croix susdite, le traité d'Arras, sur les censures et contraintes en icelui contenues et autres, qui cordialement ont été advisées

---

[1] Dont le duc était l'allié du Téméraire et avait auprès de lui le frère du roi.
[2] Le cardinal Jean de la Balue, évêque d'Angers.

pour perdurablement demeurer confédérés en paix et en amitié. Incontinent ce fait, mondit frère de Bourgogne a ordonné en rendre grâces et louanges à Dieu, par les églises de son pays, et déjà il fait faire en cette ville grande solennité. Et pour ce que mondit frère de Bourgogne a eu nouvelles que les Liégeois ont pris mon cousin de Liége, lequel il est délibéré de recouvrer par toutes manières à lui possibles, il m'a supplié et requis, qu'en faveur de lui, et aussi que ledit évêque est mon prochain parent, lequel je suis en son bon droit tenu de secourir, que mon plaisir fût aller jusques ès marches du Liège (a), qui sont proches d'ici, ce que je lui ai octroyé, et ai mené en ma compagnie, partie des gens de mon ordonnance, dont M. le connétable a la charge, en espérance de brief retourner (b), moyennant l'aide de Dieu. Et pour ce que ces choses sont au bien de moi et de tous mes sujets, je vous écris présentement, pour ce que je suis certain que de ce serez bien joyeux, et afin qu'en fassiez faire pareilles solennités. D'autre part, monsieur le grand-maître, ainsi que dernièrement vous ai écrit, je vous prie que plus diligemment que pourrez, vous faites départir (c) tout mon arrière-ban, ensemble tous les francs-archers, et que y mettiez tel ordre et provision qu'ils s'en puissent aller au moins de charge et foule du peuple que faire se pourra ; et leur bailliez gens de bien pour la conduite d'eux, par chacun bailliage et sénéchaussée ; et surtout gardez bien qu'ils ne fassent nulles nouvelletés (d). Et ce fait, si vous voulez venir à Rouen [1], je le voudrois bien, afin d'ordonner et pourvoir au surplus de ce qui sera à faire, selon que les matières seront disposées. Donné à Péronne le 9 octobre.

LOYS.

[1] Capitale du duc de Normandie, frère du roi.

(a) Frontières du pays de Liége. — (b) Revenir promptement. — (c) Renvoyer chez eux. — (d) Troubles dans la possession de quelque chose, querelles.

Dammartin se garda d'obéir aux ordres qu'il recevait ; au lieu de renvoyer l'armée, gens d'armes et francs-archers dans leurs foyers, il maintint l'armée sur pied. Il avait bien compris ce que voulait dire la lettre du roi, chef-d'œuvre d'astuce et d'hypocrisie qui avait pu tromper le Téméraire, mais dont le sens exact ne pouvait échapper à Dammartin. Aussi, pendant la marche sur Liége, le duc de Bourgogne fit écrire par Louis XI une nouvelle lettre à Dammartin, afin que celui-ci se décidât à obéir, c'est-à-dire à licencier l'armée.

II

Monsieur le grand-maître, j'ai reçu les lettres que par le sire du Bouchage[1] m'avez écrites. Tenez-vous sûr (a) que je ne vais en ce voyage du Liége par contrainte nulle, et que je n'allai oncques de si bon cœur en voyage, comme je fais en cettui-ci. Et puisque Dieu m'a fait grâce, et Notre-Dame, que je me suis armé avec Monsieur de Bourgogne, tenez-vous sûr que jamais nos brouilleurs de par de-là ne le sauroient faire armer contre moi. Monsieur le grand-maître, mon ami, vous m'avez bien montré que m'aimez, et m'avez fait le plus grand service que pourriez faire ; car les gens de Monsieur de Bourgogne eussent cuidé que je les eusse voulu tromper, et ceux de par de-là eussent cuidé que j'eusse été prisonnier ; ainsi par défiance les uns des autres, j'étois perdu. Monsieur le grand-maître, touchant les logis de vos gens d'armes, vous savez que nous devisâmes, vous et moi, touchant le fait d'Armagnac, et me semble que vous deviez envoyer vos gens tirer tout droit en ce pays-là. Je vous baillerai trois ou quatre, ou cinq capitaines dès que je serai hors d'ici ; et pour ce choisissez lesquels que vous voudrez, et je vous les envoierai. Monsieur le grand-maître, je vous prie, venez-vous-en à Laon, et m'attendez-là, et m'en-

[1] L'un des principaux favoris de Louis XI.

(a) Certain.

voyez un homme incontinent que vous y serez, et je vous ferai savoir souvent de nos nouvelles, et tenez-vous sur que si le Liége étoit mis en subjection, que dès le lendemain je m'en irois; car Monsieur de Bourgogne est délibéré (a) me presser de m'en partir [1] incontinent qu'il aura fait au Liége, et désire plus mon retour de par de-là que je ne fais. François du Mas vous dira la bonne chère (b) que nous faisons, et adieu Monsieur le grand-maître. Ecrit à Namur le 22 d'octobre.

Loys.

« Après la lecture de ces lettres, le grand-maître dit à Nicolas Boisseau, de la maison du duc de Bourgogne, qui avoit accompagné ledit du Mas, qu'il s'étonnoit du mauvais procédé de son maître, qui trahissoit le roy, à qui il avoit tant d'obligation, et lui dit que ledit duc se tînt assuré que si le roy son seigneur ne venoit bientôt, que tous ceux du royaume avoient délibéré de lui jouer en ses pays un tel et semblable jeu qu'il vouloit jouer au pays de Liége, et que monsieur de Normandie n'étoit pas mort, ni le royaume dépourvu de gens chevaleureux. »

SIÉGE ET PRISE DE LIÉGE.

1468.

Philippe de Comines.

Comment le roy accompagna le duc de Bourgogne, faisant la guerre aux Liégeois, paravant ses alliés.

Après que cette paix fut ainsi conclue, le lendemain

---

[1] C'est le chef-d'œuvre de ces lettres. Ce n'est pas le roi qui sera pressé de partir; c'est le duc de Bourgogne qui sera pressé de le faire partir. C'étaient ces finesses que Dammartin devait comprendre, et qu'il comprenait parfaitement.

(a) Résolu. — (b) Visage; comme nous sommes bien ensemble.

partirent le roy et le duc, et tirèrent vers Cambray, et de là au pays de Liége : c'étoit à l'entrée de l'hiver, et le temps étoit très-mauvais. Le roy avoit avec lui les Ecossois de sa garde, et gens d'armes peu, mais il fit venir jusqu'à 300 hommes d'armes. L'armée dudit duc étoit en deux parties : l'une menoit le maréchal de Bourgogne, et y étoient tous les Bourguignons et ces seigneurs de Savoie dont vous avez ouï parler, et avec eux grand nombre de gens du pays de Hainaut, de Luxembourg, de Namur et de Limbourg. L'autre partie étoit avec ledit duc. Et approchant de la cité de Liége, se tint un conseil, présent le duc, où aucuns avisèrent qu'il seroit bon de renvoyer une partie de l'armée, vu que cette cité avoit les portes et les murailles rasées dès l'an précédent, et que de nul côté n'avoit espérance de secours, et aussi que le roy étoit là en personne contre eux, lequel ouvroit aucuns partis pour eux, presque tels qu'on les demandoit.

Cette opinion ne plut pas au duc, dont bien lui prit ; car jamais homme ne fut si près de perdre le tout. Et la suspicion qu'il avoit du roy lui fit choisir ce sage parti ; et étoit très-mal avisé (a) à ceux qui en parloient, de penser être trop forts. C'étoit une grande espèce d'orgueil ou de folie. Et maintes fois j'ai ouï de telles opinions (et le font aucunes fois les capitaines, pour être estimés de hardiesse, ou pour n'avoir assez de connoissance de ce qu'ils ont à faire), mais quand les princes sont sages ils ne s'y arrêtent point. Cet article entendoit bien le roy notre maître (à qui Dieu fasse pardon), car il étoit tardif et craintif à entreprendre ; mais à ce qu'il entreprenoit, il y pourvoyoit si bien, qu'à grand' peine eût-il su faillir à être le plus fort et que la maîtrise (b) ne lui en fût demeurée.

Ainsi fut ordonné que ledit maréchal de Bourgogne, et tous ceux dont j'ai parlé, qui étoient en sa compa-

---

(a) Reconnaissant. — (b) Le fait d'être, de rester le maître.

gnie, iroient loger en ladite cité, et si on la leur refusoit, ils y entreroient par force, s'ils pouvoient; car jà y avoit gens de la cité, allant et venant pour appointer (a), et vinrent les dessus dits à Namur, et le lendemain le roy et le duc y arrivèrent, et les autres en partirent. Approchant de la cité, ce fol peuple saillit au devant d'eux, et aisément fut déconfit (b), au moins un bon nombre; le demeurant se retira, et échappa leur évêque, lequel vint devers nous. Il y avoit un légat du Pape [1] envoyé pour pacifier et connoître du différend de l'évêque et du peuple; car toujours étoit en sentence d'excommuniement, pour les offenses et raisons devant dites. Ce légat, excédant sa puissance, et sur espérance de soi faire évêque de la cité, favorisoit ce peuple, et leur commanda de prendre les armes et se défendre, et d'autres folies assez. Ledit légat voyant le péril où étoit cette cité, saillit (c) pour fuir. Il fut pris, et tous ses gens, qui étoient quelques vingt-cinq, bien montés. Si tôt que le duc le sut, il fit dire à ceux qui l'avoient qu'ils le transportassent sans lui en rien dire et qu'ils en fissent leur profit comme d'un marchand (d); car si publiquement il venoit à sa connoissance, il ne le pourroit retenir, mais le feroit rendre, pour l'honneur du siége apostolique. Ils ne le surent faire, mais en eurent débat, et publiquement, à l'heure du dîner, lui (e) en vinrent parler ceux qui disoient avoir part; et incontinent l'envoya mettre en sa main, et leur ôta, et lui fit rendre toutes choses, et l'honora.

Ce grand nombre de gens, qui étoient en cette avant-garde, conduits par le maréchal de Bourgogne et le seigneur d'Hymbercourt, tirèrent droit à la cité, estimant y entrer, et mus de grande avarice, aimoient mieux la piller qu'accepter appointement qui leur fut offert; et

---

[1] Omphrius, évêque de Tricaria et légat du Pape à Cologne.

(a) Traiter, négocier. — (b) Détruit, tué, blessé. — (c) Sortit. — (d) Pour la rançon à lui faire payer. — (e) Au duc de Bourgogne.

leur sembloit n'être jamais besoin d'attendre le roy et le duc de Bourgogne, qui étoient sept ou huit lieues derrière eux, et s'avancèrent tant, qu'ils arrivèrent dedans un faubourg à l'entrée de la nuit, et entrèrent à l'endroit de la porte qu'ils avoient quelque peu réparée. En quelque parlement, ils ne s'accordèrent point. La nuit bien obscure les surprit. Ils n'avoient point fait de logis, et aussi n'y avoit point de lieu suffisant, et étoient en grand désordre. Les uns se pourmenoient, les autres appeloient leurs maîtres (a) ou leurs compagnons, et les noms de leurs capitaines. Messire Jean de Vilde et autres capitaines de ces Liégeois, voyant cette folie et ce mauvais ordre, prirent cœur, et leur servit bien leur inconvénient, c'est à savoir la ruine de leurs murailles, car ils sailloient par où ils vouloient, et saillirent par les brèches de leurs murailles, et vinrent de front aux premiers; mais par des vignes et petites montagnes coururent sus aux pages et valets qui étoient au bout du faubourg par où ils étoient entrés, où ils pourmenoient grand nombre de chevaux; et en tuèrent très-largement. Et grand nombre de gens se mirent en fuite, car la nuit n'a pas de honte, et tant exploitèrent (b) qu'ils tuèrent plus de 800 hommes, dont il y en eut 100 hommes d'armes.

Les hommes de bien et vertueux (c) de cette avantgarde se tinrent ensemble, et étoient presque tous hommes d'armes et gens de bonne maison, et tirèrent avec leurs enseignes droit à la porte, de peur qu'ils ne saillissent par là. Les boues y étoient grandes, pour la continuelle pluie qu'il faisoit; et y étoient les hommes d'armes jusques par-dessus les chevilles des pieds, et tous à pied. Un coup (d) tout le demeurant du peuple cuida saillir par la porte, avec grands fallots et grandes

(a) Je crois que maîtres veut déjà dire, comme au XVIIe siècle, un soldat cavalier. — (b) Travaillèrent, agirent rapidement. — (c) Braves et prudents. — (d) Une fois.

clartés. Les nôtres, qui étoient fort près, avoient quatre pièces de bonne artillerie, et tirèrent deux ou trois bons coups du long de la grande rue, et tuèrent beaucoup de gens. Cela les fit retirer de ce faubourg et fermer leurs portes. Toutesfois durant le débat du long de ce faubourg, gagnèrent ceux qui étoient saillis, aucuns chariots, et s'en taudirent (a), car ils étoient près de la ville, là où ils reposèrent assez malement; car ils demeurèrent hors la ville depuis deux heures après minuit jusqu'à six heures du matin. Toutesfois, quand le jour fut clair et qu'on se vit l'un l'autre, ils furent reboutés (b), et y fut blessé ce messire Jean de Vilde, et mourut deux jours après en la ville, et un ou deux autres de leurs chefs.

Comment le roy arriva en personne devant la cité de Liége, avec ledit duc de Bourgogne.

Combien qu'aucunes fois les saillies (c) soient bien nécessaires, si sont-elles bien dangereuses pour ceux de dedans une place: car ce leur est plus de perte de dix hommes qu'à ceux de dehors de cent, car leur nombre n'est pas pareil, et si ne peuvent point recouvrer (d) quand ils veulent, et si peuvent perdre un chef ou un conducteur, qui est cause bien souvent que le demeurant des compagnons et gens de guerre ne demande qu'à abandonner les places.

Ce très-grand effroi (e) courut jusques au duc, qui étoit logé jusques à quatre ou cinq lieues de la ville: et de prime-face (f) lui fut dit que tout étoit déconfit. Toutesfois il monta à cheval, et toute l'armée, et commanda qu'au roy n'en fut rien dit. En approchant de la cité, par un autre endroit, lui vinrent nouvelles que tout se

---

(a) S'y retranchèrent. — (b) Repoussés. — (c) Sorties. — (d) Renouveler leurs forces. — (e) Lutte, combat. — (f) A la première vue, tout d'abord.

portoit bien et qu'il n'y avoit point autant de morts que l'on avoit pensé, et n'y étoit mort nul homme de nom, qu'un chevalier de Flandres appelé monseigneur de Sergine; mais que les gens de bien qui y étoient, s'y trouvoient en grand'nécessité et travail (*a*), car toute la nuit passée avoient été debout en la fange, rasibus de la porte de leurs ennemis, et avec ce qu'aucun des fuyans étoient retournés (je parle des gens de pied), mais étoient si découragés qu'ils sembloient mal prêts à faire grandes armes : et que pour Dieu ils se hâtassent de marcher, afin qu'une partie de ceux de la ville fussent contraints d'eux retirer à leurs défenses, chacun en son endroit, et aussi qu'il lui plût envoyer des vivres, car ils n'en avoient point un seul morceau.

Le duc en diligence fit partir 2 ou 300 hommes, tant que chevaux les pouvoient porter, pour les reconforter et donner cœur, et leur fit mener ce petit (*b*) de vivres qu'il put finer (*c*). Il y avoit presque deux jours et une nuit qu'ils n'avoient ni bu ni mangé, sinon ceux qui avoient porté quelques bouteilles; et si avoient le plus mauvais temps du monde; et de ce côté-là ne leur étoit possible d'entrer, si le duc n'empêchoit les ennemis par ailleurs. Ils avoient largement gens blessés, entre les autres le prince d'Orange, que j'avois oublié à nommer, qui se montra homme de vertu (*d*), car oncques ne se voulut bouger; les sieurs du Lau et d'Urfé s'y gouvernèrent bien tous deux. Il s'en étoit fui cette nuit précédente plus de 2000 hommes.

Jà étoit près de la nuit quand ledit duc eut cette nouvelle: et après avoir dépêché les choses dessusdites, il alla où étoit son enseigne, conter tout au roy, lequel en fut très-joyeux; car le contraire lui eût pu porter dommage. Incontinent on s'approcha du faubourg, et descendit largement de gens de bien et hommes d'armes avec les archers, pour aller gagner le faubourg

(*a*) Souci. — (*b*) Peu. — (*c*) Trouver. — (*d*) Force, courage.

et prendre le logis (a). Le bâtard de Bourgogne avoit fort grand' charge sous ledit duc ; le seigneur de Ravestein, le sire de Roucy, fils du connétable[1] et plusieurs autres gens de bien. Aisément fut fait le logis en ce faubourg (jusqu'au rasibus de la porte, laquelle ils avoient réparée comme l'autre, et se logea ledit duc au milieu du faubourg), et le roy demeura cette nuit en une grande cense ou métairie, fort grande et bien maisonnée, à un quart de lieue de la ville, et largement gens logés à l'environ de lui, tant des siens que des nôtres.

La situation de la cité, sont montagnes et vallées, pays fort fertile, et y passe la rivière de Meuse au travers ; et peut bien être de la grandeur de Rouen, et pour lors c'étoit une cité merveilleusement peuplée. De la porte où nous étions logés jusques à celle où étoit notre avant-garde, y avoit peu de chemin par dedans la ville : mais par dehors y avoit bien 3 lieues, tant y a de barricades (b) et de mauvais chemins ; aussi c'étoit au fin cœur d'hiver. Leurs murs étoient tous rasés, et pouvoient saillir par où ils vouloient ; et y avoit seulement un peu de douve (c) ; ni jamais n'y eut fossés, car le fond est de roc très-âpre et très-dur. Ce premier soir que le duc de Bourgogne fut logé en leur faubourg, furent fort soulagés ceux qui étoient de notre avant-garde ; car la puissance qui étoit dedans étoit jà départie en deux. Il nous vint environ minuit une alarme bien âpre. Incontinent saillit le duc de Bourgogne en la rue, et peu après y arrivèrent le roy et le connétable, qui firent une grande diligence à venir de si loin. Les uns crioient : ils saillent par une telle porte, d'autres disoient autres paroles effrayées, et le temps étoit si obscur et mauvais, qu'il aidoit bien à épouvanter les gens. Le duc de Bourgogne n'avoit point

[1] De Saint-Pol.

(a) Prendre position. — (b) Quelques annotateurs disent que ce mot signifie *fondrières*. — (c) Fossé peu profond. — (d) *Saillir*, attaquer, faire une sortie.

faute de hardiesse, mais bien aucunes fois faute d'ordre; et à la vérité, il ne tint point, à l'heure que je parle, si bonne contenance que beaucoup de gens eussent voulu, pour ce que le roy y étoit présent. Et prit le roy paroles et autorité de commander, et dit à monseigneur le connétable : « Tirez avec ce que vous avez des gens en tel endroit; car s'ils doivent venir, c'est leur chemin ; » et à ouir sa parole et voir sa contenance, sembloit bien roy de grande vertu (a) et de grand sens, et qui autrefois se fût trouvé en telles affaires. Toutesfois ce ne fut rien; et retourna le roy en son logis, et le duc de Bourgogne au sien.

Le lendemain au matin, le roy vint loger dedans les faubourgs, en une petite maisonnette, rasibus de celle où étoit logé le duc de Bourgogne, et avoit avec lui sa garde de cent Ecossois, et des gens d'armes, logés auprès de lui en quelque village. Le duc de Bourgogne étoit en grande suspicion ou que le roy n'entrât dedans la cité, ou qu'il ne s'enfuit avant qu'il eût pris la ville, ou qu'à lui-même ne se fît quelque outrage (b), étant si près; toutesfois entre les deux maisons y avoit une grande grange, en laquelle il fit mettre 300 hommes d'armes, et y étoit toute la fleur de sa maison, et rompirent les parois de ladite grange, pour plus aisément saillir, et ceux-là avoient l'œil sur la maison du roy qui étoit rasibus. Cette fête (c) dura huit jours, car au huitième jour la ville fut prise, que nul ne se désarma, ni ledit duc ni autre. Le soir, avant la prise, avoit été délibéré d'assaillir le lendemain au matin, qui étoit un jour de dimanche, trentième d'octobre l'an 1468, et pris enseignes (d) avec ceux de notre avant-garde, que quand ils ouiroient tirer un coup de bombarde et deux grosses serpentines après, sans autres coups, qu'ils assaillissent hardiment, car ledit duc assailliroit

---

(a) Valeur. — (b) Qu'on ne fît quelque outrage au roi. — (c) Assemblée. — (d) Signaux.

de son côté, et devoit être sur les huit heures du matin. La veille, comme ceci avoit été conclu, le duc de Bourgogne se désarma, ce qu'encore n'avoit fait, et fît désarmer tous ses gens, pour eux rafraîchir (a); et par espécial tous ceux qui étoient en cette grange. Bientôt après, comme si ceux de la ville en eussent été avertis, ils délibérèrent (b) de faire une saillie de ce côté, aussi bien qu'ils avoient fait de l'autre.

Comment les Liégeois firent une merveilleuse (c) saillie sur les gens du duc de Bourgogne, là où lui et le roy furent en grand danger.

Or notez comme un bien grand prince et puissant peut très-soudainement tomber en inconvénient, et par bien peu d'ennemis; par quoi toutes entreprises se doivent bien peser et bien débattre, avant que de les mettre en effet. En toute cette cité n'y avoit qu'un seul homme de guerre, sinon de leur territoire. Ils n'avoient plus avec eux ni chevaliers, ni gentilshommes; car ce petit (d) qu'ils en avoient, deux ou trois jours auparavant avoient été tués ou blessés. Ils n'avoient portes, ni murailles, ni fossés, ni une seule pièce d'artillerie qui valût quelque chose; et n'y avoit rien que le peuple de la ville, et 7 ou 800 hommes de pied, qui sont d'une petite montagne au derrière de Liége, appelé le pays de Franchemont; et à la vérité ont toujours été très-renommés et très-vaillans ceux de ce quartier. Or se voyant désespérés de secours (e), vu que le roy étoit là en personne contre eux, se délibérèrent de faire une grosse saillie et de mettre toutes choses en aventure, car aussi bien se voyoient-ils perdus. Et fut leur conclusion, que par les trous de leurs murailles, qui étoient sur le derrière du logis du duc de Bourgogne,

---

(a) Reposer. — (b) Résolurent de faire une sortie. — (c) *Merveilleux* a le sens d'énergique et d'inattendu. — (d) Peu. — (e) Sans espoir de secours.

ils sailliroient tous les meilleurs qu'ils eussent, qui étoient 600 hommes du pays de Franchemont : et avoient pour guide l'hôte de la maison où étoit logé le duc de Bourgogne; et pouvoient venir, par un grand creux de rocher, assez près de la maison de ces deux princes, avant qu'on les aperçut, moyennant qu'ils ne fissent point de bruit. Et combien (a) qu'il y eût quelques écoutes (b) en chemin, il leur sembloit bien qu'ils les tueroient, ou qu'ils entreroient aussitôt au logis comme eux; et faisoient leur compte que ces deux hôtes les mèneroient tout droit en leurs maisons, où ces deux princes étoient logés, et qu'ils ne s'amuseroient point ailleurs; par quoi les surprendroient de si près, qu'ils les tueroient ou prendroient avant que leurs gens fussent assemblés, et qu'ils n'avoient point loin à se retirer, et qu'au fort s'il falloit qu'ils mourussent pour exécuter une telle entreprise, qu'ils prendroient la mort bien en gré, car aussi bien se voyoient-ils de tous points détruits, comme dit est. Ils ordonnèrent outre, que tout le peuple de la ville sailliroit par la porte, laquelle répondoit du long de la rue de notre faubourg, avec un grand heurt (c), espérant déconfir tout ce qui étoit logé en cedit faubourg; et n'étoient point hors d'espérance d'avoir une bien grande victoire, ou à tout le moins et au pis aller, une bien glorieuse fin. Quand ils eussent eu mille hommes d'armes avec eux, de bonne étoffe, si étoit leur entreprise bien grande; toutesfois il s'en fallut bien peu qu'ils ne vinssent à leur intention.

Et comme ils avoient conclu, saillirent ces 600 hommes de Franchemont, par les brèches de leurs murailles, et crois qu'il n'étoit point encore dix heures du soir, et attrapèrent la plupart des écoutes, et les tuèrent, et entre les autres y moururent trois gentilshommes de la maison du duc de Bourgogne; et s'ils eussent tiré

(a) Malgré. — (b) Éclaireurs, vedettes. — (c) Choc.

tout droit, sans eux faire ouïr, jusques à ce qu'ils eussent été là où ils vouloient aller, sans difficulté ils eussent tué ces deux princes, couchés sur leurs lits. Derrière l'hôtel du duc de Bourgogne, y avoit un pavillon où étoit logé le duc d'Alençon et monseigneur de Craon avec lui ; ils s'y arrêtèrent un peu et donnèrent des coups de piques au travers, et tuèrent quelque valet de chambre. Il en sortit bruit en l'armée, qui fut occasion que quelque peu de gens s'armèrent, au moins aucuns se mirent debout. Ils laissèrent ces pavillons et vinrent tout droit aux deux maisons du roy et du duc de Bourgogne. La grange dont j'ai parlé, où ledit duc avoit mis 300 hommes d'armes, étoit rasibus desdites deux maisons, où ils s'amusèrent, et à grands coups de piques donnèrent par ces trous qui avoient été faits pour saillir.

Tous ces gentilshommes s'étoient désarmés n'avoit pas deux heures, comme j'ai dit, pour eux rafraîchir pour l'assaut du lendemain ; et ainsi les trouvèrent tous, ou peu s'en falloit, désarmés ; toutesfois aucuns avoient jeté leurs cuirasses sur eux, pour le bruit qu'ils avoient ouï au pavillon de monseigneur d'Alençon ; et iceux combattoient à eux (a) par ces trous et à l'huis, qui fut totalement la sauveté (b) de ces deux grands princes ; car ce délai donna espace (c) à plusieurs gens de soi armer et de saillir en la rue. J'étois couché en la chambre du duc de Bourgogne, qui étoit bien petite, et deux gentilshommes qui étoient de sa chambre, et au dessus y avoit 12 archers seulement, qui faisoient le guet, et étoient en habillemens (d) et jouoient aux dés. Son grand guet étoit loin de lui et vers la porte de la ville. En effet, l'hôte de sa maison attira une bande de ces Liégeois et vint assaillir sa maison, où ledit duc étoit dedans ; et fut tout ceci si soudain, qu'à grand'

(a) Aux Liégeois. — (b) Le salut. — (c) Le temps. — (d) Qui étaient équipés et prêts à combattre.

peine pûmes-nous mettre audit duc sa cuirasse sur lui, et une salade (a) en la tête, et incontinent descendîmes le degré pour cuider saillir en la rue. Nous trouvâmes nos archers empêchés (b) à défendre l'huis et les fenêtres contre les Liégeois; et y avoit un merveilleux cri en la rue. Les uns, *vive le roy ;* les autres, *vive Bourgogne;* et les autres, *vive le roy et tuez*. Et fûmes l'espace de plus de deux patenôtres avant que ces archers pussent saillir de la maison, et nous avec eux. Nous ne savions en quel état étoit le roy, ni desquels il étoit; qui nous étoit grand doute. Et dès que nous fûmes hors de la maison, avec deux ou trois torches, en trouvâmes aucunes autres et vîmes gens qui combattoient tout à l'environ de nous ; mais peu dura, car il sailloit de gens de tous côtés, venant au logis du duc. Le premier homme des leurs qui fut tué, fut l'hôte du duc, lequel ne mourut pas sitôt, et l'ouïs parler; ils furent tous morts, ou bien peu s'en fallut.

Aussi bien assaillirent la maison du roy, et entra son hôte dedans, et y fut tué par les Écossois, qui se montrèrent bien bonnes gens, car ils ne bougèrent du pied de leur maître, et tirèrent largement flèches, dont ils blessèrent plus de Bourguignons que de Liégeois. Ceux qui étoient ordonnés à saillir par la porte, saillirent ; mais ils trouvèrent largement gens au guet, qui jà s'étoient assemblés, qui tôt les reboutèrent (c), et ne se montrèrent pas si âpres que les autres. Dès que ces gens furent ainsi reboutés, le roy et ledit duc parlèrent ensemble ; et pour ce que on voyoit beaucoup de gens morts, ils eussent doute que ce ne fussent des leurs ; toutesfois peu s'y en trouva, mais de blessés beaucoup. Et ne faut point douter que s'ils ne se fussent amusés en ces deux lieux dont j'ai parlé, et par espécial à la grange, où ils trouvèrent résistance, et eussent suivi

(a) Sorte de casque. — (b) Occupés. — (c) Et qui furent bientôt repoussés.

cés deux hôtes qui étoient leurs guides, ils eussent tué le roy et le duc de Bourgogne; et crois qu'ils eussent aussi déconfit le demeurant de l'armée. Chacun de ces deux seigneurs se retira en son logis, très-ébahi de cette hardie entreprise; et tôt se mirent en conseil, à savoir qu'il seroit à faire le lendemain touchant cet assaut qui étoit délibéré (a); et entra le roy en grand doute. La cause étoit pour ce que si ledit duc failloit à prendre cette cité d'assaut, le mal en tomberoit sur lui, et qu'il seroit arrêté, ou pris de tous points; car le duc auroit peur, s'il partoit, qu'il ne lui fît la guerre d'autre côté. Ici pouvez voir la misérable condition de ces deux princes, qui par nulle voie ne se surent assurer l'un de l'autre. Ces deux ici avoient fait paix finale, n'y avoit pas quinze jours, et juré solennellement de loyaument l'entretenir; toutesfois la fiance (b) ne s'y pouvoit trouver par nulle voie.

Comment la ville de Liége fut assaillie, prise et pillée, et les églises aussi.

Le roy, pour s'ôter de ces doutes, une heure après qu'il se fût retiré en son logis, et après cette saillie dont j'ai parlé, manda aucuns des prochains serviteurs dudit duc, et qui s'étoient jà trouvés au conseil, et leur demanda de la conclusion (c). Ils lui dirent qu'il étoit arrêté dès le lendemain assaillir la ville, en la forme et manière qu'il avoit été conclu. Le roy leur fit de grands doutes et très-sages, et qui furent très-agréables aux gens dudit duc; car chacun craignoit très-fort cet assaut, pour le grand nombre de peuple qui étoit dedans la ville, et aussi pour la grande hardiesse qu'ils leur avoient vu faire n'y avoit pas deux heures; et eussent été très-contens attendre encore aucuns jours, ou les

---

(a) Résolu. — (b) Le texte porte *finance*, ce qui évidemment est une erreur. — (c) Et les interrogea sur la résolution prise par le duc.

recevoir à quelque composition ; et vinrent devers le duc lui faire ce rapport, et y étois présent ; et lui dirent toutes les doutes (a) que le roy faisoit, et les leurs ; mais tous disoient venir du roy, craignant qu'il ne l'eût mal pris d'eux.

A quoi répondit ledit duc, que le roy le faisoit pour les sauver, et le prit en mauvais sens, et que la chose n'étoit pas douteuse, vu qu'on n'y pouvoit pas faire nulle batterie, et qu'il n'y avoit point de muraille ; et que ce qu'ils avoient remparé aux portes était jà abattu, et qu'il ne falloit plus attendre, et qu'il ne délaisseroit point l'assaut du matin, comme il avoit été conclu ; mais que s'il plaisoit au roy aller à Namur, attendant que la ville fût prise, qu'il en étoit bien content ; mais qu'il ne partiroit point de là jusques à ce qu'on vît l'issue de cette matière et ce qui en pourroit advenir. Cette réponse ne plut à nul qui fut présent, car chacun avoit eu peur de cette saillie. Au roy fut faite la réponse, non point si griève (b), mais le plus honnêtement que l'on put. Il l'entendit sagement et dit qu'il ne vouloit point aller à Namur, mais que le lendemain se trouveroit avec les autres. Mon avis est que s'il eût voulu s'en aller cette nuit, il l'eût bien fait, car il avait 100 archers de sa garde et aucuns gentilshommes de sa maison, et près de là 300 hommes d'armes ; mais sans nulle doute, là où il y alloit de l'honneur, il n'eût point voulu être repris de couardise.

Chacun se reposa quelque peu, en attendant le jour, tous armés, et disposèrent les aucuns de leurs consciences, car l'entreprise étoit bien douteuse. Quand le jour fut clair et que l'heure approcha, qui étoit de huit heures du matin, comme j'ai dit, que l'on devoit assaillir, fit ledit duc tirer la bombarde et les deux coups de serpentine pour avertir ceux de l'avant-garde, qui

---

(a) Objections. — (b) Fâchée.

étoient de l'autre part bien loin de nous. Ils entendirent l'enseigne (a), et incontinent se disposèrent à l'assaut. Les trompettes du duc commencèrent à sonner, et les enseignes (b) d'approcher la muraille, accompagnés de ceux qui les devoient suivre. Le roy étoit emmi (c) la rue, bien accompagné; car tous ces 300 hommes d'armes y étaient, et sa garde, et aucuns seigneurs et gentilshommes de sa maison. Comme l'on vint pour cuider joindre au point, on ne trouva une seule défense, et n'y avoit que deux ou trois hommes à leur guet, car tous étoient allés dîner; et estimoient, pour ce qu'il étoit dimanche, qu'on ne les assailliroit point; et en chacune maison trouvâmes la nappe mise. C'est peu de chose que du peuple, s'il n'est conduit par quelque chef qu'ils aient en révérence et en crainte, sauf qu'il est des heures et des temps qu'en leur fureur sont bien à craindre.

Jà étoient avant l'assaut ces Liégeois fort las et mats (d), tant pour leurs gens qu'ils avoient perdus à ces deux saillies, où étoient morts tous leurs chefs, qu'aussi pour le grand travail qu'ils avoient porté par huit journées; car il falloit que tout fût au guet, pour ce que de tous côtés ils étoient défermés, comme avez ouï; et à mon avis, qu'ils cuidoient avoir ce jour de repos, à cause de la fête du dimanche; mais le contraire leur advint, et, comme j'ai dit, ne se trouva nul à défendre la ville de notre côté, et moins encore du côté des Bourguignons, qui étoient notre avant-garde. Ceux-là y entrèrent premiers que nous. Ils tuèrent peu de gens, car tout le peuple s'enfuit outre le pont de Meuse, tirant aux Ardennes, et de là aux lieux où ils pensoient être en sûreté. Je ne vis par là où nous étions que trois hommes morts et une femme, et crois qu'il n'y mourut point 200 personnes en tout, que tout le reste ne fuît,

(a) Le signal. — (b) Drapeaux. — (c) Parmi, dans. — (d) Abattus, tristes.

ou se cachât aux églises ou aux maisons. Le roy marchoit à loisir, car il voyoit bien qu'il n'y avoit nul qui résistât, et toute l'armée entra dedans par deux bouts, et crois qu'il y avoit 40,000 hommes. Ledit duc étant plus avant en la cité, tourna tout court au-devant du roy, lequel il conduisit jusques au palais; et incontinent retourna ledit duc à la grande église de Saint-Lambert, où ses gens vouloient entrer par force pour prendre des prisonniers et des biens ; et combien que jà il eût commis des gens de sa maison pour garder ladite église, si n'en pouvoit-il avoir la maîtrise (a), et assailloient les deux portes. Je sais qu'à son arrivée il tua un homme de sa main, et le vis. Tout se départit (b), et ne fut point ladite église pillée, mais bien à la fin furent pris les hommes qui étoient dedans, et tous leurs biens.

Des autres églises, qui étoient en grand nombre (car j'ai ouï dire à monseigneur d'Hymbercourt, qui connaissoit bien la cité, qu'il s'y disoit autant de messes par jour comme il se faisoit à Rome), la plupart furent pillées sous ombre et couleur de prendre des prisonniers. Je n'entrai en nulle église qu'en la grande ; mais ainsi me fut-il dit, et en vis les enseignes (c) ; et aussi, longtemps après, le Pape prononça grandes censures contre tous ceux qui avoient aucunes choses appartenantes aux églises de ladite cité, s'ils ne les rendoient ; et ledit duc député commissaires pour aller par tout son pays pour faire exécuter le mandement du Pape. Ainsi la cité prise et pillée environ le midi, retourna le duc au palais. Le roy avoit jà dîné, lequel montroit signe de grande joie de cette prise, et louoit fort le grand courage et hardiesse dudit duc, et entendoit bien qu'il lui seroit rapporté, et n'avoit en son cœur autre désir que s'en retourner en son royaume. Après dîner ledit duc

(a) Il n'était plus le maître de ses gens. — (b) Tous s'en allèrent. — (c) Signes, traces.

et lui se virent en grande chère (a) ; et si le roy avoit loué fort ses œuvres en derrière (b), encore le louat-il mieux en sa présence : et y prenoit ledit duc plaisir.

Je retourne un peu à parler de ce pauvre peuple qui fuyoit de la cité. Ces misérables gens fuyoient par le pays d'Ardenne, avec femmes et enfans. Un chevalier demeurant au pays, qui avoit tenu leur parti jusques à cette heure, en détroussa une bien grande bande ; et pour acquérir la grâce du vainqueur, l'écrivit au duc de Bourgogne, faisant encore le nombre des morts et pris, plus grand qu'il n'étoit ; toutesfois y en avoit largement, et par là fit son appointement. Autres fuyoient à Mézières-sur-Meuse, qui est au royaume. Deux ou trois de leurs chefs de bandes y furent pris, dont l'un avoit nom Madoulet ; et furent amenés et présentés audit duc, lesquels il fit mourir. Aucuns de ce peuple moururent de faim, de froid et de sommeil.

Comment le roy Louis s'en retourna en France, du consentement du duc de Bourgogne, et comment ce duc acheva de traiter les Liégeois et ceux de Franchemont.

Quatre ou cinq jours après cette prise, commença le roy à embesogner (c) ceux qu'il tenoit pour ses amis, envers ledit duc, pour s'en pouvoir aller, et aussi en parla au duc en sage sorte, disant que s'il avoit plus à faire de lui, qu'il ne l'épargnât point ; mais, s'il n'y avoit plus rien à faire, qu'il désiroit aller à Paris faire publier leur appointement en la cour de parlement, pour ce que c'est la coutume de France d'y publier tous accords, ou autrement seroient de nulle valeur ; toutesfois les rois y peuvent toujours beaucoup. Et davan-

---

(a) Visage, mine ; *à grande chère*, à grand accueil. — (b) En arrière, derrière lui. — (c) Mettre en besogne, mettre en campagne, faire travailler.

tage crioit audit duc qu'à l'été prochain ils se pussent entrevoir en Bourgogne, et être un mois ensemble, faisant bonne chère. Finalement ledit duc s'y accorda, toujours un petit murmurant, et voulut que le traité de paix fut relu devant le roy pour savoir s'il n'y avoit rien dont il se repentit, offrant de mettre à son choix, de faire ou de laisser, et fit quelque peu d'excuse au roy de l'avoir amené là.

Outre requit au roy consentir qu'audit traité se mit un article en faveur de monseigneur du Lau, d'Urfé et Poncet de Rivière, et qu'il fût dit que leurs terres et états leur seroient rendus, comme ils avoient avant la guerre. Cette requête déplut au roy, car ils n'étoient point de son parti, par quoi dussent être compris en cette paix; et aussi servoient-ils à monseigneur Charles son frère, et non point à lui. Et à cette requête répondit le roy être content, pourvu qu'il lui en accordât autant pour monseigneur de Nevers[1] et de Croy. Ainsi ledit duc se tut; et sembla cette réponse[2] bien sage; car ledit duc avoit tant de haine aux autres, et tenoit tant du leur, que jamais ne s'y fût consenti. A tous les autres points répondit le roy ne vouloir rien y muer (a), mais confirmer tout ce qui avoit été juré à Péronne. Et ainsi fut accordé ce parlement; et prit congé le roy dudit duc, lequel le conduisit environ demie lieue; et au département d'ensemble, lui fit le roy cette demande : « Si d'aventure mon frère qui est en Bretagne, ne se contentoit pas du partage[3] que je lui baille pour l'amour de vous, que voudriez-vous que je fisse? » Ledit duc

---

[1] Jean de Bourgogne, comte de Nevers.
[2] La réponse du roi.
[3] De la Champagne. — Le duc de Bourgogne allait tomber en plein dans le piége que lui tendait Louis XI, et le frère du roi allait perdre la Champagne que Louis XI se faisait autoriser à ne pas lui donner.

(a) Changer. — C'était inutile, en effet, puisqu'il était résolu à n'en observer aucun.

répondit soudainement, sans y penser : « S'il ne le veut prendre, mais que vous fassiez qu'il soit content, je m'en rapporte à vous deux[1]. » De cette demande et réponse sortit depuis grande chose. Ainsi s'en alla le roy à son plaisir, et le conduisirent les sieurs des Cordes et d'Aimeries, grand-bailli de Hainaut, jusques hors des terres dudit duc.

Ledit duc demeura en la cité. Il est vrai qu'en tous endroits elle fut cruellement traitée ; aussi elle avoit cruellement usé de tous excès contre les sujets dudit duc, et dès le temps de son grand-père, sans rien tenir stable de promesse qu'ils fissent, ni de nul appointement qui fût fait entre eux; et étoit jà la cinquième année que le duc y étoit venu en personne, et toujours fait paix, et rompue par eux l'an après, et jà avoient été excommuniés par longues années pour les choses cruelles qu'ils avoient commises contre leur évêque, à tous lesquels commandemens de l'Eglise, touchant lesdits différends, ils n'eurent jamais révérence ni obéissance.

Dès que le roy fut parti, ledit duc, avec peu de gens, se délibéra d'aller à Franchemont, qui est un peu outre Liége, pays de montagnes très-âpres, pleines de bois, et de là venoient les meilleurs combattans qu'ils eussent, et en étoient partis ceux qui avoient fait les saillies dont j'ai parlé ci-devant.

Avant qu'il partit de ladite cité, furent noyés en grand nombre les pauvres gens prisonniers, qui avoient été trouvés cachés ès maisons, à l'heure où cette cité fut prise. Outre, fut délibéré de faire brûler ladite cité, laquelle en tout temps a été fort peuplée, et fut dit qu'on la brûlerait à trois fois, et furent ordonnés 3 ou 4000 hommes de pied, du pays de Limbourg, qui

---

[1] On lui donna la Guyenne ; mais il n'eut pas la Champagne, et les possessions du duc de Bourgogne ne furent pas en quelque sorte réunies par l'apanage du frère du roi, son allié.

étoient leurs voisins, pour faire cette désolation et pour défendre les églises.

Premièrement fut abattu un grand pont, qui étoit au travers de la rivière de Meuse; et puis fut ordonné grand nombre de gens pour défendre les maisons des chanoines à l'environ de la grande église, afin qu'il pût demeurer logis pour faire le divin service. Semblablement en fut ordonné pour garder les autres églises. Et cela fait, partit le duc pour aller audit pays de Franchemont, dont j'ai parlé. Et aussitôt qu'il fut dehors la cité, il vit le feu en grand nombre de maisons, du côté de-çà la rivière. Il alla loger à quatre lieues, mais nous oyons le bruit, comme si nous eussions été sur le lieu. Je ne sais, ou si le vent y servoit, ou si c'étoit à cause que nous étions logés sur la rivière. Le lendemain le duc partit, et ceux qui étoient demeurés en ladite ville continuèrent la désolation, comme il leur avoit été commandé; mais toutes les églises furent sauvées, ou peu s'en fallut, et plus de 300 maisons pour loger les gens d'église; et cela a été cause que sitôt elle a été repeuplée, car grand peuple revint demeurer avec ces prêtres.

A cause des grandes gelées et froidure, fut force que la plupart des gens dudit duc allassent à pied au pays de Franchemont, qui ne sont que villages, et n'y a point de villes fermées; et logea cinq ou six jours en une petite vallée, en un village qui s'appelait Polleur. Son armée était en deux bandes, pour plus tôt détruire le pays; et fit brûler toutes les maisons, et rompre tous les moulins à fer qui étoient au pays, qui est la plus grande façon de vivre qu'ils aient; et cherchèrent le peuple parmi les grandes forêts, où ils s'étoient cachés avec leurs biens. Et y en eut beaucoup de morts et de pris, et y gagnèrent les gens d'armes largement. J'y vis choses incroyables du froid. Il y eut un gentilhomme qui perdit un pied, dont oncques puis ne s'aida; et y eut un page à qui il tomba deux doigts de la main. Je vis une femme morte, et son enfant, dont elle étoit accouchée de nouveau (a). Par trois jours fut départi le vin, qu'on donnoit chez le duc pour les gens qui en demandoient, à coups de cognée, car il était gelé dedans les pipes ; il falloit rompre le glaçon qui étoit entier et en faire des pièces (b), que les gens mettoient en un chapeau, ou en un panier, ainsi qu'ils vouloient. J'en dirois assez d'étranges choses longues à écrire ; mais la faim nous fit fuir à grande hâte, après y avoir séjourné huit jours.

LES FILLETTES DU ROI.

I.

Les *Archives curieuses de l'histoire de France* ont publié des extraits des comptes et dépenses du roi Louis XI. On y remarque de nombreuses sommes employées à payer des chaînes destinées aux prisonniers, et qu'on appelait les *fillettes du roy*. Il nous a paru utile de reproduire ici quelques-uns de ces extraits, qui font voir Louis XI sous un jour vrai.

1469. A Olivier le Mauvais [1], varlet de chambre et barbier de corps du roy notre sire, la somme de 46 livres 10 sols tournois en 12 écus d'or, pour le rembourser de semblable somme qu'il a frayée et dépendue du sien en un voyage qu'il a naguères fait par son ordonnance et commandement, partant d'Amboise à Paris pour prendre et appréhender au corps aucunes personnes dont il lui avait expressément baillé la charge.

---
[1] Il changea son nom, par permission du roi, dont il était le barbier, en celui de Le Daim, en 1474.

(a) Récemment. — (b) Morceaux.

A Clément Rocheteau, serrurier, demeurant à Thouars, la somme de 8 livres 6 sols tournois pour le paiement de trois grosses chaînes garnies de gros anneaux, serrures et autres choses servant pour enferrer aucunes personnes, lesquelles naguères ont été détenus prisonniers.

1470. A maître Laurent Volme, canonnier (*a*) dudit seigneur, la somme de 269 livres 12 sols 6 deniers tournois, à lui ordonnée par ledit seigneur au mois de mars; c'est assavoir : pour un grand fer trempé à double ferrure et une grande chaîne à sonnette au bout, qu'il a faits et livrés au mois de mai 1478, pour enferrer messire Lancelot de Berne, 38 livres;

Pour deux fers à grands chaînes et boules [1], pour enferrer deux prisonniers d'Arras, que gardoit Henry de la Chambre, 6 livres;

Pour uns (*b*) fers rivés, à chacun une chaîne et une boule, pour deux francs-archers, 6 livres;

Pour uns fers rivés, à chacun une chaîne et une boule, livrés à Jehan Blosset, 6 livres;

Pour uns fers trempés à double serrure, avec une chaîne et une sonnette au bout, et pour bracelet pour autres prisonniers, 38 livres;

Pour uns fers rivés à crampes (*c*), à chaîne longue et une sonnette au bout et un bracelet à bouter deux hommes ensemble pour garder de nuit, 11 livres;

Pour trois fers fermés à loquets, à chacun une longue chaîne et une sonnette au bout, pour enferrer des prisonniers que le maître d'hôtel Etienne avoit en sa garde, 60 livres;

Pour un loquet pour les fers d'un prisonnier nommé Labbe, 60 sols;

---

[1] Ce sont ces chaînes avec boulets qui étaient appelées les fillettes du roi.

(*a*) Fabricant de canons. — (*b*) Une paire de. — (*c*) Crampons.

Pour un treillis de fer pour mettre en la prison du Plessis du Parc, 60 sols ;

Pour deux fers rivés, à chacun une chaîne et une boule de fer, 6 livres ;

Pour 16 tilhelles (a), valant chacune 4 livres 16 sols 3 deniers, et trois doubles panderons à 64 sols la pièce, livrées par l'ordonnance dudit seigneur à monsieur Olivier, 86 livres 12 sols 6 deniers ;

Pour uns fers à bouter les deux bras, les jambes, et à bouter au col et parmi le corps, pour un prisonnier, 16 livres ;

Pour ceci, par vertu dudit rôle du Roy, a quittance dudit Laurent Volme, écrite le 16º jour d'avril 1479 après Pâques, ci rendue ladite somme de 269 livres 12 sols 6 deniers.

A maître Laurent Volme, ci-devant nommé, la somme de 15 livres 3 sols tournois, à lui ordonnée pour le rembourser de pareille somme, pour avoir fourni du sien, par l'ordonnance et commandement dudit seigneur, pour avoir fait faire, au Plessis-au-Parc, trois forges à faire une cage de fer que ledit seigneur y avoit ordonné faire faire.

1480. A Lancelot Bertrand, archer de la garde dudit sire, la somme de 10 livres 14 sols 7 deniers tournois, que ledit sire lui a ordonnée au mois de septembre pour le rembourser de pareille somme qu'il a baillée du sien, par l'ordonnance et commandement dudit sire, pour avoir fait mener par charrette un prisonnier nommé Jacques Carondeley, qu'il avoit en garde de par ledit seigneur, par tous les lieux par où ledit seigneur a été durant les mois de juillet, août et septembre audit an.

A Julien Millet, la somme de 36 livres tournois, à lui ordonnée par ledit seigneur, pour un voyage par lui

---

(a) *Tilhelles* et *panderons*, pièces de bois pour faire potences.

fait, par l'ordonnance et commandement dudit seigneur, lui étant accompagné de 15 hommes nautonniers, qui ont, par l'ordonnance dudit seigneur, mené son grand bateau de Tours jusqu'à Maillé, le 20º jour de décembre, audit an, et d'illec (a) avoir mené le cardinal Balue[1] jusques à Orléans, où ils ont vaqué tant à aller que retourner ledit bateau à Tours douze jours entiers, qui est, à la raison de 3 sols 4 deniers à chacun homme par jour, 30 livres ; et audit Julien Millet, pour avoir conduit ledit bateau pendant lesdits douze jours, 6 livres.

À maître Laurent Volme, la somme de 67 livres 2 sols 6 deniers tournois, à lui ordonnée par ledit seigneur, au mois d'avril 1480, après Pâques, pour ses peines, salaires, vacations et façon, c'est assavoir : d'un petit coffre d'acier bruni et les bords dorés, pour mettre le sceau du secret dudit seigneur, un fer trempé fermant à deux serrures, à une grosse chaîne de fer et une grosse sonnette de cuivre au bout que ledit seigneur a fait bailler à un prisonnier qui a été amené de Tournay, uns autres petits fers pour enferrer le frère de François de la Sauvagerie, et pour un cercle avec une chaîne et une sonnette au bout qu'il a baillé, par l'ordonnance et commandement dudit seigneur, à Jehan de Savigny, son maître d'hôtel, pour être baillés à Pierre Clerc, maître d'hôtel de la reine.

II.

Philippe de Comines.

Il est vrai que le roy notre maître avoit fait de rigoureuses prisons, comme cages de fer, et autres de bois

---

[1] Le cardinal Jean de la Balue, mis en prison et en cage en 1469, fut relâché en 1480 et remis au cardinal de la Rovère, à condition que la cour de Rome lui ferait son procès ; ce qui n'eut pas lieu. Il revint même en France, en 1484, avec le titre de légat.

(a) De là.

couvertes de plaques de fer par le dehors et par le dedans, avec terribles ferrures, de quelques huit pieds de large, et de la hauteur d'un homme, et un pied plus. Le premier qui les devisa (a) fut l'évêque de Verdun [1], qui en la première qui fut faite fut mis incontinent et y a couché quatorze ans. Plusieurs depuis l'ont maudit, et moi aussi, qui en ai tâté sous le roy de présent [2], l'espace de huit mois. Autrefois avoit fait faire à des Allemands des fers très-pesans et terribles pour mettre aux pieds, et y étoit un anneau, pour mettre au pied, fort malaisé à ouvrir, comme à un carcan, la chaîne grosse et pesante, et une grosse boule de fer au bout, beaucoup plus pesante que n'étoit de raison, et les appeloit-on les fillettes du roy. Toutesfois j'ai vu beaucoup de gens de bien prisonniers les avoir aux pieds, qui depuis en sont saillis à grand honneur et à grand'joie, et qui depuis ont eu de grands biens de lui.

Or ceci n'est pas notre matière principale, mais faut revenir à dire qu'ainsi comme de son temps furent trouvées ces mauvaises et diverses prisons, tout ainsi, avant mourir, il se trouva en semblables et plus grandes prisons, et aussi plus grande peur il eut que ceux qu'il y avoit tenus. Laquelle chose je tiens à très-grande grâce pour lui, et pour partie de son purgatoire, et le dis ainsi pour montrer qu'il n'est nul homme de quelque dignité qu'il soit, qui ne souffre, ou en secret, ou en public, et par espécial ceux qui font souffrir les autres.

Ledit seigneur, vers la fin de ses jours, fit clore tout à l'entour sa maison du Plessis-lez-Tours, de gros barreaux de fer, en forme de grosses grilles, et aux quatre

---

[1] La Balue.
[2] Charles VIII. — Disgracié comme favori de Louis XI, pendant la régence d'Anne de Beaujeu, Comines intrigua, cabala contre Charles VIII, qui le fit arrêter, mettre en cage, puis juger par le Parlement, qui le condamna à l'exil.

(a) Imagina, inventa.

coins de sa maison, quatre moineaux (*a*) de fer, bons, grands et épais. Lesdites grilles étoient contre le mur, du côté de la place, de l'autre part du fossé, car il étoit à fond de cuve (*b*) ; et y fit mettre plusieurs broches de fer, maçonnées dedans le mur, qui avoient chacune trois ou quatre pointes [1], et les fit mettre fort près l'une de l'autre. Et davantage ordonna 10 arbalétriers à chacun des moineaux, dedans lesdits fossés, pour tirer à ceux qui en approcheroient avant que la porte[2] fût ouverte ; et vouloit qu'ils couchassent auxdits fossés et se retirassent (*c*) aux dits moineaux de fer. Il entendoit bien que cette fortification ne suffisoit pas contre grand nombre de gens, ni contre une armée ; mais de cela il n'avoit point peur ; seulement craignoit-il que quelque seigneur, ou plusieurs, ne fissent une entreprise de prendre la place de nuit, demi par amour, et demi par force, avec quelque peu d'intelligence, et que ceux-la prissent l'autorité et le fissent vivre comme homme sans sens et indigne de gouverner.

La porte du Plessis ne s'ouvroit qu'il ne fût huit heures du matin, ni ne baissoit-on le pont jusques à ladite heure, et lors y entroient les officiers ; et les capitaines des gardes mettoient les portiers ordinaires, et puis ordonnoient leur guet d'archers, tant à la porte que dans la cour, comme en une place frontière étroitement gardée ; et n'y entroit nul que par le guichet, et que ce ne fût du su du roy, excepté quelque maître d'hôtel et gens de cette sorte, qui n'alloient point devers lui. Est-il donc possible de tenir un roy, pour le garder plus honnêtement et en étroite prison, que lui-même se tenoit ? Les cages où il avoit tenu les autres avoient quelques huit pieds en carré, et lui, qui étoit si grand

---

[1] C'est ce qu'on appelle aujourd'hui des artichauts.
[2] Du château du Plessis.

(*a*) Ouvrage de fortification, petit bastion. — (*b*) Il n'avait point de talus ; les deux murs étaient à pic. — (*c*) Se missent à l'abri.

roy, avoit une petite cour de château à se pourmener ; encore n'y venoit-il guères, mais se tenoit en la galerie, sans partir de là, sinon par les chambres, et alloit à la messe sans passer par ladite cour. Voudroit-on dire que ce roy ne souffrit pas aussi bien que les autres, qui ainsi s'enfermoit et se faisoit garder, qui étoit ainsi en peur de ses enfants et de tous ses prochains parens, et qui changeoit et muoit (a) de jour en jour ses serviteurs qu'il avoit nourris, et qui ne tenoient bien en honneur que de lui, tellement qu'en nul d'eux ne s'osoit fier, et s'enchaînoit ainsi de si étranges chaînes et clôtures. Il est vrai que le lieu étoit plus grand que d'une prison commune ; aussi étoit-il plus grand que prisonniers communs.

On pourroit dire que d'autres ont été plus suspicionneux que lui ; mais ce n'a pas été de notre temps, ni par aventure homme si sage que lui, ni qui eût si bons sujets ; et avoient ceux-là été cruels et tyrans, mais celui-ci n'a fait mal à nul qui ne lui eût fait quelque offense. Je n'ai point dit ce que dessus, pour seulement parler des suspicions de notre roy, mais pour dire que la patience qu'il a portée en ses passions (b), semblables à celles qu'il a fait porter (c) aux autres, je la répute à punition que Notre-Seigneur lui a donnée en ce monde, pour en avoir moins en l'autre, tant ès choses dont j'ai parlé, comme en ses maladies, bien grandes et douloureuses pour lui, et qu'il craignoit beaucoup avant qu'elles lui advinssent[1], et aussi afin que ceux qui viendront après lui soient un peu plus piteux au peuple (d) et moins âpres à punir qu'il n'avoit été ; combien que je ne lui veux pas donner charge, ni dire avoir

---

[1] L'hypocondrie, ce mal terrible dont souffrait Louis XI, est ici bien indiquée par Comines ; c'est cette maladie qui explique la plupart des actes de ce roi.

(a) Renouvelait. — (b) Maux, douleurs. — (c) Supporter. — (d) Aient un peu plus de pitié pour le peuple.

vu meilleur prince. Il est vrai qu'il pressoit ses sujets, toutefois il n'eût pas souffert qu'un autre l'eût fait, ni privé (a), ni étranger.

Après tant de peur, et de suspicions et douleurs, Notre-Seigneur fit miracle sur lui, et le guérit tant de l'âme que du corps, comme toujours a accoutumé en faisant ses miracles, car il l'ôta de ce misérable monde en grande santé de sens et d'entendement, et bonne mémoire, ayant reçu tous ses sacremens, sans souffrir douleur que l'on connût, mais toujours parlant jusques à une patenôtre avant sa mort. Ordonna de sa sépulture et nomma ceux qu'il vouloit qu'ils l'accompagnassent par chemin, et disoit qu'il n'espéroit à mourir qu'au samedi, et que Notre-Dame lui procureroit cette grâce, en qui toujours avoit eu fiance et grande dévotion et prière; et tout ainsi lui en advint, car il décéda le samedi, pénultième jour d'août, l'an 1483, à huit heures du soir, audit lieu du Plessis, où il avoit pris la maladie le lundi de devant. Notre-Seigneur ait son âme et la veuille avoir reçue en son royaume de Paradis.

MORT DU DUC DE GUYENNE, FRÈRE DE LOUIS XI.

28 mai 1472.

1. — RÉCIT DE BRANTÔME [1].

Entre plusieurs bons tours des dissimulations, feintes,

---

[1] Pierre de Bourdeille, seigneur de Brantôme, naquit vers 1540 et mourut en 1614. Après avoir servi avec distinction sous Charles IX, il fut gentilhomme de la Chambre de Henri III, puis se retira dans ses terres en Périgord, où il rédigea ses Mémoires, dans lesquels on trouve une peinture souvent trop exacte des mœurs de la cour des Valois.

(a) Ni de ses amis.

finesses et galanteries que fit ce bon roy en son temps, ce fut celui, lorsque par gentille industrie, il fit mourir son frère, le duc de Guyenne, quand il y pensoit le moins et lui faisoit le plus beau semblant de l'aimer lui vivant et le regretter après sa mort; si bien que personne ne s'en aperçut qu'il eût fait faire le coup, sinon par le moyen de son fol, qui avoit été audit son frère, et il l'avoit retiré après sa mort, car il étoit plaisant.

Etant donc un jour en ses bonnes prières et oraisons, à Cléry, devant Notre-Dame, qu'il appeloit sa bonne patronne, au grand autel, et n'ayant personne près de lui, sinon ce fol, qui en étoit un peu éloigné, et duquel il ne se doutoit qu'il fût si fol, fat, sot qu'il ne pût rien rapporter, il l'entendit comme il disoit : « Ah! ma bonne dame, ma bonne maîtresse, ma grande amie, en qui j'ai toujours eu mon reconfort, je te prie de supplier Dieu pour moi, et être mon avocate envers lui, qu'il me pardonne la mort de mon frère, que j'ai fait empoisonner par ce méchant abbé de Saint-Jean. (Notez! encore qu'il eût bien servi en cela, il l'appeloit *méchant;* ainsi faut-il appeler toujours telles gens de ce nom.) Je m'en confesse à toi, comme à ma bonne patronne et maîtresse. Mais aussi qu'eussé-je su faire? Il ne me faisoit que troubler mon royaume. Fais-moi donc pardonner, ma bonne dame, et je sais ce que je te donnerai. » Je pense qu'il vouloit entendre quelques beaux présens, ainsi qu'il étoit coûtumier d'en faire tous les ans force grands et beaux à l'Eglise.

Le fol n'étoit point si reculé, ni dépourvu de sens, ni de mauvaises oreilles, qu'il n'entendit et retint fort bien le tout; en sorte qu'il le redit au roy, en présence de tout le monde à son diner, et à autres, lui reprochant ladite affaire, et lui répétant souvent qu'il avoit fait mourir son frère. Qui fut étonné? Ce fut le roy. Il ne fait pas bon se fier à ces fols, qui, quelquefois, font des traits de sages, et disent tout ce qu'ils savent, ou bien le devinent par quelque instinct divin. Mais il (a) ne le garda guères, car il passa le pas comme les autres, de peur qu'en réitérant il fût scandalisé davantage.

Il y a plus de cinquante ans, que moi, étant fort petit, m'en allant au collége à Paris, j'ouis faire ce conte à un vieux chanoine de là, qui avoit près de quatre-vingts ans ; et depuis, ce conte est allé de l'un à l'autre, par succession de chanoine en chanoine, comme depuis me l'ont confirmé de cette mort. Qu'on lise les *Annales de Bouchet*, on y verra la méchanceté, la misérable fin et le désespoir de ce méchant abbé.

II. — Lettres de Charles, duc de Bourgogne,

Par lesquelles il déclare qu'il veut venger la mort du duc de Guyenne.

Au camp devant Beauvais, le 16 juillet 1472.

Charles, par la grâce de Dieu, duc de Bourgogne, de Lothier [1], de Brabant, de Limbourg et de Luxembourg, comte de Flandre, d'Artois, de Bourgogne [2], Palatin de Hainaut, de Hollande, de Zélande et de Namur, marquis du Saint-Empire, seigneur de Frise, de Salins et de Malines : A tous nos lieutenans, amiraux, vice-amiraux, maréchaux, nobles, chevaliers, écuyers, capitaines, routes et compagnies de gens d'armes et de trait, et autres gens de guerre, sénéchaux, baillis, prévôts, bourgmaistres, mayeurs, échevins, gardes et gouverneurs de cités, bonnes villes, châteaux, forteresses, et à tous nos autres justiciers, officiers, serviteurs et sujets, salut.

Comme le roy, contre ses obligations, promesses et sermens ait (b) enfreint les traités de paix faits entre

---

[1] Lorraine, Lotharingie.
[2] Le comté de Bourgogne, appelé aussi la Franche-Comté.

(a) Louis XI. — (b) Pour a.

lui et nous, tant pour avoir soustrait aucunes nos villes, que par plusieurs autres indues entreprises faites à l'encontre de nos personne, états, pays, seigneuries et sujets hostilement et autrement en diverses manières illicites et réprouvées, contendant (*a*) toujours à la destruction de nous et des princes du sang, nos parens et alliés, ainsi que bien savent tous ceux du royaume; par quoi la saison passée eussions été contraints pour notre sûreté et défense, prendre les armes; et depuis ledit roy ait simulé par feintise de nous faire raison et restituer nosdites villes, comme dernièrement les ambassadeurs ayant de cela mandement spécial le traitèrent, conclurent et jurèrent en son dit nom, qu'il n'entreprendroit aucune chose sur les personnes, états et pays de nos alliés, en spécial de feu mon très-cher seigneur, monseigneur de Guyenne et de Normandie, que Dieu absolve, et de notre très-cher et très-amé frère le duc de Bretagne, contre lesquels néanmoins il ait procédé et fait procéder tout autrement que jamais n'eussions espéré, tellement que comme notredit frère de Bretagne et autres, avant que fussions délibérés (*b*) de retourner aux armes, nous ont signifié, averti et acertené mondit sieur de Guyenne n'avoir pas seulement été destitué de sa duché de Guyenne [1] mais aussi de sa vie, piteusement par poisons, maléfices, sortiléges et invocations diaboliques, ainsi que frère Jourdan Favre, dit de Vercors, religieux de l'ordre de Saint-Benoît, natif de Die au pays de Dauphiné, conseiller et aumônier de feu mondit sieur de Guyenne [2], et Henry de la Roche, écuyer de cuisine d'icelui feu seigneur, l'ont en jugement connu et confessé au lieu de Bordeaux, par devant l'archevêque dudit lieu, frère Roland le

---

[1] Le fait est inexact; le duc de Guyenne possédait encore sa duché au moment de sa mort.

[2] Abbé de Saint-Jean d'Angely.

(*a*) S'efforçant, s'appliquant. — (*b*) Résolus.

Croisce, inquisiteur de la Foi, ancien docteur en théologie, Mº Nicole Dantis, bachelier en théologie, Mº Jehan de Blet, conseiller en la cour des Grands-Jours [1] dudit Bordeaux, à ce appelés et présens messire Pierre, seigneur de Morvillier, chevalier, ayant la garde des sceaux de la chancellerie de mondit seigneur de Guyenne, maître Jehan de Chassaigne, second président en la dite cour des Grands-Jours, Louis Blosset, Rogier Le Fèvre, maître des Requêtes dudit feu seigneur, et plusieurs autres, en déclarant par leur déposition, confession et procès, avoir fait si détestable crime par l'ordonnance dudit roy, qui leur avoit donné et promis grands dons, états, offices et bénéfices pour consommer cet exécrable parricide en la personne de mondit seigneur de Guyenne son frère, les vertus duquel, sans avoir méfait, l'ont par envie contre lui conspirée, conduit à la plus pitoyable mort que jamais ait été mémorée en ce dit royaume ni ailleurs, après laquelle mort cruelle, le dit roy de ce non content, ait ouvert la guerre à notre dit frère de Bretagne, cuidant le trouver impourvu, et du tout détruire en haine de ce qu'il aimoit, chérissoit et honoroit de tout son cœur mondit seigneur de Guyenne, comme faire devoit; toutes lesquelles choses nous aient justement ému à résumer et à reprendre les dites armes [2], sur ce préalablement requis de notre dit frère de Bretagne et de plusieurs autres nobles et honnêtes courages dudit royaume, ayant perpétuel regret de ladite mort inhumaine, et il est que nous étant logés auprès de cette ville de Beauvais, notre dit frère de Bretagne, nous a présentement envoyé les extraits de procès, confessions et dépositions faits et faites touchant la mort de mondit seigneur de Guyenne [3], en nous certifiant par iceux que

---

[1] Assises solennelles tenues par des magistrats envoyés par le roi pour la répression des crimes que les juges ordinaires étaient impuissants à punir, à cause de la haute position des coupables.

[2] Il faut observer que le duc de Bourgogne avait repris sesdites armes deux mois avant la mort du duc de Guyenne.

[3] Le duc de Guyenne mort, le comte de Dammartin s'empara de

es dits frères Jourdan Favre et Henry de la Roche, ont derechef connu et confessé (*a*) en sa ville de Nantes, en persistant à leurs premières dépositions et confessions, que ils avoient empoisonné et maléficié mondit seigneur de Guyenne, par l'induction, pourchas (*b*) et ordonnance dudit roy, en manière que ladite mort en est ensuivie. Laquelle mort ne pouvons ni devons patiemment tolérer ni souffrir, mais sommes tenus, comme aussi sont tous princes et nobles personnages, à icelle mort venger et poursuivre tous ceux qui en ont été cause, et autres qui les voudroient en ce porter, soutenir, défendre et favoriser. Pour ce est-il, que nous, ces choses considérées, désirant faire ce à quoi par honneur nous sommes tenus, attendu mêmement le bon et juste vouloir de notredit frère de Bretagne et d'autres qui de ce nous ont instamment requis, avons déclaré et formellement déclarons par ces présentes, que outre et par-dessus nos autres justes et raisonnables emprinses (*c*) et querelles, prendrons et prenons la querelle de la mort de mondit seigneur de Guyenne, pour en faire telle et si grande vengeance qu'il plaira à Dieu notre créateur le permettre, tant à l'encontre dudit roy, que de tous ceux qui le voudront en cette cruauté soutenir, porter ou favoriser en manière quelconque. Et pour l'exécution de ce que dit est, tirons dès à présent en pays (*d*) à la requête de notredit frère de Bretagne, combien que eussions délibéré, assiéger et enclore de toutes parts cettedite ville[1], pour avoir les gens de

---

la Guyenne, et tous les officiers et serviteurs du feu duc s'empressèrent de se soumettre à Louis XI. Un seul, le sire de Lescun, fit exception ; il s'embarqua pour la Bretagne, emmenant l'abbé de Saint-Jean et l'écuyer de cuisine Henri de la Roche, qui furent mis en prison à Nantes. Plus tard, l'abbé de Saint-Jean fut trouvé mort dans son cachot « étranglé par le diable ».

[1] Ceci n'est pas vrai. Charles le Téméraire levait le siége de Beauvais, parce qu'il ne pouvait prendre la ville.

(*a*) Reconnu et avoué. — (*b*) Soin, travail. — (*c*) Entreprises, projets. — (*d*) Allons envahir.

guerre qui y sont en grand nombre à notre plaisir et volonté, laquelle chose nous étoit facile de faire par les moyens que avions conçus. Ce que vous signifions, afin que vous veuillez employer à nous y servir selon vos loyautés et devoirs.

Donné en notre camp devant la ville de Beauvais, le 16° jour de juillet, l'an de grâce 1472.

Par monseigneur le duc,
Le Kerrest.

III. — Lettre de Louis XI au comte de Dammartin, sur la mort du duc de Guyenne.

18 mai 1472.

Monsieur le Grand-Maître, depuis les dernières lettres que je vous ai écrites[1], j'ai eu nouvelles que Monsieur de Guyenne se meurt et qu'il n'y a point de remède en son fait, et me l'a fait savoir un des plus privés qu'il ait avec lui, par homme exprès, et ne croit pas, ainsi qu'il dit, qu'il soit vif à quinze jours d'ici au plus[2], qu'on le puisse mener. S'il m'en vient autres nouvelles, incontinent je vous le ferai savoir. Le sénéchal d'Agénois est ici, et je lui ai appointé son état, en manière que je crois qu'il est bien content; et afin que soyons assuré de celui qui m'a fait savoir les nouvelles, c'est le moine qui dit ses heures avec Monsieur de Guyenne[3], dont je me suis fort ébahi, et m'en suis signé depuis la tête jusqu'aux pieds, et adieu.

Ecrit au Montils-lez-Tours, le 18 mai.

Loys.

---

[1] Dans lesquelles il lui annonçait que le duc de Guyenne avait les fièvres quartes et qu'il se proposait d'entrer en campagne contre le roy.
[2] Le renseignement était sûr; le duc de Guyenne mourut le 28 mai.
[3] Ce moine est évidemment l'aumônier, l'abbé de Saint-Jean.

Le manuscrit[1] dit ces mêmes paroles : il est à savoir que le moine étoit soupçonné qu'il avoit joué la fourbe à Monsieur de Guyenne et baillé la corme verte (le poison), et qu'icelui moine fut cause de le mettre hors de la terre des vivans.

LE SIÉGE DE BEAUVAIS.

1472.

Discours véritable du siége mis devant la ville de Beauvais par Charles duc de Bourgogne,

Prince de la maison de France, surnommé le Terrible-Guerrier, et qui n'a jamais cédé aux grands roys.

Publié en 1622, d'après un ancien manuscrit, par Pierre Louvet, avocat au Parlement.

L'an 1472, le samedi 27 juin, environ sept heures du matin, arrivèrent les Bourguignons devant la ville de Beauvais, estimant prendre ladite ville d'assaut, et après que ceux de la ville eurent refusé de parlementer au héraut par eux envoyé, pour les sommer, à un jet d'arbalète près d'icelle ville ; et soudain y livrèrent deux assauts, l'un à la porte de Bresle, et l'autre à la porte du Limaçon[2], qui sont distantes l'une de l'autre de plus d'un jet d'arbalète : néanmoins les Bourguignons assailloient, entre lesdites portes, outre et quasi la moitié de la ville, parce qu'ils étoient grand nombre, comme de 80,000 ou plus. Lors n'étoient en ladite ville aucuns gens d'armes (à cause que les habitans ne se doutoient d'être assiégés, ains être secourus et avoir

---

[1] Ce manuscrit, intitulé *Le cabinet de Louis XI*, se compose de divers documents réunis par L'Hermite de Soliers ; il a été publié par Lenglet-Du Fresnoy, dans les preuves de son excellente édition des *Mémoires de Comines*.
[2] Défendue surtout par des eaux vives.

garnison du parti de France), fors et réservé qu'audit Beauvais s'étoit réfugié Louis Gommel, sieur de Balagny, après avoir, par lui et autres ses compagnons, abandonné auxdits Bourguignons la ville de Roye[1] : auquel sieur de Balagny, pour cette cause, combien qu'il fût capitaine de ladite ville de Beauvais, les habitants n'avoient pas trop grande confiance.

A huit heures du matin, lesdits Bourguignons sonnèrent trompettes, et donnèrent plein assaut èsdites deux portes. Et parce que lesdits Bourguignons, du côté de ladite porte du Limaçon, gagnèrent audit assaut un fort qui faisoit clôture des faubourgs, nommé le Deloy, qui étoit tourelles assises près du pont de pierre et du côté où est à présent un vivier, ils commencèrent à crier : Ville gagnée !

A l'assaut duquel Deloy se trouva ledit Balagny, accompagné de 15 ou 16 arquebusiers, habitans de ladite ville : et, pour ce faire, s'étoit transporté par la planche (a) des jardins de M. l'évêque de Beauvais, par une petite porte qui depuis a été bouchée, et combien qu'il fît son devoir de résister, toutesfois ledit Deloy fut rompu, et entrèrent les Bourguignons à force, au moyen de quoi furent contraints ledit Balagny et sa compagnie eux retirer par ladite planche, en quoi faisant ledit sieur capitaine de Balagny fut navré (b) à la cuisse d'une sagette ou dard, en reculant, ses gens étant demeurés derrière. Et incontinent arrivèrent les Bourguignons en grand nombre dedans les faubourgs, criant de toutes parts : Ville gagnée ! Mais quand ils aperçurent ladite porte du Limaçon, ils se jetèrent et retirèrent ès maisons et jardins, entre les arbres qui y étoient, et en l'église Saint-Hippolyte, qui étoit quasi joignant ladite porte du Limaçon, et tantôt après vindrent asseoir cinq guidons et deux étendarts au plus près du tape-cul (c)

---

[1] Dont la population avait été tout entière égorgée.

(a) Terrain. — (b) Blessé. — (c) Bascules de pont-levis.

d'icelle porte, rompirent l'huis dudit tape-cul, vindrent gagner la loge des portiers ; et, comme ils étoient à ce faire, furent plusieurs des leurs tués par ceux de la ville, entre autres celui qui avoit planté le principal desdits étendarts, d'une arbalète qui lui fut déchargée. Et combien que ceux de la ville fissent bonne et âpre résistance, en tirant de leurs arcs, arbalètes, couleuvrines, et de grosses pierres que leurs femmes, fils et filles portoient sur la muraille, tellement qu'il y eut plusieurs Bourguignons tués. Néanmoins iceux Bourguignons s'efforcèrent d'aborder et approcher de ladite ville sous ombre desdites maisons et églises de Saint-Hippolyte, lesquelles maisons ils avoient percées pour venir à couvert de l'un à l'autre, et par dedans icelles ; et en traversant s'envenoient loger en ladite église, et approchant de ladite porte, tirèrent en si grande abondance, que c'étoit chose admirable de voir le trait qui couvroit presque la muraille : et par l'un d'eux fut dressée une échelle à un endroit de la muraille faisant clôture entre le pont-levis et la tour qui étoit lors en ladite porte du Limaçon : mais néanmoins ils ne s'osèrent oncques aventurer d'y monter, doutant (a) le trait que les habitans jetoient et déchargeoient sur eux de leurs dits arcs, arbalètes et couleuvrines, dont ils en tuèrent plusieurs, tant en ladite loge des portiers, ladite église de Saint-Hippolyte, que ès environs : et dura ledit assaut depuis huit heures du matin jusques à neuf heures du soir, auquel ne fut tué en icelle porte, sinon un des habitans, qui fût atteint d'une flèche par le col.

Et au regard de l'autre assaut que durant ce temps les Bourguignons livrèrent à ladite porte de Bresle[1], où

---

[1] C'était le sieur des Cordes qui assaillit ce côté-là ; mais ses échelles se trouvèrent trop courtes.

(a) Redoutant.

ils descendirent à très-grand nombre, ils se conduisirent tellement, que pareillement ils gagnèrent la loge des portiers, où aucuns d'eux se jetèrent à si grand effort, que soudainement ladite loge en fut toute pleine. Et parce qu'en ce lieu il n'y avoit aucuns faubourgs ni maisons où ils se pussent mettre à couvert, ils eurent aussi beaucoup à souffrir, car ils ne furent pas de ce côté moins vaillamment recueillis (a) que de l'autre part par lesdits habitans; lesquels, à l'aide de leurs femmes et filles, qui leur portoient sur la muraille grosses pierres de toute sorte, avec grande quantité de trousses (b) de flèches et de poudres, et s'y gouvernèrent si vaillamment, que par la grâce de Dieu, l'honneur et la force leur demeura, tant parce qu'en livrant ledit assaut, qui fut beaucoup plus fort et âpre à la dite porte de Bresle qu'à celle du Limaçon, l'on y porta le précieux corps et digne châsse de la glorieuse vierge sainte Angadrême, native de Beauvais, en requérant son aide et bon secours envers Dieu à l'encontre desdits Bourguignons.

Et environ l'heure de huit heures du soir, vindrent au secours de ladite ville M. de la Roche-Tesson et M. de Fontenailles, lieutenant de M. de Beuil, nobles et vaillans capitaines, accompagnés de 200 lances des gens de l'ordonnance du roy qu'ils avoient sous leur charge; et sitôt qu'ils furent arrivés dans la ville, sans prendre logis pour eux et leurs chevaux, mais les abandonnant avec leur bagage et autres bagues (c) aux femmes et filles de la ville, combien qu'ils fussent fort foulés et travaillés, parce que ce jour, pour venir secourir la ville, ils étoient partis de Noyon, où ils étoient en garnison, distant dudit Beauvais de 14 lieues, auquel lieu les étoit allé querir Jean de Reims, sieur de Tassereux, près dudit Beauvais, s'en allèrent sur la muraille, et

(a) Reçus. — (b) Carquois garnis de flèches. — (c) Équipages.

particulièrement à ladite porte de Bresle[1], laquelle étoit toute brûlée du feu, tellement qu'il n'y étoit demeuré manteau ni herse, lequel feu fut entretenu par leur conseil plus de huit jours après du bois des maisons prochaines, pour obvier que les ennemis n'entrassent dedans la ville, ledit feu cessant.

Et là lesdits gens de guerre travaillèrent si vaillamment à l'aide desdits habitans, en reboutant et rechassant lesdits Bourguignons, qu'en dépit d'eux, après le feu cessé, ils fortifièrent ladite porte contre eux, tant de gros chênes, qui naguères avoient été amenés à ladite ville pour faire boulevards, que d'autre bois charpenté prêt à édifier maisons, que de terrasses (a), pierres et cailloux, qui, par lesdits habitans, femmes et filles, furent portés sur la muraille environ ladite porte : et là n'y furent tués et blessés qu'un archer et trois des habitans de ladite ville, combien que lesdits Bourguignons tirassent sans cesse de leurs flèches, couleuvrines et serpentines en ladite ville.

Et faut noter qu'en ladite ville de Beauvais sont plusieurs corps saints de grand mérite, comme les corps précieux de saint Lucien et ses compagnons, saint Germer, saint Just, saint Evrost et autres, que ladite sainte Angadrême, comme appert par leurs légendes : néanmoins iceux habitans ont telle confiance en ladite vierge sainte Angadrême, mêmement au temps de guerre, parce qu'ils disent que non seulement de leur temps, mais aussi bien de leurs prédécesseurs, icelle glorieuse vierge, souvent en habit de religieuse, s'est apparue et montrée sur la muraille, tant contre les An-

---

[1] « Ladite porte fut percée de deux canons qui tirèrent deux coups seulement, et par le trou qui fut fait très en grand en ladite porte, les gens du sieur des Cordes combattoient main à main : et pendant que le duc mit à venir, qui tenoit la ville comme prise, quelqu'un de dedans apporta des fagots allumés pour jeter au visage de ceux qui s'efforçoient de rompre la porte. »

(a) Mortier de terre et de paille, torchis.

glois, anciens ennemis de la couronne de France, qu'autres adversaires, et a icelle ville été préservée d'être prinse d'assaut et de trahison; et à la vérité, si la grâce de Notre-Seigneur, de ladite benoite vierge et des saints, ne fût intervenue, aidant la bonne querelle et la grande fidélité que lesdits habitans ont toujours gardée au roy, ladite ville étoit lors en grand danger d'être perdue.

Et n'est à oublier qu'audit assaut, pendant que les Bourguignons dressoient échelles et montoient sur la muraille, l'une desdites filles de Beauvais, nommée Jeanne Fourquet[1], sans autre bâton ou aide, print et arracha à l'un desdits Bourguignons l'étendart qu'il tenoit, et le porta en l'église des Jacobins.

Semblablement Louis Gommel, sieur de Balagny, capitaine de ladite ville, avec Jean le Goix, son lieutenant, se montrèrent fort vaillans pour la défense de la ville, lesquels continuellement se transportoient de quartier en quartier au long de la muraille, l'un d'un côté, l'autre de l'autre, en persuadant aux habitans de toujours vaillamment résister, leur remontrant qu'ils seroient bientôt secourus, et, pour leur bonne résistance, les plus honorés du royaume, et tellement persuadèrent avec le cœur les bons habitans, qu'ils résistèrent constamment et avec beaucoup de courage auxdits Bourguignons.

Finalement, iceux Bourguignons, surpris de la nuit, furent contraints d'eux retirer et se loger tout au long des fossés, où ils firent toute la nuit de grandes et profondes tranchées, pour eux préserver du trait, depuis ladite porte de Bresle jusques à la porte de l'Hôtel-Dieu, tant au long desdits fossés qu'en montant à mont dedans les vignes.

Et du côté de la porte du Limaçon, pareillement se

---

[1] Appelée ordinairement *Jeanne Hachette*. L'étendart qu'elle arracha des mains d'un soldat bourguignon est conservé à Beauvais.

logèrent en la chaussée de Saint-Nicolas, outre (*a*) la porte dudit faubourg, en l'abbaye et paroisse de Saint-Quentin, où il y avoit plusieurs belles maisons, et dedans les jardins qui sont entre ladite porte du Limaçon et l'église Saint-Gilles, qui s'étendent au long de la rivière. Lesquels jardins furent fort préjudiciables, parce qu'en iceux on ne pouvoit voir (pour les arbres) lesdits Bourguignons, et néanmoins ils voyoient ceux de dedans sur la muraille ; aussi tiroient-ils sans cesse leurs canons, courtaux, couleuvrines et autres traits, sans qu'on les pût apercevoir. Ils se logèrent aussi en l'abbaye de Saint-Lucien, et en tout le haut pays d'environ, où depuis ils fortifièrent de tranchées, charriots et grand nombre de grosses artilleries, leur parc, qui contenoit 5 lieues de pays ou plus.

Le dimanche ensuivant, qui fut le 28 dudit mois de juin, environ deux heures après midi, vint au secours de la ville messire Joachim Rohault, chevalier, sieur de Gamaches, maréchal de France [1], accompagné de 100 lances d'ordonnance qu'il avoit sous sa charge ; et lui arrivé, visita la muraille et la fit réparer et fortifier où il étoit besoin, spécialement aux portes de Bresle, de l'Hôtel-Dieu et du Limaçon ; devant lesquelles lesdits Bourguignons affutèrent (*b*) depuis plusieurs bombardes et gros canons pour les battre et démolir.

Le lundi 29 dudit mois, et autres jours ensuivans, arrivèrent les sénéchaux de Poitou et Carcassonne, chacun avec 100 lances ; la compagnie de celui de Toulouse ; M. de Torcy, conducteur des nobles de Normandie ; messire Robert de Touteville, prévôt de Paris, chef et conducteur des nobles de ladite prévôté et vicomté de Paris ; M. le bailly de Senlis et les nobles dudit baillage sous la charge de M. le comte de Dammar-

---

[1] Un des meilleurs capitaines du temps. Nous l'avons déjà vu figurer à la bataille de Castillon.

(*a*) Au-delà de. — (*b*) Mirent en batterie.

tin[1], grand-maître d'hôtel de France, accompagné de 100 lances, et Jean de Salezart[2], accompagné de six-vingts hommes d'armes de toutes les compagnies qui étoient lors en garnison à Amiens, tous lesquels furent grandement et joyeusement recueillis (a) par lesdits habitans, criant Noël à haute voix ; et pour leur montrer la grande affection qu'ils avoient de les festoyer, firent mettre et dresser plusieurs tables garnies de vins et viandes au long des rues, et effoncer plusieurs muids et tonneaux de vins, à si grande largesse qu'il leur étoit avis qu'il ne coutât que puiser à la rivière.

Ledit jour de lundi, M. le maréchal Rohault, pour pourvoir à la charge de la ville, entre autres plusieurs capitaines qui lors y étoient, voulut distribuer les quartiers à un chacun, selon qu'il pouvoit faire par son autorité ; il avoit (pour supporter (b) M. de la Roche et M. de Fontenailles, qui continuellement tant de nuit que de jour, dès le samedi précédent qu'ils étoient venus au secours de ladite ville, avoient gardé le quartier de la porte de Bresle, qu'ils appelèrent la porte Brûlée) avisé de commettre audit quartier autres capitaines, les portes et murailles étant tellement battues de toutes parts, qu'il n'étoit homme qui osât se montrer sur la muraille. A quoi lesdits sieurs de la Roche et Fontenailles, qui survindrent pendant qu'on parloit de la matière, firent prières très-instamment que ledit quartier leur fût laissé, autrement qu'ils n'auroient cause d'être contens, attendu qu'au plus grand besoin et jusques à cette heure ils l'avoient toujours soigneusement gardé et défendu : si bien qu'à leur grande requête ils furent commis à ladite garde, qui étoit la plus dangereuse et difficile que toutes les autres.

[1] Antoine de Chabannes.
[2] Gentilhomme espagnol, de Biscaye, qui s'était attaché au service de Charles VII.

(a) Accueillis. — (b) Soulager, décharger.

Le mardi ensuivant, qui fut le dernier jour dudit mois de juin, par ordonnance des capitaines et chefs de guerre étant en ladite ville, et par aucuns de leurs gens, fut mis le feu en ladite église de Saint-Hippolyte, où s'étoient retirés et fortifiés lesdits Bourguignons en grand nombre, qui pouvoit porter un grand péril pour ladite ville, attendu la vicinité (a) et proximité de l'hôtel épiscopal, auquel ils eussent pu mettre le feu par les jardins de l'évêque.

Et comme lesdits Bourguignons sortoient hâtivement à grande foule de ladite église de Saint-Hippolyte, qui étoit toute en feu, ils furent servis d'un gros canon que portoient deux fausses braies (b) de l'hôtel dudit sieur évêque, regardant vis-à-vis de ladite église, et ce par cinq ou six coups, et y en eut plusieurs tués tant de pierres dudit canon que des autres couleuvrines qui furent tirées sur eux, encore en demeurèrent plusieurs, et des plus grands seigneurs, en ladite église, parce qu'ils ne pouvoient vider tous ensemble, et entre autres en transportèrent un couvert d'une cotte d'armes, de la mort duquel ils firent lors grandes lamentations et cris.

Et ledit jour mardi, par ledit feu ou par trahison, fut mis le feu audit hôtel épiscopal: c'est à savoir en la cuisine basse, aux galeries devers les prisons, et en une bucherie étant sous la haute cuisine, où il y avoit plus de cinq cents morceaux de bois sec, mis pour la provision dudit hôtel. Toutesfois, on croit mieux ledit feu y a été mis par trahison qu'autrement, parce que lesdits lieux sont loin l'un de l'autre, lesquels feux furent incontinent éteints par la bonne diligence des habitans, excepté celui dudit bûcher, qui dura plus de huit heures, parce qu'il avoit commencé audit bois longtemps devant qu'on s'en aperçut, soudain en sortit une si grande fumée qu'il n'étoit homme qui osât approcher

(a) Voisinage. — (b) Ouvrage de fortification.

pour l'impétuosité d'icelui. Pour y remédier, on avisa que le meilleur seroit de le boucher à force de fiens et terreaux, par les huis et fenêtres de ladite bucherie, afin qu'il ne s'étendît aux édifices d'environ; et, finalement, tant par force d'eau que de trente tonneaux de vin qui y furent épanchés en grande diligence, pour obvier que le mur de ladite maison, qui servoit lors de muraille à la ville, ne fût brûlé, fut par ce moyen empêchée l'entrée aux ennemis, par cet acte de suffoquer, combien que déjà le feu eût épris les poutres et soleaux (a) qui étoient gros et carrés, et plus faciles à brûler que autres bois.

Pendant ce, les femmes et filles de Beauvais avec les anciens, valétudinaires et petits enfants, étoient à genoux devant la châsse de ladite glorieuse vierge sainte Angadrême, qui fut là apportée, et faisoient, en pleurant et se lamentant, leurs dévotes supplications pour la préservation et défense de la ville.

Au moyen desquelles, et par l'intercession de ladite dame, on croit certainement ladite ville avoir été préservée tant dudit feu que de la fureur des Bourguignons, lesquels, depuis les premiers assauts, se tinrent en leurs loges sans faire semblant d'assaillir, jusques au neuvième jour de juillet, qui étoit le treizième jour dudit siége, excepté que ceux qui étoient logés aux faubourgs Saint-Nicolas et Saint-Quentin, et ès jardins de Saint-Gilles, pour les eaux furent contraints eux retirer dans leur parc et environ ladite abbaye de Saint-Lucien, qui est assise vers le haut pays, et sortant d'illec, boutoient le feu à tous lesdits faubourgs, chaussées et églises de Saint-Quentin, où ils firent un dommage irréparable du clocher qui fut brûlé, lequel étoit le plus somptueux et la plus belle aiguille qui fût au pays, et aussi le dégât des belles maisons, qui étoient quasi toutes neuves, étant auxdits faubourgs.

(a) Solives, soliveaux.

Toutesfois lesdits Bourguignons pendant ce temps battoient continuellement la muraille, églises et maisons de ladite ville, de grosses bombardes, mortiers, canons et serpentines, tellement qu'ils en découvrirent, effondrèrent et dépêchèrent (a) plusieurs, et abattirent la muraille jusqu'à rez de terre.

Mais il est maintenant avis à ceux qui ont été et séjourné en ladite ville durant ledit siège, que par singulier privilége, par les oraisons et intercessions desdits saints, Notre-Seigneur ait bénignement préservé le peuple y étant, de ladite artillerie; car, attendu la multitude du peuple, de tant de gens de guerre, habitans, gens de village qui s'y étoient retraits, que de marchands suivant l'armée, dont y avoit si grand nombre qu'à grand'peine pouvoit-on passer par les rues, et aussi la longue continuation du trait que lesdits Bourguignons, en un même instant et sans intervalle, jetoient en ladite ville, leurs mortiers et autres bâtons à feu, on se donnoit grand ébahissement qu'ils n'en avoient tué grand nombre, que visiblement et en plusieurs rues de la ville ils pouvoient choisir à l'œil les passans; et toutesfois au plus n'y en eut que vingt-quatre de tués.

Combien qu'entre ceux de la ville, dedans les églises, les maisons, mêmement dans les étables des chevaux et autres plusieurs lieux, chéoient très-souvent leurs pierres, les unes grosses comme le tour d'un fond de caque (b), autres de la rondeur d'une grande écuelle, autres de fer fondu pesant 20 ou 30 livres, et les autres de plomb et de fer de la grosseur d'un esteuf (c), ne faisant aucuns griefs ou dommage, sinon auxdites églises et maisons, qui en ont été terriblement battues et tellement, que par le rapport de tous les gens de bien de guerre qui y étoient, ils ne se trouvèrent jamais en lieu assiégé où fut fait telle batterie.

(a) Mirent en pièces, dépecèrent. — (b) Barrique. — (c) Balle de jeu de paume.

Aussi est-il vrai que par ceux de dedans la ville, et pareillement de la tour de Croul, située au milieu des jardins de mondit sieur l'évêque, ils furent diligemment servis de serpentines et gros canons, et si âprement, que souventes fois ils ont été contraints de transporter de lieu en autre leurs tentes, qui étoient percées partout pour la plupart de grosses miches (*a*) qui leur étoient envoyées, et tellement que grand nombre d'eux y ont été tués, comme appert ès églises et cimetières de l'abbaye de Saint-Lucien, Notre-Dame du Til, Marissel, et lieux circonvoisins dudit Beauvais, qui ont été si fort fouis et houés (*b*), qu'il semble à voir qu'on y ait voulu planter nouveaux ceps, et pareillement les vignes d'environ, où l'on ne pouvoit choisir les provins (*c*), parce qu'ils avoient été remplis des corps desdits Bourguignons.

Mais il faut noter que trois ou quatre jours auparavant, ledit jeudi neuvième jour de juillet, pour ce que lesdits Bourguignons avoient intention d'assaillir la ville, ils firent rompre à demi lieue de ladite ville ou environ, trois ou quatre éventelles (*d*) sur la rivière de Thérain, pour lui faire perdre ou divertir (*e*) son cours, et essuyer (*f*) l'eau des fossés de ladite ville, qui sont toujours pleins par le moyen de ladite rivière, laquelle aussi prend son cours au long de la muraille, d'une part, d'icelle ville, et par dedans en deux ou trois petits bras qui se partissent en divers lieux en icelle.

Et ce fait, commencèrent à faire aucunes mines, qui ne leur profitèrent guères, parce que ladite ville, pour la basse situation d'icelle, ne pouvoit être prinse par mines, obstant les eaux (*g*) qui à grande abondance y sourdoient en minant (*h*); mais néanmoins pour se garder des douteuses aventures, on fit dedans la ville

---

(*a*) Boulets. — (*b*) Creusés et remués avec la houe. — (*c*) Rejetons d'un cep de vigne. — (*d*) Bondes. — (*e*) Détourner. — (*f*) Faire écouler, vider. — (*g*) Les eaux faisant obstacle. — (*h*) Pendant que les Bourguignons minaient.

deux ou trois contre mines, combien qu'il n'en fût besoin.

Firent aussi lesdits Bourguignons grande provision de fagots, comme aucuns desdits Bourguignons prisonniers ont rapporté, et que le bâtard de Bourgogne avoit dit à son frère le duc de Bourgogne qu'il n'était jà (a) besoin d'en faire, parce que ceux de dedans empliroient assez leurs fossés de ses gens, s'il leur livroit l'assaut.

Ledit jour de jeudi, lesdits Bourguignons livrèrent un assaut à la ville, à l'environ des portes de Bresle et de l'Hôtel-Dieu, où ils descendirent (b) en très-grande puissance en environnant toute la muraille à l'endroit des deux portes, et au dessus et dessous d'icelles ; lequel assaut dura trois heures, où ils furent bien vaillamment recueillis par lesdits gens de guerre et habitans de la ville, qui ne leur donnèrent pas le loisir de jeter leurs fagots ès fossés.

En livrant lequel assaut, les femmes et filles, comme elles avoient fait aux précédens, portoient auxdits gens de guerre sur la muraille grande abondance de grosses pierres, pots de terre pleins de chaux vive, cercles de queues (c) et gros muids, et autres tonneaux, croisés l'un parmi l'autre, avec chausse-trappes, cendres, huiles et graisses toutes chaudes, pour jeter sur lesdits Bourguignons, afin qu'ils ne pussent monter sur la muraille. Mais néanmoins aucuns d'eux vinrent bien accompagnés planter deux ou trois étendarts au pied de la muraille qui étoit abattue, lesquels par ceux de dedans furent incontinent prins et déchirés devant leurs yeux ; et lors firent les habitans, en divers lieux au pied de la muraille, dresser sur bout et effoncer plusieurs queues et muids de vin, que lesdites femmes et filles, avec grands brocs et cruches, portoient auxdits gens de guerre de quartier en quartier, pour les rafraîchir, en

---

(a) Plus. — (b) Descendirent dans le fossé. — (c) Grosses futailles.

les admonestant de toujours avoir bon et entier courage. Autres aussi leur portoient vivres et viandes à grandes largesses, et recueillirent le trait (a) qui avoit été tiré par lesdits Bourguignons en ladite ville, dont ils furent si âprement servis avec ceux[1] qu'ils avoient dedans, qu'ils furent contraints eux retirer honteusement après grande occision de leurs gens, qui y demeurèrent en grand nombre, tant dedans les fossés que dessus les douves (b) d'iceux. Auquel assaut, comme au premier, fut portée et mise sur la muraille la châsse de ladite glorieuse dame sainte Angadrême, contre laquelle iceux Bourguignons tirèrent plusieurs flèches, et encore y en a une sur la châsse laissée pour perpétuelle mémoire. Et furent ceux de dedans bien marris et déplaisans que ledit assaut ne durât plus longuement, car ils ne désiroient rien plus que d'avoir à besoigner contre lesdits Bourguignons, et leur étoit avis que tant plus longuement y eussent été, tant plus y en fût demeuré.

Le vendredi ensuivant, 10º jour de juillet, environ l'heure de trois heures du matin, saillirent hors de la ville 3 ou 4000 habitans, entre lesquels étoit Salezart, accompagné de 15 ou 16 hommes de cheval, et Guérin le Groin, grénetier de Fécamp, qui fut conducteur des autres à pied, et parce qu'il n'y avoit aucune porte par laquelle ceux de cheval pussent sortir dehors, sinon par la porte de Paris, ils saillirent par ladite porte et traversèrent tout court la rivière, passant auprès de ladite porte pour retourner au long de la muraille, afin d'eux joindre jouxte (c) les fossés, et de là se transportèrent plusieurs d'iceux jusques au parc des Bourguignons, auquel parc entrèrent 60 ou 80, entre lesquels y fut ledit Salezart, et sous lui fut son cheval blessé à mort, combien qu'il le rapportât à la ville, et par lui et aucuns des susdits tant à pied qu'à cheval, en furent tués et

[1] Les projectiles.

(a) Ramassèrent les projectiles. — (b) Bords. — (c) Près de.

navrés en leurs tentes jusques au nombre de 200 ou environ. Et parce que la retraite ne fut pas si bien conduite que l'issue, à cause qu'aucuns s'en retournèrent dedans la ville sans attendre les autres, et que ceux de cheval ne pouvoient rentrer que par la porte de Paris, en descendant au long de la muraille, y demeurèrent 9 ou 10 de leurs gens, et entre autres demeura mort M. de la Gasteine, homme d'armes sous M. le grand-maître, dont fut pitié et grand dommage, car c'étoit un vaillant chevalier et honnête. A cette saillie, ainsi qu'ils étoient encore audit parc et qu'ils escarmouchoient lesdits Bourguignons, les habitans en nombre de 15 ou 16, accompagnés de 8 hommes d'armes, jetèrent (*a*) ès fossés de la ville deux gros canons, l'un de fer, l'autre de métal, et sur celui de métal étoit écrit : Montlhéry, et coupèrent la gorge aux canonniers qui les gardoient, et puis furent tirés de nuit par engins dedans la ville, sans que ce faisant aucun fût mortellement navré ou blessé. Et outre depuis ladite saillie furent faites sur lesdits Bourguignons plusieurs autres petites saillies par lesdits gens de guerre ; s'ils eussent pu trouver le moyen de saillir et eux retraire sans danger, mais parce qu'il n'y avoit aucune porte ouverte par laquelle on pût saillir sur eux (*b*), sinon la porte de Paris, qui étoit bien loin de leur parc, ni lieu par lequel on les pût battre, ne purent si bien besogner comme ils eussent bien voulu.

Et combien que, depuis le dernier assaut, les Bourguignons fissent chaque jour courir le bruit qu'ils assailleroient encore la ville, néanmoins, mémoratifs de la bonne résistance qui leur avoit été faite, et que plus ils viendroient, plus ils y perdroient, ils ne s'y osèrent oncques depuis aventurer.

Et finalement connoissant le duc de Bourgogne qu'il perdoit temps de séjourner devant ladite ville, et qu'il

---

(*a*) Prirent. — (*b*) Faire une sortie contre les Bourguignons.

ne pouvoit grever (a) ceux de dedans, combien qu'il eût donné à plusieurs traîtres grande somme de deniers, qui étoient habillés en paysans, les autres en habits de maronniers (b) et autrement pour y bouter le feu, dont les uns furent prins en présens méfaits (c), les autres par soupçon avec leurs poudres, qui eurent la tête coupée.

Après que pour soi venger des grandes pertes et dommages qu'il avoit eus et portés, il eut brûlé tous les villages des environs de ladite ville, à 4 ou 5 lieues d'icelle, mêmement du côté où il tenoit son parc, car d'autre part il n'y eût osé passer, en un mercredi matin, qui étoit le 22 juillet, en belle nuit, sans trompette, honteusement et vilainement, s'enfuit et délogea avec son ost (d), clos et fermé dedans son parc, et tira par la ville de Poix vers Aumale, et de là à Saint-Valery et à Eu, en Normandie; et, en y allant, brûloit toutes les places et les grains étant parmi les champs, où il commit plusieurs exécrables maux et dommages irréparables.

Ne faut omettre que plusieurs bonnes villes de ce royaume ont secouru, pendant le siége, les habitans de Beauvais, et entre autres ceux de Paris, qui à toute diligence, sitôt qu'ils en furent avertis, envoyèrent grand nombre de grosse artillerie, couleuvrines, arbalétriers, canonniers et pionniers, et des vivres à si grande abondance que, durant ledit siége, jaçoit que (e) toutes les portes fussent fermées excepté celle de Paris, on y avoit beaucoup plus grand marché que l'on avoit eu longtemps auparavant ledit siége.

Ceux de Rouen y envoyèrent grand nombre de pionniers, arbalétriers, maçons et charpentiers, payés pour six semaines, eux offrant libéralement subvenir à la ville et habitans d'icelle, en tout ce qu'il leur seroit possible.

Pareillement ceux d'Orléans envoyèrent 50 pipes de

(a) Accabler, faire du mal. — (b) Matelots. — (c) En flagrant délit. — (d) Armée. — (e) Malgré que.

vin, qui y furent données et distribuées par les habitans d'icelle ville à M. le connétable de Saint-Pol, qui venoit de Creil et qui étoit arrivé en ladite ville depuis la fuite des Bourguignons, comme aux autres capitaines dessus nommés [1].

MORT DE JEAN V, COMTE D'ARMAGNAC.

1473.

Supplique adressée au roi Charles VIII pendant la tenue des États-Généraux de Tours en 1484 [2].

Comme le chancelier finissait de parler, messire Charles d'Armagnac [3] qui se tenait sur l'estrade, au pied du trône, se jeta à genoux devant le roi, et, pour ainsi dire, le pria de lui donner audience ; ce que le roi lui octroya. Aussitôt, suivi de son avocat et de trois ou quatre personnes seulement, il descendit sur le carreau inférieur de la salle, puis se plaça en face du roi. Son avocat prononça ce discours :

Très-chrétien roi, notre souverain et naturel seigneur, ce vrai et unique héritier de la très-illustre et de la très-fidèle maison d'Armagnac voudroit bien n'être pas obligé de déplorer, en présence de Votre Majesté et d'une si célèbre assemblée, des malheurs que son ancienne prospérité lui rend pénibles à raconter, et que vous n'entendrez pas sans horreur du crime, et sans pitié du suppliant.

---

[1] Une procession solennelle fut instituée pour conserver le souvenir de la préservation de la ville « contre la furie du duc de Bourgogne » ; elle a lieu le 27 juin de chaque année, et Jeanne Hachette en est toujours l'héroïne.

[2] Extrait du Journal desdits États-Généraux, rédigé en latin par Jean Masselin, député du bailliage de Rouen, official de l'archevêché de Rouen, publié et traduit par A. Bernier.

[3] Frère du comte Jean V. Il était perclus et presque hébété par suite de sa cruelle captivité. Sa vue produisit une grande émotion dans l'assemblée.

Mais la monstruosité des crimes commis contre lui et contre les siens, et toujours impunément, a été telle; il est resté jusqu'à ce jour dans la condition d'une fortune si cruelle, à l'égal des condamnés, privé de ses possessions et de son rang, qu'il aurait cru garder un silence blâmable, en ne dénonçant pas les massacres de sa famille innocente et tant d'atrocités horribles : ce qu'il devrait faire, quand même il aurait la pleine jouissance de la totalité de ses biens, surtout en ce temps que votre bonté et votre autorité royale, après avoir appelé de tout le royaume les hommes considérables, ont ouvert à chacun la voie de la justice.

Si parfois une poursuite vive et véhémente a été intentée même par des gens d'une humble famille, pour des biens qu'on leur avait pris, des outrages qu'ils avaient reçus, ou pour une réputation attaquée ; pensez-vous que le seigneur suppliant se taira, lui qui a souffert non pas seulement des spoliations et des paroles outrageuses, mais aussi des tourments de corps, et qui a ressenti les derniers supplices infligés aux siens ?

Que les travaux par vous entrepris présentement ne nous ont-ils laissé plus de temps pour parler ! J'aurais appuyé mon allégation de preuves juridiques et historiques ; mais, comme je vois en quelque sorte vos oreilles fatiguées de tous les discours précédents, je raconterai brièvement et sans fard la simple vérité des faits.

Premièrement, je parlerai du pitoyable sort du frère et de la sœur du seigneur Charles. Deuxièmement, je vous entretiendrai de ses propres malheurs.

Le frère du suppliant, l'illustre comte d'Armagnac, ayant été accusé à tort par des délateurs, avait encouru la disgrâce du roi : le comte de Dammartin, avec une forte armée, entra en ennemi sur ses terres, contraignit le seigneur d'Armagnac, qui ignorait malveillance du roi, et qui ne soupçonnait rien de semblable, à se renfermer dans les murs de sa ville de

Lectoure. Il demanda permission d'envoyer un messager au roi et même d'aller personnellement se justifier desdites accusations. Le sire de Dammartin le lui refusa absolument.

A cause de ce refus, et craignant qu'un long siége n'entraînât la perte de ses sujets et la dévastation de ses biens, il se retira dans les provinces d'Espagne. Ainsi personne ne résistait au comte de Dammartin. Néanmoins, comme si l'on eût jeté un interdit sur tout le comté, il fut ravagé par ce seigneur, qui pilla non-seulement les propriétés des hommes, mais même les églises, les choses sacrées, et qui, de plus, ne s'abstint pas des incendies.

De l'Espagne, où résidait le comte, il envoya des députés implorer la grâce du roi, dire qu'il avait pour la grandeur royale une fidélité entière et une âme obéissante, enfin prouver son innocence; mais il ne pouvait obtenir du roi son pardon et la faculté de rentrer dans son comté qu'en prenant lettres de grâce et de rémission de ses prétendus crimes. Or, il eût été ainsi convaincu manifestement de félonie, lui qui n'était pas coupable!

Il avait passé dans son exil quelques jours calmes et tranquilles, lorsque derechef la faction de ses ennemis l'attaque, le chasse, le met en fuite. Quoique cette nouvelle persécution lui apprît assez que leur haine était implacable, il ne recourut pas moins à la clémence du roi, en employant tous ses amis et tous ses moyens; et il demandait que, si par hazard on avait quelque délit à lui reprocher, on jugeât sa cause au parlement de Paris.

Mais l'astucieuse calomnie des délateurs prévalut: ils avaient fermé entièrement les oreilles royales à ses prières. Pauvre et rempli de douleur, il était donc errant par le monde, cet homme illustre, lui naguère opulent, et qui n'avait pas coutume de demander l'aumône ou de prier quelqu'un de l'assister! Il pensait

4.

cependant que ses malheurs étaient arrivés plus par la ruse et par le complot des méchants que par la volonté du roi.

Soit qu'il eût cette conviction, soit que, voyant l'injustice le dépouiller de ses biens, il suivit en quelque sorte l'entraînement de sa misère et de son désespoir, il résolut de revendiquer ses droits à tout prix, ayant commis en apparence ce seul crime, que, dans l'extrémité où il était réduit, il avait pris conseil de la force. Il rentra furtivement dans son comté, où il fut reçu de ses sujets qui l'aimaient beaucoup. Maître de la place et de la forteresse de Lectoure, après avoir surpris la nuit la garnison royale, qui était grande et remarquable, il la renvoya sans rançon et sans aucun mal. Elle lui promit d'ailleurs, en récompense, le pardon du roi; et il crut qu'ainsi la colère et la haine serait apaisées, ou que la voie de la justice lui serait ouverte.

Mais bientôt une grande armée donnée à ses ennemis franchit les frontières du pays d'Armagnac; elle détruit, saccage tout. Enfin le comte, vivement assiégé dans les remparts de Lectoure, voyant qu'il n'avait aucun pouvoir d'obtenir la grâce du roi, et qu'il ne lui restait aucun espoir, prit la ferme résolution de sortir du comté et du royaume, afin d'obéir aux ordres royaux et de fuir la rage de ses persécuteurs, quoique l'avantage de la place, fortifiée naturellement par sa position, et l'abondance des vivres et des armes lui eussent permis de retenir longtemps l'armée du roi. Il capitula donc, comme on dit, et il convint avec le lieutenant de Sa Majesté qu'on lui laisserait sa femme, sa famille, ses biens, et que, accompagné de ses troupes saines et sauves, il se retirerait du château et de la ville, et qu'il quitterait la France, sans pouvoir jamais y revenir.

Le traité ayant été confirmé de part et d'autre par un serment solennel, le château ne tarda pas à être rendu, et l'armée royale à être reçue dans la ville. Le comte alla à son logis particulier, prépara ses bagages, pressa son départ, pour lequel, aux termes de la capitulation, avait été assigné le délai de quatre jours.

Le lendemain de la reddition de la ville, vinrent en son hôtel Robert de Balsac, neveu du sire de Dammartin, et Guillaume de Montfaucon, en compagnie de Pierre Le Gorgias, cruel archer, et de plusieurs autres.

Ils trouvent le seigneur comte dans sa chambre, assis sur un banc à côté de la comtesse [1], autour d'eux des femmes et un petit nombre de parents. Ils se saluent réciproquement en amis, et causent quelque temps avec tranquillité. Tout à coup Montfaucon se tournant vers l'archer, lui dit : « Fais ton devoir. » Aussitôt le cruel serviteur tire son épée, se précipite sur le comte, qui ne s'attendait à rien, et, à la vue de sa femme et de ses proches, le perce de plusieurs coups et le tue.

O crime abominable et inouï ! O les plus sanguinaires et les plus impies des traîtres ! Qui jamais, au royaume de France, a entendu parler d'une action pareille ? Rappelez et placez devant vos yeux le spectacle d'un forfait aussi horrible : contemplez un homme innocent [2], assassiné au mépris de la justice, de la loi des traités et des serments, alors qu'il n'a pas la moindre défiance ; un sang illustre et royal répandu avec cruauté, non par la violence de la guerre, mais en pleine paix, non dans le désordre de quelque tumulte, mais dans une chambre, non par une condamnation publique, mais par la haine et de la main des hommes les plus méchants et les plus vils !

Pour moi, il me semble les voir ici, la famille chérie du mort et sa très-noble et bien-aimée épouse, qui alors était grosse ; elles sont présentes à cette scène ; la femme frappée de stupeur tombe évanouie, puis, ayant repris

---

[1] Jeanne de Foix, sa seconde femme ; la première avait été sa propre sœur, Isabelle d'Armagnac.
[2] L'avocat va un peu loin. Jean V était parfaitement coupable de rébellion et de plusieurs autres crimes.

connaissance, elle s'écrie : « Gens déloyaux et traîtres, est-ce ainsi que vous gardez votre foi ? Est-ce ainsi que vous observez les traités et vos serments ? Hélas ! que je suis malheureuse de perdre mon mari, lui dont le sang a rejailli jusqu'à mon visage, lui dont l'existence était ma vie ! Eh bien ! je le veux : que votre épée se retourne en fureur dans mes entrailles. Oui, je serais fâchée de survivre plus longtemps. Mais, ô Jésus ! ô justice du peuple, je vous implore, ne laissez pas impuni ce crime. Et vous, puissé-je voir enfin de mes yeux vos membres lentement déchirés par toutes sortes de tortures, et vos jours être courts et finir ainsi misérablement ! »

Qui serait assez insensible pour ne pas pleurer en entendant ce récit ? Qui serait assez cruel pour ne pas avoir cette action en horreur ? Mais comme je m'empresse d'en raconter d'autres plus monstrueuses, je n'ai pas le temps d'insister là-dessus davantage : et je ne veux pas être censé avoir parlé d'une cruauté commise, car elle n'est rien auprès de celle que je vais dire.

Pendant l'exécution du crime, le tumulte et les cris entendus au dehors animèrent les archers, qu'on appelait les francs-archers, qui, se précipitant aussitôt dans la maison, montent jusqu'au lieu où le sang avait été répandu, et y entrent.

Ils trouvent à terre un cadavre saignant d'une récente blessure, des femmes pleurant alentour. Ils ne sont pas émus de la moindre pitié. Au contraire, l'aspect du sang, de cette tristesse déplorable, des pieuses larmes des femmes, augmente leur férocité. Ils les saisissent incontinent comme des forcenés, arrachent violemment de leurs doigts les bagues, de leur cou les colliers, et du reste de leur corps les parures qui l'entourent ; puis, tandis qu'en vain elles implorent du secours et crient merci, ils les entraînent, les serrent contre eux avec de vives étreintes ; et déjà, après les avoir dépouillées de leurs ornements, ils allaient leur faire subir les derniers outrages, quand survint Gaston de Lione, qui les sauva, après des efforts extrêmes et au péril de ses jours. O très-nobles et très-chastes femmes, qui avez reçu des plus indignes et des plus vils des hommes, d'affreux outrages, qu'on n'infligerait peut-être pas impunément à des courtisanes ! Oui, Gaston de Lione vint au secours de ces femmes échevelées, ayant les vêtements en lambeaux ; puis, sorti vainqueur d'une lutte pénible, il les conduisit dans le château de la ville, qui était loin de là.

Le forfait plus grand qui fut prémédité ensuite, cet acte qui fut commis plus inhumainement encore, soyez, je vous prie, empressés et attentifs pour l'entendre.

Je crains seulement de paraître réciter une tragédie, tant est rare cette cruauté, ou d'offenser de mes paroles les oreilles royales, non encore remplies de pareilles histoires. Mais on demande vengeance contre les coupables ; de plus, il faut que le crime soit dévoilé. Pourtant, à cause de l'horreur qu'il inspire, je ne le montrerai qu'à demi.

La très-noble veuve, trois jours après, fut transportée de la ville de Lectoure dans le château de [Buzet], qui en était distant d'à peu près trois lieues. Elle y était depuis quelque temps, et elle se trouvait près de ses couches, qui devaient se faire au bout de deux mois, lorsqu'elle vit arriver plusieurs émissaires, de qui j'avais résolu de taire les noms ; mais le commandement du Seigneur ici présent, à qui j'ai voué ma bouche et mes paroles, m'impose l'obligation de les nommer.

Le seigneur de Castelnau de Bretenoux, maîtres Masse, Guernadon et Olivier Le Roux, secrétaires du roi, suivis d'un apothicaire, entrent dans la chambre de la veuve enceinte, et lui présentent à boire un breuvage qu'ils ont apporté. Elle refuse de le prendre. Ils assurent que la potion n'est aucunement malfaisante, jurent que, si elle la repousse davantage, ils la forceront, et la menacent de la mort.

Cette femme, dénuée de tout appui, avala le breuvage; ou plutôt, pour mieux parler, il fut violemment versé dans sa bouche et dans son corps. Eh bien! qu'en advint-il? La comtesse éprouva sur-le-champ un douloureux avortement, et mit au monde un enfant sans vie. Elle-même, par la force de cette potion violente et mortelle, rendit l'âme deux jours après, en sorte qu'une seule gorgée de ce liquide fortement empoisonné causa deux morts à la fois. Il ne suffisait pas pour rassasier la haine de ses ennemis, de se déchaîner contre ceux qui étaient vivants, et déjà nés; il leur fallut aller chercher dans le ventre de la mère des enfants à naître, afin de les tuer [1].

En cela, la cruauté d'Hérode est entièrement surpassée, et, auprès d'une telle action, le taureau de Phalaris et les fables des anciens deviennent croyables.

J'en dis plus que je n'avais promis et que je ne voulais, mais la scélératesse et l'énormité du fait m'a entraîné; car elle excite aisément la langue, quoiqu'on préfère garder le silence. C'en est donc assez là-dessus, afin que la simple vérité se montre. Maintenant je raconte en peu de mots les malheurs et les pitoyables tourments qu'a éprouvés le seigneur suppliant.

Au commencement de la conjuration faite contre son frère par les ennemis des d'Armagnac, lorsque déjà la guerre était allumée, il menait dans son château une vie assez tranquille. Tout à coup ses adversaires l'enlèvent: il est conduit à Paris et jeté en prison, bien qu'il ne fût aucunement l'aide et le complice de son frère, en supposant celui-ci coupable. Là, torturé durant quatorze années entières, il vécut dans les chaînes et les ténèbres: et, pour dire combien de fois, pendant ce

---

[1] La branche directe des comtes d'Armagnac était ainsi détruite, et ses fiefs confisqués. Charles VIII rendit à Charles d'Armagnac, « le suppliant », les comtés d'Armagnac et de Fezenzac, qui furent de nouveau réunis à la couronne, en 1497, à sa mort sans postérité.

temps, il changea de prisons, combien de fois il endura des supplices, il subit des interrogatoires et des condamnations, ce seraient des détails difficiles à donner, et l'affaire de plus d'un jour.

Enfermé d'abord à la Conciergerie, il fut mis fortement à la question ; mais aucune sentence ne vint lui porter atteinte : bien au contraire, un arrêt du Parlement allait l'acquitter, si ses ennemis[1] n'avaient pas empêché qu'il fût prononcé.

Ils vivent encore les conseillers royaux qui ont fait cette instruction et ce procès étrange ! Je demande en grâce qu'ils soient interrogés et entendus. Quoique aujourd'hui le comte[2] soit libre d'aller et de venir, et que la restitution de ses biens lui soit due de droit, il n'a pu l'obtenir encore. Sa réclamation irritait davantage ses persécuteurs : ils redoublaient le poids des fers et des souffrances. Ce pauvre seigneur, traîné de prison en prison, endurait toujours de nouveaux supplices et de nouveaux tourments.

Enfin il tomba sous la main de Philippe Luillier, homme impitoyable et sanguinaire, et cette main lui eût porté le dernier coup, pour ainsi dire, si la protection singulière de Dieu ne l'eût sauvé. Mais, je vous prie, ayez la patience d'apprendre comment il a été traité de cet homme.

Luillier était alors capitaine de la Bastille Saint-Antoine. Il jeta le seigneur suppliant dans un cachot très-étroit et ténébreux, et si profond que l'eau qui entoure la Bastille monte souvent plus haut que cette fosse. Il y avait bien une voûte en pierre qui devait empêcher l'eau de pénétrer partout, mais qui la retenait si mal cependant, que sans cesse elle tombait goutte à goutte sur la tête du prisonnier, et qu'il restait quelquefois

---

[1] Euphémisme pour dire le roi Louis XI, qui entendait détruire aussi la branche cadette d'Armagnac, comme il attaquera aussi la branche collatérale des Armagnacs ducs de Nemours.
[2] Charles était comte de Fezenzac.

enfoncé jusqu'aux genoux dans la boue. Voilà d'abord son logis.

Il avait du pain sec et en petite quantité, ainsi que les autres aliments. Sa boisson était de l'eau. On ne lui donna pas habituellement de meilleure nourriture, si ce n'est environ deux ans après qu'il fut entré dans ce séjour. Certes, il ne niera pas qu'alors on le nourrit un peu plus splendidement ; mais il n'eut presque aucun vêtement : couvert de lambeaux usés, il manqua souvent de chemise et toujours de chaussure. Et plût à Dieu que ces âmes féroces, ces cœurs inflexibles eussent été contents de ces incomparables vexations !

Mais non. Comme s'ils eussent juré de le faire mourir par un long martyre, ce Luillier, leur principal ministre, donna ses ordres, et on lui arracha violemment la moitié de ses dents ! Imaginez avec quelle douleur, puisqu'il n'y sentait aucun mal, à moins que ce ne fût le mal de la faim. Ce n'est pas tout : plus de cent fois on le frappa jusqu'au sang, de verges de bois, en présence de Luillier, qui l'avait ordonné ; et il endura ainsi, ce qui est pire que l'extrême souffrance, les coups honteux qu'on infligerait plutôt, sans excès toutefois, à des enfants qui doivent être châtiés.

Telles sont les afflictions, tels sont les tourments dans lesquels il passa quatorze années de sa vie, qui a été conservée pour souffrir ; aussi lui a-t-il été bien plus pénible et moins supportable de traîner une existence languissante, au milieu de ses misères et d'un douloureux esclavage, que s'il fût mort tout de suite d'un seul coup.

Après le temps susdit, ses tortures et ses chaînes l'avaient estropié, et l'avaient rendu incapable de se servir de tous ses membres ; son tempérament était gâté par la mauvaise nourriture et par la malpropreté du cachot : alors on lui permit de sortir. Pourquoi ? Parce que ses geôliers s'ennuyaient de le garder, et qu'ils ne le voyaient pas près de mourir aussi vite qu'ils l'avaient espéré. Il partit donc libre, mais privé de tout son bien, car on ne lui rendit pas seulement de son patrimoine de quoi se procurer la nourriture et les vêtements nécessaires. Et ce qui frappe et étonne davantage le monde, encore aujourd'hui que votre bonté royale a promis restitution à quiconque aura été dépouillé injustement, des spoliateurs ne craignent pas de retenir l'héritage du suppliant : que dis-je ? ils vont jusqu'à soutenir opiniâtrément qu'il leur appartient en vertu des meilleurs titres.

La justice embellit principalement la gloire de la majesté royale (car, dit le sage, c'est par elle que les rois règnent) ; par conséquent, prince très-équitable, le comte a pensé qu'il est de votre devoir de le retirer de l'abîme où l'ont jeté les persécutions des méchants, et de lui tendre la main de votre souveraine puissance et de votre excellente équité, et de l'aider à venger les morts si peu méritées de ses proches. En qualité de monarque très-bon, vous avez voulu commencer votre règne par la justice ; et vous l'avez solennellement promise par la bouche de votre chancelier, à l'assemblée des nobles et des hommes les plus notables du royaume. Cette promesse a relevé ceux que des jours de malheur avaient abattus ; elle leur a donné de l'espoir et une pleine confiance ; elle les a même encouragés à venir se plaindre des injustices dont ils ont souffert : et ils ne doutent nullement que plus tard justice sera faite. Je le dirai avec calme : vous avez reçu un peuple que la licence de tous les méchants avait trop dégradé, et vous avez à cœur de lui imposer un ordre parfait, à l'aide des conseils des honnêtes gens : donc il est très-nécessaire, prince sérénissime, de punir d'abord, et avec une extrême sévérité, le crime que mon seigneur a dénoncé, et beaucoup de crimes abominables qui plus que les autres couvrent la nation de déshonneur. En effet, la principale question qui s'agite ici est pour le sujet non des biens, mais de la vie ; non de la mort d'un simple particulier, mais du meurtre très-cruel d'un très-noble seigneur, que, sans aucune condamnation publique, sans emportement de colère, avec une haine réfléchie et invétérée, d'exécrables scélérats ont inhumainement assassiné, et, ce qui est affreux, au moyen de la ruse, de la trahison, au mépris des serments. Nous allons plus loin : nous portons devant vous une accusation pour trois morts horribles ; et je parle de la double mort d'un enfant venant au monde, savoir : la mort temporelle et la mort éternelle.

O action qui ne saurait justifier l'approbation de personne ! forfait dont l'énormité ne rencontrerait dans aucune loi humaine un supplice assez grand ! Si un très-noble seigneur avait ainsi fait tomber cruellement sa fureur sur une maison obscure, toutes les forces de la justice devraient, malgré son nom, l'assaillir, le torturer et le punir. Mais c'est un très-illustre comte, de la famille des rois de France et d'Espagne, que vous voyez périr sous les coups de gens dont la noblesse apparente n'est que médiocre, et, je l'avouerai, bien au-dessous de celle du mort ; de gens qui n'ont pas la moindre apparence d'un noble cœur. Et de tels hommes ont osé tuer cet homme, de qui les prédécesseurs ont rendu de beaux et de grands services à la France, puisque son aïeul [1] et son trisaïeul [2] succombèrent courageusement pour la défense du roi et du royaume ! Ces infâmes scélérats, nouveaux parvenus, non-seulement n'ont pas servi l'État, mais ils ont exploité à leur profit le peuple et la chose publique, puis à la fin ils ont osé répandre des flots de sang.

Je ne tairai pas l'illustre origine de la comtesse. Sachez que, fille du comte de Foix, elle descend des rois de France, de Navarre et d'Aragon. Je ne veux point redire les meurtres inexprimables et horribles de cette

---

[1] Bernard VIII, le connétable, massacré en 1418.
[2] Jean Ier, comte d'Armagnac, mort en 1373.

dame et de son fruit. Retenez seulement ce sommaire de mon récit: le mari, la femme et l'enfant ont été assassinés; ensuite le frère unique du comte a subi des supplices pires que la mort, comme si la famille d'Armagnac eût été condamnée tout entière à mourir.

Mais ô Dieu! ô hommes! Le croirez-vous? Non-seulement ils respirent et ils vivent encore, ces monstres de scélératesse, mais même ils jouissent des richesses et des honneurs : ils sont heureux! Et tandis qu'ils devraient penser à la mort et à la fuite, ils osent venir devant vos yeux[1], et s'y présenter, de manière que leurs rires criminels et leurs gestes sont ceux de gens qui écoutent un conte fait à plaisir.

Qui, je vous le demande, supporterait un pareil excès d'audace, de la part d'hommes si pervers? Quelle plus grande marque d'insensibilité que de ne pas rougir du crime au milieu d'une si célèbre assemblée? J'espère, ô hommes de sang, j'espère qu'un temps viendra où, enchaînés par la puissance royale, vous qui ne me croyez pas et qui vous imaginez que je plaisante et que je parle en l'air, vous porterez la peine de vos forfaits, même jusqu'à ce que vous mouriez.

Eh bien! roi sérénissime, en tirant vengeance de ces grands et étonnants coupables, commencez l'exercice sévère de la justice promise; car leur culpabilité est telle que vous ne pouvez aucunement tergiverser ou patienter plus longtemps. Et, si vous y mettez de la négligence, quel espoir, je vous prie, nous donnerez-vous que mille autres crimes qui déshonorent presque tout ce royaume seront enfin punis! D'ailleurs, quelle serait la beauté de la nation, si étant lavée de beaucoup de taches d'infamie, il lui en restait encore une, la plus impure et la plus honteuse de toutes?

[1] En effet, Dammartin, Castelnau de Bretenoux, Olivier le Roux, Robert de Balsac, Luillier, étaient présents à la séance, soit comme députés, soit à la suite du roi. Ils haussaient les épaules et, suivant la coutume de ces sortes de gens, souriaient avec dédain.

Certainement, laisser dans l'oubli ou dans l'impunité une cruauté des plus graves, ce serait, de votre part, laisser dans un extrême désordre l'État que vous souhaitez réformer, et de risquer de faire d'inutiles efforts pour l'accomplissement du reste de vos desseins.

Et vous, ô très-illustres princes, permettrez-vous qu'ainsi vos parents soient assassinés sans vengeance, et que votre sublime sang soit répandu par les mains les plus criminelles ? Pour peu qu'il y ait en vous une veine de ce sang de vos pères, bientôt vous devriez élever votre cœur, l'échauffer, l'enflammer de colère et courir sus.

Mais je ne l'exige pas. A vous, très-équitable roi, je demande que vous arrêtiez ces homicides, dont plusieurs sont ici présents et se trouvent livrés à votre puissance ; qu'en même temps on mette en détention le seigneur suppliant qui les accuse, et qui se soumet à la peine du talion ; que sa cause soit portée à la souveraine cour du Parlement; qu'elle y soit instruite, décidée et jugée.

En terminant ce discours, le comte pauvre et dépouillé vous sollicite de lui rendre ses revenus, afin qu'il puisse chasser la misère et payer ses dettes, et que du moins ses afflictions qui vous auront paru dignes de pitié, trouvent plus tard une fin. En effet, encore aujourd'hui, ce qui étonnera tout le monde, ces exécrables bourreaux, récompensés en quelque sorte de leurs crimes, détiennent plusieurs de ses possessions et de ses châteaux, qu'ils ont partagés entre eux comme butin et dépouilles d'un ennemi vaincu.

Ce que je viens de raconter et de solliciter, ô le meilleur des rois, je sens, oui je sens, que vous l'avez laissé descendre profondément dans votre âme. Aussi j'espère que le commandement de Votre Majesté nous assistera d'une excellente et pure justice, acte qui vous acquittera, soyez-en sûr, de l'engagement que vous avez pris envers vos sujets d'être juste. Cette équité sera un honneur infini pour la grandeur royale. Devant procurer à l'Etat la paix et la splendeur, elle portera au loin, jusque chez les nations étrangères, l'exemple de vos redoutables jugements et la gloire de votre nom ; elle fera naître aussi d'autres avantages en grand nombre, et, ce qui est préférable à tout le reste, elle vous vaudra l'amour des hommes et celui de Dieu.

« Ce discours fut écouté de l'assemblée avec une grande attention et une grande pitié, excepté de quelques-uns qu'il avait attaqués, et qui sans doute éprouvèrent peu de plaisir. Or étaient présents le comte de Dammartin, Robert de Balsac, le sénéchal d'Agénais, le seigneur de Castelnau, Philippe Luillier et maître Olivier le Roux.

» Je ne sais si quelques autres étaient à la séance. Du reste, dans la plus grande chaleur du discours, ceux que je viens de nommer, ne pouvant pas se défendre au moyen des paroles, car ce n'était pas le moment de répondre, montraient par leurs gestes, surtout par les mouvements de leurs mains et de leur tête, qu'ils méprisaient l'éloquence de l'orateur et qu'ils n'en faisaient nul cas.

» La plaidoirie terminée, le Chancelier se rendit auprès du roi et des princes, et, leur ayant parlé un instant, répondit audit suppliant : » Vous viendrez en conseil royal, et vous entendrez la décision qui sera prise de vous faire justice. » Il en dit autant aux enfants de Nemours qui avaient présenté leur requête. Alors on se retira.

» Après cette séance, plusieurs princes et seigneurs étant entrés dans la chambre du roi, le comte de Dammartin, alors présent, dit : « Tout ce qui a été fait dans cette occasion a été exécuté par ordre du roi ; et je soutiens que cela a été fait justement, car, ajouta-t-il, ledit Armagnac était coupable et traître. »

» Sur ce, le seigneur de Comminges, et quelques autres qui étaient du parti d'Armagnac, répliquèrent que Dammartin en avait menti par sa gorge ; puis, ayant tiré leurs épées, ils allaient se battre ensemble, si le respect pour le roi et les princes ne les eût empêchés. »

LETTRES PATENTES

PAR LESQUELLES LOUIS XI DONNE DES ARMOIRIES A OLIVIER LE MAUVAIS, ET LUI CHANGE SON NOM.

Octobre 1474.

Louis, par la grâce de Dieu, roy de France, savoir faisons à tous présens et à venir, que nous recordant comme puis aucun temps (a) par nos autres Lettres patentes en forme de charte, et pour les causes dedans contenues, nous avons anobli notre cher et bien amé valet de chambre maître Olivier le Mauvais [1] et sa postérité née et à naître en loyal mariage, sans ce que lui ayons donné ni ordonné aucunes armes pour enseigne, ce qui lui est nécessaire d'avoir, pour porter en signe et démontrance dudit état de noblesse perpétuel, à lui et aux siens descendans de lui en loyal mariage; considérant aussi les bons, grands, continuels et recommandables services qu'il nous a par ci-devant et dès longtemps, à l'entour de notre personne et autrement, en plusieurs et maintes manières, fait et continué de jour en jour, et espérant que encore plus fasse (b), voulant aucunement (c) les reconnoître, exhausser et décorer lui et les siens en honneurs et prérogatives, à icelui maître Olivier, pour ces causes et considérations,

---

[1] C'était un des plus mauvais garnemens et des plus grands débauchés qu'il y eut alors au monde ; ayant commis un nouveau crime, après la mort de Louis XI, la justice, sans tenir compte de sa noblesse et de ses armoiries, le condamna à être pendu. Louis XI, qui trouvait en ce misérable un agent toujours prêt à tout faire, lui donna la capitainerie de Loches, le gouvernement de Saint-Quentin, le titre de gentilhomme de la Chambre, plusieurs seigneuries de beau revenu et de grands appointements.

(a) Nous rappelant que depuis quelque temps. — (b) Fera. — (c) Quelque peu, d'une certaine manière.

et autres à ce nous mouvant, avons octroyé et octroyons de notre propre mouvement, grâce spéciale, pleine puissance, certaine science et autorité royale par ces présentes, voulons et nous plaît que lui et sadite postérité et lignée née et à naître en loyal mariage, puissent comme nobles porter les armes ci-peintes, figurées et armoyées [1], en tous lieux et en toutes contrées et régions dorénavant, perpétuellement et à toujours, tant en notre royaume que dehors, et en temps de guerre comme de paix, et qu'ils en jouissent et usent, leur vaillent et servent à la décoration d'eux, tout ainsi et par la forme et manière que si elles leur étoient ordonnées et échues de droit être et ligne; et avec ce voulons et nous plaît que lui et sadite postérité et lignée soient dorénavant surnommés le Daim en tous lieux, et tant en jugement que dehors, et en leurs actes et affaires; et lesquelles armes et surnom nous avons donné, octroyé et transmué (a), donnons, octroyons et transmuons audit maître Olivier et sadite postérité et lignée, sans qu'il soit loisible à aucun de plus les surnommer dudit surnom de Mauvais; lequel nom leur avons ôté et aboli, ôtons et abolissons par cesdites présentes, par lesquelles nous donnons en mandement à nos amés et féaux conseillers, les gens de notre cour de parlement, au prévôt de Paris, et à tous nos autres justiciers et officiers, ou à leurs lieutenans ou commis présens et à venir, et chacun d'eux, si comme à lui appartiendra, que de nos présentes grâce, don, transmutation et octroi, et de tout le contenu en cesdites présentes fassent, souffrent et laissent ledit maître Olivier le Daim, ensemble sadite postérité et lignée, jouir

---

[1] Les armes d'Olivier le Daim étaient d'un chevron accompagné en pointe d'un daim passant, l'écusson au côté droit, et d'un rameau d'olive, et au côté gauche une corne de daim; l'écusson couronné d'une couronne comtale.

(a) Changé.

et user pleinement et paisiblement, sans leur faire, ni souffrir être fait, ores (a) ni pour le temps à venir, aucun destourbier (b) ou empêchement au contraire, ainçois, si fait, mis ou donné leur étoit, l'ôtent, réparent et mettent ou fassent ôter, réparer et mettre incontinent et sans délai au premier état et dû. Et afin que du contenu en cesdites présentes aucuns ne puissent prétendre cause d'ignorance, Nous voulons et leur mandons qu'ils fassent icelles lire et publier par tous les lieux de leurs juridictions qu'il appartiendra, et dont ils seront requis ; car ainsi nous plaît-il être fait. Et afin que ce soit chose ferme et stable à toujours, Nous avons fait mettre notre scel à ces présentes, sauf en autres choses notre droit, et l'autrui en toutes. Donné à Chartres, l'an de grâce 1474, et de notre règne le quatorzième.

MORT DU CONNÉTABLE DE SAINT-POL.

1475.

Jean de Troyes.

Jean de Troyes, absolument inconnu, est l'auteur d'une chronique ou journal assez curieux, auquel on a donné, bien à tort, le nom de *Chronique scandaleuse*.

Pour ce que par le roy notre sire d'une part et ses ambassadeurs pour lui, et les ambassadeurs de monseigneur de Bourgogne, au mois d'octobre qui étoit passé dernier, en faisant par eux la trève de neuf ans entre eux deux, avoit été promis par ledit duc de Bourgogne de mettre et livrer ès mains des gens et ambas-

---

(a) Maintenant. — (b) Empêchement, dérangement, trouble.

sadeurs du roy le connétable de France, nommé messire Louis de Luxembourg, fut par ledit duc de Bourgogne baillé et livré ledit connétable ès mains de monseigneur l'amiral bâtard de Bourbon, de monseigneur de Saint-Pierre, de monseigneur du Bouchage, de maître Guillaume de Cerisay, et plusieurs autres. Et par tous les dessus nommés en fut mené prisonnier en la ville de Paris, et mené par dehors les murs d'icelle du côté des champs, à l'entrée de la bastille Saint-Antoine, laquelle entrée ne fut point trouvée ouverte ; et pour ce fut ordonné et amené monseigneur le connétable passer par la porte Saint-Antoine au dedans de ladite ville, et mis en ladite Bastille. Et étoit ledit monseigneur le connétable vêtu et habillé d'une cape de camelot doublé de velours noir, dedans laquelle il étoit fort embrunché (a); et étoit monté sur un petit cheval à courts crins, et en ses mains avoit des moufles (b) fort velues.

Et audit état, après qu'il fut descendu audit lieu de la Bastille, trouva illec monseigneur le chancelier [1], le premier président et les autres présidens en la cour de Parlement, et plusieurs conseillers d'icelle cour ; et aussi y étoit sire Denis Hesselin, maître d'hôtel du roy notre sire, qui tous illec le reçurent. Et après s'en départirent, et le laissèrent à la garde de Philippe Luillier, capitaine de la Bastille. Et auquel lieu de la Bastille, ledit monseigneur l'amiral, présent mondit seigneur le connétable, aux dits chancelier, présidens et autres dessus nommés, proféra et dit telles ou semblables paroles, en effet et substance : « Messeigneurs qui ci êtes tous présens, voyez ci monseigneur de Saint-Pol, lequel le roy m'avoit chargé d'aller querir par devers monseigneur le duc de Bourgogne, qui lui avoit promis de lui faire bailler en faisant avec le roy son dernier appointement (c) de la trève entre eux. En fournissant à

[1] Pierre d'Oriolle.

(a) Entortillé. — (b) Gros gants. — (c) Traité.

laquelle promesse le me a fait bailler et délivrer pour et au nom du roy. Et depuis l'ai bien gardé jusques à présent que je le mets et baille en vos mains pour lui faire son procès le plus diligemment que faire le pourrez ; car ainsi m'a chargé le roy de le vous dire. »

Et atant (*a*) s'en partit monseigneur l'amiral dudit lieu de la Bastille. Et après que le connétable eût ainsi été laissé ès mains des dessus nommés, monseigneur le chancelier, premier et second présidens de Parlement, et autres notables et sages personnes, en bien grand nombre, vaquèrent et entendirent (*b*) à bien grande diligence et sollicitude à faire ledit procès. Et en faisant icelui interrogèrent ledit seigneur de Saint-Pol sur les charges et crimes à lui mis sus et imposés. Auxquels interrogatoires il répondit de bouche sur aucuns points ; lesquels interrogatoires et confessions (*c*) furent mis au net et envoyés devers le roy.

Et le lundi, 4e jour de décembre audit an 1475, advint que un héraut du roy nommé Montjoie, natif du pays de Picardie, et qui faisoit sa résidence avec ledit seigneur de Saint-Pol, lui étant connétable, vint et arriva, lui et un sien fils, en la ville de Paris, par devers maître Jehan de la Drièche, président des comptes et trésorier de France, natif du pays de Brabant, pour lui apporter lettres du comte de Merle, de sa femme et de ses enfans, afin de secourir et aider par lui, en ce que possible lui seroit, audit connétable, père dudit comte de Merle. Lesquelles lettres maître Jehan de la Drièche ne voulut pas recevoir d'icelui héraut, sinon en la présence de monseigneur le chancelier et des gens des conseils du roy. Et à cette cause maître Jehan de la Drièche mena et conduisit ledit héraut jusques au logis de monseigneur le chancelier, afin que par lui lesdites lettres fussent vues et ce que dedans y étoit contenu. Mais pour ce que ledit Jehan de la Drièche, demeura longue-

---

(*a*) Alors. — (*b*) S'appliquèrent. — (*c*) Réponses, aveux.

ment au conseil avec monseigneur le chancelier et autres, ledit Montjoie et son fils s'en retournèrent en leur logis, et illec montèrent incontinent à cheval et s'en allèrent au gîte au Bourget, combien que à leur partement ils dirent à leur hôte que si aucun les demandoit, qu'il dit qu'ils s'en étoient allés au Bourg-la-Reine. Et quand ledit de la Drièche cuida trouver ledit héraut pour avoir lesdites lettres, ne le trouva point. Pourquoi fut hâtivement envoyé après ledit héraut jusques au Bourg-la-Reine, où il ne fut point trouvé ; mais fut trouvé par deux archers de la ville de Paris, au Bourget, et par eux ramené le dimanche tiers jours de décembre. Lequel fut mené et conduit jusques en l'hôtel d'icelle ville ; et illec, devant les gens et conseils à ce ordonnés, fut ledit Montjoie et son fils chacun à part interrogé, et furent leurs dépositions rédigées et mises par écrit par le sire Denis Hesselin. Et après ce furent Montjoie et son fils mis et laissés en la garde de Denis Baudart, archer de ladite ville, et en son hôtel ; auquel lieu il fut et demeura par l'espace de vingt-cinq jours, et illec bien et diligemment gardé avec son fils par trois des archers de ladite ville.

Et depuis ces choses, fut procédé par toute diligence à faire le procès du connétable par mesdits seigneurs le chancelier, présidens et conseillers clercs et lais de la cour de Parlement, lesdits de Saint-Pierre, Hesselin et autres à ce faire ordonnés et appelés. Lequel procès fut par eux conclu tellement, que, le mardi 19e jour de décembre, fut ordonné que le connétable seroit tiré hors de sa prison et amené en la cour de Parlement, pour lui dire et déclarer le dictum[1] donné et conclu à l'encontre de lui par la cour de Parlement.

Et fut à lui, ledit jour de mardi, en la chambre d'ice-

---

[1] *Dictum*, dicton d'une sentence ou d'un arrêt ; c'est le dispositif, c'est-à-dire la partie du jugement qui contient ce que les juges ont décidé.

lui connétable en ladite bastille Saint-Antoine, où il étoit prisonnier, monseigneur de Saint-Pierre, qui de lui avoit la garde et charge ; lequel en entrant en la chambre lui dit : « Monseigneur, que faites-vous, dormez-vous ? »

Lequel connétable lui répondit : « Nenni, longtemps a que ne dormis ; mais suis ici où me voyez pensant et fantasiant (a). » Auquel ledit de Saint-Pierre dit qu'il étoit de nécessité qu'il se levât[1] pour venir en ladite cour de Parlement, par-devant les seigneurs d'icelle cour pour lui dire par eux aucunes choses qu'ils lui avoient à dire touchant son fait et expédition, ce que bonnement ne pouvoit mieux faire que en ladite cour : et lui dit aussi ledit de Saint-Pierre qu'il avoit été ordonné que avec lui et pour l'accompagner y seroit et viendroit monseigneur Robert d'Estouteville, chevalier, prévôt de Paris ; de quoi le connétable fut un peu épouvanté par deux causes que lors il déclara : la première, pour ce qu'il cuidoit que on le voulsît mettre hors de la possession de Philippe Luillier, capitaine de la Bastille, avec lequel il s'étoit bien trouvé, et l'avoit fort agréable, pour le mettre ès mains dudit d'Estouteville, qu'il réputoit être son ennemi ; et que s'il y étoit, doutoit (b) qu'il lui fît déplaisir ; et aussi qu'il craignoit le populaire de Paris, et de passer parmi eux. A toutes lesquelles doutes (c) ainsi faites par le connétable, lui fut solu (d) et dit par le seigneur de Saint-Pierre : que ce n'étoit point pour lui changer son logis, et qu'il le mèneroit sûrement au Palais[2], sans lui faire aucun mal. Et atant (e) se partit de la Bastille, monta à cheval et alla jusques audit Palais, toujours au milieu desdits d'Estouteville et de Saint-Pierre, qui le firent

---

[1] Les séances du Parlement se tenaient de grand matin.
[2] Le palais de justice.

(a) Imaginant. — (b) Craignait, redoutait. — (c) Craintes, peurs. (d) Signifié comme chose résolue, *solutus*. — (e) Alors, aussitôt.

descendre aux degrés de devant la porte aux merciers d'icelle cour de Parlement. Et en montant ès dits degrés, trouva illec le seigneur de Gaucourt et Hesselin, qui le saluèrent et lui firent le bien venant; et le connétable leur rendit leur salut. Et puis après qu'il fut monté, le menèrent jusques en la cour (a) criminelle dudit Parlement, où il trouva monseigneur le chancelier, qui à lui s'adressa, en lui disant telles paroles : « Monseigneur de Saint-Pol, vous avez été par ci-devant jusques à présent tenu et réputé le plus sage et le plus constant (b) chevalier de ce royaume; et puis donc que tel avez été jusques à maintenant, il est encore mieux requis que jamais que ayez meilleure constance (c) que oncques vous n'eûtes. » Et puis lui dit : « Monseigneur, il faut que ôtiez d'autour de votre col l'ordre du roy[1], que y avez mise. » A quoi répondit ledit de Saint-Pol que volontiers il le feroit. Et de fait mit la main pour la cuider ôter; mais elle tenoit par derrière à une épingle, et pria audit de Saint-Pierre qu'il lui aidât à l'avoir, ce qu'il fit. Et icelle (d) baisa et bailla à monseigneur le chancelier. Et puis lui demanda ledit monseigneur le chancelier où étoit son épée, qui lui avoit été baillée en le faisant connétable. Lequel répondit qu'il ne l'avoit point, et que quand il fut mis en arrêt (e), que tout lui fut ôté et qu'il n'avoit rien avec lui, autrement ainsi qu'il étoit quand il fut amené prisonnier en ladite Bastille; dont par mondit seigneur le chancelier fut tenu pour excusé. Et atant se départit mondit seigneur le chancelier. Et incontinent après y vint maître Jehan de Popincourt, président en ladite cour, qui lui dit autres paroles telles que s'ensuivent : « Monseigneur, vous savez que, par l'ordonnance du roy, vous avez été constitué prisonnier en la bastille

---

[1] Le collier de Saint-Michel.

(a) Chambre. — (b) Ferme. — (c) Fermeté, courage. — (d) L'ordre. — (e) Arrestation.

Saint-Antoine, pour raison de plusieurs cas et crimes à vous mis sus et imposés; auxquelles charges avez répondu et été ouï en tout ce que vous avez voulu dire; et sur tout avez baillé vos excusations. Et tout vu à bien grande et mûre délibération, je vous dis et déclare, et par arrêt d'icelle cour, que vous êtes criminaux de crime de lèze-majesté, et comme tel êtes condamné par icelle cour à souffrir mort dedans le jour d'hui : c'est à savoir que vous serez décapité devant l'hôtel de cette ville de Paris, et toutes vos seigneuries, revenus et autres héritages et biens, déclarés acquis et confisqués au roy notre sire. »

Duquel dictum et sentence il se trouva fort perplexus (a), et non sans cause, car il ne cuidoit point que le roy ni sa justice le dussent faire mourir. Et dit alors : « Ha, Dieu soit loué, voilà bien dure sentence ! Je lui supplie et requiers qu'il me doint grâce de bien le reconnoître aujourd'hui. » Et dit en outre à monseigneur de Saint-Pierre : « Ha, monseigneur de Saint-Pierre, ce n'est pas ce que vous m'avez toujours dit ! » Et atant se retrahit (b).

Et lors ledit monseigneur de Saint-Pol fut mis et baillé ès mains de quatre notables docteurs en théologie, dont l'un étoit cordelier, nommé maître Jehan de Sordun, l'autre augustin, le tiers penancier (c) de Paris, et le quart étoit nommé maître Jean Hue, curé de Saint-André-des-Arcs, doyen de la faculté de théologie audit lieu de Paris ; auxquels et à mondit seigneur le chancelier il requit qu'on lui baillât le corps de Notre-Seigneur, ce qui ne lui fut point accordé; mais lui fut fait chanter une messe devant lui dont il se contenta assez.

Et icelle dite, lui fut baillé de l'eau bénite et du pain bénit, dont il mangea ; mais il ne but point lors ni depuis. Et ce fait, demeura avec lesdits confesseurs jus-

---

(a) Perplexe, atterré. — (b) S'abstint, se tut. — (c) Pénitencier.

ques à entre une heure et deux heures après-midi dudit jour, qu'il descendit dudit Palais et remonta à cheval pour aller en l'hôtel de ladite ville, où étoient faits plusieurs échafauds pour son exécution. Et avec lui y étoient le greffier de ladite cour et huissiers d'icelle. Et audit hôtel de la ville descendit, et fut mené au bureau dudit lieu, contre lequel y avoit un grand échafaud dressé ; et au joignant d'icelui on venoit par une allée de bois à un autre petit échafaud, là où il fut exécuté. Et en celui bureau fut illec avec sesdits confesseurs faisant de grands et piteux regrets. Et y fit un testament tel quel, et sous le bon plaisir du roy, que le sire Denis Hesselin écrivit sous lui. En faisant lesquelles choses il demeura audit bureau jusques à trois heures dudit jour, qu'il issit (a) hors d'icelui bureau, et s'en vint jeter au bout du petit échafaud, et mettre la face et les deux genoux fléchis devant l'église Notre-Dame de Paris, pour y faire son oraison, laquelle il tint assez longue, en douloureux pleur et grande contrition, et toujours la croix devant ses yeux, que lui tenoit ledit maître Jehan Sordun, laquelle souvent il baisoit en bien grande révérence, et moult piteusement pleurant.

Et après sadite oraison ainsi faite, et qu'il se fut levé debout, vint à lui un nommé Petit Jehan, fils de Henry Cousin, lors maître exécuteur de la haute justice, qui apporta une moyenne corde dont il lia les mains dudit de Saint-Pol, ce qu'il souffrit bien bénignement. Et après le mena ledit Petit Jehan, et fit monter dessus ledit petit échafaud, dessus lequel il se arrêta ; et tourna le visage par devers lesdits chancelier, de Gaucourt, prévôt de Paris, seigneur de Saint-Pierre, greffier de ladite cour, dudit sire Denis Hesselin, et autres officiers du roy notre sire, étant illec en bien grand nombre, en leur criant merci pour le roy (b), et leur requérant qu'ils eussent son âme pour recommandée, non

---

(a) Sortit. — (b) Qu'il pardonnait au roi.

pas, comme il leur dit, qu'il n'entendoit pas qu'il leur coutât rien du leur. Et aussi se retourna au peuple étant du côté du Saint-Esprit, en leur suppliant aussi de prier pour son âme; et puis s'en alla mettre à deux genoux dessus un petit carreau (a) de laine aux armes de ladite ville, qu'il mit à point et remua de l'un de ses pieds, où il fut diligemment bandé par les yeux par ledit Petit Jehan, toujours parlant à Dieu et à ses confesseurs, et souvent baisant la croix. Et incontinent ledit Petit Jehan saisit son épée que son père lui bailla, dont il fit voler la tête de dessus les épaules si rapidement que son corps tomba à terre aussitôt que la tête. Laquelle tête incontinent après fut prinse par les cheveux par icelui Petit Jehan, et mise laver en un seau d'eau étant près d'elle, et puis mise sur les appuis dudit petit échafaud et montrée aux regardans ladite exécution, qui étoient bien 200,000 personnes et mieux.

Et après ladite exécution ainsi faite, le corps fut dépouillé et mis avec la tête, tout enseveli dedans un beau drap de lin et puis bouté dedans un cercueil de bois que le sieur Denis Hesselin avoit fait faire. Et lequel corps ainsi enseveli vinrent querir les Cordeliers de Paris, et sur leurs épaules l'emportèrent inhumer en leur église; auxquels Cordeliers ledit Hesselin fit bailler 40 torches pour faire le convoi dudit corps, après lequel il fut et le convoya jusqu'audit lieu des Cordeliers; et le lendemain y fit aussi faire un beau service en ladite église; et aussi en fut fait service à Saint-Jehan en Grève, là où aussi la fosse avoit été faite, cuidant que on l'y dût enterrer. Et y eut été mis, si n'eût été que ledit Sordun dit au seigneur de Saint-Pol que en leur église avoit été enterrée une comtesse de Saint-Pol, et qu'il devoit mieux vouloir y être enterré que en nulle autre part; dont icelui de Saint-Pol fut bien content et pria à ses juges que son corps fût porté auxdits Cordeliers.

(a) Coussin carré.

Et est vrai que, après ladite sentence ainsi déclarée à part audit défunt de Saint-Pol, comme dit est, fut tout son procès bien au long déclaré au grand parc (a) de ladite cour, et à huis ouverts. Auquel procès fut déclaré de moult merveilleux et énormes cas et crimes faits et perpétrés par ledit Saint-Pol. Et entre autres choses fut dit comment le duc de Bourgogne et le comte de Saint-Pol avoient envoyé, de la part d'icelui de Bourgogne messires Philippe Bouton et Philippe Pot, chevaliers, et de la partie dudit connétable Hector de l'Ecluse, par devers monseigneur le duc de Bourbon, afin d'émouvoir mondit seigneur de Bourbon de soi élever (b) et être contre le roy, et soi départir de sa bonne loyauté ; auxquels fut dit pour ledit seigneur, par la bouche du seigneur de Fleurac son chambellan : qu'ils s'abusoient, et que ledit seigneur aimeroit mieux mourir que d'être contre le roy ; et n'en eurent plus cette fois. Et que depuis ce, ledit de l'Ecluse y retourna derechef, qui dit à monseigneur de Bourbon que ledit connétable lui mandoit par lui que les Anglois descendroient en France, et que sans difficulté, à l'aide dudit connétable, ils auroient et emporteroient tout le royaume de France ; et que, pour achever sa perdition et de ses villes et pays, ledit seigneur de Bourbon voulsît être et soi allier avec le duc de Bourgogne ; et lui dit, en ce faisant que lui en viendroit bien grand profit, et où (c) il ne le voudroit faire, que bien lui en souvînt, et que s'il lui en prenoit mal, qu'il ne seroit pas à plaindre. Lequel seigneur de Bourbon répondit audit de l'Ecluse qu'il n'en feroit rien, et qu'il aimeroit mieux être mort et avoir perdu tout son vaillant (d) et devenir en aussi grande captivité et pauvreté que oncques fut Job, que de consentir faire ni être fait quelque chose que ce fût, qui fût au dommage et au préjudice du roy. Et atant (e) s'en retourna ledit Hector,

---

(a) Parquet. — (b) Se soulever. — (c) Dans le cas où. — (d) Ancien participe de *valoir* ; son avoir, son bien. — (e) Alors.

sans aucune chose faire. Et paravant ces choses, le seigneur de Bourbon envoya au roy lesdites lettres de scellé dudit connétable, par lesquelles apparoit la grande trahison dudit connétable, et plusieurs autres grands cas, trahisons et mauvaisetés que avoit confessées en sondit procès le connétable, bien au long déclarées en icelui procès, que je laisse ici pour cause de briéveté.

Et si est vérité que ledit connétable, après qu'il eut été confessé et qu'il vouloit venir audit échafaud, dit et déclara à sesdits confesseurs qu'il avoit dedans son pourpoint 70 demi écus d'or, qu'il tira hors d'icelui, en priant audit Cordelier qu'il les donnât et distribuât pour Dieu et en aumône pour son âme et en sa conscience. Lequel Cordelier lui dit qu'ils seroient bien employés aux pauvres enfans novices de leur maison; et autant lui en dit le confesseur Augustin des enfans de leur maison. Et pour tous les apaiser, dit le défunt connétable à ses confesseurs, que chacun en prît la quatrième partie, et que en leur conscience le distribuassent là où ils verroient qu'il seroit bien employé. Et après tira un petit anneau d'or où avoit un diamant qu'il avoit en son doigt, et pria audit penancier qu'il le donnât et présentât de par lui à l'image Notre-Dame de Paris, et le mît dedans son doigt; ce que ledit penancier promit de faire. Et puis dit encore audit Cordelier Sordun : « Beau père, voici une pierre que j'ai longuement portée en mon col, et que j'ai moult aimée pource qu'elle a moult grande vertu, car elle résiste contre tout venin et préserve aussi de toute pestilence; laquelle pierre je vous prie que portiez de par moi à mon petit-fils, auquel direz que je lui prie qu'il la garde bien pour l'amour de moi. » Laquelle chose lui promit de le faire.

Et après ladite mort, monseigneur le chancelier interrogea lesdits quatre confesseurs s'il leur avoit aucune chose baillé, qui lui dirent qu'il leur avoit baillé lesdits demi écus, diamant et pierre dessus déclarés. Lequel chancelier leur répondit que au regard d'iceux demi écus et diamant, ils en fissent ainsi qu'il l'avoit ordonné; mais que au regard de ladite pierre, qu'elle seroit baillée au roy pour en faire à son bon plaisir.

SENTENCE DE CONDAMNATION

CONTRE JOACHIM ROHAULT DE GAMACHES, MARÉCHAL DE FRANCE,

Pour raison de plusieurs concussions, faux rôles des gens de sa compagnie, divertissement (a) des munitions de la ville de Dieppe, en plusieurs sommes et au bannissement perpétuel. Donné à Tours par des commissaires, président messire Bernard Lauret, premier président du parlement de Toulouse.

1476.

Vu par les commissaires à ce commis et députés par le roy notre sire le procès fait à l'encontre de messire Joachim Rohault, chevalier de l'Ordre, seigneur de Gamaches, maréchal de France, capitaine de Dieppe et de cent lances, ensemble sa confession volontaire par lui faite pardevant lesdits sieurs commissaires, et tout vu et considéré ce qui fut à voir et considérer à grande et mûre délibération : il sera dit que lesdits sieurs commissaires ont cassé et annulé, cassent et annullent certains contrats de vendition et transport faits audit messire Joachim par maître Gilles Lombard, du fief, terre et seigneurie de Monchun, et ont condamné et condamnent ledit messire Joachim Rohault à rendre et restituer audit maître Gilles Lombard ladite terre et seigneurie de Monchun, ensemble les fruits, revenus et émolumens qu'il en a pris et perçus depuis ledit contrat ; — aussi à la ville de Dieppe, la somme de 100 écus par lui prise des héritiers et exécuteurs de feu Montaut-

(a) Détournement.

Loultiez, en son vivant receveur des deniers communs de ladite ville de Dieppe, pour icelle somme être convertie et employée aux réparations de ladite ville ; — à Jehan Mommer, 50 bœufs ou la valeur et estimation d'iceux ; — à Colin Hochecorne, la somme de 120 écus d'or, déduit ce qu'il en apperra avoir été restitué audit Hochecorne par ledit Rohault ; — à la veuve et héritiers de feu Jehan Le Roy, de Rouen, la somme de 150 écus, lesquelles sommes ledit Rohault a exigé des susdits à tort et sans cause ; — et outre, pour plusieurs grandes et diverses sommes de deniers par lui indûment prises et exigées, de l'argent ordonné pour le payement de ses gens de guerre, de la grande ordonnance et de la morte-paye[1], étant sous sa charge, pour lequel recouvrer à son profit il a fait faire plusieurs rôles de la montre (a) desdites gens de guerre, lesquels il a fait emplir de noms de personnes supposées, et autrement aussi pour les blés achetés par l'ordonnance, et des deniers du roy, la somme de 1250 livres tournois ou environ, et mis audit lieu de Dieppe, pour l'avitaillement d'icelui, peu de temps avant la dernière retraite des Anglois en ce royaume, lesquels blés ledit messire Joachim a pris et fait prendre, vendre et appliquer à son profit, et dépourvoyant ladite place sans le su et congé du roy, lui étant à Beauvais après la descente desdits Anglois, et autres grandes causes ; lesdits commissaires ont condamné et condamnent ledit messire Joachim Rohault, en la somme de 20,000 livres tournois envers le roy, et à tenir prison jusques à plein payement, satisfaction et accomplissement des choses dessus dites, sur laquelle somme seront pris les frais de justice, et au surplus, tant pour lesdits cas que pour plusieurs autres grandes causes, crimes, offenses, excès et délits par lui faits,

---

[1] Les morte-payes étaient des archers vétérans chargés de la garde des places fortes.

(a) Revue pour constater l'effectif.

commis et perpétrés à l'encontre du roy, de la Couronne de ce royaume et de toute la chose publique d'icelui, dont plus à plein est faite mention èsdits procès et confession dudit messire Joachim Rohault, lesdits commissaires l'ont privé et privent de tous offices royaux, honneurs, états, dignités et charges publiques quelconques, et avec ce l'ont banni et bannissent à toujours du royaume de France, et ont déclaré et déclarent le résidu de tous et un chacun ses biens meubles et immeubles être confisqués, et appartenir au roy les sommes et restitutions ci-dessus déclarées, prises avant toute confiscation.

MORT DE CHARLES LE TÉMÉRAIRE.

I.

Bataille de Nancy.

5 janvier 1477.

RELATION CONTEMPORAINE.

Quatre jours avant la bataille de Nancy, qui fut la vigile des roys 1477, le comte de Campobasso, le seigneur Ange et le seigneur Jehan de Montfort laissèrent ledit seigneur de Bourgogne, et le mercredi devant la bataille, en emmena ledit comte 180 hommes d'armes, et le vendredi ensuivant les deux autres capitaines bien 120, et vouloient être François, mais l'on dissimula les recevoir pour (*a*) la trève, et fut avisé qu'ils s'en iroient à monseigneur de Lorraine, qui fut fait, réservé

(*a*) A cause de.

une partie de ceux qui demeurèrent pour garder Condé qui est une place sur la Moselle, par où tous les vivres dudit duc de Bourgogne passoient, qui venoient du Val de Metz et du pays de Luxembourg ; et s'en tira ledit comte de Campobasso devers mondit seigneur de Lorraine et l'avertit de tout le fait du camp dudit duc de Bourgogne, et incontinent retourna lui et ses gens audit lieu de Condé, qui n'est qu'à deux lieues de Nancy.

Le samedi ensuivant, M. de Lorraine arriva à Saint-Nicolas, et les Suisses qui étoient 10,500 par compte fait, et d'autres Allemands y avoit beaucoup.

Le dimanche matin environ huit heures partirent de Saint-Nicolas et vinrent à Neufville, et, outre (a) un étang qui y étoit firent leurs ordonnances, et en effet lesdits Suisses se mirent en deux bandes, dont le comte de Thierstein et les gouverneurs de Fribourg et de Zurich conduisoient l'une, et les Avoués de Berne et de Lucerne l'autre ; et environ midi marchèrent tous en une fois devers la rivière.

Le duc de Bourgogne s'étoit jeté hors de son parc et s'étoit mis en bataille en un champ, et entre lui et les autres avoit un ruisseau qui passe en une maladrerie (b) nommée la Magdeleine, et étoit ledit ruisseau entre deux fortes haies des deux côtés entre lui et les Suisses, et sur le grand chemin par là où venoit l'une des bandes d'iceux Suisses, avoit fait assorter (c) ledit duc tout le plus fort de son artillerie, et aussi que (d) les deux bandes marchoient, et dès qu'elles furent à un grand trait d'arc (e) des Bourguignons, l'artillerie dudit duc de Bourgogne déchargea sur iceux Suisses et n'y fit guère de dommage, car icelle bande de Suisses laissa ledit chemin et tira vers les bois, tant (f) qu'elle fût au côté dudit duc de Bourgogne, au plus haut lieu (g).

(a) Au delà de. — (b) Hôpital de lépreux. — (c) Mettre en bon état. — (d) Pendant que. — (e) A la portée d'une flèche ; on dit aujourd'hui à une portée de fusil. — (f) Jusqu'à ce que. — (g) Sur le flanc et sur une position dominante.

Pendant ce temps le duc de Bourgogne fit tourner ses archers, qui tous étoient à pied, devers iceux Suisses, et avoit ordonné deux ailes d'hommes d'armes pour bataille, dont en l'une étoit Jacques Gallyot, capitaine italien, et en l'autre messire Josse de Lallain.

Et sitôt que les Suisses se trouvèrent au dessus et au côté du duc de Bourgogne, tous à un coup se tournèrent le visage vers lui et son armée, et sans s'arrêter marchèrent le plus impétueusement de jamais; et à l'approche déchargèrent leurs couleuvrines à main [1], et à cette décharge tous les gens à pied du duc de Bourgogne se mirent en fuite; et la bande des Suisses qui étoit dedans la rivière (a) marchèrent quant (b) celle de dessus (c). Jacques Gallyot et ceux qui étoient avec lui donnèrent dedans, mais incontinent fut ledit Jacques mort.

L'autre aile donna pareillement sur l'autre bande; mais les Suisses ne s'en arrêtèrent point, et sitôt que les gens à pied du duc de Bourgogne se mirent en fuite, ceux à cheval piquèrent après, et tirèrent tous pour passer à Boussières-aux-Dames, à demi lieue de Nancy, qui étoit le chemin à tirer vers Luxembourg.

Le comte de Campobasso avoit empêché (d) le pont, et y étoit lui et ses gens en armes, et plusieurs autres gens avec lui, et avoit fait mettre des charrettes au travers dudit pont, et ainsi que la foule des Bourguignons y venoit et arrivoit, elle trouvoit résistance.

[1] Sorte de canon en bronze, monté sur un fût en bois; un homme pouvait le porter et le tirer en épaulant. Les couleuvrines à mains se chargeaient avec une baguette de fer et lançaient des balles de plomb.

(a) Dans la vallée, le long du ruisseau. — (b) Autant que. — (c) Celle qui occupait la hauteur, la position dominante. — (d) Obstrué, mis empêchement au passage.

Monseigneur de Lorraine et ses gens étoient au dos, et pour ce qu'on gardoit le pont, lesdits Bourguignons furent contraints par eux se jeter au gué et passages de rivière; là où ils étoient guettés; et là fut le grand meurtre, plus la moitié qu'au champ de bataille, car ceux qui se jetoient en la rivière étoient tués par les Suisses qui y vinrent, et les autres pris avant. Peu s'en sauva du commencement; quand ils virent l'embûche du pont, aucuns se tirèrent devers les bois, où les gens du pays les prirent et tuèrent, et à quatre lieues du pays on ne trouvoit que gens morts.

La chasse (a) finie, qui dura plus de deux heures de nuit, s'enquit monsieur de Lorraine où étoit monsieur de Bourgogne, et s'il s'étoit enfui, ou s'il étoit pris; mais on n'en ouit oncques nouvelles. Tout à l'heure fut envoyé homme propre (b), nommé Jehan Deschamps, clerc de la ville de Metz, pour savoir si ledit duc n'étoit point passé; et le lendemain manda que sûrement on ne savoit qu'il étoit devenu, et qu'il n'étoit point venu vers Luxembourg.

Le lundi au soir, le comte de Campobasso montra un page nommé Baptiste, qui étoit natif de Rome, du lignage de ceux de Colonne, qui étoit avec le comte de Chillans, Napolitain, lequel étoit avec le duc de Bourgogne, et disoit ledit page qu'il avoit vu tuer et abattre ledit duc de Bourgogne; et lui bientôt interrogé, fut mené et accompagné de beaucoup de gens de bien, au lieu où il étoit.

Et le mardi au matin, fut trouvé le duc de Bourgogne au propre lieu [1] que montra ledit page, tout nu, et environ et envers lui treize ou quatorze hommes tous nus, et pareillement les uns assez loin des autres. Et

---

[1] Au bord de l'étang de Saint-Jean ; le cadavre du Téméraire, déjà dépouillé, était à demi enfoncé dans la vase glacée du ruisseau qui forme cet étang.

(a) Poursuite de l'ennemi. — (b) Avisé.

avoit eu ledit duc de Bourgogne un coup de bâton d'un nommé Humbert, à un côté du milieu de la tête, par au dessus de l'oreille jusques aux dents, et un coup de pique au travers des cuisses, et un autre coup de pique par le fondement.

Ledit duc fut reconnu à six choses, principalement :

La première, aux dents, dessus lesquelles il avoit perdues.

La seconde, à la cicatrice de la plaie qu'il avoit eue à Montlhéry à la gorge, à la partie droite.

La tierce, à ses grands ongles qu'il portoit plus que nul homme de sa cour, ni d'autre.

La quarte, d'une plaie qu'il avoit en l'épaule, d'un charbonel (*a*) qu'il avoit eu autrefois.

La cinquième, d'une fistule qu'il avoit au bas du ventre.

La sixième, à un ongle qu'il avoit retrait en tirant à la chair (*b*).

Et cette enseigne (*c*) et celle de l'escarboucle (*d*) donna son médecin, qui est Portugois, nommé Matthieu, et les autres enseignes connurent ses valets de chambre, et outre fut connu par le grand Bâtard[1] et pareillement par messire Olivier de la Marche et par Denis, son chapelain, et de tous gens qui y ont été menés ; n'y a point de faute (*e*) qu'il ne soit mort.

Incontinent ces choses faites, fut conclu par les seigneurs assistant, que aucuns des capitaines du roy notre sire iroient prendre possession de la Bourgogne, et ils sont allés, en attendant nouvelles du roy notre sire.

Là où il sera enterré n'a point encore été délibéré (*f*),

---

[1] Le grand bâtard de Bourgogne, qui avait été fait prisonnier.

(*a*) Clou, anthrax, charbon. — (*b*) Qu'il s'était arraché. — (*c*) Ce signe. — (*d*) Du charbon du clou. — (*e*) Doute. — (*f*) Résolu. Ce détail prouve que cette relation, dont l'auteur est inconnu, a été écrite au moment même et sur le lieu de l'événement.

et pour le mieux connaître, fut lavé d'eau chaude et de bon vin, et nettoyé, et quand il fut en cet état il fut connoissable à tous ceux qui par avant l'avoient vu et connu.

II.

Comment le roy fut averti de la dernière défaite du duc de Bourgogne.

Philippe de Comines.

Le Roy, qui avoit jà ordonné postes[1] en ce royaume, et par avant n'y en avoit jamais eu, fut bientôt averti de cette déconfiture du duc de Bourgogne, et à chacune heure en attendoit des nouvelles, pour les avertissemens qu'il avoit eus paravant de l'arrivée des Allemands, et de toutes autres choses qui en dépendoient; et y avoit beaucoup de gens qui avoient les oreilles bien ouvertes pour les ouïr le premier et les lui aller dire; car il donnoit volontiers quelque chose à celui qui premier lui apportoit quelques grandes nouvelles, sans oublier les messagers, et y prenoit plaisir à en parler avant qu'elles fussent venues, disant : « Je donnerai tant à celui qui premier m'apportera des nouvelles. » Monseigneur du Bouchage et moi eûmes, étant ensemble, le premier message de la bataille de Morat, et ensemble le dîmes au roy, lequel nous donna à chacun 200 marcs d'argent[2]. Monseigneur du Lude, qui couchoit hors du Plessis, sut le premier l'arrivée du chevaucheur (a) qui apporta les lettres de cette bataille

---

[1] Le service des postes fut organisé par ordonnance de Louis XI en 1464.
[2] Ce qui représente aujourd'hui environ 10,000 francs.
(a) Courrier.

de Nancy ; il demanda au chevaucheur ses lettres, qui ne lui osa refuser, pour ce qu'il étoit en grande autorité avec le roy. Ledit seigneur du Lude vint fort matin, et étoit à grande peine jour, heurter à l'huis plus prochain du roy ; on lui ouvrit ; il bailla les lettres qu'écrivoient monseigneur de Craon et autres ; mais nul n'acertenoit (a), par les premières lettres, de la mort ; mais aucuns disoient qu'on l'avoit vu fuir et qu'il s'étoit sauvé.

Le roy de prime-face fut tant surpris de la joie qu'il eut de cette nouvelle, qu'à grande peine sut-il quelle contenance tenir. D'un côté doutoit (b), s'il étoit pris des Allemands, qu'ils ne s'accordassent à lui pour grande somme d'argent, qu'aisément ledit duc leur pourroit donner ; d'autre côté étoit en souci, s'il étoit échappé ainsi déconfit ; la tierce fois, s'il prendroit ses seigneuries de Bourgogne ou non. Et lui sembloit qu'aisément il les pourroit prendre, vu que tous les gens de bien du pays étoient presque tous morts en ces trois batailles dessus dites[1] ; et sur ce point étoit sa résolution (ce que peu de gens, comme je crois, ont su excepté moi), que si le duc étoit sain de sa personne, il (c) feroit entrer son armée, qui étoit en Champagne et Barrois, incontinent en Bourgogne, et saisir le pays à l'heure de ce grand épouvantement ; et dès ce qu'il seroit dedans, avertiroit ledit duc qu'il le faisoit à l'intention de le lui sauver, et garder (d) que les Allemands ne le détruississent, pour ce que ladite duché étoit tenue en souveraineté de lui, laquelle il n'eut voulu pour rien laisser tomber ès mains desdits Allemands, et que ce qu'il en auroit pris lui seroit par lui rendu. Et sans difficulté ainsi l'eût-il fait, ce que beaucoup de gens ne croyoient point aisément. Aussi ne savoient-ils la raison qui l'eût

[1] Granson, Morat, Nancy.

(a) N'affirmait, ne rendait certain. — (b) Craignait. — (c) Le roi. — (d) Empêcher.

mu ; mais ce propos lui mua (*a*), quand il sut la mort dudit duc.

Dès que le roy eut reçu ces lettres dont j'ai parlé (lesquelles ne disoient rien de la mort dudit duc), il envoya en la ville de Tours querir tous les capitaines et plusieurs autres grands personnages, et leur montra ces lettres. Tous en firent signe de grande joie; et (*b*) sembloit à ceux qui regardoient les choses de bien près qu'il y en avoit assez qui s'y efforçoient, et, nonobstant leurs gestes, qu'ils eussent mieux aimé que le fait dudit duc fût allé autrement. La cause en pourroit être parce que paravant le roy étoit fort craintif, et ils se doutoient que s'il se trouvoit tant (*c*) délivré d'ennemis, qu'il ne voulsît muer (*d*) plusieurs choses, et par espécial états et offices; car il y en avoit beaucoup en la compagnie, lesquels en la question du Bien public et autres (*e*) du duc de Guyenne son frère, s'étoient trouvés contre lui. Après avoir un peu parlé aux dessus dits, il ouit la messe, et puis fit mettre la table en sa chambre, et les fit tous dîner avec lui; et y étoient son chancelier et aucunes gens de conseil; et en dînant parla toujours de ces matières; et sais bien que moi et autres prîmes garde comme ils dîneroient et de quel appétit ceux qui étoient en cette table; mais à la vérité, je ne sais si c'étoit de joie ou de tristesse, un seul par semblant ne mangea la moitié de son saoul; et si (*f*) n'étoient-ils point honteux de manger avec le roy, car il n'y avoit celui de la compagnie qui bien souvent n'y eût mangé.

Au lever de table, le roy se tira à part et donna à aucuns des terres qu'avoit possédées le duc de Bourgogne, si ainsi étoit qu'il fût mort, et dépêcha le bâtard de Bourbon, amiral de France, et moi, et nous bailla pouvoirs nécessaires pour mettre en son obéissance tous ceux qui s'y voudroient mettre, et nous commanda

(*a*) Changea. — (*b*) Mais. — (*c*) Si complètement. — (*d*) Changer. — (*e*) Questions, rébellions. — (*f*) Pourtant.

partir incontinent, et que nous ouvrissions toutes lettres des postes et messagers que nous rencontrerions en allant, afin que nous fussions avertis si ledit duc étoit mort ou vif.

Nous partîmes et fîmes grande diligence, nonobstant qu'il faisoit le plus grand froid que j'ai vu faire de mon temps. Nous n'eûmes point fait une demie journée que nous rencontrâmes un messager, à qui nous fîmes bailler ses lettres, qui contenoient que ledit duc avoit été trouvé entre les morts, et spécialement par un page italien, et par son médecin, appelé Mᵉ Louppe, natif de Portugal, lequel certifioit à monseigneur de Craon que c'étoit monseigneur le duc son maître, lequel incontinent en avertit le roy.

Discours sur la joie du roy, se voyant délivré de plusieurs ennemis, et de la faute qu'il fit en la réduction du pays du duc de Bourgogne.

La joie fut très-grande au roy de se voir au dessus de tous ceux qu'il haïssoit et de ses principaux ennemis. Des uns s'étoit vengé, comme du connétable de France, du duc de Nemours et de plusieurs autres. Le duc de Guyenne, son frère, étoit mort, dont il avoit la succession. Toute la maison d'Anjou étoit morte, comme le roy René de Sicile, les ducs Jean et Nicolas de Calabre, et puis leur cousin, le comte du Maine, depuis comte de Provence. Le comte d'Armagnac avoit été tué à Lectoure; et de tous ceux-ci avoit ledit seigneur recueilli les successions et les meubles : mais pour autant que cette maison de Bourgogne étoit plus grande et plus puissante que les autres, et qui avoit eu grosse guerre avec le roy Charles VII son père, trente-deux ans, sans trêve, à l'aide des Anglois, et qu'ils avoient leurs seigneuries assises ès lieux confins (a), et les sujets dispo-

(a) Que leurs fiefs, leurs possessions étaient sur les frontières de la France.

sés pour faire la guerre à lui et à son royaume, de tant lui fut la mort de leur duc à plaisir très-grand, et plus profitable que de tous les autres ensemble, et lui sembloit bien qu'en sa vie ne trouveroit aucun contredit en son royaume, ni ès environs près de lui. Il étoit en paix avec les Anglois, et désiroit et travailloit de toute sa puissance que ladite paix d'Angleterre s'entretînt.

Mais nonobstant qu'il fût ainsi hors de toute crainte, Dieu ne lui permit pas prendre cette matière (a), qui étoit si grande, par le bout qui lui étoit plus nécessaire; et semble bien que Dieu montrât alors, et ait bien montré depuis, que rigoureusement il vouloit persécuter cette maison de Bourgogne, tant en la personne du seigneur que des sujets y ayant leurs biens. Car toutes les guerres, ès quelles ils ont été depuis, ne leur fussent point advenues, si le roy notre maître eût pris les choses par le bout qu'il les devoit prendre, pour en venir au-dessus et pour joindre à sa couronne toutes ces grandes seigneuries où il ne pouvoit prétendre nul bon droit : ce qu'il devoit faire par quelque traité de mariage, ou les attraire à soi par vraie bonne amitié, comme aisément il le pouvoit faire, vu le grand déconfort, pauvreté et débilitation en quoi ces seigneuries étoient. Quoi faisant, il les eut tirées hors de grandes peines, et par même moyen eût bien enforcé son royaume et enrichi par longue paix, en quoi il l'eût pu maintenir, et l'eût pu soulager en plusieurs façons, et par espécial du passage des gens d'armes, qui incessamment, et le temps passé et le temps présent, chevauchent d'un des bouts du royaume à l'autre, et bien souvent sans grand besoin qu'il soit.

Quand le duc de Bourgogne étoit encore vivant, plusieurs fois me parla le roy de ce qu'il feroit si ledit duc venoit à mourir, et parloit en grande raison pour lors, disant qu'il tâcheroit à faire le mariage de son fils, qui

(a) Affaire.

est notre roy à présent, et de la fille dudit duc, qui depuis a été duchesse d'Autriche; et si elle n'y vouloit entendre, pour ce que monseigneur le Dauphin étoit beaucoup plus jeune qu'elle, il essayeroit à lui faire épouser quelque jeune seigneur de ce royaume, pour tenir elle et ses sujets en amitié, et recouvrer sans débat ce qu'il prétendoit être sien; et encore étoit ledit seigneur en ce propos huit jours devant qu'il sût la mort dudit duc. Ce sage propos, dont je vous parle, lui commença jà à changer le jour qu'il sut la mort du duc de Bourgogne et à l'heure qu'il nous dépêcha monseigneur l'amiral et moi; toutesfois il en parla peu, mais à aucuns fit aucunes promesses de terres et seigneuries.

LETTRE DE LOUIS XI A M. DE SAINT-PIERRE,

SUR LA CONDUITE QU'IL DOIT TENIR A L'ÉGARD DU DUC DE NEMOURS, PRÉVENU DE CRIME D'ÉTAT, ET DONT IL AVAIT LA GARDE A LA BASTILLE.

1er octobre 1477.

Monsieur de Saint-Pierre, j'ai reçu vos lettres; il me semble que vous n'avez qu'à faire une chose, c'est de savoir quelle sûreté le duc de Nemours avoit baillé au connétable d'être tel comme lui, pour faire le duc de Bourgogne régent, et pour me faire mourir, et prendre M. le Dauphin, et avoir l'autorité et gouvernement du royaume, et le faire parler clair sur ce point-ci, et le faire géhenner bien étroit (a). Le connétable en parle plus clair par son procès que ne fait messire Palamedes,

---

(a) Le mettre à la question et le torturer jusqu'à ce qu'il parle clair, c'est-à-dire qu'il avoue.

et si notre chancelier[1] n'eût eu peur qu'il eût découvert son maître le comte Dammartin[2] et lui aussi, il ne l'eût pas fait mourir sans le faire géhenner et savoir la vérité de tout ; et encore de peur de déplaire à sondit maître, vouloit que le Parlement connût du procès du duc de Nemours, afin de trouver façon de le faire échapper, et pour ce quelque chose qu'il vous en die, n'en faites sinon ce que je vous en mande.

Monsieur de Saint-Pierre, je ne suis pas content de ce que ne m'avez averti qu'on lui a ôté les fers des jambes, et qu'on le fait aller en autre chambre pour besogner avec lui, et que l'on l'ôte de la cage, et aussi que l'on le mène ouir la messe là où les femmes vont, et qu'on lui a laissé les gardes qui se plaignoient de payement (a) ; et pour ce que die le chancelier ni autres, gardez bien qu'il ne bouge plus de sa cage, et que l'on voyse (b) là besogner avec lui, et que l'on ne le mette jamais dehors, si ce n'est pour le géhenner, et que l'on le géhenne, en sa chambre ; et vous prie que si jamais vous avez volonté de me faire service, que vous le me faites bien parler.

Monsieur de Saint-Pierre, si M. le comte de Castres veut prendre la charge de la personne du duc de Nemours, laissez-la lui, et qu'il n'y ait nulles gardes des gens de Philippe Luillier, et qu'il n'y ait que de vos gens des plus sûrs que vous ayez à le garder, et si vous me voulez venir voir un tour pour me dire en quel état les choses sont, et amener maître Etienne Petit, quant et vous (c), vous me ferez grand plaisir, mais que tout demeure en bonne sûreté, et adieu.

Au Plessis-du-Parc, le 1er octobre.

LOYS.

---

[1] Pierre d'Oriolle.
[2] Qui fut disgracié en 1480.

(a) C'est-à-dire de n'être pas payés, donc gens faciles à gagner. — (b) Aille. — (c) En même temps que vous.

LETTRE DE JACQUES D'ARMAGNAC,

DUC DE NEMOURS,

Écrite de la Bastille à Louis XI.

1477.

Mon très-redouté et souverain seigneur, tant et si humblement que faire je puis, me recommande à votre grâce et miséricorde. Sire, j'ai fait à mon pouvoir ce que par messieurs le chancelier, premier président, M. de Montagu et de Vifray, leur a plu me commander; car pour mourir ne vous veux désobéir, ni désobéirai. Sire, ce que leur ai dit me sembloit que devois dire à vous et non à autres ; et par ce vous supplie qu'il vous plaise n'en être mal content, car rien jamais ne vous veux céler, ni célerai, Sire, en toutes les choses dessus dites. J'ai tant méfait envers Dieu et envers vous, que je vois bien que je suis perdu, si votre grâce et miséricorde ne s'étend, laquelle, tant et si très-humblement et en grande amertume et contrition de cœur que je puis, vous supplie et requiers, en l'honneur de la benoîte passion de Notre-Seigneur Jésus-Christ, et mérites de la benoîte Vierge Marie, et des grandes grâces qu'il vous a fait, plaise vous me l'octroyer et libéralement donner. Si ce seul prix a racheté tout le monde, je le vous présente pour la délivrance de moi, pauvre pécheur, et entière abolition et grâce. Sire, pour les grandes grâces qui vous sont faites, faites-moi grâce et à mes pauvres enfants ; ne souffrez que pour mes péchés je meure à honte et confusion, et qu'ils vivent en déshonneur et au pain querir (a) ; et si avez en amour

---

(a) Réduits à mendier leur pain par suite de la confiscation des biens.

à ma femme [1], plaise vous avoir pitié du pauvre malheureux mari et orphelins [2]. Sire, ne souffrez qu'autre que votre miséricorde, clémence et pitié, soit juge de ma cause, ni qu'autre que vous, pour l'honneur de Notre-Dame, n'en ait connoissance. Sire, de rechef, en l'honneur de la benoîte passion de mon rédempteur, tant et si très-humblement que faire puis, vous requiers pardon, grâce et miséricorde ; je vous servirai bien et si loyaument, que vous connoîtrez que suis vrai repentant, et que de force (a) de bien faire veux amender mes défauts. Pour Dieu, Sire, ayez pitié de moi et de mes pauvres enfans, et étendez votre miséricorde, et à toujours ne cesseront de vous servir et de prier Dieu pour vous, auquel supplie que par sa grâce, Sire, il vous doint très-bonne vie et longue, et accomplissement de vos bons désirs.

Ecrit en la cage de la Bastille, le dernier janvier.

Votre très-humble et très-obéissant sujet et serviteur,

LE PAUVRE JACQUES.

---

[1] Louise d'Anjou, fille de Charles, comte du Maine, et nièce du roi René. Louis XI l'avait fait épouser, en 1462, au duc de Nemours.

[2] Le duc de Nemours laissa trois fils : Jacques, Jean et Louis. Il n'est pas vrai que ces trois enfants furent conduits, vêtus de blanc, sous l'échafaud de leur père et couverts de son sang ; aucun historien du temps ne parle de ce fait. Mais l'aîné, Jacques, confié à l'un des hommes qui eurent une part dans la confiscation des biens du duc de Nemours, mourut très-jeune enfermé dans la citadelle de Perpignan. Jean et Louis furent réhabilités et rétablis dans leurs biens et honneurs par Charles VIII. Jean mourut vers 1500, et le troisième, Louis, prit le titre de duc de Nemours et se fit battre et tuer en 1503, à Cérignoles, où il commandait l'armée.

(a) A force.

ÉTATS GÉNÉRAUX DE TOURS.

1484.

Journal de Jean Masselin [1] (traduction d'A. Bernier).

Nous reproduisons le discours prononcé dans cette célèbre assemblée par le sire de la Roche, Philippe Pot, grand sénéchal de Bourgogne [2]. Ce brillant et intelligent plaidoyer en faveur des droits de la nation contre les prétentions de l'oligarchie des princes du sang, fut applaudi par l'assemblée ; mais les théories du sire de la Roche étaient trop au-dessus de l'intelligence politique des députés pour être acceptées : le sire de la Roche fut seul de son avis. La noblesse française ne comprenait pas, comme l'aristocratie anglaise, le rôle qu'elle avait à jouer dans l'établissement des institutions de la France ; et depuis on a payé cher ce manque d'intelligence politique.

Si je ne savais, très-illustre assemblée, que la plus pure et la meilleure partie d'entre vous a le bon esprit de comprendre et de défendre le libre pouvoir des Etats Généraux, je ne me serais pas enhardi ni avancé jusqu'à vous en parler. En effet, n'est-ce pas prendre une peine inutile de tenter de corriger l'opinion d'une multitude dont le jugement est perverti ? Mais, comme déjà par de nombreuses preuves votre prud'hommie nous a été montrée, je n'ai pas cru me fatiguer vainement en vous disant tout haut, et en vous exposant d'une manière brève, et selon la force de mon intelligence, ce que j'ai appris des grands hommes et des sages sur l'autorité et

---

[1] Masselin a rédigé son journal en latin, et traduit en latin les discours prononcés à l'assemblée.
[2] Philippe Pot, chevalier de la Toison-d'Or et de Saint-Michel, avait été gouverneur du jeune comte de Charolais, depuis duc de Bourgogne sous le nom de Charles-le-Téméraire ; depuis, il fut gouverneur du dauphin Charles, devenu le roi Charles VIII, et de son fils Charles-Orland, mort jeune. Il mourut en 1494. C'était un homme très-instruit, d'un esprit élevé, qui avait puisé dans l'étude des anciens une partie de ses idées politiques.

la liberté des États. J'espère qu'à ma voix ceux qui ont une si grande peur de choisir des conseillers [1], qui fuient et rejettent ce soin loin d'eux, comme le feu et un péril imminent, concevront de plus justes idées. Mais avant que d'entrer dans le fond de ma doctrine, j'aurai d'abord, je l'avoue, à réfuter les opinions qui la repoussent. Je le demande à ceux qui pensent que la direction du roi et du royaume est due aux princes du sang ; la donneront-ils au plus proche et à l'héritier présomptif du roi ? Non, disent-ils ; cela ne se peut aucunement, de peur que, dans une si importante circonstance, il n'y ait félonie commise et conspiration contre le pupille : aussi la loi l'a-t-elle défendu ; mais elle veut que l'administration du royaume soit déférée au parent le plus proche, et la tutelle à celui qui succède immédiatement après lui. Je réponds : par cet arrangement vous ne sauvez pas le roi enfant des complots et des plus grands dangers. Convenons un instant que vous lui procurez une faible sûreté ; expliquez-moi où vous avez vu cet ordre de tutelle garanti par la loi ? Qui a établi ou promulgué cette loi ? Certes, vous ne le trouverez établi dans aucune. Que si vous étiez en état de me le montrer, je vous soutiendrais que la disposition des mesures présentes vous donne un démenti très-clair, et vous démontre que votre loi n'a ni force ni application. La preuve est publique : le duc d'Orléans, présomptif héritier du trône, n'a pas la souveraine puissance ou l'administration utile du royaume, et le comte d'Angoulême, qui vient après lui, n'a pas la garde

---

[1] Voici ce dont il s'agissait. Une partie des députés demandaient que les membres du conseil de régence, au lieu de se composer des princes du sang et de leurs créatures, fussent nommés par l'assemblée, qui aurait pris ainsi une part dans le gouvernement. L'assemblée hésita, céda devant les intrigues des princes, conserva douze membres de l'ancien conseil établi à la mort de Louis XI, et en élit vingt-quatre autres, « mais en requérant le consentement des princes, » réserve qui annulait en principe le droit des États généraux de nommer lesdits membres.

du roi. Vous ne concluez donc rien avec un pareil argument, à moins d'alléguer peut-être qu'ainsi il est advenu par la force, et non par le droit, pour éviter des calamités. Quoi! le duc d'Orléans est-il prince à endurer, sans rien dire, que d'autres lui enlèvent ses droits? Et vous ne m'objecterez pas l'exemple de Charles V qui, comme nous disons, prit la régence du royaume, car il ne l'obtint pas sitôt que le trône devint vacant; mais il l'eut environ deux ans après, à la vérité, par le consentement et par le jugement des États, de quoi je parlerai tout à l'heure. Pour moi, je n'ai appris et n'ai lu nulle part que ce que vous prétendez ait été fait en France.

J'arrive à mes autres adversaires qui me semblent raisonner non moins mal, et même plus dangereusement; car ils veulent que le gouvernement et la tutelle soient à tous les princes du sang. Est-ce qu'ils comprennent aussi dans ce nombre ceux qui descendent par les femmes de la famille royale? Ah! s'ils le prétendent ainsi, quelle longue série de princes irons-nous chercher au loin? Il est inouï et à peine possible qu'on ait vu et qu'on voie en pareil cas unité d'action. Maintenant j'admets qu'ils ne pensent qu'aux descendants de la ligne masculine. Eh! s'ils ne s'accordent pas, ces descendants? On me répond: ils savent régler tout avec un calme profond, avec équité et union de cœur. Quelle rare et presque divine harmonie! Mais durera-t-elle longtemps, si elle n'est pas affermie d'ailleurs? En cela, dit Cicéron, où plusieurs à la fois ne peuvent avoir la supériorité, il arrive le plus souvent un tel désaccord, qu'il est très-malaisé de conserver religieusement l'association. La concorde parfaite, le spectacle de la merveilleuse paix qui règne entre nos princes, je les attribue à leur bonté, et peut-être à l'épreuve des malheureux temps depuis peu écoulés, plutôt qu'à une loi qui les enchaînerait de la sorte. Prenons garde pourtant de laisser flotter tout dans le vague, ou d'abandonner entièrement le salut de l'Etat[1] à la pure volonté et à l'arbitraire d'un petit nombre, car qui nous garantit que les princes seront toujours justes et bons? Il est donc utile et nécessaire, en cette occurrence comme dans les autres, de nous conformer au droit ancien et à la règle. Cette conduite met partout la paix et l'ordre; elle calme et unit les esprits des hommes; elle contient les cœurs avides de puissance et de gloire. Si entre les premiers princes du sang la question reste encore indécise, dans le doute à qui l'administration de la chose publique sera alors légitimement dévolue, eh bien! qui ne voit que sur-le-champ on court aux armes, et que l'on ne distingue plus ce qui est à Dieu ni ce qui est aux hommes? Alors ces plaideurs d'un nouveau genre ont enfin pris le parti de décider leur procès par les armes, non par les arguments, et de combattre à coups d'épée, non à coups de langue. Même le débat est tel que le moindre droit est jugé le meilleur, et qu'on en vient à croire que, si une félonie est à commettre, c'est surtout dans cette circonstance. Mais, je vous le demande, qui ne proclamerait audacieux et envahisseur du pouvoir royal, perturbateur de la paix et tyran, et devant être frappé de la loi contre la brigue, l'homme qui sans demander le consentement de personne, s'emparerait, de son chef, du gouvernement de l'Etat, envié de chacun, et que ne lui accorde point un titre regardé généralement comme très-clair et incontestable? J'appelle encore à l'appui de mon opinion ce motif, que la royauté est une dignité et non une hérédité, et qu'elle ne doit aucunement, comme les hérédités, passer toujours aux tuteurs naturels, savoir, aux proches parents. Quoi donc? me dira-t-on, est-ce que la chose publique restera dépourvue de directeur, et exposée à l'anarchie? Non, certes; car elle sera d'abord déférée à l'assemblée des États généraux, moins pour qu'ils l'administrent

---

[1] Reipublicæ.

par eux-mêmes, que pour mettre à la tête les gens qu'ils jugeront les plus dignes. Je veux vous rendre ma pensée évidente.

Comme l'histoire le raconte et comme je l'ai appris de mes pères, dans l'origine le peuple souverain[1] créa des rois par son suffrage, et il préféra particulièrement les hommes qui surpassaient les autres en vertu et en habileté. En effet, chaque peuple a élu un roi pour son utilité. Oui, les princes sont tels, non afin de tirer un profit du peuple et de s'enrichir à ses dépens, mais pour, oubliant leurs intérêts, l'enrichir et le conduire du bien au mieux. S'ils font quelquefois le contraire, certes, ils sont tyrans et méchants pasteurs, qui mangeant eux-mêmes leurs brebis, acquièrent les mœurs et le nom de loups, plutôt que les mœurs et le nom de pasteurs. Il importe donc extrêmement au peuple quelle loi, quel chef le dirige ; car si son roi est très-bon, le peuple est très-bon ; s'il est mauvais, il est dégradé et pauvre. N'avez-vous pas lu souvent que l'Etat est la chose du peuple[2] ? Or, puisqu'il est sa chose, comment négligera-t-il ou ne soignera-t-il pas sa chose ? Comment des flatteurs attribuent-ils la souveraineté au prince, qui n'existe que par le peuple ? Est-ce que chez les Romains chaque magistrat n'était pas nommé par élection ? Est-ce qu'une loi y était promulguée avant que d'abord, rapportée au peuple, elle eût été approuvée de lui ? Dans beaucoup de pays encore, suivant l'ancienne coutume, on élit le roi. Mais je ne veux pas présentement discourir de la puissance d'un prince qui gouverne à cause du droit que son âge lui donne ; renfermons notre discussion dans la question proposée : quand un roi, à cause de sa minorité, ou pour un motif quelconque, est empêché de prendre le gouvernement. Et préalablement je veux que vous conveniez que l'Etat est la chose du peu-

---

[1] Populus dominus.
[2] Rempublicam rem populi esse.

ple, qu'il l'a confiée aux rois, et que ceux qui l'ont eue par force ou autrement, sans aucun consentement du peuple, sont censés tyrans et usurpateurs du bien d'autrui. Or, puisqu'il est constant que notre roi ne peut disposer lui-même de la chose publique, il est nécessaire qu'elle soit régie par le soin et par le ministère d'autres personnes. Si, comme j'ai répondu à mes adversaires, elle ne retourne, en ce cas, ni à un seul prince, ni à plusieurs princes, ni à tous à la fois, il faut qu'elle revienne au peuple, donateur de cette chose, et qu'il la reprenne, au moins à titre de maître, surtout puisque les maux causés par la vacance prolongée du gouvernement ou par une mauvaise régence retombent toujours sur lui, et sur lui seul. Loin de moi pourtant l'intention de dire que la capacité de régner ou la domination passe à tout autre qu'au roi! Je me borne à prétendre que l'administration du royaume et la tutelle, non le droit ou la propriété, sont accordées légalement pour un temps au peuple ou à ses élus.

J'appelle peuple[1] non-seulement la classe populaire[2] et ceux qui sont simplement sujets de cette couronne, mais encore tous les hommes de chaque état[3], tellement que sous la dénomination d'États généraux, je comprends aussi les princes, sans en exclure le petit nombre d'étrangers qui résident dans le royaume. Certes, je crois bien qu'à l'article de la noblesse personne n'hésite à placer les princes et les membres les plus puissants. Ainsi, dès que vous vous considérez comme les députés de tous les états du royaume, leurs savants procureurs, et les dépositaires de la volonté de tous, pourquoi craignez-vous de conclure que vous avez été principalement appelés pour diriger par vos conseils la chose publique, en quelque sorte vacante, à

---

[1] Populus.
[2] Plebs.
[3] *Status*, état, classe.

raison de la minorité du roi ? C'est ce que vous prescrivent les lettres patentes de convocation ; c'est ce que le chancelier, dans sa harangue, approuvée par la présence du roi et des princes, vous a déclaré non obscurément. Ces raisons réfutent aussi clairement ceux qui pensent que notre assemblée n'a été ordonnée que pour lever des impôts, et qu'une opération ou un but différent ne la regarde point. M'arrêterai-je à l'objection qu'on n'a jamais eu coutume d'appeler un grand nombre de provinces à délibérer sur les impôts ? Je répliquerai : Une telle opinion est très-manifestement contredite, et par l'expérience des faits, et par la marche que nous avons suivie, qui démontrent que nous avons traité beaucoup de matières d'un autre genre. On m'objectera peut-être que, dès le début du nouveau règne, les princes ont institué le conseil, réglé la chose publique, pourvu à tout, et qu'on n'a pas besoin de nous consulter. Je réponds qu'alors ces mesures durent être prises, pour parler ainsi, provisoirement, parce que dans le moment on ne pouvait assembler les États. Donc, grâces soient rendues à ceux de qui le service et la vertu ont conduit la chose publique sagement et heureusement, jusqu'au jour de notre réunion ! Mais aujourd'hui que les États à qui, proclamons-le hardiment, la loi a remis la puissance, sont réunis en un corps, les réglements qui ont été faits veulent être confirmés, comme les autres qui sont à faire doivent être préparés. Effectivement, ce qui s'est passé n'acquiert de force, suivant moi, que quand les États l'ont sanctionné ; et aucune institution ne subsiste saintement et solidement, si elle s'élève contre leur gré, sans qu'on les ait consultés, et qu'on ait eu leur consentement, soit de fait, soit par voie d'interprétation[1].

[1] Le sire de la Roche élevait la discussion et posait nettement les principes du gouvernement par le pays et ses mandataires.

Du reste, elle n'est pas nouvelle, cette assemblée des États généraux. Il n'est pas extraordinaire de les voir s'emparer de l'administration vacante du royaume, et la confier à un conseil d'hommes probes tirés de leur sein, préférant toutefois exclusivement les hommes du sang royal, pourvu qu'ils soient doués de vertu. Et pour ne pas aller chercher de trop antiques exemples de cette institution, au temps de Philippe de Valois, il y eut entre ce monarque et Édouard roi d'Angleterre, des guerres par rapport à la succession de la couronne. Enfin, ils convinrent, sans hésiter et conformément à la loi, de soumettre un si grand procès au jugement des États généraux. La sentence qu'ils prononcèrent alors en faveur de Philippe, nous sert de défense contre les Anglais. Or, si les États ont eu un plein pouvoir dans une aussi importante question, pourquoi leur refuserait-on le droit de former le conseil, ou tout autre droit de moindre étendue ? Sous le roi Jean, lorsque par suite des malheurs de la guerre et d'un revers de fortune, ce prince était tenu en captivité, les États n'ont-ils pas pris, réglé, délégué la police et l'administration du royaume ? Et quoique Charles V, fils du roi Jean, eût alors vingt ans accomplis, ce ne fut pas néanmoins tout de suite que la régence lui fût confiée ; mais deux ans après la première assemblée les États se réunirent de nouveau à Paris, et ledit Charles reçut le gouvernement de la nation, seulement par leur consentement et leur décision. Au surplus, pourquoi rappeler ce qui est un peu ancien ? Du temps de Charles VI, qui, environ à l'âge de douze ans, succéda à son père, le royaume a été réglé et administré par le conseil des États. Ce fait est encore présent au souvenir d'un grand nombre ; et je raconte, non ce qu'on nous a dit, mais ce que nous avons vu. Si d'aussi grands exemples donnent leur suffrage à l'autorité des États, et tant de raisons l'appuient, pourquoi tremblez-vous de mettre la main et de vous appliquer à la disposition, à l'arrangement et à la nomination du conseil? Est-ce que dans l'accomplissement de cette œuvre ne consiste point la force de la nation, ou la ruine et le renversement de sa prospérité? Vous êtes ici pour dire et conseiller librement ce que, par l'inspiration de Dieu et de votre conscience, vous verrez utile au royaume; et néanmoins vous négligez de pourvoir à ce point, qui est fondamental et capital, le principe de tout le reste, et sans lequel, faute de l'avoir institué à propos, vos autres conseils et vos pétitions seront inutiles. Qui, je vous prie, entendra et jugera vos plaintes et doléances? cette seule partie étant négligée ou n'étant pas bien établie, qui leur donnera guérison et fera provision de remèdes? Je ne vois pas pourquoi vous prendriez la peine d'aller plus avant. Mais, dira-t-on, ceux qui aussitôt après la mort du roi ont été désignés par le rôle, et y ont été vus inscrits, les jugerons-nous indignes d'être du conseil et de jouir de tant d'honneur? Ne résistons pas au roi, dira-t-on encore, à la volonté ni aux ordres des princes, car cette résistance semble être en pure perte et ne tendre qu'à nous fatiguer, à nous attirer des haines. Bien au contraire, très-illustres seigneurs, vous ne vous imposerez pas une tâche vaine et odieuse si vous menez cette affaire courageusement et prudemment. Or, ceux que contient le rôle, loin de les regarder comme devant être désapprouvés, je les répute capables d'être approuvés, et ne juge personne indigne de l'honneur d'être conseiller. Quel moyen avons-nous donc de conserver la bienveillance du roi et des princes, et d'éviter les haines des hommes désignés? La conclusion de ma nation[1], que monseigneur de Chalon va lire publiquement, paraît pourvoir, aviser et remédier à tout avantageusement. Mais pourquoi hésitons-nous? pourquoi ne tenons-nous à pleines mains que le feuil-

---

[1] L'assemblée s'était divisée en six nations: Paris, Bourgogne, Normandie, Aquitaine, Langue d'oc, Langue d'oïl.

lâge de la branche, et baissons-nous la tête jusqu'à terre? Songeons que l'article capital du rôle qui nous a été apporté annonce d'avance que le conseil a été institué, en attendant et jusqu'à ce que les Etats fussent assemblés. Maintenant que vous siégez ensemble, vous balancez, et vous paraissez redouter, comme trop élevée pour votre puissance, une prérogative que vos ancêtres n'ont aucunement crue au-dessus d'eux, et qu'ils ont eu l'extrême fermeté de conserver entière.

Mais peut-être les princes s'opposent-ils à vos actes? Non, car ils les permettent, et ils vous aident et vous pressent. Quel est donc l'obstacle qui vous empêche d'accomplir une œuvre excellente et si méritoire? Certes, je n'en trouve aucun, si ce n'est votre faiblesse, et la pusillanimité qui intimide vos esprits, et qui seule fait que vous êtes indignes de la plus digne entreprise. Eh bien ! très-illustres seigneurs, ayez une grande confiance en vous-mêmes, de grandes espérances et une grande vertu : et cette liberté des Etats que vos ancêtres mirent tant de zèle à défendre, ne souffrez point qu'elle soit ébranlée à cause de votre mollesse. Ainsi ne vous montrez pas plus petits et plus faibles que vos pères, de crainte que la postérité ne vous condamne pour avoir abusé de votre puissance, à la perte de l'Etat, et qu'au lieu de la gloire qui serait due à vos travaux, vous n'emportiez un opprobre éternel[1].

---

[1] L'évêque de Chalon, Jean de Cirey, docteur en théologie, appuya la proposition du sire de la Roche, mais elle fut repoussée, comme nous l'avons déjà dit.

BATAILLE DE FORNOUE.

6 juillet 1495.

GUICHARDIN (traduction de Favre).

Guicciardini ou Guichardin, né à Florence en 1482, fut un habile politique employé par la cour de Florence et par les papes Léon X et Clément VII; il mourut en 1540. Guichardin employa les dernières années de sa vie à écrire l'histoire des guerres d'Italie et des évènements auxquels il avait pris souvent une part importante. C'est un historien exact, intelligent, qui avait pris Tite-Live pour modèle, auquel on peut reprocher cependant un style trop pompeux et une certaine prolixité dans les détails.

Les confédérés n'avaient pu s'imaginer que le roi, avec une armée si inférieure à la leur [1], osât prendre le grand chemin de l'Apennin. D'abord, ils s'étaient persuadés qu'il laisserait à Pise la plus grande partie de ses troupes, et qu'il s'embarquerait avec le reste. Ensuite, quand ils apprirent qu'il prenait son chemin par terre, ils crurent que pour éviter leur armée, son dessein était de traverser la montagne par le bourg de Valditaro et le mont di Cento-Croce, chemin difficile et escarpé, et qu'il se rendrait dans le Tortonèse, pour y être rejoint par le duc d'Orléans aux environs d'Alexandrie. Mais, quand on fut assuré qu'il venait droit à Fornoue, l'armée italienne, à qui les exhortations et la présence de tant de chefs avaient inspiré du courage et de l'ardeur, commença à perdre de sa vigueur. Les soldats se représentaient la furie et l'impétuosité des lances françaises et la fermeté des Suisses, auxquels l'infanterie italienne n'est pas comparable. Leur ima-

---

[1] Charles VIII avait 7 à 8,000 hommes; les confédérés de 50 à 60,000.

gination s'effrayait du prompt effet de l'artillerie ennemie ; mais ils étaient surtout frappés de la hardiesse des Français, que leur petit nombre n'empêchait pas de venir droit à des ennemis si supérieurs. Cette surprise, quand elle succède à la confiance, fait toujours beaucoup d'impression sur les esprits. Les capitaines furent ébranlés aussi par ces considérations. Le conseil de guerre s'était assemblé pour déterminer la réponse qu'on ferait au trompette du maréchal de Gié[1]. S'il parut fort dangereux de commettre le sort de toute l'Italie au hasard d'une bataille, on sentit aussi toute la honte qu'il y aurait à laisser passer tranquillement une poignée de Français sous les yeux de toutes les forces du pays. Après bien des contestations, on résolut de donner avis à Milan de la demande du roi, et d'exécuter ce qui y serait réglé par le duc et par les ambassadeurs des confédérés.

Le duc de Milan et l'ambassadeur de Venise, dont les États étaient les plus voisins du danger, furent d'avis qu'on ne devait pas fermer le chemin à un ennemi qui voulait se retirer, mais qu'au contraire il fallait, suivant le proverbe, lui faire un pont d'or ; qu'autrement il était à craindre que, réduit enfin au désespoir, il ne s'ouvrît un chemin à la pointe de l'épée au travers de ceux qui auraient eu l'imprudence de s'opposer à sa retraite. Mais l'ambassadeur d'Espagne, qui voulait qu'on tentât la fortune parce que ses maîtres ne couraient aucun risque, fit de grandes instances et alla presque jusqu'à la menace, pour qu'on ne laissât point échapper les Français. Et afin d'amener les confédérés à son but, il dit que si l'armée se sauvait, les affaires d'Italie seroient aussi

[1] Le maréchal, commandant l'avant-garde, arrivé à Fornoue, envoya un trompette au camp des Italiens, pour demander passage pour l'armée du roi, qui n'avait d'autre dessein que de retourner promptement en France. Charles VIII marchait lentement, perdait son temps en route, et le maréchal de Gié pouvait être écrasé, si les Italiens avaient osé l'attaquer.

exposées qu'auparavant et même davantage; que le roi de France, maître d'Asti et de Novare, ayant tout le Piémont à sa disposition, avec un royaume riche et puissant derrière lui, et pour voisins les Suisses prêts à se mettre à sa solde en tel nombre qu'il voudrait, plus redoutable d'ailleurs et plus fier par la lâcheté des troupes de la ligue à lui céder le passage, ne manquerait pas de tomber sur l'Italie avec plus d'assurance et d'impétuosité; qu'alors les rois d'Espagne seraient dans la nécessité de prendre d'autres mesures, dans la persuasion que les Italiens ne voulaient pas ou n'osaient pas combattre les Français. Néanmoins l'avis le plus sûr prévalant dans le conseil de guerre, il y fut arrêté qu'on en écrirait à Venise, où cet avis aurait été sans doute approuvé.

Mais ces délibérations étaient déjà fort inutiles; les chefs de l'armée, après avoir écrit à Milan, firent réflexion qu'il était difficile que la réponse vînt assez tôt, et considérant que la milice italienne alloit se dégrader en laissant le passage libre aux Français, avaient renvoyé le trompette sans réponse. On résolut donc d'attaquer les ennemis qui étaient déjà en marche.

Cependant l'armée française s'avançait pleine d'audace et de fierté. N'ayant pas encore trouvé la moindre résistance en Italie, elle ne soupçonnait pas même que l'ennemi osât s'opposer à son passage, ou, si elle lui supposait cette assurance, elle se promettait une prompte victoire, tant elle méprisait les armes italiennes. Mais lorsqu'à la descente de la montagne, ils virent la plaine couverte de tentes et de pavillons, qui occupaient un si grand espace que l'armée pouvait se mettre en bataille dans son camp même, à la manière d'Italie, ils commencèrent à rabattre de leur fierté. Ils comprirent bien, à la vue du grand nombre des ennemis, que s'ils n'avaient pas eu dessein de combattre, ils ne seraient pas venus se camper si près d'eux. A ce moment ils auraient regardé comme un grand bonheur que les Italiens eussent bien voulu les laisser passer. Leur inquiétude était encore augmentée par l'impossibilité d'être secourus par le duc d'Orléans. Charles VIII lui avoit écrit de venir au devant de lui et de se trouver à Plaisance le 3 juillet avec le plus de monde qu'il pourrait. Le duc avait d'abord fait réponse qu'il exécuterait l'ordre du roi, mais depuis il avait récrit que l'armée milanaise, qui était de 900 hommes d'armes, 1200 chevau-légers et 5000 hommes d'infanterie, l'empêchait de se mettre en marche, et qu'il était d'ailleurs obligé de laisser une partie de ses troupes à la garde de Novare et d'Asti.

Dans ces circonstances le roi se trouva dans la nécessité de prendre d'autres mesures. M. d'Argenton[1] avait été quelque temps auparavant son ambassadeur à Venise; lorsqu'il en était parti, il avait promis à Pisani et à Trévisani, qui étaient déjà nommés provéditeurs de l'armée, de faire tous ses efforts pour porter le roi à la paix; il eut ordre de leur faire savoir par un trompette, qu'il souhaitait, pour le bien commun, d'avoir une conférence avec eux; ils acceptèrent le parti et lui donnèrent rendez-vous pour le lendemain matin dans un lieu commode entre les deux camps. Mais le roi, soit qu'il manquât de vivres, soit pour quelqu'autre raison, changea d'avis et ne voulut point attendre l'évènement de cette entrevue.

Il n'y avait pas trois milles de distance entre les deux camps, qui s'étendaient le long de la rivière du Taro à main droite. Cette rivière, qu'on appellerait à plus juste titre un torrent, prend sa source dans l'Apennin, et, après avoir traversé une petite vallée resserrée entre deux collines, s'étend dans la vaste plaine de la Lombardie jusqu'au Pô. L'armée confédérée s'était campée sur la rive droite plutôt que sur la gauche, qui devait être le chemin des ennemis; son dessein était de leur couper la route de Parme. Le duc de Milan se défiait de cette ville, à cause des différentes factions qui la par-

---

[1] Philippe de Comines, seigneur d'Argenton.

ageaient; sa crainte était fondée sur ce que le roi avait engagé les Florentins à le faire accompagner jusqu'à Asti par François Secco, dont la fille était mariée dans la famille des Torelli, qui avait beaucoup de crédit dans tout le Parmesan. Le camp des confédérés était fortifié par des fossés et des retranchements, et bordé d'artillerie; il fallait nécessairement que les Français, pour gagner l'Astesan, passassent en présence des Italiens la rivière à côté de Fornoue, et se missent en marche, n'ayant que la rivière entre eux et les ennemis.

L'armée française eut toute la nuit de grandes inquiétudes; les stradiots[1] venaient insulter le camp; l'alarme y était fréquente, et tout le monde était sur pied au moindre bruit. D'ailleurs il survint tout d'un coup une grosse pluie accompagnée d'éclairs et de tonnerre, qui semblaient annoncer quelque malheur. Les Français en étaient bien plus frappés que les Italiens, qui avaient moins de sujet d'en être effrayés; car les Français étaient entre les ennemis et les montagnes, dans une situation où, s'ils étaient battus, il ne leur restait aucune ressource. D'ailleurs les menaces du ciel ne présageant ordinairement que de grandes choses, il était à présumer qu'elles regardaient plutôt une armée où se trouvait la personne d'un grand roi que les troupes des confédérés.

Le lendemain, qui fut le 6 juillet, l'armée de France commença à passer la rivière dès la pointe du jour. La plus grande partie de l'artillerie précédait l'avant-garde, où le roi, persuadé qu'elle aurait à soutenir le premier effort des ennemis, avait mis 350 lances françaises avec les 100 lances commandées par Trivulce[2], et 3000 Suisses, élite et toute l'espérance de l'armée, conduits par Engilbert, frère du duc de Clèves, et par le bailli de Dijon;

---

[1] Stradiots ou estradiots, cavalerie légère, du grec Στρατιῶται, hommes de guerre, soldats.
[2] Jean-Jacques Trivulce, seigneur milanais, ennemi de la maison de Sforce, qui servait Charles VIII.

il les fit soutenir par 300 archers à pied et par quelques arbalétriers de sa garde ; il plaça aussi derrière eux la plus grande partie de son infanterie. Après l'avant-garde marchait le corps de bataille, au milieu duquel était le roi, armé de toutes pièces et monté sur un cheval plein de feu et d'ardeur ; M. de la Trémoille, capitaine fort estimé en France, était auprès du roi pour diriger par ses conseils et par son autorité les mouvements de cette partie de l'armée. L'arrière-garde suivait, sous les ordres du comte de Foix ; enfin le bagage fermait la marche.

Cependant Charles VIII, dont l'esprit penchait toujours vers la paix, donna ordre à d'Argenton, dans le moment que l'armée commençait à défiler, d'aller trouver les provéditeurs vénitiens afin de négocier avec eux. Mais, au premier mouvement des Français, les Italiens s'étaient mis sous les armes, et leurs chefs étaient déterminés à donner le combat ; ainsi il n'était plus possible de lier une conférence, tant à cause de la proximité des deux armées que du peu de temps qu'on aurait avant que l'affaire fût engagée. Les chevau-légers escarmouchaient déjà de part et d'autre ; déjà l'artillerie faisait des décharges terribles des deux côtés, et les Italiens, sortant de leurs retranchements, se formaient sur les bords de la rivière pour en venir aux mains. Ces mouvements n'empêchèrent pas les Français de continuer leur chemin, et ne pouvant s'étendre dans cet endroit resserré, ils prirent leur route le long de la rivière et par la colline.

Lorsque leur avant-garde fut arrivée en présence du camp des Italiens, le marquis de Mantoue passa la rivière au dos de l'arrière-garde française avec un escadron de 600 hommes d'armes, l'élite de l'armée, soutenus d'un gros de stradiots, d'autres chevau-légers et de 5000 hommes de pied. Il laissa sur l'autre bord Antoine de Montefeltro, fils naturel de Frédéric, duc d'Urbin, avec un corps de troupes considérable, et lui

ordonna de passer, lorsqu'il l'en ferait avertir, afin de
le remplacer dans le combat après le premier choc. Il
disposa aussi tellement les choses que, lorsque l'affaire
serait engagée, une autre partie de la cavalerie légère
prît les ennemis en flanc, et que le reste des stradiots
passât la rivière à Fornoue pour tomber sur le bagage
des Français. On l'avait laissé sans défense à la discrétion du premier qui voudrait le piller. Peut-être était-ce faute de monde ou par le conseil de Trivulce, comme on le publia dans la suite.

D'un autre côté le comte de Gajazzo passa le Taro pour attaquer l'avant-garde française, suivi de 400 hommes d'armes, parmi lesquels était la compagnie de don Alphonse d'Este[1] arrivée au camp sans lui, parce que son père n'avait pas voulu qu'il y vînt; il avait outre cela 2000 hommes d'infanterie. Annibal Bentivoglio resta de l'autre côté de l'eau avec 200 hommes d'armes pour venir à son secours quand il en serait averti. La garde du camp fut confiée à deux compagnies de gens d'armes et à 1000 hommes d'infanterie, les provéditeurs vénitiens ayant voulu se réserver cette ressource à tout événement.

Le roi voyant avancer derrière lui tant de monde pour attaquer son arrière-garde, contre l'opinion que ses généraux en avaient eue, fit d'abord retourner sur ses pas le corps de bataille pour la joindre, et il accourut lui-même à la tête d'un escadron, avec tant de diligence, qu'il se trouva, dès le commencement de l'action, aux premiers rangs. Quelques-uns disent que les troupes du marquis passèrent la rivière avec un peu de désordre, à cause de la hauteur des bords et de l'embarras des arbres, des racines et des arbrisseaux dont les bords des torrents sont ordinairement garnis; d'autres ajoutent que son infanterie, retardée par ces obstacles et par la profondeur de la rivière, que la pluie de

[1] Fils du duc de Ferrare.

la nuit avait grossie, arriva trop tard aux ennemis, que même elle ne s'y trouva pas tout entière, et qu'une grande partie resta de l'autre côté de l'eau. Quoi qu'il en soit, le marquis donna sur les ennemis avec une extrême furie. Les Français soutinrent le choc avec une fermeté et une valeur égales à l'ardeur des confédérés. La mêlée s'engagea bientôt, et on ne suivit point dans cette occasion la méthode pratiquée dans les guerres d'Italie. C'était la coutume de faire combattre un bataillon contre un bataillon, et quand l'un était fatigué ou commençait à plier, on le remplaçait d'abord, et ce n'était qu'à la fin qu'on ne formait qu'un corps de plusieurs bataillons pour faire un dernier effort contre l'ennemi. De cette manière il arrivait le plus souvent que les combats, où d'ordinaire il y avait peu de sang répandu, duraient une journée entière, et que la nuit séparait les combattants sans qu'on pût savoir bien certainement en faveur de qui la victoire s'était déclarée. Mais dans cette occasion, après qu'on eut rompu les lances, dont le choc couvrit en un instant la terre de gens d'armes et de chevaux, on se saisit de part et d'autre, avec fureur, de masses d'armes, d'épées et d'autres armes courtes; les chevaux eux-mêmes se firent des armes de leurs pieds et de leurs dents, et imitèrent la furie des combattants. D'abord les Italiens, encouragés par l'exemple du marquis, donnèrent des preuves d'une rare valeur. Ce général, à la tête d'un escadron de jeune noblesse et de lances détachées[1] volait rapidement partout où le danger l'appelait, remplissant avec exactitude tous les devoirs d'un capitaine intrépide. Les Français opposèrent un ferme courage à la furie de l'ennemi; mais enfin, accablés sous le nombre, leurs rangs commencèrent à s'entr'ouvrir, et la personne du roi fut exposée. La prise du bâtard de Bour-

---

[1] Ces lances détachées étaient de braves soldats qui n'étaient point dans les compagnies, et dont on se servait dans le besoin.

BATAILLE DE FORNOUE.

bon[1], que toute l'ardeur avec laquelle il combattait ne put sauver, fit espérer au marquis de se saisir aussi du roi, qui s'était imprudemment engagé dans un lieu si dangereux, sans une garde convenable : dans cette vue il fit de grands efforts avec plusieurs des siens pour le joindre. Le roi, qui n'avait auprès de lui qu'un petit nombre de Français[2], se défendait avec intrépidité. Son cheval bondissant sous lui le servit plus en cette occasion que ceux qui l'environnaient[3]. Dans un si grand danger, il eut recours aux moyens que la crainte inspire d'ordinaire dans ces sortes d'occasions ; abandonné de presque tout son monde, il implora le secours du ciel, et il fit vœu à saint Denis et à saint Martin, qu'on regarde comme les patrons de la France, que s'il pouvait arriver en Piémont sain et sauf, avec son armée, il irait aussitôt après son retour dans ses Etats, visiter les églises qui leur sont dédiées, l'une auprès de Paris et l'autre à Tours ; qu'il y offrirait de riches présents, et ferait célébrer tous les ans des fêtes solennelles en mémoire de la grâce qu'il aurait obtenue par leur intercession. Aussitôt il sentit renaître ses forces, et combattit avec plus de vigueur que sa complexion ne semblait le lui permettre. Le péril du roi anima tellement les moins éloignés, qu'étant accourus pour couvrir de leurs corps sa personne sacrée, ils écartèrent les Italiens ; alors, le corps de bataille qui ne s'était pas encore avancé survenant, un de ses escadrons fondit sur le flanc des Italiens avec tant de violence, qu'il ralentit beaucoup leur impétuosité. Le malheur qui arriva à

---

[1] Matthieu, fils naturel de Jean II, duc de Bourbon ; c'était un des plus braves capitaines de l'armée ; on l'appelait *le grand bâtard de Bourbon*.

[2] Un moment il n'eut auprès de lui qu'un de ses valets de chambre, Antoine des Ambus, petit homme et mal armé, dit Comines.

[3] Ce bon cheval était bressan et s'appelait Savoie ; sa robe était noire, sa taille moyenne, et il était borgne. Au dire de Comines, c'était le plus beau cheval qu'il eût vu de son temps. Le duc de Savoie en avait fait cadeau à Charles VIII.

Rodolphe de Gonzague, oncle du marquis de Mantoue, capitaine de grande expérience, fut encore une des causes de la perte des Italiens. Tandis que, soutenant les siens et rétablissant les endroits où il apercevait quelque désordre, il se portait tantôt d'un côté, tantôt d'un autre, n'oubliant rien des fonctions d'un habile capitaine, il leva par hasard la visière de son casque; dans le moment même, il fut blessé d'un coup d'épée dans le visage par un Français; il est aussitôt renversé de son cheval, et les siens ne pouvant le secourir dans une si grande confusion, au milieu d'une foule de chevaux pleins de furie, il fut étouffé sous le poids des hommes et des chevaux qui tombèrent sur lui. Il ne méritait pas une fin si malheureuse, car il avait toujours dit, et même dans le conseil du matin, que c'était une grande imprudence de tenter la fortune, et il s'était opposé à son neveu qui voulait la bataille.

Tous ces différents événements tenaient encore la victoire incertaine, et elle ne paraissait pas favoriser un parti plus que l'autre; il était même plus douteux que jamais de quel côté elle s'arrêterait enfin. Ainsi l'espérance et la crainte étaient égales dans les deux armées; on combattait de part et d'autre avec une ardeur incroyable, chacun s'imaginant que la victoire était en sa main et ne dépendait que de son courage et de ses efforts. La présence et le péril du roi animaient les Français, nation qui de tout temps a eu pour ses rois un respect approchant de la vénération qu'inspire la majesté divine; d'ailleurs il fallait vaincre ou périr. Les Italiens s'encourageaient par l'espérance du butin, par l'exemple de leur général qui faisait des prodiges de valeur, par l'avantage qu'ils avaient eu au commencement de l'action et par leur grand nombre qui les rassurait chacun en particulier, ressource qui manquait aux Français, dont toutes les troupes étaient actuellement engagées dans le combat et s'attendaient encore à tous moments à être chargées par ceux des ennemis qui n'avaient pas encore donné. Personne n'ignore combien la fortune influe dans toutes les choses de ce monde, mais surtout dans la guerre, et particulièrement dans les batailles; son pouvoir n'y connaît point de bornes, car souvent un ordre mal compris ou mal exécuté, le moindre contre-temps, une parole proférée au hasard par un simple soldat, donnent la victoire à ceux qui paraissaient vaincus ; il naît d'un instant à l'autre dans la mêlée une infinité d'accidents que le général n'a pu prévoir et auxquels toute son habileté ne peut remédier. Dans l'incertitude du succès de cette journée, la fortune joua son rôle ordinaire, et fit ce que le courage des soldats ni l'effort de leurs armes n'avaient pu faire.

Les Stradiots qui avaient été commandés pour attaquer le bagage des Français, commencèrent à le piller sans aucun obstacle et traversèrent la rivière avec les mulets, les chevaux et les autres équipages des ennemis. Leurs compagnons, les voyant retourner au camp ainsi chargés de butin, se laissèrent emporter à l'avidité du gain. Non-seulement ceux qui devaient prendre les Français en flanc tournèrent du côté des bagages, mais même ceux qui étaient déjà engagés dans la mêlée ; leur exemple entraîna bientôt la cavalerie et l'infanterie. On les vit abandonner le combat et courir par pelotons au pillage [1] ; les Italiens n'étant donc pas soutenus par ces troupes, et le nombre des combattants venant à diminuer sensiblement dans cette confusion, elle augmenta encore par la mort de Rodolphe de Gonzague. Cet officier avait été chargé de faire avancer Montefeltro quand il en serait temps. Celui-ci n'ayant pu être averti par Rodolphe, ne fit aucun mouvement ; alors les Français commencèrent à gagner du terrain, et les Italiens, pliant déjà de tous côtés, n'étaient plus soutenus que par le courage de leur général. Combat-

[1] La plupart de ces Stradiots étaient des Albanais et des Grecs servant comme mercenaires à la solde de Venise et des princes italiens.

tant toujours avec une valeur extraordinaire, il arrêtait encore l'impétuosité des ennemis, et il animait les siens par son exemple et par ses paroles à préférer la mort à la honte.

Mais ils étaient en trop petit nombre pour résister aux Français qui accouraient de toutes parts à l'endroit où l'on combattait encore. La plupart des Italiens ayant été tués ou blessés, surtout ceux qui accompagnaient le général, l'armée fut forcée de repasser avec beaucoup de danger la rivière, qui était extrêmement grossie par la pluie de la nuit et par l'orage mêlé de grêle et de tonnerre qui avait précédé le combat. Les Français les poursuivirent vivement jusqu'à la rivière, massacrant tous les fuyards, sans s'embarrasser de faire aucuns prisonniers et sans songer au pillage. Au contraire, on entendait crier de tous côtés : *Compagnons, souvenez-vous de Guinegate* [1].

Tandis que le corps de bataille et l'arrière-garde des Français se battaient avec tant de succès, leur avant-garde chargea si furieusement le comte de Gajazzo, qui l'avait attaquée avec une partie de sa cavalerie, que les Italiens épouvantés, surtout lorsqu'ils se virent abandonnés du reste des leurs, se mirent en déroute presque d'eux-mêmes. Ce désordre s'augmentant encore par la mort de quelques-uns d'eux, et entre autres de Jean Piccinino et de Galéas de Corregio, ils prirent la fuite pour regagner le gros de leur armée. Le maréchal de Gié, voyant qu'outre ces troupes il y avait un corps de gens d'armes en bataille de l'autre côté de la rivière, défendit à ses gens de les suivre ; cette conduite du maréchal, qui fut regardée par beaucoup de gens comme un trait de prudence, trouva aussi des censeurs qui la taxèrent de lâcheté, ces derniers considérant peut être moins le principe que les suites de

[1] Bataille livrée en 1479, dans laquelle Maximilien allait être battu par les Français, lorsque ceux-ci s'étant mis à piller furent vaincus et mis en fuite.

cette inaction. En effet, s'il eût chargé les ennemis, le comte aurait pris la fuite, ce qui aurait tellement effrayé toutes les troupes restées de l'autre côté de la rivière, qu'il eût été presque impossible de les retenir.

Le marquis de Mantoue, ayant repassé la rivière avec une partie de son armée, en aussi bon ordre qu'il lui fut possible, trouva ses troupes si étonnées qu'elles ne songeaient plus qu'à se sauver avec le bagage; le grand chemin de Plaisance à Parme était même déjà plein d'hommes, de chevaux et de charrettes qui se retiraient vers cette dernière ville. Il arrêta en partie ce désordre par sa présence et par son autorité; mais l'arrivée du comte de Pitigliano [1] rassura bien davantage les soldats. Ce seigneur profita du grand mouvement où étaient les deux armées pour se sauver dans le camp des Italiens. Il ranima le courage des troupes en leur apprenant que les ennemis étaient dans un plus grand désordre et plus effrayés qu'eux; on croit que sans cet avis toute l'armée aurait décampé sur le champ, ou du moins la nuit suivante. Les Italiens, remis de leur effroi, rentrèrent dans leur camp, à l'exception de ceux que la confusion ordinaire dans les déroutes avait empêchés de repasser la rivière, d'ailleurs fort grosse, et qui s'étaient sauvés en différents endroits; il y en eut un grand nombre qui, fuyant çà et là dans la campagne, furent massacrés par les ennemis.

Le roi, avec le corps de bataille et l'arrière-garde, alla joindre le maréchal de Gié, qui n'avait pas quitté son poste; il assembla aussitôt le conseil de guerre pour savoir si l'on passerait promptement la rivière, pour aller forcer les ennemis dans leur camp; Trivulce et Camille Vitelli furent de cet avis. Ce dernier, ayant envoyé sa compagnie pour joindre ceux qui marchaient à Gênes, s'était rendu auprès du roi avec quelques

---

[1] Il était, avec son frère, prisonnier de Charles VIII; tous les deux suivaient l'armée du roi, en liberté sur leur parole.

chevaux pour se trouver à l'action. François Secco pressait aussi le roi d'aller aux ennemis, faisant remarquer que le chemin de Parme, qu'on voyait de loin, était couvert d'hommes et de chevaux qui se retiraient, d'où il conjecturait, ou que les ennemis fuyaient, ou qu'ayant commencé à fuir ils revenaient au camp. Mais il était trop difficile de passer la rivière, et les troupes, dont la plus grande partie avait combattu, étaient trop fatiguées; il fut donc résolu, suivant l'avis des capitaines français, qu'on camperait pour faire reposer l'armée. On alla donc au village de Medesano, sur la hauteur, environ à un mille du champ de bataille, et on s'y retrancha sans aucun ordre et avec assez d'incommodité, la plus grande partie du bagage ayant été enlevée par les ennemis.

Telle fut la célèbre bataille des Italiens et des Français sur les bords du Taro; le carnage y fut très-grand, et, depuis longtemps, il n'y en avait point eu de si sanglante en Italie, où le nombre des morts n'était pas ordinairement fort considérable dans les combats[1]. Quoique la perte des Français fût à peine de 200 soldats, celle des Italiens monta à plus de 300 hommes d'armes et à 3000 hommes d'autres troupes. Une perte si considérable fit d'autant plus d'impression sur l'esprit des Italiens, que l'action n'avait pas duré plus d'une heure, et que l'artillerie n'y avait eu presque aucune part, la mêlée ayant été engagée dès le commencement du combat.

---

[1] Les condottiere ou mercenaires qui composaient les armées des princes italiens, n'ayant aucun intérêt à se faire tuer, se contentaient de manœuvrer dans les batailles qu'ils se livraient entre eux; leurs opérations ressemblaient à ce que nous appelons nos grandes manœuvres, avec quelques boulets dans les canons. Quand, par une manœuvre bien exécutée, on avait mis l'adversaire dans la nécessité de se regarder comme battu, et qu'on lui avait tué quelques combattants, la bataille finissait par la retraite du vaincu. C'est dans ces combats qu'est née la tactique moderne.

BAYARD DÉFEND SEUL LE PONT DU GARIGLIANO.

1503.

LE LOYAL SERVITEUR.

Le loyal serviteur, dont on ne connaît pas le nom, était probablement un secrétaire de Bayard. Il a écrit une charmante Histoire du bon Chevalier sans paour et sans reprouche.

Assez avez pu voir une autre histoire comment au royaume de Naples, et vers la fin de la guerre qui fut entre François et Espaignols, se tint longuement l'armée desdits François sur le bord d'une rivière dite le Garillan ; et l'armée des Espaignols étoit de l'autre côté. Il faut entendre que s'il y avoit du côté des François de vertueux (a) et gaillards (b) capitaines, aussi avoit-il du côté des Espaignols, et entre autres le grand capitaine Gonsale Ferrande[1], homme sage et vigilant, et un autre appelé Pedro de Pas, lequel n'avoit pas deux coudées de haut, mais de plus hardie créature n'eût-on su trouver ; et si étoit si fort bossu et si petit, que quand il étoit à cheval on ne lui voyoit que la tête au-dessus de la selle. Un jour s'avisa le dit Pedro de Pas de faire un alarme aux François, et avec cent ou six vingts chevaux se mit à passer la rivière de Garillan en un certain lieu où il savoit le gué, et avoit mis un homme de pied derrière chacun cheval, garni de hacquebutte (c). Il faisoit cet alarme afin que l'armée y courût, qu'on abandonnât le pont, et que ce pendant leur force y vint et le gagnât. Il exécuta très-bien son entreprise, et fit au camp des François un âpre et chaud alarme, où un chacun se

---

[1] Gonsalve de Cordoue.

(a) Vigoureux. — (b) Hardis, braves. — (c) Arquebuse.

retiroit, cuidant que ce fût tout l'effort des Espaignols ; mais non étoit.

Le bon chevalier, qui désiroit toujours être près des coups, s'étoit logé joignant du pont, et avec lui un hardi gentilhomme qui se nommoit l'écuyer Le Basco, écuyer d'écurie du roy de France Louis douzième ; lesquels commencèrent à eux armer quand ils ouirent le bruit (s'ils furent bientôt prêts et montés à cheval, ne faut pas demander), délibérés d'aller où l'affaire étoit. Mais en regardant le bon chevalier par delà la rivière, va aviser environ deux cens chevaux des Espaignols qui venoient droit au pont pour le gagner : ce qu'ils eussent fait sans grande résistance, et cela étoit la totale destruction de l'armée françoise. Si commença à dire à son compagnon : « Mon seigneur l'écuyer, mon ami, allez vitement querir de nos gens pour garder ce pont, ou nous sommes tous perdus ; ce pendant je mettrai peine de les amuser jusques à votre venue ; mais hâtez-vous » ; ce qu'il fit. Et le bon chevalier, la lance au poing, s'en va au bout dudit pont, où de l'autre côté étoient déjà les Espaignols prêts à passer ; mais comme lion furieux va mettre sa lance en arrêt, et donna en la troupe qui déjà étoit sur ledit pont. De sorte que trois ou quatre se vont ébranler, desquels en chut deux en l'eau, qui oncques puis n'en relevèrent, car la rivière étoit grosse et profonde. Cela fait, on lui tailla beaucoup d'affaires ; car si durement fut assailli, que sans trop grande chevalerie n'eût su résister : mais comme un tigre échauffé s'accula à la barrière du pont, à ce qu'ils ne gagnassent le derrière, et à coup d'épée se défendit si très-bien, que les Espaignols ne savoient que dire et ne cuidoient point que ce fût un homme, mais un ennemi. Bref, tant bien et si longuement se maintint, que l'écuyer Le Basco, son compagnon, lui amena assez noble secours, comme de cent hommes d'armes ; lesquels arrivés, firent auxdits Espaignols abandonner du tout le pont, et les chassèrent un grand mille de là. Et plus eussent fait, quand ils aperçurent une grosse troupe de leurs gens[1], de sept à huit cens chevaux, qui les venoient secourir. Si dit le bon chevalier à ses compagnons : « Messeigneurs, nous avons aujourd'hui assez fait d'avoir sauvé notre pont ; retirons-nous le plus serréement que nous pourrons. »

Son conseil fut tenu à bon ; si commencèrent à eux retirer le beau pas. Toujours étoit le bon chevalier le dernier, qui soutenoit toute la charge ou la plupart, dont au long aller se trouva fort pressé à l'occasion de son cheval, qui si las étoit que plus ne se pouvoit soutenir, car tout le jour avoit combattu dessus. Si vint de rechef une grosse envahie des ennemis, qui tout d'un floc donnèrent sur les François, en façon que aucuns furent versés par terre. Le cheval du bon chevalier fut acculé contre un fossé, où il fut environné de vingt ou trente, qui crioient : *Rende, rende, seignor!* Il combattoit toujours, et ne savoit que dire, sinon : « Messeigneurs, il me faut bien rendre, car moi tout seul ne saurois combattre votre puissance. »

Or étoient déjà fort éloignés ses compagnons, qui se retiroient droit à leur pont, cuidant toujours avoir le bon chevalier parmi eux. Et quand ils furent un peu éloignés, l'un d'entre eux, nommé le chevalier de Guyfray, gentilhomme du Dauphiné et son voisin, commença à dire : « Hé, messeigneurs, nous avons tout perdu ! Le bon capitaine Bayard est mort ou pris, car il n'est point avec nous. N'en saurons-nous autre chose ? Et aujourd'hui il nous a si bien conduits, et fait recevoir tant d'honneur ! Je fais vœu à Dieu que s'il n'y devoit aller que moi seul, j'y retournerai, et plutôt serai mort ou pris, que je n'en aie des nouvelles. » Je ne sais qui de toute la troupe fut plus marri, quand ils connurent que le chevalier Guyfray disoit vrai. Chacun se mit à pied, pour resangler son cheval, puis remon-

---

[1] Des Espagnols.

tèrent; et, d'un courage invaincu, se vont mettre au grand galop après les Espaignols, qui emmenoient la fleur et l'élite de toute gentillesse (a), et seulement par la faute de son cheval; car s'il eût autant pu endurer de peine que lui, jamais n'eût été pris.

Il faut entendre que, ainsi que les Espaignols se retiroient et qu'ils emmenoient le bon chevalier, pour le grand nombre qu'ils étoient, ne se daignèrent amuser à le dérober de ses armes, ni lui ôter son épée qu'il avoit au côté; bien le dessaisirent d'une hache d'armes qu'il avoit en la main, et, en marchant, toujours lui demandoient qui il étoit. Lui, qui savoit bien que s'il se nommoit par son droit nom, jamais vif il n'échapperoit, parce que plus le doutoient (b) Espaignols que homme de la nation françoise, si le sut bien changer; toujours disoit-il qu'il étoit gentilhomme. Ce pendant vont arriver les François ses compagnons, criant : *France! France! tournez, tournez, Espaignols! Ainsi n'emmenerez-vous pas la fleur de chevalerie!* Auquel cri les Espaignols, combien qu'ils fussent grand nombre, se trouvèrent étonnés, néanmoins que d'un visage assuré reçurent cette lourde charge des François; mais ce ne put si bien être que plusieurs d'entre eux, et des mieux montés, ne fussent portés par terre. Quoi voyant par le bon chevalier, qui encore étoit tout armé, et n'avoit faute que de cheval, car le sien étoit recru, mit pied à terre, et sans le mettre à l'étrier remonta sur un gaillard coursier dessus lequel avoit été mis par terre, de la main de l'écuyer Le Basco, Salvador de Borgia, lieutenant de la compagnie du marquis de la Padule, gaillard gentilhomme. Quand il se vit dessus monté, commença à faire choses plus que merveilleuses, criant : *France, France! Bayard, Bayard, que vous avez laissé aller!* Quand les Espaignols ouïrent le nom, et la faute qu'ils avoient faite de lui avoir laissé ses armes après l'avoir

---

(a) Noblesse, chevalerie. — (b) Redoutaient.

pris, sans dire recours ou non (car si une fois eût baillé la foi, jamais ne l'eût faussée), le cœur leur faillit du tout, et dirent entre eux : « Tirons outre vers notre camp, nous ne ferons meshui (a) beau fait. » Quoi disant, se jetèrent au galop; et les François, qui voyoient la nuit approcher, très-joyeux d'avoir recouvert (b) leur vrai guidon d'honneur, s'en retournèrent liement (c) en leur camp, où durant huit jours ne cessèrent de parler de leur belle aventure, et mêmement des prouesses du bon chevalier.

BATAILLE D'AGNADEL.

1509.

MÉMOIRES DE FLEURANGE.

Robert de la Marck, seigneur de Fleurange (ou Fleuranges), naquit en 1491 et mourut en 1537. Il servit avec distinction et fidélité François Ier et devint maréchal de France. Il est auteur d'une *Histoire des choses mémorables advenues de 1499 à 1531*.

Le lendemain que je vous dis, le roy[1] voulut déloger; aussi firent les Vénitiens, et s'en vinrent loger en un petit village de trois maisons, qui s'appelle Agnadel; et y étoit le maréchal des logis des Vénitiens avant ou aussitôt que le maréchal du roy, entre lesquels y eut gros combat et grande escarmouche. Le chef des Vénitiens étoit le seigneur Berthélemy d'Alvienne[2] petit homme sec et alaigre (d), lequel étoit homme sage et avoit fait

[1] Louis XII.
[2] L'Alviane (Bartolomeo d'Alviano).

(a) A présent. — (b) Recouvré. — (c) Joyeusement, en liesse. — (d) *Allègre*, prompt à agir, ou maigre.

beaucoup de belles choses; et étoit avec lui un des Ursins, qui s'appeloit le comte Pétilien[1], un gros seigneur de Venise, avec force providateurs, qui sont officiers, qui servent d'avoir argent pour payer gens d'armes et faire venir les vivres, tellement que les chefs n'en ont nulle charge, sinon de commander: c'est un bon office en la seigneurie de Venise, que je trouve fort bon. M. le grand-maître[2], qui menoit l'avant-garde des François, fut averti par le maréchal de leur logis, lequel en avertit le roy qu'il fît marcher son armée tout droit à eux. Et étoit M. de la Palice en l'avant-garde avec mondit sieur le grand-maître, M. d'Humbercourt et tout plein de gens de bien; et adonc manda M. le grand-maître au roy: « Sire, il vous faut aujourd'hui combattre. » Et étoient les Suisses fort délibérés, aussi étoient les Gascons que menoit le cadet de Duras à leurs ailes, tous gens de trait. Et fut tout ce jour le roy fort joyeux et de bon visage, allant toujours, durant la bataille, de bande en bande et de quartier en quartier, donnant bon courage à ses gens en leur disant tout plein de belles paroles[3], et ainsi marchèrent les uns après les autres. Et croyez que les Vénitiens commencèrent d'une bonne sorte; mais incontinent que les Suisses et les gens de pied françois les eurent aperçus, se vinrent affronter contre eux, laquelle chose ne dura guère; et n'y eut comme rien de combat. Et furent tués des Vénitiens en un monceau 15,000 hommes, et étoit le dit monceau de deux piques de haut; et y en eut qui combattirent, mais ils furent tous étouffés en un mont.

Et fit alors la gendarmerie françoise fort bien son devoir, et se maintint triomphant; tellement qu'après le

---

[1] Le comte de Pitigliano.
[2] Chaumont d'Amboise.
[3] Louis XII « s'exposa au feu comme le plus petit soudoyer », et à ceux qui le blâmaient il répondit que « quiconque avoit peur se mît derrière lui, et que vrai roy de France ne mouroit point de coup de canon. »

gros meurdre et gros combat furent les Vénitiens tous défaits, et y fut pris Berthélemi d'Alvienne, chef des Vénitiens, et tout plein d'autres personnages ; et le comte Petilliane s'enfuit avec la plus grande partie de sa gendarmerie. Et firent aussi les pensionnaires que menoit M. de Bourbon, merveilleusement bien leur devoir, et aussi fit la bataille où le roy étoit ; et ne l'abandonna jamais M. de Liége, qui fut toujours auprès de lui ; aussi fut un capitaine de la porte, nommé Estanchon. L'artillerie des Vénitiens ne fit guère de mal aux François, mais trop bien celle des François à eux ; et en avoient lesdits Vénitiens 60 grosses pièces [1], entre lesquelles y en avoit une manière plus longue que longues couleuvrines, lesquelles se nomment basilics et tirent boulets de canon ; et avoit dessus toutes un lion, où avoit écrit à l'entour dudit lion *Marco*. Cela fait, Berthélemi d'Alvienne, qui était un peu blessé au visage [2] fut amené devant le roy ; et quand il fut arrivé, le roy lui dit qu'il eût bonne patience et qu'il auroit bonne prison : sur quoi il répondit qu'aussi auroit-il, et que s'il eût gagné la bataille, c'étoit le plus victorieux homme du monde ; et nonobstant qu'il l'eût perdue, si avoit-il de l'honneur quand il avoit eu en bataille un roy de France en personne contre lui ; toutesfois eût-il mieux aimé la victoire, et en eut été assez plus joyeux. Et ce fait, le roy les envoya à Loches, et plusieurs autres prisonniers qui avoient été prins à la bataille, à laquelle mourut de compte fait 38,000 hommes, sans grande quantité de prisonniers.

---

[1] Louis XII n'avait que 20 canons.
[2] Il avait un œil crevé.

PRISE DE GÊNES PAR LOUIS XII.

1507.

Symphorien Champier.

Symphorien Champier, médecin distingué de Lyon, naquit en 1472 et mourut vers 1535. Il a composé beaucoup de poésies, mais son principal ouvrage est *La vie et les gestes* (actions) *du preux chevalier Bayard*.

Comment le noble chevalier Bayard alla avec le roy Louis XII à la conquête de Gênes, et comment il monta le premier au bastillon.

Du temps que le roy Louis douzième tenoit Gênes, les gentilshommes eurent grosse dissension contre les marchands et la commune de la cité; et furent déchassés les nobles par le commun peuple et par incitation du pape Jules second, qui pour lors étoit devenu mauvais François, pour la récompense des biens que les François lui avoient faits quand fut chassé par le pape Alexandre Borgia, ne trouva refuge ni sauveté que France, et ainsi de ce que les François furent cause qu'il fut fait pape par le moyen de monseigneur le légat d'Amboise[1] qui lui donna toutes ses voix qui tenoient pour lui, par quoi ledit pape fut moult ingrat envers les François, qui est le péché qui plus déplaît à Dieu que ingratitude.

Lesdits nobles de Gênes envoyèrent une ambassade devers le roy, et fit une belle oraison pour la noblesse de Gênes, messire Etienne Vivaldi, docteur en lois. Le

---

[1] Le cardinal Georges d'Amboise.

roy Louis voyant le discord et controversité des nobles
et citoyens de Gênes envoya gens pour démontrer au
peuple qu'ils voulussent obtempérer en toute raison
aux gentilshommes, laquelle chose ne voulurent faire,
mais élevèrent un duc de bas lieu [1] et le menèrent par la
cité en triomphe. Voyant le roy que le peuple de Gênes
étoit effréné et insensé, désirant bouter paix entre eux,
leva une moult belle armée en France pour aller conqué-
rer Gênes, lesquels s'étoient révoltés contre lui ; si fit
amasser gens par tous lieux, et alors le noble Bayard
étoit à Lyon, malade d'une fièvre quarte, laquelle il
porta longtemps, et outre avoit au bras droit un ulcère
très-mauvais et assez caverneux.

Or, un jour je donnai à souper en ma maison audit
capitaine Bayard et à sa cousine damoiselle Madeleine
Terrail, femme de feu écuyer noble Claude de Verray,
pannetier pour lors de la reine. Or advint au soir, en
soupant, que je lui dis : « Monsieur le capitaine, je me
merveille de vous qui êtes si fort malade de la fièvre,
et outre avez au bras ulcère moult dangereux, comme
voulez aller à Gênes avec le roy, entre ces montagnes
Pennines et la guerre, vous bouter en danger. » Si me
répond : « Certes, vous dites vérité ; mais à la nécessité
on ne doit laisser pour aucune chose son prince, et aimerois mieux mourir avec lui que de mourir ici à
honte. » Alors je lui dis : « Seigneur capitaine, au moins
jusques serez bien guéri de votre bras, allez après le
roy, pour n'être si fort foulé des gens, avec monseigneur le légat d'Amboise jusques à Gênes ; et entre ci
et là, pourrez être guéri de votre bras et aussi de la
fièvre. — Certes, dit-il, monsieur mon ami, vous dites
très-bien ; mais une chose je crains à merveille, c'est
que ses protonotaires, qui suivent monsieur le légat,
chevauchent un tas de mules espaignoles, lesquelles

---

[1] Nommèrent un doge de basse naissance. C'était un teinturier
appelé Paolo de Novi, homme de grand courage.

ruent souvent, et j'ai mauvaises grèves (*a*) ; par quoi craindrois plus les pieds des mules, lesquels n'ai pas accoutumé, et aime mieux être entre les chevaux qui me connoissent et moi eux. » Alors lui répondis : « Seigneur capitaine, il vous est à pardonner, car ce n'est pas de maintenant que vous commencez à gaudir (*b*). — Certes, non fais, dit Bayard, je le dis sans jeux, ainsi que l'entends. » A la réponse dudit seigneur capitaine, ceux qui étoient présens moult se boutèrent à rire, pour ce que d'une grâce le disoit qu'il n'est possible à récrire.

Bientôt après toute l'armée passa les monts, et si à coup que l'on ne vit jamais armée sitôt passer les monts [1] ; et sagement le fit, car s'il eût demeuré dix jours de plus, les Génois avoient secours du pape et de l'empereur Maximilien, et fussent les François morts de faim aux montagnes. Aussi le savoit bien le prudent roy que la nature des François veut être tôt et soudainement boutée en exécution et ne séjourner longtemps en un lieu, comme bien récite César en ses *commentaires*.

Quand l'armée eut la plupart passé les montagnes, le roy part de Lyon à toute diligence, et le noble Bayard avec sa fièvre et bras avec lui, et fit tant le roy par ses journées, que en bref fut devant Gênes, et les Génois furent bien ébahis de la diligence qu'avoit faite si soudaine, et n'eussent jamais pensé qu'ils eussent sitôt les monts passé, et cuidoient bien avoir secours avant la venue des François. Or, avoient fait ceux de la ville, au haut d'une montagne, un bastillon [2] moult fort pour secourir la ville, et sembloit être imprenable pour tout le monde. Quand les François virent ce bastillon si fort au-dessus de la montagne, si furent moult ébahis à

---

[1] Louis XII traversa les montagnes en avril.
[2] C'était un gros bastion, sur la montagne du Promontoire.

(*a*) Bottes, armure des jambes. — (*b*) Plaisanter.

cause que la montagne étoit moult haute et droite, et âpre à monter. Le roy tint son conseil assavoir si on devoit monter et assaillir ce bastillon; les uns disoient que ce seroit bien hazarder l'armée et la noblesse, et qu'ils avoient moult grand avantage sur les François; les autres disoient que l'on pouvoit bien avoir et combattre la ville sans gagner le bastillon. Alors voyant le noble Bayard plusieurs et diverses opinions, dit devant le roy et tous les princes : « Sire, suis d'avis que nous devons hardiment monter la montaigne et combattre les bourgeois et marchands de la ville et les chasser hors de ces bastillons; et moi, avec ma fièvre quarte, laquelle à mon souhait fût ailleurs, et avec mon bras bien foulé (a), je veux monter le premier. » Et puis il dit au capitaine Maugeron, qui depuis mourut devant Ravenne : « Capitaine Maugeron, venez avec moi, car nous sommes d'un pays et de longtemps nous nous connoissons; suivez-moi, et si le bras est foible, si sera aujourd'hui expérimenté; quant aux jambes, elles sont agiles et légères pour bien monter. »

Aux paroles de Bayard, tous jeunes gentilshommes prindrent cœur et dirent tous ensemble : « Suivons Bayard, par raison ne devons craindre de monter après lui. » Et par ainsi montèrent tous les gentilshommes premier après Bayard, et les aventuriers et Gascons après moult fièrement, tous se émerveillant de Bayard, qui avec sa fièvre montoit légèrement devant tous les autres, la demi-lance à la main; et incontinent qu'ils furent au haut de la montagne, auprès du bastillon, cria Bayard : « France, France! or, marchands, défendez-vous avec vos aunes, et laissez vos piques et lances, lesquelles n'avez accoutumées. » Et à ce cri marcha Bayard avec ses compagnons sur les marchands cordonniers et drapiers et charpentiers, et frappèrent d'une si grande

(a) Blessé, malade.

force et hardiesse que c'étoit merveille ; et par espécial
le noble Bayard tellement frappoit, que les Génois
fuyoient devant lui comme brebis devant le loup, et s'é-
merveilloient les Génois d'icelui qui ainsi frappoit et
toujours exhortoit les autres à combattre ; et par fin
firent tant les François, qu'ils boutèrent les Génois en
fuite ; les uns fuyoient d'un côté de la montaigne, les
autres de l'autre. Voyant Bayard que ainsi fuyoient
Génois et après François [les] chassant, si cria Bayard :
« Messeigneurs et frères, allons gagner le bastillon,
car pourroient plusieurs être dedans, qui, à la descente, pourroient ruer sur nous et nous défaire. » Et à
ce mot tirèrent tout droit au bastillon, là où étoient
Génois au nombre de 2 ou 300 encore. Et quand le noble
Bayard fut illec (a) arrivé, si rua sur ces Génois moult
rudement, et quand virent que ainsi étoient par Bayard
meurtris, si prindrent ceux qui s'enfuyoient et délais-
sèrent le bastillon, et prindrent à courre droit au bas
de la montagne.

Et par ainsi Bayard avec ses compagnons gagnèrent
le bastillon, qui fut cause de la prinse de la cité de Gênes,
car après que le bastillon fut prins et gagné par les
François, ceux de la cité se rendirent à la merci du roy
Louis, et entra après ledit roy en moult grand triomphe,
comme victorieux, en la cité, là où il fit par justice
mourir celui qu'ils avoient élu duc de Gênes et le seigneur Justinian[1], lesquels étoient promoteurs d'icelle
discorde des nobles avec le populaire.

---

[1] Demetrio Giustiniani, qui avait joué le rôle de tribun populaire.

(a) Là.

PRISE DE BRESCIA.

1512.

LE LOYAL SERVITEUR.

La ville de Brescia s'étant livrée aux Vénitiens, Gaston de Foix, duc de Nemours, quitta Bologne pour aller réduire les rebelles. En chemin, il battit l'armée vénitienne envoyée au secours de Brescia et arriva devant la ville, qui était défendue par ses habitants, plusieurs milliers de paysans armés et 12,000 Vénitiens. Le château était resté entre les mains des Français ; c'est de là que Gaston de Foix commença l'attaque contre la ville.

Le duc de Nemours, après qu'il fut monté au château, assembla tous ses capitaines pour savoir qu'il étoit de faire ; car dedans la ville y avoit gros nombre de gens, comme 8000 hommes de guerre, et 12 ou 14,000 vilains du pays qui s'étoient avec eux assemblés, et si étoit la ville forte à merveille. Un bien y avoit, qu'on descendoit du château en la citadelle sans trouver fossé qui guères donnât empêchement : bien avoient fait un bon rempart.

Or en toute l'armée du roy de France n'étoient point alors plus de 12,000 combattans, car une grosse partie étoit demeurée à Bologne : toutesfois, au peu de nombre qui y étoit, n'y avoit que redire, car c'étoit toute fleur de chevalerie, et crois que cent ans paravant n'avoit été vu pour le nombre plus gaillarde compagnie, et davantage avec le bon vouloir que chacun avoit de servir son bon maître le roy de France.

Ce gentil duc de Nemours avoit tant gagné le cœur des gentilshommes et des aventuriers (*a*), qu'ils fussent tous morts pour lui. Eux assemblés au conseil, fut demandé par ledit seigneur à tous les capitaines leur

---

(*a*) Soldats de pied.

avis, que chacun dit au mieux qu'il sut; et pour conclusion fut ordonné qu'on donneroit l'assaut, sur les huit ou neuf heures, lendemain matin. Et telle fut l'ordonnance : c'est que le seigneur de Molart, avec ses gens de pied, conduiroit la première pointe; mais devant lui iroit le capitaine Hérigoye et ses gens escarmoucher. Après, en une troupe, marcheroient le capitaine Jacob et ses 2000 lansquenets, les capitaines Bonnet, Maugiron, le bâtard de Clèves et autres, jusques au nombre de 7000 hommes ; et le duc de Nemours, les gentilshommes que conduisoit le grand sénéchal de Normandie [1], avec la plus grande force de la gendarmerie à pied, marcheroit à leur côté, l'armet en tête et la cuirasse sur le dos; et monseigneur d'Alègre seroit à cheval à la porte Saint-Jehan, qui étoit la seule porte que les ennemis tenoient ouverte, car ils avoient muré les autres avec 300 hommes d'armes, pour garder que nul ne sortît.

Le vertueux capitaine seigneur de la Palice ne fut point à l'assaut; car le soir de devant il avoit été blessé en la tête d'un éclat, par un coup de canon qu'on avoit tiré de la ville au château. Cette ordonnance faite, chacun la trouva bonne, excepté le bon chevalier, qui dit, après ce que le duc de Nemours, selon son ordre, eut parlé à lui : « Monseigneur, sauve votre révérence et de tous messeigneurs, il me semble qu'il faut faire une chose dont nous ne parlons point. » Il lui fut demandé par ledit seigneur de Nemours que c'étoit. « C'est, dit-il, que vous envoyez monseigneur de Molart faire la première pointe : de lui je suis plus que assuré qu'il ne reculera pas, ni beaucoup de gens de bien qu'il a avec lui; mais si les ennemis ont point de gens d'étoffe (a), et bien connaissant la guerre, avec eux,

---

[1] Louis de Brézé, capitaine des cent gentilshommes de la maison du roi.

(a) Quelque peu de gens de courage.

comme je crois que oui, sachez qu'ils les mettront à la pointe, et pareillement leurs hacquebuttiers. Or en tels affaires (a), s'il est possible, ne faut jamais reculer ; et si d'aventure ils repoussoient lesdits gens de pied, et ils ne fussent soutenus de gendarmerie, il y pourroit avoir gros désordre. Par quoi je suis d'avis que avec mondit seigneur de Molart on mette 100 ou 150 hommes d'armes, qui seront pour beaucoup mieux soutenir le faix que les gens de pied, qui ne sont pas ainsi armés. » Lors dit le duc de Nemours : « Vous dites vrai, monseigneur de Bayard ; mais qui est le capitaine qui se voudra mettre à la merci de leurs hacquebuttes ? — Ce sera moi, s'il vous plait, monseigneur, répondit le bon chevalier ; et croyez que la compagnie dont j'ai la charge fera au jour d'hui de l'honneur au roy et à vous, et tel service que vous en apercevrez. » Quand il eut parlé, n'y eut capitaine qui ne regardât l'un l'autre, car sans point de faute, le fait étoit très-dangereux : toutesfois il demanda la charge, et elle lui demeura.

Quant tout fut conclu, encore dit le duc de Nemours : « Messeigneurs, il faut que selon Dieu nous regardions à une chose : vous voyez bien que si cette ville se prend d'assaut elle sera ruinée et pillée, et tous ceux de dedans morts, qui seroit une grosse pitié : il faut encore savoir d'eux, avant qu'ils en essayent la fortune, s'ils se voudroient point rendre. » Cela fut trouvé bon ; et le matin y fut envoyé un des trompettes, qui sonna dès qu'il partit du château, et marcha jusques au premier rempart des ennemis, où étaient le providadour messire André Grit et tous les capitaines. Quand le trompette fut arrivé, demanda à entrer en la ville. On lui dit qu'il n'entroit point, mais qu'il dit ce qu'il voudroit, et que c'étoient ceux qui avoient puissance de lui répondre.

Lors fit son message tel que vous avez entendu ci-

(a) Affaire est masculin jusqu'au XVIIᵉ siècle.

dessus, et que s'ils vouloient rendre la ville, on les laisseroit aller leurs vies sauves ; sinon, et où elle se prendroit d'assaut, qu'ils pouvoient être tous assurés de mourir. Il lui fut répondu qu'il s'en pouvoit bien retourner, et que la ville étoit de la Seigneurie[1] ; qu'elle y demeureroit, et davantage qu'ils garderoient bien que jamais François n'y mettroit le pied. Hélas ! les pauvres habitans se fussent volontiers rendus, mais ils ne furent pas les maîtres. Le trompette revint, qui fit sa réponse ; laquelle ouïe, n'y eut autre délai, sinon que le gentil duc de Nemours, qui déjà avoit ses gens en bataille, commença à dire : « Or, messeigneurs, il n'y a plus que bien faire et nous montrer gentils compagnons : marchons, au nom de Dieu et de monseigneur saint Denis. » Les paroles ne furent pas sitôt proférées, que tabourins, trompettes et clairons ne sonnassent l'assaut et l'alarme, si impétueusement que aux couards les cheveux dressoient en la tête, et aux hardis le cœur leur croissoit au ventre.

Les ennemis, oyant ce bruit, delâchèrent plusieurs coups d'artillerie, dont entre les autres un coup de canon vint droit donner au beau milieu de la troupe du duc de Nemours, sans tuer ni blesser personne ; qui fut quasi chose miraculeuse, considéré comme ils marchoient serrés. Alors se mit à marcher avant le seigneur de Molart et le capitaine Hérigoye avec leurs gens, et sur leur aile, quant et quant (a), le gentil et bon chevalier sans peur et sans reproche, à pied avec toute sa compagnie, qui étoient gens élus (b), car la plupart de ses gens d'armes avoient en leur temps été capitaines ; mais ils aimoient mieux être de sa compagnie que d'une autre, tant se faisoit aimer par ses vertus. Ils approchèrent près du premier rempart, derrière lequel étoient les ennemis, qui commencèrent à tirer artillerie

[1] La seigneurie, la république de Venise.

(a) Avec eux. — (b) Choisis.

et leurs hacquebuttes, aussi dru comme mouches. Il avait un peu pluviné; le château étoit en montagne, et pour descendre en la ville on couloit un peu : mais, le duc de Nemours, en montrant qu'il ne vouloit pas demeurer des derniers, ôta ses souliers (a) et se mit en eschapins de chausses (b). A son exemple le firent plusieurs autres ; car, à vrai dire, ils s'en soutenoient mieux.

Le bon chevalier et le seigneur de Molart combattirent à ce rempart furieusement : aussi fut-il merveilleusement bien défendu. Les François crioient *France, France !* ceux de la compagnie du bon chevalier crioient *Bayard, Bayard !* les ennemis crioient *Marco, Marco !* Bref, ils faisoient tant de bruit que les hacquebuttes ne pouvoient être ouïes. Messire André Grit donnoit merveilleux courage à ses gens, et en son langage italien leur disoit : « Tenons bon, mes amis, les François seront bientôt lassés ; ils n'ont que la première pointe ; et si ce Bayard étoit défait, jamais les autres n'approcheroient. » Il étoit bien abusé ; car s'il avoit grand cœur de défendre, les François l'avoient cent fois plus grand pour entrer dedans ; et vont livrer un assaut merveilleux, par lequel ils repoussèrent un peu les Vénitiens. Quoi voyant par le bon chevalier, commença à dire : *Dedans, dedans, compagnons ! ils sont nôtres ! marchez, tout est défait !* Lui-même entra le premier et passa le rempart, et après lui plus de mille, de sorte qu'ils gagnèrent le premier fort, qui ne fut pas sans se bien battre : et y en demeura de tous les côtés, mais peu des François. Le bon chevalier eut un coup de pique dedans le haut de la cuisse, et entra si avant que le bout rompit, et demeura le fer et un bout du fût (c) dedans. Bien cuida être frappé à mort, de la douleur qu'il sentit : si commença à dire au seigneur de Molart:

(a) Ses souliers de fer. — (b) Escarpins ou chaussons de même étoffe que les chausses ou culotte. — (c) Bois, manché.

« Compagnon, faites marcher vos gens, la ville est gagnée ; de moi je ne saurois tirer outre, car je suis mort. » Le sang lui sortoit en abondance ; si lui fut force, ou là mourir sans confession, ou se retirer hors de la foule avec deux de ses archers, lesquels lui étanchèrent au mieux qu'ils purent sa plaie avec leurs chemises qu'ils déchirèrent et rompirent pour ce faire.

Le pauvre seigneur de Molart, qui pleuroit amèrement la perte de son ami et voisin, car tous deux étoient de l'écarlate des gentilshommes, comme un lion furieux, délibéré (*a*) le venger, commença rudement à pousser ; et le bon duc de Nemours et sa flotte (*b*) après, qui entendit en passant avoir le premier fort été gagné par le bon chevalier, mais qu'il y avoit été blessé à mort. Si lui-même eût eu le coup, n'eût pas eu plus de douleur, et commença à dire : « Hé, messeigneurs mes amis, ne vengerons nous point sur ces villains la mort du plus accompli chevalier qui fut au monde ? Je vous prie, que chacun pense de bien faire. » A sa venue, furent Vénitiens mal traités, et guerpirent (*c*) la citadelle, faisant mine se vouloir retirer vers la ville et lever le pont, car trop eussent eu affaire les François par ce moyen ; mais ils furent poursuivis si vivement qu'ils passèrent le palais, et entrèrent pêle-mêle en la grand'place, en laquelle étoit toute leur force, la gendarmerie et chevau-légers bien à cheval avec les gens de pied, en bataille bien ordonnée, selon leur fortune.

Là se montrèrent les lansquenets et les aventuriers françois gentils compagnons. Le capitaine Bonnet y fît de grands apertises d'armes (*d*) ; et, sortant de sa troupe la longueur d'une pique, marcha droit aux ennemis, et fut aussi très-bien suivi. Le combat dura demie-heure, ou plus. Les citadins et femmes de la ville jetoient des

---

(*a*) Résolu à. — (*b*) *Flotte*, multitude, troupe. — (*c*) Évacuèrent, déguerpirent de. — (*d*) Beaux faits d'armes.

fenêtres gros carreaux (a) et pierres, avec eau chaude, qui dommagea plus les François que les gens de guerre. Ce nonobstant, enfin furent Vénitiens défaits, et y en demeura sur cette grand'place de si bien endormis qu'ils ne se réveilleront de cent ans, sept ou huit mille. Les autres, voyant qu'il n'y faisoit pas trop sûr, cherchèrent leur échappatoire de rue en rue; mais toujours, de leur malheur, trouvoient gens de guerre, qui les tuoient comme pourceaux. Messire André Grit, le comte Louis Advogadre[1] et autres capitaines étoient à cheval, lesquels, quand ils virent la rotte (b) entièrement sur eux, voulurent assayer le moyen de se sauver, et s'en allèrent droit à cette porte Saint-Jehan, cuidant sortir : si firent abaisser le pont, et crioient : *Marco, Marco! Italie, Italie!* Mais c'était en voix de gens bien effrayés. Le pont ne fut jamais si tôt baissé, que le seigneur d'Alègre, gentil capitaine et diligent, n'entrât dans la ville avec la gendarmerie qu'il avoit; et en s'écriant *France, France!* chargea sur les Vénitiens, lesquels tous ou la plus grand'part porta par terre, et entre autres le comte Louis Advogadre, qui étoit monté sur une jument coursière pour courir 50 milles sans repaître.

Le providadour messire André Grit vit bien qu'il étoit perdu sans remède, si plus attendoit; par quoi, après avoir couru de rue en rue pour échapper la fureur, descendit de son cheval, et se jeta en une maison seulement avec un de ses gens, où il se mit en défense quelque peu; mais, doutant (c) plus gros inconvénient, fit enfin ouvrir le logis, où il fut pris prisonnier. Bref, nul n'en échappa qui ne fut mort ou pris; et fut un des plus cruels assauts qu'on eût jamais vu, car des morts, tant des gens de guerre de la Seigneurie que de

[1] Le comte Louis Avogara, noble bressan, qui avait fait soulever Brescia contre les Français.

(a) Flèches d'arbalète. — (b) *Rotte, route,* troupe de gens de guerre. — (c) Redoutant.

ceux de la ville, y eut nombre de plus de 20,000 ; et des François ne s'en perdit jamais 50, qui fut grosse fortune. Or, quand il n'y eut plus à qui combattre, chacun se mit au pillage parmi les maisons, et y eut de grosses pitiés ; car, comme pouvez entendre, en tels affaires, il s'en trouve toujours quelques-uns méchans, lesquels entrèrent dedans monastères, firent beaucoup de dissolutions, car ils pillèrent et dérobèrent en beaucoup de façons ; de sorte qu'on estimoit le butin de la ville à 3 millions d'écus. Il n'est rien si certain que la prise de Bresse fut en Italie la ruine des François ; car ils avoient tant gagné en cette ville de Bresse, que la plupart s'en retourna et laissa la guerre ; et ils eussent fait bon métier à la journée de Ravenne, que vous entendrez ci-après.

Il faut savoir que devint le bon chevalier sans peur et sans reproche après qu'il eut gagné le premier fort, et qu'on l'eut si lourdement blessé, que contraint avoit été, à son grand regret, de demeurer avec deux de ses archers. Quand ils virent la citadelle gagnée, en la première maison qu'ils trouvèrent démontèrent un huis, sur lequel ils le chargèrent ; et le plus doucement qu'ils purent, avec quelque aide qu'ils trouvèrent, le portèrent en une maison la plus apparente qu'ils virent à l'entour. C'étoit le logis d'un fort riche gentilhomme ; mais il s'en étoit fui en un monastère, et sa femme étoit demeurée au logis en la garde de Notre Seigneur, avec deux belles filles qu'elle avoit, lesquelles étoient cachées en un grenier dessous du foin. Quand on vint heurter à sa porte, comme constante d'attendre la miséricorde de Dieu, la va ouvrir : si vit le bon chevalier qu'on apportoit ainsi blessé, lequel fit incontinent serrer la porte et mit deux archers à l'huis, auxquels il dit : « Gardez sur votre vie que personne n'entre céans, si ce ne sont de mes gens ; je suis assuré que quand on saura que c'est mon logis, personne ne s'efforcera d'y entrer ; et pour ce que pour me secourir je suis cause dont perdez à gagner quelque chose, ne vous souciez, vous n'y perdrez rien. »

Les archers firent son commandement, et lui fut porté en une fort belle chambre, en laquelle la dame du logis le mena elle-même ; et se jetant à genoux devant lui, parla en cette manière, rapportant son langage au françois : « Noble seigneur, je vous présente cette maison et tout ce qui est dedans, car je sais bien qu'elle est vôtre par le devoir de la guerre ; mais que votre plaisir soit de me sauver l'honneur et la vie, et de deux jeunes filles que mon mari et moi avons, qui sont prêtes à marier. » Le bon chevalier, qui oncques ne pensa méchanceté, lui répondit : « Madame, je ne sais si je pourrai échapper de la plaie que j'ai ; mais tant que je vivrai, à vous ni à vos filles ne sera fait déplaisir, non plus que à ma personne : gardez les seulement en vos chambres, qu'elles ne se voient point, et je vous assure qu'il n'y a homme en ma maison qui se ingère d'entrer en lieu que ne le veuillez bien ; vous assurant au surplus que vous avez céans un gentilhomme qui ne vous pillera point, mais vous ferai toute la courtoisie que je pourrai. »

Quand la bonne dame l'ouit si vertueusement parler, fut toute assurée. Après il lui pria qu'elle enseignât quelque bon cirurgien, et qui pût hâtivement le venir habiller (a) ; ce qu'elle fit, et l'alla quérir elle-même avec un des archers, car il n'y avoit que deux maisons de la sienne. Lui arrivé, visita la plaie [1] du bon chevalier,

[1] Découverte la cuisse, le fer et le bout de la pique étoient dedans encore. Si dit le noble Bayard aux chirurgiens : « Tirez ce fer dehors. » Répondit le Bressien qui trembloit de peur qu'il avoit : « Seigneur, j'ai bien peur que sincopisez en tirant le fer. — Non ferai, dit Bayard ; j'ai autrefois su qu'est de tirer un fer de chair humaine : tirez hardiment. » Alors tirèrent les deux maîtres le fer qui étoit moult profond en la cuisse, dont le noble chevalier sentit d'une merveilleuse douleur ; mais quand on lui dit qu'il n'y avoit ni artère, ni veine grosse blessée, il fut tout joyeux. » (SYMPHORIEN CHAMPIER, *La vie et les gestes du preux chevalier Bayard*).

(a) Panser.

qui étoit grande et profonde : toutesfois il l'assura qu'il n'y avait nul danger de mort. Au second appareil le vint voir le cirurgien du duc de Nemours, appelé maître Claude, qui depuis le pansa, et en fit très-bien son devoir, de sorte qu'en moins d'un mois fut prêt à monter à cheval.

Le bon chevalier, habillé, demanda à son hôtesse où étoit son mari. La pauvre dame tout éplorée lui dit : « Sur ma foi, monseigneur, je ne sais s'il est mort ou vif : bien me doute, s'il est en vie, qu'il sera dedans un monastère, où il a grosse connoissance. — Dame, dit le bon chevalier, faites le chercher, et je l'envoierai querir, en sorte qu'il n'aura point de mal. » Elle se fit enquérir où il étoit, et le trouva ; puis fut envoyé querir par le maître d'hôtel du bon chevalier, et par deux archers, qui l'amenèrent sûrement ; et à son arrivée eut de son hôte le bon chevalier joyeuse chère, et lui dit qu'il ne se donnât point de mélancolie, et qu'il n'avoit logé que de ses amis.

Après la belle et glorieuse prise de la ville de Bresse par les François, et que la fureur fut passée, se logea le victorieux duc de Nemours, qui n'étoit pas l'effigie du dieu Mars, mais lui-même ; et avant que boire ni manger assembla son conseil, où furent tous les capitaines, afin d'ordonner ce qui étoit nécessaire de faire. Premier envoya chasser toutes manières de gens de guerre qui étoient ès (a) religions et églises, et fit retourner les dames aux logis avec leurs maris, s'ils n'étoient plus prisonniers, et peu à peu les assura.

Il convint diligenter à vider les corps morts de la ville, par peur de l'infection, où on fut trois jours entiers, sans autre chose faire, et en trouva-t'on 22,000 et plus. Il donna les offices qui étoient vacans à gens qu'il pensoit bien qui les sussent faire. Le procès du comte Louis Advogadre fut fait, lequel avoit été cause

---

(a) Dans les couvents et églises.

de la trahison pour reprendre Bresse, et eut la tête tranchée, et mis après en quatre quartiers, et deux autres de sa faction, dont l'un s'appeloit Thomas del Duc, et l'autre Hiéronyme de Rive. Sept ou huit jours fut à Bresse ce gentil duc de Nemours, où, une fois le jour pour le moins, alloit visiter le bon chevalier, lequel il reconfortoit le mieux qu'il pouvoit, et souvent lui disoit : « Hé ! monseigneur de Bayard, mon ami, pensez de vous guérir, car je sais bien qu'il faudra que nous donnions une bataille aux Espaignols entre ci et un mois ; et si ainsi étoit, j'aimerois mieux avoir perdu tout mon vaillant que n'y fussiez, tant j'ai grand'fiance en vous. » Le bon chevalier répondit : « Croyez, monseigneur, que s'il est ainsi qu'il y ait bataille, tant pour le service du roy mon maître que pour l'amour de vous, et pour mon honneur qui va devant, je m'y ferois plutôt porter en litière que je n'y fusse. » Le duc de Nemours lui fit force présens suivant sa puissance, et pour un jour lui envoya 500 écus, lesquels il donna aux deux archers qui étoient demeurés avec lui quand il fut blessé.

BATAILLE DE RAVENNE.

1512.

LE LOYAL SERVITEUR.

Au retour de cette chaude escarmouche qu'avoit faite le bon chevalier sans peur et sans reproche, et après le dîner, furent assemblés tous les capitaines, tant de cheval que de pied, au logis du vertueux duc de Nemours, le passepreux de tous ceux qui furent deux mille ans a ; car on ne lira point en chronique ni histoire d'empereur, roy, prince, ni autre seigneur, qui en si peu de temps ait fait de si belles choses que lui : mais cruelle mort le prit en l'âge de vingt et quatre ans, qui fut abaissement et dommage irréparable à toute noblesse.

Or, les capitaines assemblés, commença sa parole le gentil duc de Nemours et leur dit : « Messeigneurs, vous voyez le pays où nous sommes, et comment vivres nous défaillent; et tant plus demeurerions en cette sorte, et tant plus languirions. Cette grosse ville de Ravenne nous fait barbe (a) d'un côté; les ennemis sont à la portée d'un canon de nous; les Vénitiens et Suisses, ainsi que m'écrit le seigneur Jehan Jacques, font mine de descendre au duché de Milan, où vous savez que nous n'avons laissé gens, sinon bien peu. Davantage, le roy mon oncle me presse tous les jours de donner la bataille; et crois qu'il m'en presseroit encore plus, s'il savoit comment nous sommes abstraints de vivres. Par quoi, ayant regard à toutes ces choses, me semble, pour le profit de notre maitre et pour le nôtre, que plus ne devons délayer; mais, avec l'aide de Dieu, qui y peut le tout, allons trouver nos ennemis : si la fortune nous est bonne, l'en louerons et remercirons; si elle nous est contraire, sa volonté soit faite. De ma part et à mon souhait, pouvez assez penser que j'en désire le gain pour nous, mais j'aimerois mieux y mourir qu'elle fût perdue ; et si tant Dieu me veut oublier que je la perde, les ennemis seront bien lâches de me laisser vif, car je ne leur en donnerai pas les occasions. Je vous ai ici tous assemblés, afin d'en prendre une occasion. »

Le seigneur de la Palice dit qu'il n'étoit rien plus certain qu'il falloit donner la bataille, et plus tôt se jeteroient hors de péril. De cette même opinion furent les seigneurs de Lautrec, grand sénéchal de Normandie,

---

(a). Est devant nous, nous fait face.

grand écuyer de France, le seigneur de Crussol, capitaine Louis d'Ars, et plusieurs autres; lesquels prirent conclusion que le lendemain, qui étoit jour de Pâques, iroient trouver leurs ennemis. Si fut dressé un pont de bateaux sur un petit canal qui étoit entre les deux armées, pour passer l'artillerie et les gens de pied; car des gens de cheval, ils traversoient le canal bien à leur aise, parce que aux deux bords on avoit fait des esplanades.

Le bon chevalier sans peur et sans reproche dit, présent toute la compagnie, qu'il seroit bon de faire l'ordonnance de la bataille sur l'heure, afin que chacun sût où il devroit être; et qu'il avoit entendu par tout plein de prisonniers qui avoient été au camp des Espaignols qu'ils ne faisoient que une troupe de tous leurs gens de pied, et deux de leurs gens de cheval; et que sur cela il se falloit ranger. Les plus apparens de la compagnie dirent que c'étoit fort bien parlé, et qu'il y falloit aviser sur l'heure; ce qui fut fait en cette sorte : c'est que les lansquenets et les gens de pied des capitaines Molard, Bonnet, Maugiron, baron de Grantmont, Bardassan et autres capitaines, jusques au nombre de 10,000 hommes, marcheroient tous en une flotte, et les 2000 Gascons du capitaine Odet et du cadet de Duras à leur côté; lesquels tous ensembles iroient eux parquer à la portée d'un canon des ennemis, et devant eux seroit mise l'artillerie : et puis à coup de canon les uns contre les autres, à qui premier sortiroit de son fort; car les Espaignols se logeoient toujours en lieu avantageux, comme assez entendrez. Joignant les gens de pied, seroient le duc de Ferrare et seigneur de la Palice, chefs de l'avant-garde, avec leurs compagnons; et quant et eux les gentilshommes, sous le grand sénéchal de Normandie, le grand écuyer, le seigneur d'Imbercourt, la Crote, le seigneur Théodé de Trevolz et autres capitaines, jusques au nombre de 800 hommes d'armes; et un peu au-dessus, et vis à vis d'eux, seroit le duc de Nemours avec sa compagnie, le seigneur de Lautrec son cousin, qui fit merveille d'armes ce jour, le seigneur d'Alègre, le capitaine Louis d'Ars, le bon chevalier et autres, jusques au nombre de 4 à 500 hommes d'armes ; et les gens de pied Italiens, dont il y avoit 4000 ou environ, sous la charge de deux frères gentilshommes de Plaisance, les comtes Nicolle et Francisque Scot, du marquis Malespine et autres capitaines italiens, demeureroient deçà le canal pour donner sûreté au bagage, de peur que ceux de Ravenne ne sortissent ; et fut ordonné chef de tous les guidons le bâtard du Fay, qui passeroit le pont, et s'en donneroit garde jusques à ce qu'il fût mandé.

Les choses ainsi ordonnées, et le lendemain matin venu, commencèrent premier à passer les lansquenets. Quoi voyant par le gentil seigneur de Molart, dit à ses rustres : « Comment, compagnons, nous sera-t-il reproché que les lansquenets soient passés du côté des ennemis plutôt que nous ? j'aimerois mieux, quant à moi, avoir perdu un œil. » Si commença, parce que les lansquenets occupoient le pont, à se mettre tout chaussé et vêtu, au beau gué dedans l'eau, et ses gens après (et faut savoir que l'eau n'étoit point si peu profonde qu'ils n'y fussent jusques aux reins) ; et firent si bonne diligence qu'ils furent plus tôt passés que lesdits lansquenets. Ce fait, fut toute l'artillerie passée et mise devant lesdits gens de pied, qui tantôt se mirent en bataille ; après passa l'avant-garde des gens de cheval, et puis la bataille. Sur ces entrefaites, faut que je vous fasse un incident.

Le gentil duc de Nemours partit assez matin de son logis, armé de toutes pièces, excepté de l'armet. Il avait un fort gorgias (a) accoutrement de broderie, aux armes de Navarre et de Foix ; mais il étoit fort pesant. En sortant de son dit logis, regarda le soleil jà levé, qui

---

(a) Somptueux.

étoit fort rouge : si commença à dire à la compagnie qui étoit autour de lui : « Regardez, messeigneurs, comme le soleil est rouge. » Là étoit un gentilhomme qu'il aimoit à merveille, fort gentil compagnon, qui s'appeloit Haubourdin, qui lui répondit : « Savez-vous bien que c'est à dire, monseigneur? il mourra aujourd'hui quelque prince ou grand capitaine : il faut que ce soit vous ou le vice-roi[1]. » Le duc de Nemours se prit à rire de ce propos, car il prenoit en jeu toutes les paroles dudit Haubourdin. Si s'en alla jusques au pont voir achever de passer son armée, laquelle faisoit merveilleuse diligence.

Cependant le bon chevalier le vint trouver, qui lui dit : « Monseigneur, allons nous ébattre un peu le long de ce canal, en attendant que tout soit passé. » A quoi s'accorda le duc de Nemours, et mena en sa compagnie le seigneur de Lautrec, le seigneur d'Alègre et quelques autres, jusques au nombre de vingt chevaux. L'alarme étoit gros au camp des Espaignols, comme gens qui s'attendoient d'avoir la bataille en ce jour, et se mettoient en ordre comme pour recevoir leurs mortels ennemis. Le duc de Nemours, allant ainsi à l'ébat, commença à dire au bon chevalier : « Monseigneur de Bayard, nous sommes ici en butte fort belle ; s'il y avoit des hacquebuttiers du côté de delà cachés, ils nous escarmoucheroient à leur aise. » Et, sur ces paroles, vont aviser une troupe de vingt ou trente gentilshommes espaignols, entre lesquels étoit le capitaine Pedro de Pas, chef de tous leurs genetaires[2] ; et étoient lesdits gentilshommes à cheval. Si s'avança le bon chevalier vingt ou trente pas et les salua, en leur disant : « Messeigneurs, vous vous ébattez comme nous, en attendant que le beau jeu se commence ; je vous prie que l'on ne

---

[1] Don Ramon de Cardona, vice-roi de Naples.
[2] Nom que portaient les cavaliers Espagnols, de *genêt*, cheval de petite taille, dont l'Espagne possédait une race excellente.

tire point de coups de hacquebutte de votre côté, et on ne vous en tirera point du nôtre. »

Le capitaine Pedro de Pas lui demanda qu'il étoit; et il se nomma par son nom. Quand il entendit que c'étoit le capitaine Bayard, qui tant avoit eu de renommée au royaume de Naples, fut joyeux à merveille. Si lui dit en son langage: « Sur ma foi, monseigneur de Bayard, encore que je sois tout assuré que nous n'avons rien gagné en votre arrivée, mais, par le contraire, j'en tiens votre camp enforcé de deux mille hommes, si suis-je bien aise de vous voir; et plût à Dieu qu'il y eût bonne paix entre votre maître et le mien, à ce que pussions deviser quelque peu ensemble, car tout le temps de ma vie vous ai aimé par votre grande prouesse. » Le bon chevalier, qui tant courtois étoit que nul plus, lui rendit son change au double. Si regardoit Pedro de Pas que chacun honoroit le duc de Nemours, qui demanda : « Seigneur de Bayard, qui est ce seigneur tant bien en ordre, et à qui vos gens portent tant d'honneur? » Le bon chevalier lui répondit : « C'est notre chef, le duc de Nemours, neveu de notre prince et frère à votre reine. » A grand peine il eut achevé son propos, que le capitaine Pedro de Pas et tous ceux qui étoient avec lui mirent pied à terre, et commencèrent à dire, adressant leurs paroles au noble prince : « Seigneur, sauf l'honneur et le service du roy notre maître, vous déclarons que nous sommes et voulons être et demeurer à jamais vos serviteurs. » Le duc de Nemours, comme plein de courtoisie, les remercia et puis leur dit : « Messeigneurs, je vois bien que dedans aujourd'hui nous saurons à qui demeurera la campagne, à vous ou à nous; mais à grand peine se démêlera cette affaire sans grande effusion de sang. Si votre vice-roy vouloit vider ce différend de sa personne à la mienne, je ferois bien que tous mes amis et compagnons qui sont avec moi s'y consentiront; et si je suis vaincu, s'en retourneront au duché de Milan, et vous laisseront paisibles par deçà:

aussi, s'il est vaincu, que tous vous en retourniez au royaume de Naples. »

Quand il eut achevé son dire, lui fut incontinent répondu par un dit le marquis de la Padule : « Seigneur, je crois que votre gentil cœur vous feroit volontiers faire ce que vous dites ; mais à mon avis que notre vice-roy ne se fiera point tant en sa personne qu'il s'accorde à votre dire. — Or, à Dieu donc, messeigneurs, dit le gentil prince ; je m'en vais passer l'eau, et promets à Dieu de ne la repasser de ma vie que le camp ne soit vôtre ou nôtre. » Ainsi se départit des Espaignols le duc de Nemours. Allant et venant voyoient tout acier les ennemis, et comment ils se mettoient en bataille, mêmement leur avant-garde de gens de cheval, dont étoit le chef Fabricio Coulonne[1], se montroit en belle vue et toute découverte. Si en parlèrent le seigneur d'Alègre et le bon chevalier au duc de Nemours, et lui dirent : « Monseigneur, vous voyez bien cette troupe de gens de cheval ? — Oui, dit-il, ils sont en belle vue. — Par ma foi, dit le seigneur d'Alègre, qui voudra amener ici deux pièces d'artillerie seulement, on leur fera un merveilleux dommage. » Cela fut trouvé très-bon ; et lui-même alla faire amener un canon et une longue couleuvrine. Déjà les Espaignols avoient commencé à tirer de leur camp, qui étoit fort à merveille, car ils avoient un bon fossé devant eux. Derrière étoient tous leurs gens de pied couchés sur le ventre, pour doute (*a*) de l'artillerie des François. Devant eux étoit toute la leur en nombre de 20 pièces, que canons que longues couleuvrines, et environ 200 hacquebuttes à croc ; et entre deux hacquebuttes avoient sur petites charrettes à roues de grandes pièces de fer acéré et tranchant, en manière d'un ronçon (*b*), pour faire rouler dedans les gens de pied, quand ils voudroient entrer parmi eux.

[1] Colonna, le meilleur des capitaines italiens.

(*a*) Crainte. — (*b*) Espèce de faux.

A leur aile étoit leur avant-garde, que conduisoit le seigneur Fabricio Coulonne, où il y avoit environ 800 hommes d'armes, que menoit le vice-roy don Raymond de Cardonne; et joignant de lui avoit seulement 2000 Italiens que menoit Ramassot; mais quant à la gendarmerie, on n'en ouit jamais parler de mieux en ordre, ni mieux montés.

Le duc de Nemours, passé qu'il eut la rivière, commanda que chacun marchât. Les Espaignols tiroient en la troupe des gens de pied françois comme en une butte, et en tuèrent, avant que venir au combat, plus de 2000. Ils tuèrent aussi deux triomphans hommes d'armes, l'un appelé Iasses, et l'autre l'Hérisson. Aussi moururent ensemble, d'un même coup de canon, ces deux vaillans capitaines, le seigneur de Molart et Philippe de Fribourg; qui fut un gros dommage et grand désavantage pour les François, car ils étoient deux apparens et aimés capitaines, surtout le seigneur de Molart[1], car tous ses gens se fussent faits mourir pour lui. Il faut entendre que, nonobstant toute l'artillerie tirée par les Espaignols, les François marchoient toujours. Les deux pièces que le seigneur d'Alègre et le bon chevalier avoient fait retourner deçà le canal tiroient incessamment en la troupe du seigneur Fabricio, qui lui faisoient un dommage non croyable, car il lui fut tué 300 hommes d'armes; et dit depuis, lui étant prisonnier à Ferrare, que d'un coup de canon lui avoit été emporté 33 hommes d'armes. Cela fâchoit fort aux Espaignols, car ils se voyoient tuer et ne savoient de qui : mais le capitaine Pedro Navarre avoit si bien conclu en leur conseil, qu'il étoit ordonné qu'on ne sortiroit point du fort jusques à ce que les François les y allassent assaillir, et qu'ils se déferoient d'eux-mêmes; Il n'étoit rien si vrai; mais il ne fut plus possible au seigneur Fabricio de tenir ses gens, qui disoient en

---

[1] Un des organisateurs de l'infanterie française.

leur langage : *Coerpo de Dios, sommos matados del cielo ; vamos combater los umbres*. Et commencèrent, pour évader ces coups d'artillerie, à sortir de leur fort et entrer en un beau champ pour aller combattre.

Ils ne prirent pas le chemin droit à l'avant-garde, mais avisèrent la bataille où étoit ce vertueux prince duc de Nemours, avec petite troupe de gendarmerie; si tirèrent cette part. Les François de la bataille, joyeux d'avoir le premier combat, baissèrent la vue (*a*), et d'un hardi courage marchèrent droit à leurs ennemis, lesquels se mirent en deux troupes, pour par ce moyen enclore cette petite bataille. De cette ruse s'aperçut bien le bon chevalier, qui dit au duc de Nemours : « Monseigneur, mettons nous en deux parties, jusques à ce qu'ayons passé le fossé, car ils nous veulent enclore. » Cela fut incontinent fait, et se départirent. Les Espaignols firent un bruit et un cri merveilleux à l'aborder : *Espaigne, Espaigne ! Sant-Yago ! aux canailles, aux canailles !* Furieusement venoient; mais plus furieusement furent reçus des François, qui crioient aussi : *France, France ! aux chevaux, aux chevaux !* car les Espaignols ne tâchoient à autre chose, sinon d'arriver tuer les chevaux, pour ce qu'ils ont un proverbe qui dit : *Muerto el cavaillo, perdido l'umbre d'armes*.

Depuis que Dieu créa ciel et terre, ne fut vu un plus cruel ni dur assaut que François et Espaignols se livrèrent les uns aux autres; et dura plus d'une grande demi-heure ce combat. Ils se reposoient les uns devant les autres pour reprendre leur haleine, puis baissoient la vue, et recommençoient de plus belle, criant *France !* et *Espaigne !* le plus impétueusement du monde. Les Espaignols étoient la moitié plus que les François. Si s'en courut le seigneur d'Alègre droit à son avant-garde

(*a*) *Vue*, partie du casque où étaient ménagées les fentes correspondantes aux yeux de l'homme d'armes. On la relevait et on la baissait.

et de loin avisa la bande de messire Robert de la Marche, qui portoient en devise : *Blanc et noir* ; si leur écria : *Blanc et noir, marchez! marchez! et aussi les archers de la garde.* Le duc de Ferrare et seigneur de la Palice pensèrent bien que, sans grand besoin, le seigneur d'Alègre ne les étoit pas venu querir. Si les fit incontinent déloger, et à bride abattue vinrent secourir le duc de Nemours et sa bande, laquelle, combien qu'elle fût de peu de nombre, reculoit toujours peu à peu les Espaignols.

A l'arrivée de cette fraîche bande, y eut un terrible hutin (*a*), car les Espaignols furent vivement assaillis. Les archers de la garde avoient de petites cognées dont ils faisoient leurs loges (*b*), qui étoient pendues à l'arçon de la selle des chevaux; ils les mirent en besogne, et donnoient de grands et rudes coups sur l'armet de ces Espaignols, qui les étonnoit merveilleusement. Oncques si furieux combat ne fut vu; mais enfin convint aux Espaignols abandonner le camp, sur lequel et entre deux fossés moururent 3 ou 400 hommes d'armes; aucuns princes du royaume de Naples y furent pris prisonniers, auxquels on sauva la vie. Chacun se vouloit mettre à la chasse; mais le bon chevalier sans peur et sans reproche dit au vaillant duc de Nemours, qui étoit tout plein de sang et de cervelle d'un de ses hommes d'armes qui avoit été emporté d'une pièce d'artillerie ; « Monseigneur, êtes-vous blessé? — Non, dit-il, Dieu merci, mais j'en ai blessé d'autres. — Or, Dieu soit loué, dit le bon chevalier, vous avez gagné la bataille, et demeurez aujourd'hui le plus honoré prince du monde. Mais ne tirez plus avant, et rassemblez votre gendarmerie en ce lieu; qu'on ne se mette point au pillage encore, car il n'est pas temps; le capitaine Louis d'Ars et moi allons après ces fuyans à ce qu'ils ne se retirent derrière leurs gens

(*a*) Combat. — (*b*) Huttes, cabanes, faites avec des branches d'arbres.

de pied, et pour homme vivant ne départez point d'ici que ledit capitaine Louis d'Ars ou moi ne vous venions querir. » Ce qu'il promit faire, mais il ne le tint pas, dont mal lui en prit.

Vous avez entendu comment les gens de pied des Espaignols étoient couchés sur le ventre, en un fort merveilleux et dangereux à assaillir, car on ne les voyoit point. Si fut ordonné que les 2000 Gascons iroient sur la queue délâcher leur trait, qui seroit cause de les faire lever : or les gens de pied françois n'en étoient pas loin de deux piques ; mais le fort étoit trop désavantageux, car, pour ne voir point leurs ennemis, ils ne savoient par où ils devoient entrer. Le capitaine Odet et le cadet de Duras dirent qu'ils étoient tout prêts d'aller faire lever les Espaignols, mais qu'on leur baillât quelques gens de piques, à ce que, après que leurs gens auroient tiré, s'il sortoit quelques enseignes (a) sur eux, ils fussent soutenus : cela étoit raisonnable : et y alla avec eux le seigneur de Moncaure, qui avoit 1000 Picards. Les Gascons délâchèrent très-bien leur trait, et navrèrent plusieurs Espaignols, à qui il ne plut guères, comme ils montrèrent, car tout soudainement se levèrent en belle ordonnance de bataille, et du derrière sortirent deux enseignes de 1000 ou 1200 hommes, qui vinrent donner dedans ces Gascons. Je ne sais de qui fut la faute ou d'eux ou des Picards, mais ils furent rompus des Espaignols ; et y fut tué le seigneur de Moncaure, le chevalier Desbories, lieutenant du capitaine Odet, le lieutenant du cadet de Duras et plusieurs autres.

A qui il ne plut guères, ce fut à leurs amis : mais les Espaignols en firent une grande huée, comme s'ils eussent gagné entièrement la bataille. Toutesfois ils connoissoient bien qu'elle étoit perdue pour eux, et ne voulurent pas retourner en derrière ces deux enseignes

(a) Compagnies, troupes.

qui avoient rompu les Gascons; mais se délibérèrent[1] d'aller gagner Ravenne, et se mirent sur la chaussée du canal, où ils marchoient trois ou quatre de front. Je laisserai un peu à parler d'eux, et retournerai à la grosse flotte des gens de pied François et Espaignols.

C'est que quand lesdits Espaignols furent levés, se vont présenter sur le bord de leur fossé, où les François livrèrent fier, dur et âpre assaut; mais ils furent servis de hacquebuttes à merveille, de sorte qu'il en fut beaucoup tué, mêmement le gentil capitaine Jacob[2] eut un coup au travers du corps, dont il tomba; mais soudain se releva, et dit à ses gens en allemand: « Messeigneurs, servons aujourd'hui le roy de France aussi bien qu'il nous a traités. » Le bon gentilhomme ne parla depuis, car incontinent tomba mort. Il avoit un capitaine sous lui, nommé Fabien[3], un des beaux et grands hommes qu'on vit jamais : lequel, quand il aperçut son bon maître mort, ne voulut plus vivre, mais bien fit une des grandes hardiesses qu'oncques homme sut faire; car, ainsi que les Espaignols avoient un gros hoc (a) de piques croisées au bord de leur fossé, qui gardoit que les François ne pouvoient entrer, ce capitaine Fabien voulant plutôt mourir qu'il ne vengeât la mort de son gentil capitaine, prit sa pique par le travers : il étoit grand à merveille, et tenant ainsi sa pique, la mit dessus celles des Espaignols, qui étoient couchées, et de sa grande puissance leur fit mettre le fer en terre. Quoi voyant par les François, poussèrent roidement, et entrèrent dedans le fossé; mais pour le passer y eut un meurdre (b) merveilleux, car oncques gens ne firent plus de défense que les Espaignols, qui, encore n'ayant plus bras ni jambe entière, mordoient

---

[1] Il s'agit toujours des deux enseignes qui ont rompu les Gascons.
[2] Jacob d'Empfer, allemand au service de Louis XII.
[3] Fabien de Schlaberstorf, saxon.

(a) Le sens ordinaire de *hoc* est crochet : ici ce mot indique plutôt un grand nombre. — (b) Meurtre, boucherie.

leurs ennemis. Sur cette entrée y eut plusieurs capitaines françois morts comme le baron de Grantmont, le capitaine Maugiron, qui y fit d'armes le possible, le seigneur de Bardassan. Le capitaine Bonnet eut un coup de pique dedans le front, dont le fer lui demeura en la tête. Bref, les François y reçurent gros dommage; mais plus les Espaignols, car la gendarmerie de l'avant-garde françoise leur vint donner sur le côté, qui les rompit du tout; et furent tous morts et mis en pièces, excepté le comte Pedro Navarre[1], qui fut prisonnier, et quelques autres capitaines.

Il faut retourner à ces deux enseignes qui s'enfuyoient pour cuider gagner Ravenne; mais en chemin rencontrèrent le bâtard Du Fay et les guidons et archers, qui leur firent retourner le visage le long de la chaussée; guères ne les suivit le bâtard Du Fay, mais retourna droit au gros affaire, où il servit merveilleusement bien. Entendre devez que quand ces deux enseignes sortirent de la troupe et qu'ils eurent défait les Gascons, plusieurs s'enfuirent, et aucuns jusqu'au lieu où étoit le vertueux duc de Nemours, lequel, venant au devant d'eux, demanda que c'étoit. Un paillard répondit: « Ce sont les Espaignols qui nous ont défaits. » Le pauvre prince, cuidant que ce fût la troupe de ses gens de pied, fut désespéré, et sans regarder qui le suivoit, se va jeter sur cette chaussée par laquelle se retiroient ces deux enseignes, qui le vont rencontrer en leur chemin, et bien quatorze ou quinze hommes d'armes. Ils avoient encore rechargé quelques hacquebuttes, qui vont délâcher, et puis à coups de piques sur ce gentil duc de Nemours et sur ceux qui étoient avec lui, lesquels ne se pouvoient guères bien remuer, car la chaussée étoit étroite, et d'un côté le canal où on ne pouvoit descendre, de l'autre y avoit un merveilleux fossé que l'on ne pouvoit passer. Bref, tous ceux qui étoient avec le duc de

---

[1] Le plus brave et le plus savant des capitaines espagnols.

Nemours furent jetés en l'eau, ou tombés dans le fossé. Le bon duc eut les jarrets de son cheval coupés : si se mit à pied, l'épée au poing; et oncques Roland ne fit à Roncevaux tant d'armes qu'il en fit là, ni pareillement son cousin le seigneur de Lautrec, lequel vit bien le grand danger où il étoit, et crioit tant qu'il pouvoit aux Espaignols : « Ne le tuez pas, c'est notre vice-roy, le frère à votre reine. » Quoique ce fût, le pauvre seigneur y demeura, après avoir eu plusieurs plaies; car, depuis le menton jusques au front, en avoit quatorze ou quinze; et par là montroit bien le gentil prince qu'il n'avoit pas tourné le dos.

Dedans le canal fut noyé le fils du seigneur d'Alègre, nommé Viverolz, et son père tué à la défaite des gens de pied; le seigneur de Lautrec y fut laissé pour mort, et assez d'autres. Ces deux enseignes se sauvèrent le long de la chaussée, qui duroit plus de 10 milles; et quand ils furent à 5 ou 6 milles du camp, rencontrèrent le bon chevalier, qui venoit de la chasse avec 30 ou 40 hommes d'armes tant las et travaillés que merveille. Toutesfois il se délibéra de charger ses ennemis; mais un capitaine sortit de la troupe, qui commença à dire en son langage : « Seigneur, que voulez-vous faire? Assez connoissez n'être pas puissant pour nous défaire. Vous avez gagné la bataille et tué tous nos gens; suffise vous de l'honneur que vous avez eu, et nous laisser aller la vie sauve, car par la volonté de Dieu sommes échappés. » Le bon chevalier connut bien que l'Espaignol disoit vrai; aussi n'avoit-il cheval qui se pût soutenir; toutesfois il demanda les enseignes (a) qui lui furent baillées; et puis ils s'ouvrirent, et il passa parmi eux et les laissa aller. Las! il ne savoit pas que le bon duc de Nemours fût mort, ni que ce fussent ceux qui l'avoient tué; car il fût avant mort de dix mille morts qu'il ne l'eût vengé, s'il l'eût su.

(a) Drapeaux.

Durant la bataille, et avant la totale défaite s'enfuit Don Raymon de Cardonne, vice-roy de Naples, environ 300 hommes d'armés, et le capitaine Ramassot avec ses gens de pied ; le demeurant fut mort ou pris.

LETTRE DE BAYARD

A SON ONCLE LAURENT DES ALLEMANS

AU SUJET DE LA BATAILLE DE RAVENNE.

1512.

Monsieur, si très-humblement que faire puis, à votre bonne grâce me recommande.

Monsieur, depuis que dernièrement vous ai écrit, avons eu, comme jà avez pu savoir, la bataille contre nos ennemis ; mais pour vous en avertir bien au long, la chose fut telle. C'est que notre armée vint loger auprès de cette ville de Ravenne ; nos ennemis y furent aussitôt que nous, afin de donner cœur à ladite ville ; et au moyen tant d'aucunes nouvelles qui couroient chacun jour de la descente des Suisses, qu'aussi la faute de vivres qu'avions en notre camp, M. de Nemours[1] se délibéra de donner la bataille, et dimanche dernier passa une petite rivière qui étoit entre nos dits ennemis et nous, si les vînmes rencontrer ; ils marchoient en très-bel ordre et étoient plus de 1700 hommes d'armes, les plus gorgias (a) et triomphans qu'on vit jamais, et bien 14,000 hommes de pied, aussi gentils galans qu'on sauroit dire. Si vinrent environ 1000 hommes d'armes des

---

[1] Gaston de Foix.

(a) Parés somptueusement.

leurs (comme gens désespérés de ce que notre artillerie les affoloit) ruer sur notre bataille, en laquelle étoit M. de Nemours en personne, sa compagnie, celles de M. de Lorraine, de M. d'Ars et autres, jusqu'au nombre de 400 hommes d'armes ou environ, qui reçurent les dits ennemis de si grand cœur, qu'on ne vit jamais mieux combattre. Entre notre avant-garde, qui étoit de 1000 hommes d'armes, et nous, il y avoit de grands fossés, et aussi elle avoit affaire ailleurs que nous pouvoir secourir. Si convint à ladite bataille porter le faix desdits mille hommes ou environ. En cet endroit, M. de Nemours rompit sa lance entre les deux batailles, et perça un homme d'armes des leurs tout à travers et demi-brassée davantage. Si furent lesdits 1000 hommes d'armes défaits et mis en fuite; et ainsi que leur donnions la chasse, vînmes rencontrer leurs gens de pied auprès de leur artillerie, avec 5 ou 600 hommes d'armes qui étoient parqués, et au-devant d'eux avoient des charrettes à deux roues, sur lesquelles il y avoit un grand fer à deux ailes, de la longueur de deux ou trois brasses, et étoient nos gens de pied combattus main à main; leurs dits gens de pied avoient tant d'arquebuttes, que quand ce vint à l'aborder, ils tuèrent quasi tous nos capitaines de gens de pied, en voie d'ébranler et tourner le dos; mais ils furent si bien secourus des gens d'armes, qu'après bien combattu, nos dits ennemis furent défaits, perdirent leur artillerie et 7 ou 800 hommes d'armes qui leur furent tués, et la plupart de leurs capitaines, avec 7 ou 8000 hommes de pied, et ne sait-on point qu'il se soit sauvé aucuns capitaines que le vice-roy : car nous avons prisonniers le seigneur Fabrice Colonne, le cardinal de Médicis, légat du pape, Petro Navarre, le marquis de Pesquière, le marquis de Padule, le fils du prince de Melfe, don Jean de Cordonne, le fils du marquis de Betonde qui est blessé à mort, et d'autres dont je ne sais le nom. Ceux qui se sauvèrent furent chassés 8 ou 10 milles, et s'en vont par les montagnes, écartés, encore dit-on que les vilains les ont mis en pièces.

Monsieur, si le Roy a gagné la bataille, je vous jure que les pauvres gentilshommes l'ont bien perdue ; car ainsi que nous donnions la chasse, M. de Nemours vint trouver quelques gens de pied qui se rallioient, si voulut donner dedans ; mais le gentil prince se trouva si mal accompagné, qu'il y fut tué, dont de toutes les déplaisances et deuils qui furent jamais faits, ne fut pareil que celui qu'on a démené et qu'on démène encore en notre camp ; car il semble que nous ayons perdu la bataille ; bien vous promets-je, Monsieur, que c'est le plus grand dommage que de prince qui mourut cent ans a, et s'il eût vécu âge d'homme, il eût fait des choses que onques prince ne fit ; et peuvent bien dire ceux qui sont de deçà, qu'ils ont perdu leur père ; et moi, Monsieur, je n'y saurois vivre qu'en mélancolie, car j'ai tant perdu que je ne le vous saurois écrire.

VALEUR ET HARDIESSE DE PRIMOGUET,

capitaine du vaisseau LA CORDELIÈRE *contre* LA RÉGENTE *d'Angleterre.*

1513.

D'ARGENTRÉ, *Histoire de Bretagne* [1].

Venu l'an mil cinq cent treize, et la guerre étant ouverte entre les roys de France et d'Angleterre, le roy fit des entreprises de mettre des vaisseaux à la mer, pour retirer et empêcher les Anglois de venir en la Picardie,

---

[1] Bertrand d'Argentré, jurisconsulte et historien justement estimé, mort en 1590.

comme ils se vantoient; à cause de quoy, il fit partir un capitaine provençal appelé Prégent, qui avoit gouvernement et conduite de ses galères, et les fit passer en la mer d'Angleterre, passant le Raz Saint-Mahé[1]. Il y avoit lors force vaisseaux anglois sur cette mer, tous équipés en guerre, qui pilloient, et à chacune fois abordoient à terre, où ils faisoient de grands ravages. De cette armée étoit chef l'amiral d'Angleterre, étant en un vaisseau appelé *la Régente*. Entre les capitaines des vaisseaux du roy étoit un capitaine breton nommé Hervé Primoguet, qui commandoit en un grand vaisseau que la reine Anne avoit fait bâtir, appelé *la Cordelière*. A la première rencontre ces vaisseaux de l'une et de l'autre flotte s'abordèrent furieusement : mais l'Anglois se trouva le plus fort, donnant la chasse à Primoguet jusque dedans la baie de Brest. Lequel Primoguet, extrêmement fâché de ce, et s'étant recueilli avec ses vaisseaux, raccoustra (a) ce qu'il falloit et qui étoit endommagé en ses vaisseaux. Il ne fut guère dedans le port qu'il ne sortît pour trouver l'ennemi, lequel il rechargea de plus belle le jour de Saint-Laurent en ladite année mil cinq cent treize; et ayant enfoncé quelques vaisseaux d'iceux, raborda cette amirale d'Angleterre, où l'amiral chef fut si grièvement blessé, que dedans peu de temps après il mourut. Primoguet, qui n'avoit qu'environ vingt vaisseaux et galions, se trouva chargé de quatre-vingts grands vaisseaux, contre lesquels il combattit d'un cœur et hardiesse désespérée. Les deux flottes se chargèrent tête à tête si furieusement qu'on ne sauroit dire : et furent plusieurs anglois enfoncés, tués et coulés au fond. A la fin *la Régente* angloise et *la Cordelière* se cramponnèrent. Les Anglois voyant ne pouvoir défendre leur vaisseau, jetèrent de la hune le feu en *la Cordelière*, qui prit aux munitions, dont elle commença

---

[1] Le cap Saint-Matthieu.

(a) Répara, raccommoda.

à brûler sans pouvoir être secourue, et de là commença chacun à se sauver comme il put, et se jeter en l'eau. Primoguet, voyant perdre son vaisseau, voulut perdre l'ennemi avec lui, et tourna sondit vaisseau de *la Cordelière*, la part où il brûloit au vent devers l'ennemi. Le feu se prit, en sorte que tous les deux furent ensemble brûlés en un instant, et ceux qui étoient dedans périrent jusques à 2000 hommes. Le capitaine Primoguet se voyant hors d'espoir de vie, approchant le feu, se jeta tout armé de la hune dedans l'eau, et par le poids des armes fut noyé, sans pouvoir gagner les autres vaisseaux, lesquels n'osant approcher du feu se retirèrent comme aussi l'ennemi de sa part.

LOUIS XII, LE PÈRE DU PEUPLE.

Jean de Saint-Gelais.

Jean de Saint-Gelais, oncle du poëte Octavien de Saint-Gelais, a occupé un rang distingué à la cour et dans les armées de Louis XII. Il est l'auteur d'une *Chronique* qui va de 1270 à 1510, et qui est une des principales sources de l'histoire de Louis XII.

Au regard du commun peuple, il l'a soulagé de telle sorte qu'on ne pourroit plus. Car quelques grands affaires qu'il ait eus, il a chacune année diminué les aides et les tailles, et tellement qu'elles se montent aussi peu que au commencement qu'elles furent imposées, eu regard aux pays et seigneuries que ledit seigneur tient davantage.

Il a fait un autre bien particulier si grand, que aucun de ses prédécesseurs n'en fit oncques guères de semblable. C'est d'avoir ôté la pillerie que les gens de guerre souloient (*a*) faire sur le pays, qui étoit une chose in-

(*a*) *Solebant*, avaient coutume de.

supportable au pauvre peuple [1]. J'ai vu moi, étant des ordonnances (a), que quand les gens d'armes arrivoient en un village, bourgade ou ville champêtre, les habitans, hommes et femmes s'enfuyoïent, en retirant (b) de leurs biens ce que ils pouvoient aux églises ou autres lieux forts, tout ainsi que si c'eussent été les Anglois, leurs anciens ennemis. Qui étoit piteuse chose à voir. Car un logement de gens d'armes, qui eussent séjourné un jour et une nuit en une paroisse, y eussent porté plus de dommage que ne leur coûtoit la taille d'une année. Parquoi d'avoir mis ordre en cela, il n'est aucun doute qu'il n'y ait cinq cent mille bonnes personnes qui ne fassent prières et oraisons à Dieu pour la bonne prospérité et santé du roy, lui suppliant qu'il lui doint (c) grâce de longuement vivre, comme celui qu'ils connoissent leur être très-utile et profitable. Car quand le pauvre laboureur a payé sa petite quotité de la taille, et la rente qu'il doit au seigneur de qui il tient (d), il peut dire que ce qui lui demeure, soit bœuf ou vache, veau ou mouton, est sien, ce qu'il ne faisoit pas auparavant.

Au regard de la justice, elle ne fut oncques tenue en si grande vigueur qu'elle est du temps de ce régne. Tellement que le plus petit a justice contre le grand, sans faveur aucune, au moins qui vienne à la connoissance du maître. Car, s'il étoit averti qu'il y eût aucuns de ses juges favorables à l'une des parties, il en feroit la punition telle que ce seroit exemple à tous autres, et ne voudroit point que on le favorisât lui-même en quel-

---

[1] Il est impossible de s'imaginer aujourd'hui ce qu'étaient les ravages des gens de guerre dans les anciens temps. Le vol, le pillage, le viol, le meurtre, l'incendie, étaient des actes ordinaires et continuels ; ces épouvantables ravages durèrent jusqu'à Henri IV, qui commença à les faire cesser, à force de sévérité ; ils ne disparurent complètement qu'avec Richelieu et Louvois.

(a) Ordonnances ou compagnies de gens d'armes. — (b) Déposant ; *retirer*, mettre en lieu sûr. — (c) Ancienne forme de *donne*, au subjonctif. — (d) De qui il est tenancier ; de qui il tient sa terre.

que cause qu'il ait en aucun de ses Parlemens. Les bonnes ordonnances faites par les roys Philippe-le-Bel, Charles le quint et septième sur le fait de la justice ont été par lui confirmées, et en a fait d'autres bien bonnes. Il ne fit oncques mourir homme par justice soudaine, en quelque façon que ce soit, quelque délit qu'il eût perpétré, et fût-ce contre lui-même ; mais a voulu que tous crimes fussent punis par ses juges ordinaires, en ensuivant l'ordre de droit et de raison, sans en user aucunement par volonté. Ayant toujours en tous ses faits peur d'offenser Dieu.

BATAILLE DE MARIGNAN.

1515.

I.

Lettre de François Ier à sa mère[1].

Madame, afin que vous soyez bien informée du fait de notre bataille, je vous avise que hier, à heure d'une heure après-midi, notre guet, qui étoit sur les portes de Milan, nous avertit comme les Suisses se jetoient hors de la ville pour nous venir combattre ; laquelle chose entendue, jetâmes nos lansquenets en ordre, c'est à savoir en trois troupes, les deux de 9000 hommes, et la tierce d'environ 4000 hommes, que l'on appelle les enfans perdus de Pierre de Navarre sur le côté des avenues avec les gens de pied de France et aventuriers ; et parce que l'avenue par où venoient lesdits Suisses étoit un peu serrée, il ne fut si bien possible de mettre

---

[1] Louise de Savoie, duchesse d'Angoulême.

nos gens d'armes de l'avant-garde, comme ce étoit en plain pays, qui nous cuida (*a*) mettre en grand désordre, et de ma bataille (*b*) j'étois à un trait d'arc en deux troupes de ma gendarmerie, et à mon dos mon frère d'Alençon avec le demeurant de son arrière-garde, et notre artillerie sur les avenues. Et au regard des Suisses, ils étoient en trois troupes, la première de 10,000, la seconde de 8000 hommes, et la tierce de 10,000 hommes; vous assurant qu'ils venoient pour châtier un prince, s'il n'eût été bien accompagné; car d'entrée de table (*c*) qu'ils sentirent notre artillerie tirer, ils prirent le pays couvert, ainsi que le soleil se commençoit à coucher, de sorte que nous ne leur fîmes pas grand mal pour l'heure de notre artillerie, et vous assure qu'il n'est pas possible de venir en plus grande fureur ni plus ardemment: ils trouvèrent les gens de cheval de l'avant-garde par le côté; et combien que lesdits hommes d'armes chargeassent bien et gaillardement, le connétable, le maréchal de Chabannes, Imbercourt, Téligny, Pont de Rémy et autres qui étoient là, si furent-ils reboutés sur leurs gens de pied, de sorte avec grande poussière que l'on ne se pouvoit voir aussi bien que la nuit venoit; il y eut quelque désordre; mais Dieu me fit la grâce de venir sur le côté de ceux qui les chassoient un peu chaudement, me sembla bon de les charger, et le furent de sorte, et vous promets, Madame, si bien accompagnés, et quelques gentils galans qu'ils soient, 200 hommes d'armes que nous étions en défîmes bien 4000 Suisses, et les repoussâmes assez rudement, leur faisant jeter leurs piques et crier *France!* Laquelle chose donna haleine à nos gens de la plupart de notre bande, et ceux qui me purent suivre, allâmes trouver une autre bande de 8000 hommes, laquelle à l'approcher cuidions (*d*) qui fussent lansquenets, car

(*a*) Pensa. — (*b*) Corps d'armée. — (*c*) Aussitôt que, d'abord. — (*d*) Pensions, croyions.

la nuit étoit déjà bien noire. Toutesfois quand ce vint à crier *France*, je vous assure qu'ils nous jetèrent 5 à 600 piques au nez, nous montrant qu'ils n'étoient point nos amis. Nonobstant cela, si furent-ils chargés et remis au dedans de leurs tentes en telle sorte qu'ils laissèrent de suivre les lansquenets et nous, voyant la nuit noire, et n'eût été la lune qui aidoit, nous eussions bien été empêchés à connoître l'un l'autre ; et m'en allai jeter dans l'artillerie, et là rallier 5 ou 6000 lansquenets et quelques 300 hommes d'armes, de telle sorte que je tins ferme à la grosse bande des Suisses. Et ce pendant mon frère le connétable rallia tous les piétons François et quelque nombre de gendarmerie, leur fit une charge si rude, qu'il en tailla 5 ou 6000 en pièces et jeta cette bande dehors ; et nous par l'autre côté leur fîmes jeter une volée d'artillerie à l'autre bande, et quant et quant les chargeâmes, de sorte que les emportâmes, leur fîmes passer un gué qu'ils avoient passé sur nous. Cela fait, ralliâmes tous nos gens et retournâmes à l'artillerie, et mon frère le connétable sur l'autre coin du camp, car les Suisses se logèrent bien près de nous, si près que n'y avoit qu'un fossé entre deux. Toute la nuit demeurâmes le cul sur la selle, la lance au poing, l'armet à la tête, et nos lansquenets en ordre pour combattre ; et pour ce que j'étois le plus près de nos ennemis, m'a fallu faire le guet, de sorte qu'ils ne nous ont point surpris au matin, et faut que vous entendiez que le combat du soir dura depuis les trois heures après-midi jusques entre onze et douze heures que la lune nous faillit, et y fut fait une trentaine de belles charges. La nuit nous départit, et même la paille, pour recommencer au matin, et croyez, Madame, que nous avons été vingt-huit heures à cheval, l'armet à la tête, sans boire ni manger. Au matin, une heure avant jour, pris place autre que la nôtre, laquelle sembla bonne aux capitaines des lansquenets, et l'ai mandé à mon frère le connétable pour soi tenir par l'autre avenue, et pareillement l'ai mandé à mon frère d'Alençon, qui au soir n'étoit pu venir, et dès le point du jour que pûmes voir, me jetai hors du fort avec les deux gentilshommmes qui m'étoient demeurés du reste du combat, et ai envoyé quérir le Grand-Maître, qui se vint joindre avec moi, avec environ 100 hommes d'armes ; et cela fait, messieurs les Suisses se sont jetés en leurs ordres, et délibérés d'essayer encore la fortune du combat : et comme ils marchoient hors de leur logis, leur fis dresser une douzaine de coups de canon qui prirent au pied, de sorte que le grand trot retournèrent en leur logis (*a*), se mirent en deux bandes, et pour ce que leur logis étoit fort et que ne les pouvions chasser, ils me laissèrent à mon nez 8000 hommes et toute leur artillerie, et les autres deux bandes les envoyèrent aux deux coins du camp ; l'une à mon frère le connétable, et l'autre à mon frère d'Alençon. La première fut au connétable, qui fut vertueusement (*b*) reculée par les aventuriers françois de Pierre de Navarre. Ils furent repoussés et taillés outre grand nombre des leurs, et se rallièrent 5 ou 6000, lesquels 5 ou 6000, les aventuriers défirent avec l'aide du connétable qui se mêla parmi eux, avec quelque nombre de sa gendarmerie. L'autre bande qui vint à mon frère fut très-bien recueillie, et à cette heure là arriva Barthélemy Delvian[1] avec la bande des Vénitiens, gens de cheval, qui tous ensemble les taillèrent en pièces, et moi étois vis-à-vis les lansquenets de la grosse troupe qui bombardions l'un et l'autre, et étoit à qui se délogeroit, et avons tenu butte huit heures à toute l'artillerie des Suisses, que je vous assure qu'elle a fait baisser beaucoup de têtes. A la fin de cette grosse bande, qui étois vis-à-vis de moi, envoyèrent 5000 hommes,

---

[1] L'Alviane.

(*a*) Position. — (*b*) Courageusement, bravement.

lesquels renversèrent quelque peu de nos gens d'armes, qui chassoient ceux que mon frère d'Alençon avoit rompus, lesquels vinrent jusques aux lansquenets, qui furent si bien recueillis de coups de haches, butes, de lances et de canon, qu'il n'en réchappa la queue d'un, car tout le camp vint à la huée sur ceux-là et se rallièrent sur eux; et sur cela fîmes semblant de marcher aux autres, lesquels se mirent en désordre, et laissèrent leur artillerie et s'en fuirent à Milan; et de 28,000 hommes qui là étoient venus, n'en réchappa que 3000 qu'ils ne fussent tous morts ou pris; et des nôtres j'ai fait faire revue, et n'en trouve à dire qu'environ 4000. Le tout, je prends tant d'un côté que d'autre, à 30,000 hommes. La bataille a été longue, et dura depuis hier les trois heures après-midi jusques aujourd'hui deux heures, sans savoir qui l'avoit perdue ou gagnée, sans cesser de combattre ou de tirer l'artillerie jour et nuit; et vous assure, Madame, que j'ai vu les lansquenets mesurer la pique aux Suisses, la lance aux gens d'armes; et ne dira-t-on plus que les gens d'armes sont *lièvres armés* [1], car sans point de faute ce sont eux qui ont fait l'exécution, et ne penserois point mentir que par 500 et par 500, il n'ait été fait trente belles charges avant que la bataille fût gagnée. Et tout bien débattu, depuis 2000 ans en çà n'a point été vue une si fière ni si cruelle bataille, ainsi que disent ceux de Ravenne que ce ne fut au prix qu'un tiercelet. Madame, le sénéchal d'Armagnac [2] avec son artillerie, ose bien dire qu'il a été cause en partie du gain de la bataille, car jamais homme n'en servit mieux. Et Dieu merci tout fait bonne chère, je commencerai par moi et par mon frère le connétable, par M. de Vendôme, par M. de Saint-Pol, M. de Guise, le maréchal de Chabannes,

---

[1] Les gens d'armes français, honteusement battus à Novarre et à Guinegate, avaient été surnommés par l'ennemi *les lièvres armés*.
[2] Galiot de Genouillac, grand-maître de l'artillerie.

le Grand-Maître, M. de Longueville. Il n'est mort de gens de renom qu'Imbercourt et Bussy, qui est à l'extrémité, et est grand dommage de ces deux personnages. Il est mort quelques gentilshommes de ma maison, que vous saurez bien sans que vous le récrive. Le prince de Talmont est fort blessé, et vous veux encore assurer que mon frère le connétable et M. de Saint-Pol ont aussi bien rompu bois que gentilshommes de la compagnie quels qu'ils soient, et de ce j'en parle comme celui qui l'a vu, car ils ne s'épargnoient non plus que sangliers échauffés. Au demeurant, Madame, faites bien remercier Dieu par tout le royaume de la victoire qu'il lui a plus nous donner. Madame, vous vous moquerez de Messieurs de Lautrec et de Lescun qui ne se sont point trouvés à la bataille, et se sont amusés à l'appointement (a) des Suisses, qui se sont moqués d'eux ; nous faisons ici grand doute du comte de Sancerre, pour ce que ne le trouvons point.

Madame, je supplie le Créateur vous donner très-bonne vie et longue. Ecrit au camp de Sainte-Brigide, le vendredi quatorzième jour de septembre 1515.

II.

Récit de Fleurange.

Et pour vous le faire court, s'en retournèrent des hauts cantons 14,000 hommes, dont Albert de la Pierre étoit un des principaux capitaines, et se retirèrent en leur pays de Suisse ; et le demeurant avec le cardinal de Sion, qui étoient 24,000, avec quelques Milanois de la partie du More[1], et quelques gens de cheval. Environ

[1] Maximilien Sforce, dit le More.

(a) Traité. D'autres auteurs disent : un traité d'appointement.

500 commencèrent à marcher environ trois heures après dîner.

L'Adventureux[1] les voyant marcher, laissa quelques gens derrière pour les chevaucher et voir ce qu'ils feroient, et vint devers le roy à Marignan, et le trouva en sa chambre, où il essayoit un harnois (a) d'Allemagne pour combattre à pied, lequel lui avoit fait apporter son grand écuyer Galias; et étoit ledit harnois merveilleusement bien fait et fort aisé, tellement qu'on ne l'eût sçu blesser d'une aiguille ou épingle. Et incontinent qu'il vit ledit Adventureux, lui saillit au col et lui demanda des nouvelles de Milan, car le roy l'y avoit envoyé, et lui dit : « Comment, vous êtes armé, et nous attendons aujourd'hui la paix ! » Sur quoy l'Adventureux lui fit réponse : « Sire, il n'est plus question de se moquer ni attendre paix, et vous faut armer aussi bien comme moi, et faites sonner l'alarme. Aujourd'hui vous avez la bataille, ou je ne connois point à la nation à qui vous avez affaire. » Ce fait, afin qu'on ne pensât point que ce fût moquerie, ledit Adventureux avoit avec lui un trompette, auquel il fit sonner l'alarme. Et quand le roy vit que c'étoit à bon escient, commença à s'armer, et prit Barthélemy d'Alvienne[2] par la main, et lui dit : « Seigneur Barthélemy, je vous prie d'aller en diligence faire marcher votre armée, et venez le plus tôt que vous pourrez, soit jour ou nuit, où je serai ; car vous voyez quelle affaire j'en ai. » Et alors se partit ledit sieur Barthélemy d'Alvienne, en bien grande diligence et en poste, pour faire ce que le roy lui avoit commandé ; et aussi il en avoit le commandement de la seigneurie de Venise, avec ce qu'il étoit bon François, et le faisoit de bon cœur. Cela fait, qui fut subit, le roy et tout son conseil envoya l'Adventureux, et lui bailla la charge

[1] Surnom que portait Fleurange.
[2] L'Alviane, général vénitien.

(a) Armure complète. On prononçait *harnois* et non pas *harnet*.

que devoit avoir uh des plus vieux maréchaux de France, car il étoit encore bien jeune ; et lui commanda qu'il regardât les ennemis ce qu'ils faisoient, et quel ordre ils tenoient, et le lui fît savoir, afin que là selon il ordonnât la bataille. Et quand il vit qu'il auroit bataille, pria M. de Bayard, qui étoit gentil chevalier, qu'il le fît chevalier de sa main ; qui fut un grand honneur audit sieur de Bayard de faire un roy chevalier devant tant de chevaliers de l'ordre et de gens de bien qui étoient là. Laquelle chose faite, l'Adventureux partit, et rencontra M. de Bourbon et M. de la Palice, qui avoient déjà l'alarme, lesquels lui baillèrent la même charge que le roy lui avoit baillée ; et prit avec lui vingt hommes d'armes et s'en alla au devant des Suisses, lesquels il rencontra à 2 milles près du camp ; et étoit déjà assez tard, et firent semblant les Suisses d'eux vouloir loger (a), ce que manda ledit Adventureux au roy ; mais, pour ce qu'il ne laissât pas à mettre toujours ses gens en ordre (ce que fit ledit seigneur roy), aussi fît M. de Bourbon, qui menoit l'avant-garde. Cela fait, les Suisses marchèrent toujours le grand pas, et ne se logèrent point. Et quand l'Adventureux vit ce, manda au roy et à M. de Bourbon que ce jour ils auroient la bataille, et que tout le monde se délibérât de bien frapper. Et ne vous faut oublier à dire que M. de Gueldres, trois jours devant la bataille, pensant que l'appointement se feroit, et aussi pour quelque affaire qu'il disoit avoir en son pays [1], demanda congé au roy et se retira ; de quoi il fit merveilleusement mal, car plusieurs disoient que c'étoit peur des coups ; et en furent fort marris tous ses amis, et aussi fut Madame la mère du roy, car elle lui eût bien voulu de grands biens, pour ce qu'il étoit son parent bien proche. Et

---

[1] Son duché venant d'être envahi par les Flamands, il avait quitté l'armée de François Ier.

(a) De prendre position.

s'en alla ledit sieur de Gueldres en diligence, et bailla charge générale à M. de Guise son neveu, qui en fit merveilleusement bien son devoir, et fût bien fort blessé à cette affaire; et certes c'est un honnête prince et gentil compagnon.

Or, pour retourner à notre propos, ledit Adventureux avoit laissé 60 hommes d'armes de la bande de M. de Sedan, que menoit M. de Jamets, frère dudit Adventureux; et leur avoit dit qu'ils ne bougeassent d'un lieu où il les avoit mis, qui étoit avec M. de Bourbon. Et y étoit le sieur de Braine, beau-frère dudit Adventureux, lequel y étoit venu pour son plaisir : aussi y étoit M. de Rochefort, bailli de Dijon, M. de Saussy, frère dudit Adventureux, M. de Vandenesse, frère de M. de la Palice, lesquels y étoient pareillement venus pour leur plaisir. Et ledit Adventureux, au retournant ayant les Suisses sur les bras, et escarmouchant contre eux, trouva lesdites bandes françoises arrière d'où il leur avoit ordonné, et en un lieu fort mal avantageux pour eux, et en fut bien fort marri; mais puisqu'ils étoient venus jusques-là, il en falloit faire son mieux; car lesdits gens d'armes étoient mis de façon qu'ils ne pouvoient dissimuler le combat, et étoient les premiers combattans, et si ne pouvoient aider à l'armée, ni l'armée à eux. Et quand l'Adventureux vit qu'il n'y avoit autre remède, fit prendre à chacun son habillement de tête et donner dedans : et là fut blessé son cheval d'un coup de harquebutte, dont il mourut incontinent après. Et à cette charge fit merveilleusement son devoir le comte de Braine; aussi fit le bailli de Dijon, et y furent leurs deux chevaux blessés. Et aussi y firent merveilles le sieur de Jamets, M. de Saussy et M. de Vanderesse, qui étoit gentil compagnon; et y fut aussi blessé le vicomte d'Estoges d'un coup de harquebutte en la cuisse, et y demeura des gens d'armes, mais pas beaucoup. Et sans point de faute le jeu étoit mal parti, car les François n'étoient que 200 hommes d'armes contre bien

14,000 Suisses; car, comme je vous ai dit, le demeurant de leur armée ne les pouvoit aider. Et quand les lansquenets virent l'Adventureux charger, il en passa le canal, où ils étoient bien en bataille 1000 ou 1200, pour prendre les Suisses en flanc, et combattoient main à main.

Quand les Suisses virent qu'ils avoient repoussé l'Adventureux, lequel s'étoit retiré lui et ses gens en l'armée, vinrent donner sur lesdits lansquenets et renversèrent toute cette bande qui avoit passé le canal; et sans point de faute peu en échappa. Or avoient les Suisses 4 pièces d'artillerie sur le grand chemin, qui fut arrêtée à une maison; car quand l'Adventureux vit ce, il fit bouter le feu dans ladite maison, et par ainsi ladite artillerie ne put approcher plus près, par quoi elle ne fit pas grand mal aux François; mais vous pouvez croire que l'artillerie du roy, qui étoit de 74 grosses pièces, leur faisoit un merveilleux déplaisir. Cela fait, lesdits Suisses boutèrent outre et suivirent leur fortune, et vinrent combattre l'une des bandes des lansquenets main à main, lesquels durèrent bien peu, car les Suisses les renversèrent incontinent. Et fut là bien combattu, et y fit la gendarmerie merveilles; aussi firent les aventuriers et Lorges avec eux, et tout plein d'autres gentils capitaines. Et fut tué à cette charge François Monsieur de Bourbon, frère de M. de Bourbon, pour lors connétable de France, et M. de Humbercourt, qui étoit gentil capitaine, et le comte de Sancerre et tout plein de gens de bien.

La nuit vint, et les Suisses commencèrent à chasser les gens d'armes d'un côté et d'autre, car ils ne savoient où ils alloient, et on les tuoit partout où on les trouvoit; aussi étoient les lansquenets et les gens de pied françois tous écartés comme les autres. Et demeura le roy auprès de l'artillerie, qui n'avoit point un homme de pied auprès de lui; et fit une charge avec environ 25 hommes d'armes, qui le servirent merveilleusement, et y cuida le roy être affolé (a) : et vous jure ma foy que fut un des plus gentils capitaines de toute son armée, et ne voulut jamais abandonner son artillerie, et faisoit rallier le plus de gens qu'il pouvoit autour de lui. Et furent les Suisses bien près de l'artillerie, mais ils ne la voyoient point : et fit éteindre ledit roy un feu qui étoit auprès de ladite artillerie, pour ce que les Suisses étoient si près d'eux, et afin qu'ils ne la vissent point si mal accompagnée. Et demanda ledit seigneur à boire, car il étoit fort altéré ; et y eut un piéton qui lui alla querir de l'eau qui étoit toute pleine de sang, qui fit tant de mal audit seigneur, avec le grand chaud, qu'il ne lui demeura rien dans le corps ; et se mit sur une charrette d'artillerie pour soi un peu reposer, et pour soulager son cheval qui étoit fort blessé ; et avoit avec lui un trompette italien nommé Christophe, qui le servit merveilleusement bien, car il demeura toujours auprès du roy ; et entendoit-on ladite trompette par-dessus toutes celles du camp, et pour cela on savoit où étoit le roy, et se retiroit-on vers lui. Et M. de Vendôme, avec le jeune Adventureux, qui savoit le langage allemand, rallia les lansquenets, tellement que le roy en eut bientôt autour de lui 4000, que lui amena le capitaine Brandecque ; et les autres capitaines suivoient file à file.

Or, puisque je vous ai dit que faisoient les François, faut que je vous dise aussi ce que faisoient les Suisses. Depuis que la nuit fut venue, ils furent délibérés de faire une charge au roy ; et la cause fut pour ce qu'ils avoient fait un feu au milieu d'eux, là où une volée d'artillerie alla donner à travers d'eux, qui leur porta un merveilleux grand dommage. Toutesfois, quand ils eurent bien advisé entre eux, ils virent qu'ils n'étoient point le nombre de gens qu'il leur falloit pour ce faire, et se retirèrent, et commencèrent à faire sonner les deux

---

(a) Blessé ou tué, atteint par les coups de l'ennemi.

gros cornets d'Uri et d'Onderwalde[1], et par ce moyen leurs gens qui étoient écartés se rallièrent auprès d'eux et n'avoient point un tambourin qui sonnât des leurs; et y eut tout le long du jour et de la nuit combat à quelque endroit que ce fût; et les gens d'armes françois, au lieu de cornets, avoient trompettes par où ils se rallièrent. Quand le jour fut venu, il se trouva là où étoit le roy bien 20,000 lansquenets et toute la gendarmerie, et tout assez bien en ordre auprès de leur artillerie; et si les Suisses avoient assailli le jour bien âprement, encore firent-ils plus le matin; mais sans point de faute ils trouvèrent le roy avec les lansquenets qui les reçurent. Et leur fit l'artillerie et la harquebutterie des François un grand mal, et ne purent supporter le faix, et commençoient à aller autour du camp d'un côté et d'autre pour voir s'ils pouvoient assaillir; mais ils ne venoient pas au point, fors une bande qui vint ruer sur ces lansquenets; mais quand ce vint baisser des piques, ils glissèrent outre sans les oser enfoncer; et y avoit devant un gros capitaine, lequel vouloit mutiner les lansquenets et parler à eux, et fut là tué.

Les Suisses avoient mis, dans la maison que l'Adventureux avoit fait brûler le jour de devant, 2 pièces d'artillerie qui battoient où étoit le roy, et faillirent à tuer ledit seigneur roy et quelques gens de bien; mais toutesfois si en demeura-t-il quelqu'un. Il y avoit même une autre bande de Suisses qui se vouloit rallier avec l'autre, pour venir donner sur l'artillerie des François; mais ledit Adventureux, M. de Bayard et M. Bussy d'Amboise, avec quelques hommes d'armes qu'ils avoient, entreprirent à ruer sur eux et leur donner aux flancs, ce qu'ils firent. Et fut jeté par terre l'Adventureux et quelques gens d'armes qu'il avoit nourris, et

[1] On appelait ces cornets le taureau d'Uri et la vache d'Unterwald.

eurent leurs chevaux blessés et affolés; et sans M. de Bayard, qui tint bonne mine et ne l'abandonna point, ni le sieur de Saussy qui lui bailla un cheval, sans point de faute l'Adventureux étoit demeuré. Or, lui remonté à cheval, il vit que les Suisses s'en alloient rompus et se boutoient dans une grande cassine : et fit l'Adventureux bouter le feu dedans, et y demeura bien 800 hommes; et le demeurant se sauva, où voulut aller donner dedans M. de Bussy d'Amboise et le guidon dudit Adventureux, nommé Turteville, qui s'étoit avancé outre son commandement, car il vouloit voir plus de gens auprès de lui, et furent tués dans un fossé de coups de harquebuttes et de coups de main avant que jamais homme y sut mettre ordre, dont fut grand dommage. Et demeura à ladite bataille beaucoup de gens de bien, et entres autres y demeura le frère de l'Adventureux, nommé M. de Roye, lequel avoit fait le long de la journée merveilleusement bien son devoir, et étoit homme de bien et gentil compagnon, et fut dommage de sa mort. Cela fait, les Suisses ayant la bataille perdue, se retirèrent le grand chemin de Milan, le mieux en ordre qu'ils purent; et ne voulut jamais le roy ni les capitaines qu'on leur donnât la chasse âprement, et fut ordonné Monsieur l'amiral avec 300 hommes d'armes pour les conduire jusques aux portes de Milan.

Cela fait, le roy vint à l'Adventureux, qui venoit de l'exécution de cette maison, et lui dit: « Comment, mon ami, on m'avoit dit que tu étois mort! » Sur quoi l'Adventureux lui répondit : « Sire, je ne suis pas mort et ne mourrai point tant que je vous aurai fait un bon service. » Et lui dit le seigneur roy : « Je sens bien que en quelque bataille que vous ayez été, ne voulûtes être chevalier; je l'ai aujourd'hui été; je vous prie que le veuillez être de ma main. » Laquelle chose l'Adventureux lui accorda de bon cœur, et le remercia de l'honneur qu'il lui faisoit, comme la raison le vouloit. Et de là se retira ledit seigneur roy en son logis, et laissa M. le grand-maître Boissy, l'Adventureux avec lui, en attendant que le demeurant de l'armée fût logé.

Le roy ayant gagné la bataille, et tout son camp remis en ordre, après avoir perdu quelque peu de bagages que les aventuriers françois pillèrent eux, je veux retourner au sieur Barthélemy d'Alvienne, qui étoit allé querir les Vénitiens, et vint toute la nuit. Comme il arriva à 3 milles du camp, rencontra une bande de Suisses qui fuyoient, laquelle il défit, et en fut de tués bien 500. Et vinrent lesdits Vénitiens le matin, après que la bataille fut gagnée, vers le roy, merveilleusement en bon ordre; et arrivèrent au camp là où le roy alla au-devant d'eux. Ils étoient 1000 hommes d'armes, 1200 chevau-légers et 12,000 hommes de pied, tous accoutrés à leur mode, et 18 grosses pièces d'artillerie bien équipée; et se mirent tous en ordre devant le roy, firent tirer leur artillerie. Et vous assure que le roy leur fit un merveilleusement bon recueil, car ils étoient venus à son service d'une fort bonne volonté et de bon cœur.

BAYARD ARME FRANÇOIS Ier CHEVALIER

APRÈS LA BATAILLE DE MARIGNAN.

1515.

Symphorien Champier.

Le roy avant de créer des chevaliers appela le noble chevalier Bayard, si lui dit : « Bayard, mon ami, je veux que aujourd'hui sois fait chevalier par vos mains, pour ce que le chevalier qui a combattu à pied et à cheval en plusieurs batailles, entre tous autres est tenu et réputé le plus digne chevalier. Or est ainsi de vous que avez en plusieurs batailles et conquêtes vertueusement combattu contre plusieurs nations. » Aux paroles du roy répond Bayard : « Sire, celui qui est roy d'un si noble royaume est chevalier sur tous autres chevaliers. — Si, dit le roy, Bayard, dépêchez-vous ; il ne faut ici alléguer ni lois, ni canons, soit d'acier, cuivre ou de fer. Faites mon vouloir et commandement, si vous voulez être du nombre de mes bons serviteurs et sujets. — Certes, répond Bayard, sire, si ce n'est assez d'une fois, puisqu'il vous plaît, je le ferai sans nombre, pour accomplir ; moi indigne, votre vouloir et commandement. » Alors prit son épée Bayard et dit : « Sire, autant vaille que si c'étoit Roland ou Olivier, Godefroy ou Baudoin son frère. Certes, vous êtes le premier prince que oncques fis chevalier ; Dieu veuille que en guerre ne preniez la fuite. » Et puis après, par manière de jeu, cria hautement l'épée en la main dextre : « Tu es bien heureuse d'avoir aujourd'hui à un si vertueux (a) et puissant roy donné l'ordre de chevalerie. Certes, ma bonne épée, vous serez moult bien comme relique gardée et sur toutes autres honorée ; et ne vous porterai jamais, si ce n'est contre Turcs, Sarrasins ou Maures. » Et puis fit deux sauts, et après remit au fourreau son épée.

LE CAMP DU DRAP D'OR.

1520.

Mémoires de Fleurange.

Les ambassadeurs d'Angleterre étant retournés devers leur maître, firent tant, avec le bon rapport qu'ils

(a) Brave.

firent du roy de France, que le roy d'Angleterre et le roy de France prirent jour d'eux voir ensemble entre Guines et Ardres, et délibérèrent d'y faire la plus grande chère qu'il leur seroit possible. Et fit le roy de France faire à Ardres trois maisons, l'une dedans ladite ville, qu'il fit tout bâtir de neuf, et étoit assez belle pour une maison de ville, et avoit assez grand logis ; et en cette maison fut festoyé le roy d'Angleterre. Et en fit faire ledit seigneur roy une autre hors de la ville, couverte de toile, comme le festin de la Bastille avoit été fait[1]; et étoit de la façon comme du temps passé les Romains faisoient leur théâtre, tout en rond, à ouvrage de bois, chambre, salles, galeries ; trois étages l'un sur l'autre, et tous les fondemens de pierres : toutesfois elle ne servit de rien. Or pensoit le roy de France que le roy d'Angleterre et lui se dussent voir aux champs, en tentes et pavillons, comme il avoit été une fois conclu ; et avoit fait ledit sieur les plus belles tentes que furent jamais vues, et le plus grand nombre. Et les principales étoient de drap d'or, frisé (a) dedans et dehors, tant chambres, salles que galeries, et tout plein d'autres de drap d'or ras, et toiles d'or et d'argent. Et avoit dessus lesdites tentes force devises et pommes d'or ; et quand elles étoient tendues au soleil, il les faisoit beau voir. Et y avoit sur celle du roy un saint Michel tout d'or, afin qu'elle fût connue entre les autres ; mais il étoit tout creux. Or quand je vous ai devisé de l'équipage du roy de France, il faut que je vous devise de celui du roy d'Angleterre, lequel ne fit qu'une maison ; mais elle étoit trop plus belle que celle des François, et de peu de coûtance. Et étoit assise ladite maison aux portes de Guines, assez proche du château, et étoit de

[1] Quand les ambassadeurs anglais étaient venus à Paris pour traiter de l'entrevue des deux rois, on tendit une toile au-dessus de la cour de la Bastille, qui devint une salle où se donna un splendide festin.

(a) Crêpé.

merveilleuse grandeur en carrure ; et étoit ladite maison toute de bois, de toile et de verre, et étoit la plus belle verrine que jamais l'on vît, car la moitié de la maison étoit toute de verrine, et vous assure qu'il y faisoit bien clair. Et y avoit quatre corps de maison, dont au moindre vous eussiez logé un prince. Et étoit la cour de bonne grandeur ; et au milieu de ladite cour, et devant la porte, y avoit deux belles fontaines, qui jetoient par trois tuyaux, l'un hypocras, l'autre vin, et l'autre eau ; et faisoit dedans ladite maison le plus clair logis qu'on sauroit voir. Et la chapelle, de merveilleuse grandeur et bien étoffée, tant de reliques (a) que de tous autres paremens ; et vous assure que si tout cela étoit bien fourni, aussi étoient les caves ; car les maisons des deux princes, durant le voyage, ne furent fermées à personne. Eux venus, à à savoir le roy de France à Ardres et le roy d'Angleterre à Guines, furent là huit jours pour regarder de leurs affaires ; et durant ledit temps alloient et venoient souvent les princes de France et le conseil du roy vers le roy d'Angleterre pour accorder lesdites choses, et du côté des Anglois aussi ; et entre autres le légat, qui avoit tout le gouvernement du royaume d'Angleterre. La vue desdits princes fut entreprise à grosse difficulté, et étoit le roy de France fort marri de quoi on ajoutoit point plus de foi les uns aux autres, et furent trois ou quatre jours sur tous ces débats ; et encore y avoit-il à redire deux heures avant qu'ils se virent.

La chose arrêtée et conclue, fut arrêtée la vue des deux princes à un jour nommé, qui fut un dimanche ; et pour ce que la comté d'Ardres n'a pas grande étendue du côté de Guines, et qu'il falloit que les deux princes fissent autant de chemin l'un que l'autre pour se voir ensemble, et pour ce que c'étoit sur le pays du roy

---

(a) Souvenirs de famille, portraits, objets divers.

d'Angleterre, fut ordonné de tendre une belle grande tente au lieu où ladite vue se feroit. Ce fait, regardèrent lesdits princes quels gens ils mèneroient avec eux, et s'accordèrent de mener chacun deux hommes : et étoit le légat d'Angleterre attendant à la tente où se devoient voir, et Robertet[1] du côté du roy de France, qui avoient les papiers de leurs maîtres. Et mena le roy de France avec lui Monsieur de Bourbon et Monsieur l'amiral[2]; et le roy d'Angleterre avoit le duc de Suffolk, qui avoit épousé sa sœur, et le duc de Norfolk. Et étoit ledit camp tout environné de barrières bien un jet de boules éloigné de la tente; et avoit chacun 400 hommes de leur garde, et les princes des deux côtés, et chacun prince un gentilhomme avec lui ; et y étoient 300 archers du roy de France, et les cent suisses que l'Adventureux[3] menoit, et le roy d'Angleterre avoit 400 archers. Et allèrent en cette bonne ordonnance jusques aux barrières; et quand ce vint à l'approche, lesdites gardes demeurèrent aux barrières, et les deux princes passèrent outre avec les deux personnages, ainsi que dit est devant; et se vinrent embrasser tout à cheval, et se firent merveilleusement bon visage; et broncha le cheval du roy d'Angleterre en embrassant le roy de France; et chacun avoit son laquais qui prirent les chevaux. Et entrèrent dans le pavillon tout à pied, et se recommencèrent de rechef à embrasser, et faire plus grande chère que jamais ; et quand le roy d'Angleterre fut assis, prit lui-même les articles et commença à les lire. Et quand il eut lu ceux du roy de France, qui doit aller le premier, il commença à parler de lui, et y avoit : *Je, Henry, roi......* (il vouloit dire *de France et d'Angleterre*) ; mais il laissa le titre de France et dit au

[1] Ministre des finances sous Charles VIII, Louis XII et François 1er.
[2] Bonnivet.
[3] Robert de Fleurange.

roy : « Je ne le mettrai point, puisque vous êtes ici, car je mentirois. » Et dit : *Je, Henry, roy d'Angleterre.* Et étoient lesdits articles fort bien faits et bien écrits, s'ils eussent été bien tenus. Ce fait, lesdits princes se partirent merveilleusement bien contens l'un de l'autre, et en bon ordre, comme ils étoient venus, s'en retournèrent le roy de France à Ardres, et le roy d'Angleterre à Guines, là où il couchoit de nuit, et de jour se tenoit en la belle maison qu'il avoit fait faire. Le soir, vinrent devers le roy, de par le roy d'Angleterre, le légat et quelqu'un du conseil, pour regarder la façon et comment ils se pourroient voir souvent, et pour avoir sûreté l'un de l'autre ; et fut dit que les reines festoieroient les roys, et les roys les reines ; et quand le roy d'Angleterre viendroit à Ardres voir la reine de France, que le roy de France partiroit quant et quant pour aller à Guines voir la reine d'Angleterre ; et par ainsi ils étoient chacun en otage l'un pour l'autre.

Le roy de France, qui n'étoit pas homme soupçonneux, étoit fort marri de quoi on se fioit si peu en la foi l'un de l'autre. Il se leva un jour bien matin, qui n'est pas sa coutume, et prit deux gentilshommes et un page, les premiers qu'il trouva, et monta à cheval sans être houzé (*a*), avec une cape à l'espagnole, et vint devers le roy d'Angleterre, au château de Guines. Et quand le roy fut sur le pont du château, tous les Anglois s'émerveillèrent fort, et ne savoient qu'il leur étoit advenu ; et y avoit bien 200 archers sur ledit pont, et étoit le gouverneur de Guines avec lesdits archers, lequel fut bien étonné. Et en passant parmi eux, le roy leur demanda la foy et qu'ils se rendissent à lui ; et leur demanda la chambre du roy son frère ; laquelle lui fut enseignée par ledit gouverneur de Guines, qui lui dit : « Sire, il n'est pas éveillé. » Il passe tout outre, et va jusques à ladite chambre, heurte à la porte, l'éveille,

(*a*) Botté.

et entre dedans. Et ne fut jamais homme plus ébahi que le roy d'Angleterre, et lui dit : « Mon frère, vous m'avez fait meilleur tour que jamais homme fit à un autre, et me montrez la grande fiance que je dois avoir en vous ; et de moy, je me rends votre prisonnier dès cette heure, et vous baille ma foy. » Et défit de son col un collier qui valoit 15,000 angelots[1], et pria au roy de France qu'il le voulût prendre, et porter ce jour-là pour l'amour de son prisonnier. Et soudain le roy, qui lui vouloit faire même tour, avoit apporté avec lui un bracelet qui valoit plus de 30,000 angelots, et le pria qu'il le portât pour l'amour de lui ; laquelle chose il fit, et le lui mit au bras ; et le roy de France prit le sien à son col.

Et adonc le roy d'Angleterre voulut se lever, et le roy de France lui dit qu'il n'auroit point d'autre valet de chambre que lui ; et lui chauffa sa chemise, et lui bailla quand il fut levé. Le roy de France s'en voulut retourner, nonobstant que le roy d'Angleterre le voulut retenir à dîner avec lui ; mais pour ce qu'il falloit jouter après dîner, s'en voulut aller, et monta à cheval et s'en revint à Ardres. Il rencontra beaucoup de gens de bien qui venoient au-devant de lui, et entre autres l'Adventureux qui lui dit : « Mon maître, vous êtes un fol d'avoir fait ce que vous avez fait ; et suis bien aise de vous revoir ici, et donne au diable celui qui vous l'a conseillé. » Sur quoi le roy lui fit réponse, et lui dit que jamais homme ne lui avoit conseillé, et qu'il savoit bien qu'il n'y avoit personne en son royaume qui lui eût voulu conseiller ; et lors commença à conter ce qu'il avoit fait audit Guines, et s'en retourna ainsi en parlant jusqu'à Ardres, car il n'y avoit pas loin. Si le roy d'Angleterre étoit bien aise du bon tour que le roy de France lui fit, encore en étoient plus aises tous les Anglois ; car ils n'eussent jamais pensé qu'il se fût

---

[1] L'angelot valant 14 francs, le collier valait 210,000 francs.

voulu mettre entre leurs mains le plus faible, et pour ce qu'il y avoit eu grosse difficulté pour leur vue, afin qu'ils ne fussent point plus forts l'un que l'autre. Le roy d'Angleterre voyant le bon tour que le roy de France lui avoit fait, le lendemain au matin en vint faire autant au roy de France que le roy lui en avoit fait le jour de devant; et se refirent présens et bonne chère autant ou plus qu'auparavant.

Et cela fait de l'un à l'autre, les joutes se commencèrent à faire, qui durèrent huit jours, et furent merveilleusement belles, tant à pied comme à cheval; et étoient six François et six Anglois tenans, et les roys étoient venans. Et menoient les princes et capitaines chacun dix ou douze hommes d'armes avec eux, habillés de leurs couleurs; et l'Adventureux en avoit quinze; et pouvoient être en tout, tant François qu'Anglois, trois cents hommes d'armes; et vous assure que c'étoit belle chose à voir. Le lieu où se faisoient les joutes étoit bien fortifié, et y avoit une barrière du côté du roy de France, et une autre du côté du roy d'Angleterre; et quand les roys étoient dedans et toute leur seigneurie, il étoit dit par nombre combien il y en devoit entrer de chacun côté: et les archers du roy d'Angleterre et les capitaines de ses gardes gardoient du côté du roy de France; et les capitaines de la garde du roy de France, archers et Suisses, gardoient le côté du roy d'Angleterre, et n'y entroit à chacun coup que ceux qui devoient joûter; et quand cette troupe étoit lasse, il y en entroit une autre; et y eut merveilleusement bon ordre de tous côtés et sans débat, qui est une grande chose en telle assemblée. Après les joutes, les lutteurs de France et d'Angleterre venoient avant, et luttoient devant les roys et devant les dames, qui fut beau passe-temps, et y avoit de puissans lutteurs; et parce que le roy de France n'avoit fait venir de lutteurs de Bretagne, en gagnèrent les Anglois le prix. Après allèrent tirer à l'arc, et le roy d'Angleterre lui-même, qui est un merveilleusement bon archer et fort, et le faisoit bon voir. Après tous ces passe-temps faits, se retirèrent en un pavillon le roy de France et le roy d'Angleterre, où ils burent ensemble. Cela fait, le roy d'Angleterre prit le roy de France par le collet et lui dit : « Mon frère, je veux lutter avec vous, » et lui donna une attrape ou deux ; et le roy de France, qui est un fort bon lutteur, lui donna un tour et le jeta par terre, et lui donna un merveilleux saut. Et vouloit encore le roy d'Angleterre relutter ; mais tout cela fut rompu, et fallut aller souper. Et ainsi tous les deux jours se venoient voir l'un l'autre, ôté un jour pour eux reposer ; et quand les François étoient à Guines, les Anglois venoient à Ardres. Et venoient souvent les seigneurs et dames d'Angleterre coucher au logis des François, et les François faisoient le cas pareil ; et tous les jours se faisoient force banquets et festins[1].

Après cela se fit le grand festin, où tous les états des deux princes vinrent loger dedans les lices, où on avoit ait un beau maisonnage tout de bois ; et par un matin fut chantée la grande messe par le cardinal d'Angleterre dessus un échaffaud qu'on fit expressément, et fut faite la chapelle en une nuit, la plus belle que je vis oncques, pour l'avoir faite en si peu de temps, et la mieux fournie ; car tous les chantres du roy de France et du roy d'Angleterre y étoient, et fut fort somptueusement chanté : et après la messe donna ledit cardinal à recevoir Dieu aux deux roys. Et là fut la paix reconfirmée et criée par les hérauts ; et fut là fait le mariage de monsieur le Dauphin de France à madame la princesse d'Angleterre, fille dudit roy[2]. Après ce firent encore trois ou quatre joutes et banquets ; et après prirent congé de l'un et l'autre, en la plus grande paix entre

---

[1] La noblesse qui accompagnait François Ier se ruina en habits, en équipages et en festins ; aussi, Martin du Bellay dit-il que « plusieurs portèrent leurs moulins, leurs forêts et leurs prés sur leurs épaules. »

[2] Marie Tudor. Ce projet de mariage n'eut pas de suite.

les princes et princesses qu'il étoit possible. Et cela fait, s'en retourna le roy d'Angleterre à Guines et le roy de France en France; et ne fut pas sans se donner gros présens au partir les uns aux autres.

DÉFENSE DE MÉZIÈRES PAR BAYARD.

1521.

Le loyal serviteur.

Charles-Quint entrant en France, le conseil de François Ier fut d'avis de brûler les places qu'on ne pouvait défendre, entre autres Mézières. Bayard fit prévaloir une opinion contraire, disant « qu'il n'y avoit point de place foible là où il avoit des gens de bien pour la défendre. » Il se chargea de défendre Mézières et, après six semaines de résistance, il força la nombreuse armée qui assiégeait la ville à se retirer. Plus que jamais, il est sain de relire ces grandes leçons que nos pères nous ont données.

Comment le bon chevalier sans peur et sans reproche garda la ville de Mézières contre la puissance de l'Empereur, où il acquit gros honneur.

Quand le bon chevalier fut entré dedans Mézières, trouva la ville assez mal en ordre pour attendre siége; ce qu'il espéroit avoir du jour à lendemain. Si voulut user de diligence qui en telle nécessité passe tout sens humain, et commença à faire remparer jour et nuit, et n'y avoit homme d'armes ni hommes de pied qu'il ne mît en besogne; et lui-même, pour leur donner courage, y travailloit ordinairement, et disoit aux compagnons de guerre : « Comment, messieurs, nous sera-t-il reproché que par notre faute cette ville soit perdue, vu que nous sommes si belle compagnie ensemble, et de si gens de bien ? Il me semble que quand nous serions en un pré, et que devant nous eussions fossé de quatre pieds, que encore combattrions nous un jour entier avant que être défaits ; et Dieu merci nous avons fossé, muraille et rempart, où je crois, avant que les ennemis mettent le pied, beaucoup de leur compagnie dormiront aux fossés. » Bref, il donnoit tel courage à ses gens, qu'ils pensoient tous être en la meilleure et plus forte place du monde.

Deux jours après, fut le siége assis devant Mézières, en deux lieux, l'un deçà l'eau, et l'autre delà. L'un des siéges tenoit le comte Francisque[1], qui avec lui avoit 14 ou 15,000 hommes ; et en l'autre étoit le comte de Nansso[2] avec plus de 20,000. Le lendemain du siége, lesdits comte de Nansso et seigneur Francisque envoyèrent un héraut devers le bon chevalier, pour lui remontrer qu'il eût à rendre la ville de Mézières, qui n'étoit pas tenable contre leur puissance[3] ; et que, pour la grande et louable chevalerie qui étoit en lui, seroient merveilleusement déplaisans s'il étoit pris d'assaut, car son honneur grandement en amoindriroit, et par aventure lui coûteroit-il la vie ; et qu'il ne falloit que un malheur en ce monde venir à un homme, pour faire oublier tous les beaux faits qu'il auroit menés à fin en son vivant ; et que là où il voudroit entendre à raison, lui feroient si bonne composition qu'il se devroit contenter. Plusieurs autres beaux propos lui mandèrent par ce héraut qui, après avoir été ouï et bien entendu par le bon chevalier, se prit à sourire, et ne demanda conseil pour répondre à homme vivant, mais tout soudain lui dit : « Mon ami, je m'ébahis de la gracieuseté que me font et présentent monseigneur de

---

[1] Frantz de Sickingen, célèbre capitaine allemand.
[2] Le comte de Nassau, qui avait le commandement en chef.
[3] Bayard n'avait pour défendre la ville que deux compagnies d'ordonnance, 2000 hommes de pied et quelque noblesse.

Nansso et le seigneur Francisque, considéré que jamais n'eus pratique ni grande connoissance avec eux, et ils ont si grand peur de ma personne. Héraut mon ami, vous vous en retournerez et leur direz que le roy mon maître avoit beaucoup plus de suffisans personnages en son royaume que moi pour envoyer garder cette ville, qui vous fait frontière; mais puisqu'il m'a fait cet honneur de s'en fier en moi, j'espère avec l'aide de Notre Seigneur, la lui conserver si longuement, qu'il ennuiera beaucoup plus à vos maîtres d'être au siége qu'à moi d'être assiégé ; et que je ne suis plus enfant qu'on étonne de paroles. »

Si commanda qu'on festoyât fort bien le héraut, et puis qu'on le mît hors de la ville. Il s'en retourna au camp et rapporta la réponse que le bon chevalier lui avoit faite, qui ne fut guères plaisante aux seigneurs, en présence desquels étoit un capitaine nommé Grand Jehan, Picard, qui toute sa vie avoit été au service des roys de France en Italie, et mêmement où le bon chevalier avoit eu charge, qui dit tout haut, adressant sa parole au comte de Nansso et au seigneur Francisque : « Messeigneurs, ne vous attendez pas, tant que vive monseigneur de Bayard, d'entrer dedans Mézières. Je le connois, et plusieurs fois m'a mené à la guerre ; mais il est d'une condition que s'il avoit les plus couards gens du monde en sa compagnie, il les fait hardis [1] ; et sachez que tous ceux qui sont avec lui mourront à la brèche, et lui le premier, devant que nous mettions le pied dedans la ville ; et quant à moi, je voudrois qu'il y eût 2000 gens de guerre davantage, et sa personne n'y fût point. » Le comte de Nansso répondit : « Capitaine Grand Jehan, le seigneur de Bayard n'est de fer ni d'acier, non plus qu'un autre. S'il est

---

[1] C'est ce qui arrivait à Mézières. Une partie des piétons, gens de nouvelle levée, se sauvèrent par dessus les murailles. « La ville, vidée de ces gens de lâche cœur », Bayard fit du reste de sa petite garnison une troupe de soldats sans peur comme il l'étoit lui-même.

gentil compagnon, qu'il le montre; car, devant qu'il soit quatre jours, je lui ferai tant donner de coups de canon, qu'il ne saura de quel côté se tourner. — Or on verra que ce sera, dit le capitaine Grand Jehan; mais vous ne l'aurez pas ainsi que vous entendez. »

Ces paroles cessèrent, et ordonnèrent les comte de Nansso et seigneur Francisque leurs batteries chacun en son endroit, et de faire tous les efforts qu'on pourroit pour prendre la ville. Ce qui fut fait; et en moins de quatre jours il fut tiré plus de 5000 coups d'artillerie. Ceux de la ville répondoient fort bien, selon l'artillerie qu'ils avoient; mais du camp de Francisque se faisoit grand dommage en la ville, parce qu'il étoit logé sur un haut (a), et battoit beaucoup plus à son aisé que ne faisoit le comte de Nansso.

Le bon chevalier, combien qu'il fût tenu un des plus hardis hommes du monde, avoit bien une autre chose en lui autant à louer, car c'étoit un des vigilans et subtils guerroyeurs qu'on eût su trouver. Si avisa en soi-même comme il pourroit trouver moyen de faire repasser l'eau au seigneur Francisque; car de son camp étoit-il fort dommagé. Si fit écrire une lettre à messire Robert de la Marche[1], qui étoit à Sedan, laquelle étoit en cette substance : « Monseigneur mon capitaine, je crois qu'êtes assez averti comme je suis assiégé en cette ville par deux endroits; car d'un côté est le comte de Nansso, et deçà la rivière le seigneur Francisque. Il me semble que depuis demi an m'avez dit que voulez trouver moyen de le faire venir au service du roy notre maître, et qu'il étoit votre allié. Pour ce qu'il a bruit d'être très-gentil galant, je le désirerois à merveille; mais si vous connoissez que cela se puisse conduire, vous ferez bien de le savoir de lui, mais plu-

---

[1] Robert II, comte de la Marck, seigneur de Sedan, père de Robert de Fleurange, surnommé l'Adventureux.

(a) Parce qu'il avait pris position sur une hauteur.

tôt aujourd'hui que demain. S'il en a le vouloir, j'en serai très-aise; et s'il l'a autre, je vous avertis que, devant qu'il soit vingt et quatre heures, lui et tout ce qui est en son camp sera mis en pièces; car à trois petites lieues d'ici viennent coucher 12,000 Suisses et 800 hommes d'armes, et demain, à la pointe du jour, doivent donner sur son camp, et je ferai une saillie de cette ville par un des côtés; de façon qu'il sera bien habile homme s'il se sauve. Je vous en ai bien voulu avertir, mais je vous prie que la chose soit tenue secrète. »

Quand la lettre fut écrite, prit un paysan, auquel il donna un écu et lui dit : » Va t'en à Sedan, il n'y a que trois lieues d'ici, porter cette lettre à messire Robert; et lui dis que c'est le capitaine Bayard qui lui envoie. » Le bonhomme s'en va incontinent. Or savoit bien le bon chevalier que impossible seroit qu'il passât sans être pris des gens du seigneur Francisque, comme il fût à deux jets d'arc de la ville. Incontinent fut amené devant ledit seigneur Francisque, qui lui demanda où il alloit. Le pauvre homme eut belle peur de mourir; aussi étoit-il en grand danger. Si dit : « Monseigneur, le grand capitaine qui est dedans notre ville m'envoie à Sedan porter une lettre à messire Robert, » que le bonhomme tira d'une boursette où il l'avoit mise.

Quand le seigneur Francisque tint cette lettre, l'ouvrit et commença à lire; et fut bien ébahi quand il eut vu le contenu. Si se commença à douter que par envie le comte de Nansso lui avait fait passer l'eau afin qu'il fût défait; car auparavant y avoit eu quelque peu de pique entre eux, parce que icelui seigneur Francisque ne vouloit pas bien obéir au comte. A grand peine eut-il achevé de lire la lettre, qu'il commença à dire tout haut : « Je connois bien à cette heure que monseigneur de Nansso ne tâche que à me perdre; mais par le sang Dieu, il n'en sera pas ainsi. » Si appela cinq ou six de ses plus privés, et leur déclara le contenu en la lettre, qui furent aussi étonnés que lui. Il ne demanda point de conseil, mais fit sonner le tabourin et à l'étendart, charger tout le bagage, et se mit au passage de là l'eau.

Quand le comte de Nansso ouit le bruit, fut bien étonné, et envoya savoir que c'étoit par un gentilhomme ; lequel, quand il arriva, trouva le camp du seigneur Francisque en armes. Il s'enquit que c'étoit : on lui dit qu'il vouloit passer du côté du comte de Nansso. Le gentilhomme le lui alla dire, dont il fut bien ébahi ; car en cette sorte se levoit le siége devant la ville. Si envoya un de ses plus privés dire au seigneur Francisque qu'il ne remuât point son camp que premier n'eussent parlé ensemble, et que s'il le faisoit autrement, ne feroit pas bien le service de son maître. Le messager lui alla dire sa charge ; mais Francisque, tout ému et courroucé, lui répondit : « Retournez dire au comte de Nansso que je n'en ferai rien, et que à son appétit je ne demeurerai pas à la boucherie ; et s'il me veut garder de loger auprès de lui, nous verrons par le combat à qui demeurera le camp, à lui ou à moi. ».

Le gentilhomme du comte de Nansso s'en retourna et lui dit ce qu'il avoit ouï de la bouche du seigneur Francisque. Jamais homme ne fut si ébahi qu'il fut ; toutesfois, pour n'être point surpris, fit mettre tous ses gens en bataille. Ce pendant passèrent les gens du seigneur Francisque, et eux passés, se mirent pareillement en bataille ; et à les voir, sembloit qu'ils voulsissent combattre les uns les autres, et sonnoient tabourins impétueusement. Le pauvre homme qui avoit porté la lettre à l'occasion de laquelle s'étoit élevé ce bruit (ne sais pas comment Dieu le voulut) échappa, et s'en retourna bien ébahi, comme un homme qui pensoit être échappé de mort, dedans Mézières, devers le bon chevalier, auquel il alla faire ses excuses, disant qu'il n'avoit pu aller à Sedan, et qu'on l'avoit pris en chemin et mené devant le seigneur Francisque, qui avoit vu ses lettres, et qui incontinent s'étoit délogé.

Le bon chevalier se prit à rire à pleine gorge, et connut bien que sa lettre l'avoit mis en pensement. Il s'en alla sur le rempart avec quelques gentilshommes, et vit ces deux camps en bataille l'un devant l'autre. « Par ma foi, dit-il, puisqu'ils ne veulent commencer à combattre, je vais moi-même commencer. » Si fit tirer cinq ou six coups de canon au travers des ennemis, qui, par gens lesquels allèrent d'un côté puis d'autre, se rapaisèrent et se logèrent. Le lendemain, troussèrent leurs quilles et levèrent le siége, sans jamais y oser donner assaut, et tout pour la crainte du bon chevalier.

TRAHISON DU CONNÉTABLE DE BOURBON.

1523.

Mémoires de Martin du Bellay.

Martin du Bellay, lieutenant général de Normandie, mort en 1559, à écrit des mémoires importants pour l'histoire de François Ier.

Vous avez ouï par ci-devant comme l'an 1524, que ledit sieur roy avec son armée, alla devant Valenciennes, il avait baillé son avant-garde à mener au duc d'Alençon et au maréchal de Châtillon; par quoi M. de Bourbon, auquel appartenoit la conduite de ladite avant-garde parce qu'il étoit connétable de France, eut plus de malcontentement qu'il n'en fit de démonstration. Au retour duquel voyage, et peu de temps après, mourut madame Suzanne de Bourbon, fille du feu duc Pierre de Bourbon et de madame Anne de France, fille du roy Louis XI et sœur du roy Charles VIII, laquelle Suzanne avoit épousé ledit connétable Charles de Bourbon, comte de Montpensier. Or, après le décès du duc Pierre de Bourbon [1], ledit Charles, comte de Montpensier, descendu d'un puiné de Bourbon et d'une fille de Mantoue, voulut maintenir que toutes les terres étant de la succession dudit défunt de Bourbon, tenues en apanage, lui appartenoient, comme étant hoir mâle, et non à ladite Suzanne. Pour assoupir lequel différend, encore que Charles de Valois, duc d'Alençon eût fiancé [2] ladite Suzanne de Bourbon, ce nonobstant fut fait le mariage dudit comte de Montpensier et de ladite Suzanne [3], dont il se nomma duc de Bourbon; et du duc d'Alençon fut fait le mariage de Marguerite, sœur de François, comte d'Angoulême, et depuis roy. Puis étant ladite Suzanne morte [4], madame la Régente [5] à l'instigation, comme on disoit, du chancelier Antoine Du Prat, mit en avant qu'au roy appartenoient les terres tenues en apanage, venues de la succession dudit Pierre de Bourbon; et à madame la régente, comme plus proche, étant fille de l'une des sœurs dudit duc Pierre, mariée avec le duc de Savoie [6] dont elle étoit fille, appartenoient les terres n'étant en apanage, plutôt qu'audit Charles de Bourbon, qui étoit éloigné de trois lignes [7], à raison

[1] En 1503. — [2] En 1499. — [3] En 1505. — [4] En 1521, sans enfants. — [5] Louise de Savoie, mère de François Ier. — [6] Marguerite de Bourbon, mariée à Philippe II, duc de Savoie, en 1472. — [7] Le tableau généalogique suivant a pour but d'expliquer la filiation du connétable et celle de Louise de Savoie :

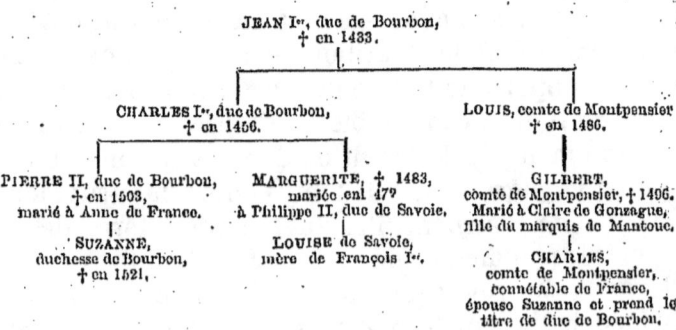

de quoi procès fut mû à la cour de Parlement à Paris [1].

Charles de Bourbon, se défiant ou de son droit ou de la justice, et ayant peur que, perdant son procès, on l'envoyât à l'hôpital [2], chercha, par le moyen d'Adrien de Crouy, comte du Ru [3], de pratiquer avec l'empereur, aimant mieux abandonner sa patrie que d'y vivre en nécessité; et, par les traités qu'il fit avec ledit empereur, devoit épouser madame Alienor [4], sa sœur, veuve de Portugal, et depuis reine de France. Ce pendant le roy, étant parti de Paris pour prendre le chemin de Lyon et parachever son voyage d'Italie, arrivé qu'il fut à Saint-Pierre-le-Moustier [5], fut averti par deux gentilshommes normands, qui étoient de la maison du duc de Bourbon, l'un seigneur d'Argouges, l'autre de Matignon, de la pratique qu'avoit ledit Charles de Bourbon avec l'empereur. Après lequel avertissement le roy fit séjour audit lieu de Saint-Pierre-le-Moustier, attendant les bandes des lansquenets que le duc de Suffolk amenoit de Picardie, lesquelles arrivèrent deux jours après, car le roy ne vouloit entrer à Moulins [6] sans être bien accompagné : auquel lieu étant arrivé, logea toutes ses enseignes d'Allemands aux portes.

L'entreprise du duc de Bourbon étoit de contrefaire le malade pour n'aller en Italie avec le roy ; car le roy étant passé les montagnes, et étant le roy d'Angleterre descendu en Picardie, il devoit faire descendre le comte

---

[1] Les terres de Suzanne se composaient du duché de Bourbon, du duché d'Auvergne, des comtés de Clermont, de Forez, de la Marche et de Gien, des vicomtés de Carlat et de Murat, et des seigneuries du Beaujolais et de Bourbon-Lancy. Comme on le voit, le procès en valait la peine.
[2] Comme comte de Montpensier, le connétable ne possédait que quatre petits fiefs, le comté de Montpensier, le dauphiné d'Auvergne, les seigneuries de Mercœur et de Combrailles.
[3] Un des ministres de Charles-Quint.
[4] Éléonore d'Autriche, née en 1498, veuve en 1521 de Manuel, roi de Portugal ; mariée à François Ier en 1530; morte en 1558.
[5] Dans le Nivernais.
[6] Capitale du duché de Bourbon et centre de la puissance du connétable, qui possédait un véritable État dans le centre de la France.

Guillaume de Furstemberg et le comte Félix avec 10 ou 12,000 Allemands, lesquels passant par Chaumont en Bassigny, se devoient venir joindre avec lui dedans ses pays, où il espéroit, par le moyen de ses serviteurs et sujets, mettre ensemble 300 hommes d'armes et 5 ou 6000 hommes de pied. Et déjà avoit dépêché La Motte des Noyers, gentilhomme bourbonnois, pour tenir prête ladite levée d'Allemands, et par ce moyen faire la guerre dedans les entrailles de France; aussi devoient les Espagnols dresser une grosse armée pour assiéger Fontarabie, comme ils firent. Ces choses considérées, même (a) le roy étant hors de son royaume avec toutes ses forces, sans point de faute il est apparent que la France eût été ébranlée devant que la pouvoir secourir; car si le roy eût voulu retourner la tête en çà, il eût eu l'armée d'Italie à sa queue. Mais Dieu, qui a toujours conservé ce royaume, y pourvut; car déjà, comme dit est, avoit eu le roy avertissement de la pratique dudit de Bourbon, non pas toutesfois des conclusions au vrai que je viens de dire, mais tant seulement qu'il trafiquoit avec l'empereur pour se retirer devers lui. Parquoi en toute diligence le roy donna ordre aux affaires de son royaume; et parce qu'il savoit monseigneur de Vendôme[1] être de la maison de Bourbon (chose qui lui pouvoit engendrer soupçon), le voulut bien mener quand et lui en Italie. A cette occasion, le tirant de Picardie, qui étoit son gouvernement, y envoya le seigneur de la Trimouille pour son lieutenant-général, laissant en Champagne le seigneur d'Orval, dont il étoit gouverneur; et au lieu du seigneur de la Trimouille, qui étoit gouverneur de Bourgogne, laissa le duc de Guise; en Guyenne et Languedoc, le seigneur de Lautrec, Odet de Foix; et madame Louise, sa mère, régente en France.

Le roy arrivé à Moulins, trouva le duc de Bourbon

---

[1] Charles de Bourbon.

(a) Surtout.

contrefaisant le malade; mais le gentil prince, qui toujours étoit plus enclin à miséricorde qu'à vengeance, espérant réduire ledit de Bourbon et le divertir (a) de son opinion, alla le visiter en sa chambre; auquel lieu, après l'avoir reconforté de sa maladie, qui toutesfois étoit simulée, lui déclara les avertissemens qu'il avoit des pratiques que faisoit faire ledit empereur par le seigneur du Ru pour l'attirer à son service, et le divertir de la bonne affection qu'il étoit assuré qu'il portoit à la couronne de France; et qu'il pensoit bien qu'il n'avoit écouté lesdits propos pour mauvaise volonté qu'il portât à lui ni au royaume, étant sorti de sa maison, dont il étoit si proche: mais que désespoir et crainte de perdre son état lui pouvoient avoir troublé la bonne amitié et affection qu'il avoit toujours porté envers son prince et seigneur; et qu'il eût à mettre hors de sa fantaisie telles choses qui le troubloient, l'assurant qu'au cas qu'il perdit son procès contre lui et contre madame sa mère, de lui restituer tous ses biens; et qu'il se tint préparé pour l'accompagner en son voyage d'Italie.

Ledit seigneur de Bourbon, comme sage et prudent, sut bien dissimuler sa délibération (b) : bien confessa au roy que ledit Adrien de Crouy l'avoit recherché de la part de l'empereur, mais que lui ne lui avoit jamais voulu prêter l'oreille, et qu'il avoit bien eu en pensée d'en avertir le roy au premier lieu qu'il parleroit à lui; toutesfois qu'il ne l'avoit voulu mettre en la bouche d'autrui, assurant quand et quand le roy que les médecins lui promettoient que dedans peu de jours il pourroit aller en litière, et qu'incontinent ne faudroit (c) se trouver à Lyon après Sa Majesté. Ce néanmoins le roy fut de plusieurs conseillé de se saisir de sa personne; mais, étant prince humain, ne voulut faire exécuter ladite opinion, vu même que les choses n'étoient bien avé-

(a) Détourner; le faire changer de résolution. — (b) Résolution. — (c) Manqueroit.

rées, et qu'il n'étoit raisonnable de faire injure à un tel prince qu'étoit M. de Bourbon, sans premièrement être les choses bien justifiées.

Le roy, se pensant tenir assuré de la promesse de M. de Bourbon, estimant l'avoir bien réconcilié, partit de Moulins et prit son chemin à Lyon, pour toujours faire acheminer son armée, et laissa pour accompagner ledit seigneur, Pérot de la Bretonnière, seigneur de Warty. Peu de jours après le duc de Bourbon partit de Moulins et prit le chemin de Lyon; mais étant arrivé à La Palisse, feignit sa maladie être rengrégée (a) : et dudit lieu partit ledit de Warty avec lettres du duc de Bourbon, pour acertener le roy de son partement. Après le partement dudit de Warty, M. de Bourbon considérant que, par arrêt de la cour de Parlement, tous ses biens étoient séquestrés, et que malaisément en pourroit-il jamais jouir, ayant une si forte partie qu'étoit Madame, mère du roy [1], voulut avant que passer outre, entendre la volonté dudit seigneur; attendant laquelle, se retira à Chantelles, place sienne assez forte [2], où étoient tous ses meubles, duquel lieu à son arrivée, dépêcha devers le roy l'évêque d'Autun avec lettres et instructions signées de sa main, lesquelles j'ai bien voulu ici insérer de mot à mot.

« Monseigneur, je vous ai écrit bien amplement par Pérot de Warty: depuis je vous ai dépêché l'évêque d'Autun, présent porteur, pour de tant plus par lui vous faire entendre la volonté que j'ai de vous faire service. Je vous supplie, monseigneur, de vouloir croire de ce qu'il vous dira de par moi, et vous assurer, sur mon

---

[1] Suzanne, duchesse de Bourbon, était maladive, et sa fin semblait prochaine. Louise de Savoie aimait le duc de Bourbon ; elle lui avait fait donner l'épée de connétable et d'énormes pensions ; elle voulait l'épouser à la mort de Suzanne. Mais le connétable repoussa les avances de Louise de Savoie, qui devint une ennemie acharnée.

[2] Dans le Bourbonnais ou duché de Bourbon.

(a) Augmentée.

honneur, que je ne vous ferai jamais faute. De votre maison de Chantelles, le septième de septembre.

« Mais qu'il plaise au roy faire rendre les biens de feu M. de Bourbon, il promet de le bien et loyaument servir, et de bon cœur, sans lui faire faute, en tous endroits où il plaira audit seigneur, toutes et quantes fois qu'il lui plaira; et de cela il l'en assurera jusques au bout de sa vie : aussi qu'il plaise audit seigneur pardonner à ceux auxquels il veut mal pour celui affaire. »

Et avoit signé lesdites instructions de sa main.

Depuis l'arrivée de Pérot de Warty à Lyon, le roy fut averti comme M. de Bourbon avoit délaissé le grand chemin et s'étoit retiré à Chantelles; parquoi soudain dépêcha le bâtard de Savoie, grand-maître de France, et le maréchal de Chabannes, avec chacun 100 hommes d'armes, pour trouver moyen d'arrêter le duc de Bourbon, ou bien l'assiéger dedans Chantelles. Aussi dépêcha la compagnie du duc d'Alençon de 100 hommes d'armes, et celle de M. de Vendôme de pareil nombre, et d'autre part les capitaines des gardes et prévôt de l'hôtel. M. le grand-maître ayant pris le droit chemin de Moulins, arrivé qu'il fut à la Pacaudière, trouva les mulets de l'évêque d'Autun qui prenoient le chemin de Lyon, pour exécuter le commandement qu'ils avoient du duc de Bourbon, lesquels il fit arrêter et chercher dedans s'il s'y trouveroit quelque chose contre le service du roy. Peu d'heures après arriva ledit évêque, lequel fut pareillement arrêté comme avoient été ses mulets; aussi fut le seigneur de Saint-Vallier, qui étoit à Lyon, messire Emard de Prie, le seigneur de la Vauguyon, qui étoit à Thérouenne, et plusieurs autres.

M. de Bourbon, averti de l'arrêt fait sur la personne de l'évêque d'Autun, se désespéra de trouver grâce envers le roy; parquoi délibéra de sauver sa vie. Aucuns de ses privés étoient d'avis qu'il se devoit laisser assiéger dedans Chantelles; mais lui, qui étoit homme connoissant, jugea bien n'être raisonnable de s'enfermer en une place au milieu du royaume de France, hors d'espérance de tout secours; parquoi délibéra de se sauver hors du royaume; et pour cet effet partant de Chantelles, n'ayant de compagnie que le seigneur de Pompérant, sans page et sans valet, se mit à chemin en habit dissimulé. La première nuit vinrent au gîte en la maison du seigneur de Lalières, vieil gentilhomme nourri en la maison de Bourbon, duquel le neveu étoit de la partie; mais étant là, changea d'opinion de son chemin qu'il avoit à prendre, et tourna tout court à main droite, et vint le lendemain coucher en la maison dudit Pompérant, et de là au Puy en Auvergne. Puis, prenant le chemin, laissant Lyon à main gauche, vint loger à Saint-Bouvet le Froid, en une hôtellerie séparée hors du village; et parce que mondit seigneur de Bourbon n'avoit repu, furent contraints d'y arrêter, espérant y repaître sans être aperçus ni connus, parce qu'il n'y avoit qu'une vieille hôtesse audit logis. Mais le soir bien tard, y arriva celui qui tenoit la poste pour le roy à Tournon, venant de Lyon, pour faire repaître son cheval; qui fut cause que lesdits seigneurs de Bourbon et Pompérant délogèrent sur l'heure, et toute nuit allèrent repaître à un village à deux lieues de là, nommé Vauquelles; dont l'hôtesse dudit lieu reconnut Pompérant, et lui dit nouvelles comme ses grands chevaux avoient passé le jour précédent par là, et pour laquelle connoissance l'hôtesse lui prêta une jument de relais, parce que son cheval étoit recru, et lui bailla son fils pour guide.

Dudit Vauquelles partit mondit seigneur de Bourbon, feignant être serviteur de Pompérant, environ minuit, et au point du jour arriva à Dance près de Vienne, étant la rivière du Rhône entre deux. Le seigneur de Bourbon demeura caché derrière une maison, craignant qu'il y eut garde de par le roy sur ladite rivière, ce pendant que Pompérant alla pour entendre des nouvelles; lequel étant arrivé près du pont de Vienne, trouva un boucher auquel il fit entendre qu'il étoit archer de la garde du roy, lui demandant si ses compagnons n'étoient pas venus à Vienne pour garder le passage, à ce que M. de Bourbon ne passât la rivière ; et que ses compagnons lui avoient mandé que leur enseigne s'y devoit trouver. Le boucher lui fit réponse qu'il n'y en avoit aucuns, mais bien avoit-il entendu qu'il y avoit force gens de cheval du côté de Dauphiné. Pompérant ayant entendu le passage n'être gardé, retourna devers M. de Bourbon, et conclurent de ne passer point le pont, craignant d'être connus, mais aller passer à un bac à demi-lieue de là ; auquel lieu étant embarqués, dix ou douze soldats de pied s'embarquèrent avec eux, chose qui étonna ledit de Bourbon, même qu'étant au milieu de la rivière, Pompérant fut reconnu par aucuns desdits soldats, qui donna plus grande terreur à M. de Bourbon. Toutesfois il fut rassuré par ledit Pompérant, disant que s'ils connoissoient quelque hazard (a), ils couperoient la corde pour faire tourner le bac vers le pays de Vivarez, où ils pourroient gagner les montagnes et se mettre hors de danger ; mais ils ne tombèrent en cet inconvénient.

Ayant mesdits seigneurs de Bourbon et Pompérant passé la rivière, tant qu'ils furent à la vue des hommes, suivirent le grand chemin de Grenoble, puis tournèrent à travers les bois droit à Saint-Antoine de Viennois, et allèrent loger à Nanty, en la maison d'une ancienne dame veuve, laquelle durant le souper reconnut Pompérant et lui demanda s'il étoit du nombre de ceux qui avoient fait les fols avec M. de Bourbon. Pompérant répondit que non ; mais que bien il voudroit avoir perdu tout son bien, et être en sa compagnie. Sur la fin de table, vinrent nouvelles que le prévôt de l'hôtel étoit ou avoit été à une lieue de là, bien accompagné, à la poursuite de M. de Bourbon ; dont il fut étonné, de sorte qu'il se voulut lever de table, pour se sauver ; mais il

(a) Péril, danger.

en fut empêché par ledit Pompérant, pour crainte de donner soupçon à la compagnie. Au sortir de table, montèrent à cheval et allèrent loger à six lieues de là, auquel lieu ils séjournèrent un jour pour reposer leurs chevaux, parce que c'étoit un lieu inconnu dedans les montagnes.

Le mardi ensuivant, dès le point du jour, prirent le chemin du pont de Beauvoisin, pour tirer droit à Chambéry, où par les chemins trouvèrent grand nombre de cavalerie allant à la suite de l'armée que conduisoit monseigneur l'amiral de Bonnivet en Italie, dont ils eurent grande peur d'être connus. Enfin, le mercredi, sur le tard, arrivèrent à Chambéry, où ils conclurent de prendre la poste, jusques à Suze, et de là prendre le chemin par les pays de M. de Savoye, pour arriver à Savone ou à Gênes, et là s'embarquer pour aller en Espagne trouver l'empereur : mais le matin qu'ils devoient partir, le comte de Saint-Pol passa en poste, prenant ledit chemin de Suze, pour aller trouver M. l'amiral en Italie ; parquoi ils changèrent leur dessein, prenant le chemin du mont du Chat, et à 8 lieues au dessus de Lyon ¹ repassèrent le Rhône, prenant le chemin de Saint-Claude. Et y étant arrivés, ne trouvant le cardinal de la Baume, n'y firent séjour que d'une nuit, et allèrent trouver ledit cardinal à la tour de Mai, maison dépendante de l'abbaye de Saint-Claude, où il faisoit sa demeure; auquel, parce qu'il étoit serviteur de l'empereur, il se fit connoître. Le lendemain avec bonne escorte de cavalerie que lui bailla ledit abbé, s'en alla coucher à Coligny, et delà à Passeran, et y fit séjour huit ou dix jours. Partant dudit Passeran alla M. de Bourbon à Besançon ², et de Besançon à Liere en Ferrette ³, auquel lieu se trouvèrent la plus grande part

---

¹ La Bresse (Ain) appartenait alors à la Savoie.
² La Franche-Comté était à l'Espagne.
³ Le comté de Ferrette était dans l'Alsace méridionale.

des gentilhommes qui avoient abandonné le roy et leurs maisons pour le suivre ; desquels étoit le seigneur de Lurcy, Lallière, Montbardon, Le Pelou, le seigneur d'Espinars, Le Peschin, Tansanne et plusieurs autres ; et pareillement le vinrent trouver le capitaine Imbault et l'élu Petitdey, lui pensant persuader de retourner en France, se faisant fort que le roy mettroit en oubli les choses passées, avec bon traitement tel que le roy lui avoit offert passant à Moulins : à quoi il ne voulut condescendre, tellement qu'ils s'en retournèrent en France sans avoir rien exploité. Partant de Liere, ledit de Bourbon, accompagné de 60 ou 80 chevaux, traversa les Allemagnes, puis au bout de six semaines arriva à Trente, auquel lieu, après y avoir fait séjour de deux ou trois jours, alla à Mantoue, où il fut reçu du marquis en grande amitié, d'autant qu'ils étoient cousins-germains, parce que la mère dudit duc de Bourbon étoit sœur du feu marquis de Mantoue, père d'icelui ; lequel mit icelui seigneur de Bourbon en tel équipage qu'il appartenoit à un tel prince, de chevaux, d'armes, mulets et autres choses nécessaires, tant pour lui que pour les siens. Le quatrième jour de son arrivée, partant de Mantoue, alla à Crémone, auquel lieu il fut bien recueilli par le gouverneur. Le lendemain, avec bonne escorte de chevaux, fut conduit à Plaisance, où le vint trouver Don Charles de Lannoy, vice-roy de Naples, lequel venoit pour être lieutenant-général pour l'empereur au duché de Milan, pour l'extrême maladie en laquelle étoit tombé le seigneur Prosper Colonne.

Après avoir communiqué ensemble des affaires de la guerre, ledit seigneur de Bourbon partit pour aller à Gênes, pour s'embarquer et faire son voyage en Espagne ; auquel lieu, attendant le vent, il séjourna cinq semaines, et aussi attendant le retour du seigneur de Lurcy, lequel, dès qu'il étoit en Allemagne, avoit dépêché devers l'empereur pour entendre sa volonté. Finablement, n'ayant plus d'attente au retour dudit Lurcy, délibéra de passer outre ; mais alors qu'il pensoit embarquer, descendit au port de Gênes messire Adrien de Crouy, seigneur du Ru, et avec lui le seigneur de Lurcy, lesquels apportèrent réponse de l'empereur : c'est qu'il bailloit en option audit seigneur de Bourbon ou d'aller en Espagne, ou bien de demeurer en Italie avec l'armée. Sur lesquelles offres il conclut de demeurer au duché de Milan pour voir à quelle fin tourneroient ces deux grosses armées du roy et de l'empereur, attendu même que déjà notre armée tout l'hiver s'étoit ruinée devant Milan ; et sur ladite résolution alla trouver le vice-roy de Naples et l'armée impériale à Binasq.

Le maréchal de Chabannes et M. le Grand-Maître ayant failli à rencontrer M. de Bourbon, lequel s'étoit sauvé en la manière que je viens de déclarer, allèrent à Chantelles, laquelle place leur fut rendue par le capitaine, après avoir été sommé de la part du roy, son souverain seigneur. En laquelle place ils trouvèrent tous les meubles de la maison de Bourbon, qui étoient les plus beaux qui fussent en maison de prince de la chrétienté, qu'ils mirent entre les mains du roy : semblablement mirent en l'obéissance dudit seigneur le château de Carlat, et généralement toutes les autres places de la maison de Bourbon.

MORT DE BAYARD.

1524.

Le loyal serviteur.

Au commencement de l'an 1524, le roy de France avoit une grosse armée en Italie sous la charge de son amiral le seigneur de Bonnivet, à qui il en avoit donné la charge, car il lui vouloit beaucoup de bien. Il avoit en sa compagnie force bons capitaines; mêmement y étoit nouvellement arrivé un jeune prince, enfant de la maison de Lorraine, nommé le comte de Vaudemont, lequel désiroit à merveille savoir des armes, et suivre par œuvres vertueuses ses ancêtres. Or le camp du roy de France se tenoit pour lors en une petite ville nommée Biagras, où eux étant là, le chef de l'armée, qui étoit l'amiral, appela un jour le bon chevalier et lui dit : « Monseigneur de Bayard, il faut que vous alliez loger à Rebec avec 200 hommes d'armes et les gens de pied de Lorges ; car par ce moyen travaillerons merveilleusement ceux de Milan, tant pour les vivres que pour mieux entendre de leurs affaires. »

Il faut savoir que combien que le bon chevalier ne murmurât jamais de commission qu'on lui baillât, ne se pouvoit bonnement contenter de cette-là, pour la connoître dangereuse et douteuse; et répondit comme (*a*) à son lieutenant de roy : « Monseigneur, je ne sais comment vous l'entendez; car, pour garder Rebec au lieu où il est assis, la moitié des gens qui sont en notre camp y feroient bien besoin. Je connois nos ennemis; ils sont vigilans; et suis bien assuré qu'il est quasi difficile que je n'y reçoive de la honte : car il m'est bien avis que si quelque nombre de nos ennemis y étoient par une nuit, les irois réveiller à leur désavantage. Et pour ce, monseigneur, je vous supplie que vous avisiez bien où vous me voulez envoyer. » L'amiral lui tint plusieurs propos, et qu'il ne se souciât point; car il ne sortiroit pas une souris de Milan qu'il n'en fût averti; et tant lui en dit d'unes et d'autres, que le bon chevalier, avec grosse fâcherie, s'en alla, avec les gens qu'on lui avoit baillés, dedans Rebec; mais il n'y mena que deux grands chevaux,

(*a*) Ainsi.

car ses mulets et tout le reste de son train envoya dedans Novarre, quasi prévoyant perdu ce qu'il détenoit avec lui.

Venus qu'ils fussent en ce village de Rebec, avisèrent comment ils le fortifieroient; mais nul moyen n'y trouvèrent, sinon faire barrières aux venues; mais par tous les côtés on y pouvoit entrer. Le bon chevalier écrivit plusieurs fois à l'amiral qu'il étoit en lieu très-dangereux, et que s'il vouloit qu'il s'y tînt longuement, lui envoyât du secours; mais il n'en eut point de réponse. Les ennemis, qui étoient dedans Milan en nombre de 14 ou 15,000 hommes, furent avertis par leurs espies que le bon chevalier étoit dedans Rebec à petite compagnie, dont ils furent très-joyeux. Si délibérèrent par une nuit l'aller surprendre et défaire; et suivant ce vouloir se mirent aux champs environ minuit, en nombre de 6 à 7000 hommes de pied et de 4 à 500 hommes d'armes; ils étoient guidés par des gens qui savoient le village et les logis des plus apparens. Le bon chevalier, qui toujours se doutoit, mettoit quasi toutes les nuits la moitié de ses gens au guet et aux écoutes, et lui-même y passa deux ou trois nuits; tellement qu'il tomba malade, tant de mélancolie que de froidure, beaucoup plus fort qu'il n'en faisoit le semblant : toutesfois contraint fut de garder la chambre ce jour.

Quand ce vint sur le soir, il ordonna à quelques capitaines qui étoient avec lui aller au guet, et aviser bien de tous côtés à ce qu'ils ne fussent surpris. Ils y allèrent, ou firent semblant d'y aller; mais parce qu'il plouvinoit un peu, se retirèrent tous ceux qui étoient au guet, réservé trois ou quatre pauvres archers. Les Espaignols marchoient toujours, et avoient pour mieux se connoître la nuit, chacun une chemise vêtue par dessus leurs harnois. Quand ils approchèrent d'un jet d'arc du village, furent bien ébabis qu'ils ne trouvèrent personne, et eurent pensement que le bon chevalier avoit été averti de leur entreprise et qu'il s'étoit retiré à Biagras. Toutesfois ils marchoient toujours, et ne furent point cent pas loin qu'ils ne trouvassent ce peu d'archers qui étoient demeurés au guet, lesquels, sans écrier, commencèrent à charger. Les pauvres gens ne firent point de résistance, ains se mirent à la fuite, en criant : *Alarme! Alarme!* mais ils furent si vivement suivis, que lesdits ennemis furent aux barrières aussitôt que eux. Le bon chevalier, qui en tel danger ne dormoit jamais que vêtu, garni de ses avant-bras et cuissots, et sa cuirasse auprès de lui, se leva soudainement et fit brider un coursier qui jà étoit sellé, sur lequel il monta ; et s'en vint avec cinq ou six hommes d'armes des siens, droit à la barrière, où incontinent survint le capitaine Lorges et quelque nombre de ses gens de pied, qui se portèrent très-bien.

Les ennemis étoient à l'entour du village, cherchant le logis du bon chevalier ; car s'ils l'eussent pris, peu leur étoit le demeurant ; mais encore ne le tenoient-ils pas. La huée fut grosse, et l'alarme chaud. Durant ce combat à la barrière, le bon chevalier va ouïr les tabourins des gens de pied aux ennemis, qui sonnoient l'alarme tant dru que merveille. Alors il dit au capitaine Lorges : « Lorges, mon ami, voici jeu mal parti (*a*) s'ils passent cette barrière, nous sommes fricassés. Je vous prie, retirez vos gens, et serrez le mieux que pourrez ; marchez droit à Biagras ; car, avec les gens de cheval que j'ai, demeurerai sur le derrière. Il faut laisser notre bagage aux ennemis, il n'y a remède. Sauvons les personnes, s'il est possible. » Incontinent que le bon chevalier eut parlé, le capitaine Lorges fit son commandement, et se retira, ce pendant qu'ils faisoient cette résistance à la barrière. La plupart de tous les François montèrent à cheval et se retirèrent,

(*a*) Engagé.

selon la fortune, très-gaillardement, et ne perdirent point dix hommes.

Les ennemis étoient descendus la plupart, et par les maisons et de tous côtés cherchoient le bon chevalier; mais il étoit déjà à Biagras, où lui arrivé eut quelques paroles fâcheuses à l'amiral : toutes fois je n'en ferai aucune mention : mais si tous deux eussent vécu plus longuement qu'ils ne firent, fussent peut-être allés plus avant. Le bon chevalier cuida mourir de deuil du malheur qui lui étoit advenu, mêmement que ce n'étoit pas par sa faute; mais en guerre il y a de l'heur et du malheur plus qu'en toutes autres choses.

Quelque peu de temps après cette retraite de Rebec, le seigneur amiral connoissant son camp amoindrir de jour en jour, tant par faute de vivres que de maladie qui couroit parmi ses gens, tint conseil avec les capitaines, où pour le mieux fut délibéré qu'on se retireroit; et ordonna ses batailles, où en l'arrière-garde, comme toujours étoit sa coutume aux retraites, demeura le bon chevalier. Les Espaignols les suivirent de jour en jour, et marchoient en belle bataille après les François, et souvent s'escarmouchoient; mais quand venoit à charger, toujours trouvoient en barbe (a) le bon chevalier avec quelque nombre de gens d'armes, qui leur montroit un visage si assuré qu'il les faisoit demeurer tout coi, et même et souvent les rembarroit dedans leur grosse troupe.

Ils jetèrent aux deux ailes d'un grand chemin force hacquebuttiers et hacquebouziers[1], qui portent pierres aussi grosses que une hacquebutte à croc, dont ils tirèrent plusieurs coups; et de l'un fut frappé le gentil seigneur de Vendenesse, dont il mourut quelque temps après, qui fut un gros dommage pour France. Il étoit de petite corpulence, mais de hautesse de cœur et de

---

[1] Ces arquebuses lançaient de grosses balles en pierre.

(a) Devant eux.

hardiesse personne ne le passoit. Ce jeune seigneur de Vaudemont, qui de nouveau étoit au métier des armes, s'y porta tant gaillardement que merveille, et fit tout plein de belles charges, tant qu'il sembloit que jamais n'eût fait autre chose.

En ces entrefaites, le bon chevalier, assuré comme s'il eût été en sa maison, faisoit marcher les gens d'armes, et se retiroit le beau pas, toujours le visage droit aux ennemis, et l'épée au poing leur donnoit plus de crainte que un cent d'autres. Mais comme Dieu le voulut permettre, fut tiré un coup de hacquebuse, dont la pierre le vint frapper au travers des reins, et lui rompit tout le gros os de l'échine. Quand il sentit le coup, se prit à crier *Jésus!* et puis dit : *Hélas! mon Dieu, je suis mort!* Si prit son épée par la poignée, et baisa la croisée, en signe de la croix, et en disant : *Miserere mei, Deus, secundum magnam misericordiam tuam* ; devint incontinent tout blême, comme failli des esprits, et cuida tomber ; mais il eut encore le cœur de prendre l'arçon de la selle, et demeura en cet état jusques à ce que un jeune gentilhomme, son maître d'hôtel, lui aidât à descendre, et le mit sous un arbre.

Ne demeura guères qu'il ne fût su parmi les amis et les ennemis que le capitaine Bayard avoit été tué d'un coup d'artillerie, dont tous ceux qui en eurent les nouvelles furent à merveille déplaisans.

Quand les nouvelles furent épandues parmi les deux armées que le bon chevalier avoit été tué, ou pour le moins blessé à mort, mêmement au camp des Espaignols, combien que ce fût l'un des hommes du monde dont ils eussent greigneure (a) crainte, en furent tous gentilshommes et souldars déplaisans merveilleusement, pour beaucoup de raisons ; car, quand en son vivant faisoit courses, et il en prenoit aucuns prisonniers, les traitoit tant humainement que merveille, et

(a) Plus grande.

de rançon tant doucement, que tout homme se contentoit de lui. Ils connoissoient que par sa mort noblesse étoit grandement affoiblie; car, sans blâmer les autres, il a été parfait chevalier en ce monde. Faisant la guerre avec lui, s'adressoient leurs jeunes gentilshommes; et dit un de leurs principaux capitaines qui le vint voir devant qu'il rendît l'âme, le marquis de Pescaire, une haute parole à sa louange, qui fut telle en son langage : « Plût à Dieu, gentil seigneur de Bayard, qu'il m'eût coûté une quarte de mon sang, sans mort recevoir, je ne dusse manger chair de deux ans, et vous tinsse en santé mon prisonnier; car, par le traitement que je vous ferois, auriez connoissance de combien j'ai estimé la haute prouesse qui étoit en vous. Le premier loz (*a*) que vous donnèrent ceux de ma nation, quand on dit *Mouches grisonnes et paucos Bayardos*, ne vous fut pas donné à tort; car depuis que j'ai connoissance des armes, n'ai vu ni ouï parler de chevalier qui en toutes vertus vous ait approché; et combien que je dusse être bien aise vous voir ainsi, étant assuré que l'empereur mon maître en ses guerres n'avoit point de plus grand ni rude ennemi, toutesfois quand je considère la grosse perte que fait aujourd'hui toute chevalerie, Dieu ne me soit jamais en aide si je ne voudrois avoir donné la moitié de mon vaillant, et il fût autrement. Mais puisque à la mort n'a nul remède, je requiers celui qui tous nous a créés à sa semblance qu'il veuille retirer votre âme auprès de lui. » Tels piteux et lachrimables regrets faisoit le gentil marquis de Pescaire et plusieurs autres capitaines sur le corps dudit bon chevalier sans peur et sans reproche; et crois qu'il n'y en eut pas six de toute l'armée des Espaignols qui ne le vinssent voir l'un après l'autre[1].

---

[1] Le connétable de Bourbon fut un de ceux qui vinrent voir Bayard et lui dit quelques mots de consolation : « Monseigneur, lui répondit

(*a*) Louange.

MORT DE BAYARD

Or, puisqu'ainsi est que les ennemis si efforcément pleuroient sa mort, peut-on assez considérer la grande déplaisance qui en fut par tout le camp des François, tant des capitaines, gens d'armes, que gens de pied ? Car de chacun, à sa qualité, se faisoit aimer de merveille : vous eussiez dit qu'il n'y avoit celui qui n'eût perdu son père ou sa mère : mêmement les pauvres gentilshommes de sa compagnie faisoient deuil inestimable. « Las ! disoient-ils, parlant à la Mort, déloyale furie, que t'avoit méfait ce tant parfait et vertueux chevalier ? Tu ne t'es pas vengée de lui tout seul, mais nous as tous mis en douleur, jusques à ce que tu aies fait ton chef-d'œuvre sur nous comme sur lui. Sous quel pasteur irons nous plus aux champs ? quel guide nous pourra désormais Dieu donner, où nous fussions en telle sûreté que quand nous étions avec lui ? Car il n'y avoit celui qui en sa présence ne fût aussi assuré qu'en la plus forte place du monde. Où trouverons nous dorénavant capitaine qui nous rachète quand nous serons prisonniers, qui nous remonte quand nous serons démontés, et qui nous nourrisse comme il le faisoit ? Il est impossible. O cruelle mort ! c'est toujours ta façon, que tant plus est un homme parfait, de tant plus prends-tu tes ébats à le détruire et défaire. Mais si ne saurois-tu si bien jouer, qu'en dépit de toi, combien que tu lui aies ôté la vie en ce monde, que renommée et gloire ne lui demeure immortelle tant qu'il durera ; car sa vie a été si vertueuse, qu'elle laissera souvenir à tous les preux et vertueux chevaliers qui viendront après lui. »

Tant piteusement se démenoient les pauvres gentilshommes, que si le plus dur cœur du monde eût été en présence, l'eussent contraint partir à leur deuil. Ses

---

le chevalier sans reproche, il ne faut pas avoir pitié de moi, qui meurs en homme de bien ; mais j'ai pitié de vous, qui êtes armé contre votre prince, votre patrie et votre serment. »

pauvres serviteurs domestiques étoient tous transis, entre lesquels étoit son pauvre maître d'hôtel, qui ne l'abandonna jamais; et se confessa le bon chevalier à lui, par faute de prêtre. Le pauvre gentilhomme fondoit en larmes, voyant son bon maître si mortellement navré que nul remède en sa vie n'y avoit; mais tant doucement le reconfortoit icelui bon chevalier, en lui disant : « Jacques mon ami, laisse ton deuil; c'est le vouloir de Dieu de m'ôter de ce monde : je y ai la sienne grâce longuement demeuré, et y ai reçu des biens et des honneurs plus que à moi n'appartient. Tout le regret que j'ai à mourir, c'est que je n'ai pas si bien fait mon devoir que je devois; et bien étoit mon espérance, si plus longuement eusse vécu, d'amender les fautes passées; mais puisque ainsi est, je supplie mon créateur avoir pitié, par son infinie miséricorde, de ma pauvre âme : et j'ai espérance qu'il le fera, et que, par sa grande et incompréhensible bonté, n'usera point envers moi de rigueur de justice. Je te prie, Jacques mon ami, qu'on ne m'enlève point de ce lieu, car quand je me remue je sens toutes les douleurs que possible est de sentir, hors la mort, laquelle me prendra bientôt. »

Peu devant que les Espaignols arrivassent au lieu où avoit été blessé le bon chevalier, le seigneur d'Alègre, prévôt de Paris, parla à lui, et lui déclara quelque chose de son testament. Aussi y vint un capitaine de Suisses, nommé Jehan Dyesbac, qui l'avoit voulu emporter sur des piques avec cinq ou six de ses gens, pour le cuider sauver; mais le bon chevalier, qui connoissoit bien comment il lui étoit, le pria qu'il le laissât pour un peu penser à sa conscience; car de l'ôter de là ne seroit que abrégement de sa vie. Si convint aux deux gentilshommes, en grands pleurs et gémissemens, le laisser entre les mains de leurs ennemis; mais croyez que ce ne fut pas sans faire grands regrets, car à toutes forces ne le vouloient abandonner; mais il leur dit ;

« Messeigneurs, je vous supplie, allez vous en; autrement vous tomberiez entre les mains des ennemis, et cela ne me profiteroit de rien, car il est fait de moi. A Dieu vous commande, mes bons seigneurs et amis; je vous recommande ma pauvre âme, vous suppliant au surplus (adressant sa parole au seigneur d'Alègre) que me saluez le roy notre maître, et que déplaisant suis que plus longuement ne lui puis faire service, car j'en avois bonne volonté; à messeigneurs les princes de France, et à tous messeigneurs mes compagnons, et généralement à tous les gentilshommes du très-honoré royaume de France, quand les verrez. » En disant lesquelles paroles le noble seigneur d'Alègre pleuroit tant piteusement que merveille, et prit en cet état congé de lui.

Il demeura encore en vie deux ou trois heures; et par les ennemis lui fut tendu un beau pavillon, et un lit de camp sur quoi il fut couché; et lui fut amené un prêtre, auquel dévotement se confessa, et en disant ces propres mots: « Mon Dieu, étant assuré que tu as dit que celui qui de bon cœur retournera vers toi, quelque pêcheur qu'il ait été, tu es toujours prêt de le recevoir à merci et lui pardonner; hélas! mon Dieu, créateur et rédempteur, je t'ai offensé durant ma vie grièvement, dont il me déplait de tout mon cœur. Je connois bien que quand je serois aux déserts mille ans, au pain et à l'eau, encore n'est-ce pour avoir entrée en ton royaume de paradis, si, par ta grande et infinie bonté, ne t'y plaisoit me recevoir; car nulle créature ne peut mériter en ce monde si haut loyer (a). Mon père et sauveur, je te supplie qu'il te plaise n'avoir nul regard aux fautes par moi commises, et que ta grande miséricorde me soit préférée à la rigueur de ta justice. »

Sur la fin de ces paroles, le bon chevalier sans peur et sans reproche rendit son âme à Dieu : dont tous les

---

(a) Récompense.

ennemis eurent deuil non croyable. Par les chefs de l'armée des Espaignols furent commis certains gentilshommes pour le porter à l'église, où lui fut fait solennel service durant deux jours. Puis par ses serviteurs fut mené au Dauphiné; et en passant par les terres du duc de Savoie, où son corps reposoit, lui fit faire autant d'honneur que s'il eût été son frère. Quand les nouvelles de la mort du bon chevalier furent sues au Dauphiné, il ne faut point particulièrement décrire le deuil qui y fut fait, car les prélats, gens d'église, nobles et populaire, le faisoient également; et crois qu'il y a mille ans qu'il ne mourut gentilhomme du pays plaint de la sorte. On alla au devant du corps jusques au pied de la montagne[1]; et fut amené d'église en église en grand honneur jusques auprès de Grenoble, où au-devant du corps, une demi-lieue, furent messeigneurs de la cour de Parlement du Dauphiné, messeigneurs des comptes, quasi tous les nobles du pays, et la plupart de tous les bourgeois, manans et habitans de Grenoble, lesquels convoyèrent le trépassé jusques en l'église Notre-Dame dudit Grenoble, où le corps reposa un jour et une nuit, et lui fut fait service fort solennel. Le lendemain, au même honneur qu'on l'avoit fait entrer en Grenoble, fut conduit jusques à un couvent de Minimes à demi-lieue de la ville, que autrefois avoit fait fonder son bon oncle l'évêque dudit Grenoble, Laurent Alment, où il fut honorablement enterré; puis chacun se retira en sa maison.

Mais on eût dit durant un mois que le peuple du Dauphiné n'attendoit que ruine prochaine, car on ne faisoit que pleurer et larmoyer; et cessèrent fêtes, danses, banquets et tous autres passe temps. Las! ils avoient bien raison, car plus grosse perte n'eût su advenir pour le pays. Et quiconque en eut deuil au cœur, croyez qu'il touchoit de bien près aux pauvres gentils-

---

[1] Les Alpes.

hommes, gentilsfemmes, veuves et aux pauvres orphelins, à qui secrètement il donnoit et départoit de ses biens : mais avec le temps toutes choses se passent, fors Dieu aimer. Le bon chevalier sans peur et sans reproche l'a craint et aimé durant sa vie ; après sa mort, renommée lui demeure comme il a vécu en ce monde entre toutes manières de gens.

BATAILLE DE PAVIE.

1525.

Sébastien Moreau, référendaire général du duché de Milan.

Le roy, incontinent averti de la dite conclusion[1], manda tous les gens d'armes qui étoient logés loin de lui, et faire savoir à tous les capitaines qu'ils, et leurs gens, se tinssent prêts, pour quand les trompettes et tabourins sonneroient, de se rendre incontinent à leurs enseignes. Avoir le tout adverti, le roy donna ordre aux lieux où les gens de pied devoient se mettre de toutes nations, Suisses, lansquenets, Napolitains, Italiens, François, qui étoient ordonnés sur les venues par où pouvoit venir passer ledit Bourbon et non ailleurs ; les gens d'armes où ils se devoient mettre de troupe en troupe, les embûches ordonnées des enfants perdus qui feroient la première pointe, établit le lieu de l'artillerie en plusieurs endroits, mandant venir Monsieur le Grand-Maître[2], qui étoit delà l'eau au bourg Saint-Antoine, avec certain nombre de gens de pied et de cheval, se retirer lesdits gens de pied et de

[1] De la résolution prise par le connétable de Bourbon de livrer bataille.
[2] Le vieux et brave Galiot de Genouillac.

cheval au camp du roy, et après rompre le pont de bois; ce qu'il fit.

Les deux parties averties l'une de l'autre, c'est assavoir ledit Bourbon vouloir donner la bataille, et le roy, comment ci-dessus est dit, s'étoit mis et préparé pour icelle recevoir et se défendre comme magnanime et très-puissant roy chrétien. Ledit Bourbon, un vendredi 24° jour de février, jour de Saint-Mathias, auquel jour le soleil se leva de bon matin, beau à merveille, qui donna réverbération au matutinal clerc et plus sain, les gens dudit Bourbon commencèrent à donner l'alarme au camp du roy; trompettes, clairons, tabourins commencèrent à sonner que chacun se rendît à son enseigne. Capitaines des guastadeurs (a) ou pionniers menèrent certain nombre desdits guastadeurs auprès de la muraille dudit Pavie, pour illec gratter de leurs pics, pelles et autres instrumens à eux nécessaires. Lesquels firent si bien leur devoir que, à peu de pièce, ils en firent tomber un grand pan de ladite muraille, par où passèrent partie de l'armée dudit Bourbon pour choquer et combattre celle du roy. Ainsi alarme être venue au camp du roy, lequel, voyant qu'il falloit combattre, pareillement incontinent fit sonner trompettes, tabourins, de se rendre chacun à son enseigne et aux limites à eux ordonnées sur les venues dudit Bourbon, ainsi que dessus est dit. Après que chacun fut en son endroit et place où ils devoient être, les trompettes commencèrent à sonner d'un côté et d'autre dedans. Lors eussiez-vous vu faire de main à main; mais avant de choquer, l'artillerie du roy fit si très-grande abondance de coups qu'elle ruoit et tiroit, que l'on voyoit voler en l'air les harnois des ennemis, têtes et bras des gens de cheval et de pied, que on eût dit que c'était la foudre qui eût passé. Aprés y en avoit une bande d'un autre côté, qui regardoit sur la venue

---

(a) Ceux qui ravagent, détruisent.

des gens de pied, laquelle exploita pareillement, de sorte qu'elle faisoit des ruées parmi les gens de pied, les faire roulant en l'air par têtes, bras, jambes et corps, qui étoit bien merveilleuse chose et pitié à voir. Il ne faut pas oublier de dire que l'artillerie dudit Bourbon ne fit son devoir de tirer contre l'armée du roy, si fit, mais par la grâce divine, parce qu'elle étoit en un plus haut lieu assise que le camp du roy, à cette cause passèrent les boulets par dessus ledit camp, sans faire mal, bien peu.

Ladite artillerie cessée d'un côté et d'autre, commencèrent à joindre les gens de pied espagnols, qui faisoient la première pointe du camp dudit Bourbon, contre les gens de pied du roy; lesquels Espagnols ne durèrent guère contre eux, ains furent quasi tous occis et navrés. Après cette déconfite, vinrent les lansquenets dudit Bourbon contre iceux François jà las et travaillés de combattre, où ils eurent beaucoup d'affaires. Toutefois, à leur secours vinrent M. le duc de Suffort[1] et ses 6000 lansquenets, qui combattirent l'un contre l'autre si très-vaillamment et âprement, que d'un côté et d'autre ne fussent presque tous morts ou blessés : en laquelle bataille demeura et fut tué le duc de Suffort, quasi tous ses capitaines et plusieurs gentilshommes françois qui s'étoient mis en avant avec lui à pied.

Cependant que ce combat se faisoit, le roy, étant à cheval, armé, en triomphant ordre, l'enseigne de ses gentilshommes de sa maison auprès de lui, armés et accoutrés qu'il n'y failloit rien, avoit grand joie de voir ainsi combattre lesdits lansquenets à reprise d'haleine. Sur ce point vinrent les gens de cheval dudit Bourbon, d'un autre côté, pour assaillir certains escadrons de gens de pied, qui leur fit grand mal, et passèrent

---

[1] Le duc de Suffolk, dernier rejeton de la branche royale d'York et proscrit par la maison de Tudor, était chef d'aventuriers et alors au service de la France.

outre, après lesquels trouvèrent une bonne bande de
gens d'armes, qui se mêlèrent ensemble, où il y en eut
beaucoup de tués et navrés. De l'autre côté étoit ledit
Bourbon, bien accompagné de gens d'armes qui allèrent choquer la compagnie du roy, et la choqua si
âprement qu'il y eut beaucoup de coups donnés. Le
roy, dès qu'il vit venir le premier qui le vouloit venir
choquer, qui étoit le marquis de Civita-Santo-Angelo,
mit sa lance en arrêt et choqua si bien ledit marquis
qu'il le perça d'outre en outre et tomba mort. Après ce
fait, prit son épée d'armes et combattit main à main,
non contre un seulement, mais contre trois ou quatre
qui le choquèrent à beaux coups de masse, sans avoir
secours que bien peu. Ce faisant, fut crié de main en
main à M. d'Alençon, qui étoit chef ou lieutenant-
général, de un cent d'hommes d'armes ordonnés à
l'avant-garde, fut crié au secours du roy, lesquels
incontinent la bride abattue vinrent; mais le bagage
qui étoit sur le chemin pour aller secourir ledit seigneur les en gardèrent; toutesfois, il y en alla beaucoup
qui firent leur devoir, mais déjà avoient saisi le roy,
au moins ainsi qu'il combattoit, qui fit acte de vrai
Roland, à pied et à cheval, qu'il n'est mémoire de plus
grande vaillance de prince, ni plus grande résistance.
Les Espagnols et tout le camp de Bourbon commencèrent à faire un cri : *Victoria! Victoria! Espagne!
Espagne! Le roy est pris*. Criant : *C'est le roy*. Et épouvantement pris par les gens du roy, retournèrent
bride les gens de cheval et de pied pour se sauver,
les uns vers le Tésin pour le passer à gué, dont beaucoup se y noyèrent, les autres prirent le chemin de
Milan, et les autres devers Galleras, laissant leur bon
prince. Mais les gens de bien qui en voulurent manger,
et leur montrer tels qu'ils étoient, ils firent un si grand
exploit que les uns y demeurèrent morts et les autres
blessés, dont la Guiche en porte bien les enseignes,
gentil et vaillant capitaine.

Ledit seigneur, regardant derrière lui, après avoir reçu beaucoup de coups et s'étant défendu jusques à l'extrémité, et qu'il ne voyoit auprès de lui guères de gens pour le secourir, ne put faire moins que se rendre prisonnier, et Dieu lui fit telle grâce, vu les grandes fortunes qu'il avoit passées. Lors survint le vice-roy de Naples, Minguebal, natif de Valenciennes en Hainaut, l'un des plus apparens de l'armée de l'empereur, et quelques François qui y étoient avec lui, qui dirent au roy en cette matière : « Sire, nous vous connoissons bien; rendez-vous, afin de ne vous faire tuer ; vous voyez bien que vous n'avez point de suite et que vos gens s'enfuient, et que votre armée est défaite. »

Alors le bon prince et vaillant, après s'être défendu et avoir fait tant d'armes dessus dit, leva la bande de son heaume, quasi n'ayant plus de souffle ni d'haleine du forcement où il s'étoit mis à combattre, tira son gantelet et le bailla audit vice-roy. Lors lui fut ôté son armet et baillé un bonnet de velours, afin qu'il se recommençat à reprendre son haleine. Trompettes, clairons, tabourins, fifres au camp dudit Bourbon firent devoir de crier et faire savoir la victoire, et fut mené audit Pavie. Cependant que cela se passoit, les gendarmes dudit Bourbon ne dormirent pas à chasser les François de tous côtés et d'en prendre prisonniers en grand nombre, et des gros seigneurs, capitaines, marchands, soudarts qui se mettoient à rançon telle quasi qu'ils voulurent, piller le bagage où il y avoit grands trésors, tant en vaisselle d'or, d'argent, or monnayé que monnoye ; en sorte qu'ils firent le plus grand butin que jamais sera fait. Aussi il fut pris prisonnier le roy de Navarre et comte de Saint-Pol par aucuns Espagnols qui les traitoient assez mauvaisement ; mais par la grâce de Dieu et de leurs amis, et par moyens, échappèrent de leurs mains, sans avoir croix ni pile, dont ils furent merveilleusement marris, parce que pour le moins le roy de Navarre estimoient à 100,000 écus, et M. de Saint-Pol à 50,000. Il faut entendre que pour se sauver il y en eut beaucoup passant le Tésin à nage qui se nayèrent, les autres furent tués par les vilains, et les autres quasi morts de faim, mêmement ceux qui n'avoient argent pour vivre : car en tel désarroi n'y a point d'amitié.

LETTRE DE FRANÇOIS Ier A SA MÈRE,

RÉGENTE EN FRANCE,

Après la bataille de Pavie.

Madame, pour vous faire sçavoir comme se porte le reste de mon infortune, de toutes choses ne m'est demeuré que l'honneur et la vie qui est saulve. Et pour ce que, en vostre adversité, cette nouvelle vous fera un peu de reconfort, j'ai prié qu'on me laissât vous écrire cette lettre : ce que l'on m'a aisément accordé, vous suppliant ne vouloir prendre l'extrémité vous-même, en usant de vostre accoutumée prudence : car j'ay espérance à la fin que Dieu ne me abandonnera point, vous recommandant vos petits enfants et les miens, et vous suppliant faire donner le passage à ce porteur pour aller et retourner en Espaigne, car il va devers l'empereur pour sçavoir comme il voudra que je sois traicté.

Et sur ce va très-humblement se recommander à vostre bonne grâce,

Vostre très humble et très obéissant fils,

FRANÇOIS.

LETTRE DE FRANÇOIS Ier A CHARLES-QUINT,

Après la bataille de Pavie.

Si plus tôt la liberté par mon cousin le vice-roy [1] m'avoit été donnée, je n'eusse si longuement attendu de envers vous faire mon devoir, comme le temps et lieux où je suis le mérite; n'ayant autre reconfort en mon infortune que l'estime de votre bonté, laquelle, s'il lui plaist, usera par honnesteté à moi de l'effect de la victoire : ayant ferme espérance que vostre vertu ne voudra me contraindre de choses qui ne fust honneste ; vous suppliant juger en vostre propre cueur ce qu'il vous plaira à faire de moy, étant sûr que la volonté d'un tel prince que vous estes ne peut estre accompagnée que d'honneur et magnanimité. Pour quoy, s'il vous plaist avoir cette honneste pitié de moyenner la sûreté que mérite la prison d'un roy de France, lequel on veut rendre amy et non désespéré, pouvez être sûr de faire un acquest au lieu d'un prisonnier inutile, de rendre un roy à jamais vostre esclave.

Doncques, pour ne vous ennuyer plus longuement de ma fascheuse lettre, fera fin, avec humbles recommandations à vostre bonne grâce, celui qui n'a aise que d'attendre qu'il vous plaise le nommer, en lieu de prisonnier,

Votre bon frère et amy,
FRANÇOIS.

Le sieur Dom Hugues de Moncade vous fera, s'il vous plaist, entendre de ma part ce que lui ay requis vous dire, et aussi vous prie croire Bryon [2], gentilhomme que vous envoiray, comme moi-même.

---

[1] Le vice-roi de Naples, Lannoy.
[2] Philippe Chabot de Brion.

INVASION DE LA PROVENCE PAR CHARLES-QUINT

1536.

LETTRE ÉCRITE A L'ABBÉ DE CAPRARE ET TRADUITE DE L'ITALIEN[1].

Charles-Quint envahit la Provence avec 60,000 hommes, pour en faire la conquête et ensuite celle du Languedoc, afin de joindre ses états d'Italie à ceux d'Espagne ; il trouva une telle résistance devant Marseille, qu'il perdit presque toute son armée et fut obligé de repasser le Var. La lettre suivante, écrite d'un ton satirique, raconte cette expédition et cette honteuse retraite.

Monseigneur, il y a déjà longtemps que je reçus vos lettres, esquelles vous m'écriviez de la venue de l'empereur à Rome et de la harangue longuement pourpensée, puis prononcée par lui contre le Roy Très-Chrétien, ès présences de notre Saint Père, des très-révérends cardinaux et de messieurs les ambassadeurs de tous les princes chrétiens ; en laquelle harangue, après plusieurs querelles alléguées, mais mal prouvées, il fit protestations très-grandes qu'il étoit provoqué à faire la guerre. Par quoi il entendoit de la faire avec toutes ses forces, et là, exaltant et magnifiant sa fortune, bonheur et félicité, dit qu'il ne doutoit nullement de n'avoir, contre ledit roy, victoire, ni de l'aller assaillir jusques en ses pays. Lequel propos j'eusse cru, ou être engendré de quelque trop grande éloquence, ou procédé de colère, si je n'eusse depuis entendu cette même sentence avoir été par lui répliquée en présence de plusieurs grands personnages, et que souvent s'est vanté que, non seulement il lui feroit la guerre en son royaume, mais qu'il l'en jeteroit dehors et le feroit le plus pauvre

---

[1] Extrait des *Archives curieuses de l'Histoire de France*, 1re série, t. III.

gentilhomme de son pays ; ce que je vis en ce temps-là être cru de plusieurs qui faisoient fondement, non tant sur son bonheur comme sur son armée, et de moi (à dire la vérité) je n'en fus point sans quelque soupçon, pensant, outre lesdites raisons, que ce grand prince étoit estimé véritable de sa parole et qu'il faisoit tout ce qu'il disoit. Et encore que je ne sache logique, si (a) faisois-je cette conclusion : s'il fait tout ce qu'il dit, comme il en a le bruit, certainement les choses de France sont en danger de se mal porter. Puis d'autre part, tournant mon esprit au royaume de France, et à ce que j'avois autrefois ouï dire des forces d'icelui, et combien de fois l'ont en vain assailli les ennemis, je me imaginois que cette règle d'être toujours véritable pourroit en ce cas recevoir exception, et demeurois ainsi suspens sans faire réponse à vos lettres, attendant quelle fin auroient ces tant de menaces.

Or, ayant entendu ce qu'il s'est ensuivi de la glorieuse entreprise faite en Provence par un homme digne de foi, lequel s'est trouvé présent à tout et est nouvellement retourné du camp impérial, je le vous ai bien voulu écrire, afin que voyiez combien peu de raison avoit l'empereur de faire à Rome tant de braveries et de menaces, comme vous m'écrivîtes. Je dis donc que, après que l'empereur fut parti de Rome, il ne trouva homme par le chemin qui lui parlât de la paix, à qui il ne montrât un mauvais visage, et principalement depuis qu'il sut l'armée du Très-Chrétien avoir laissé de prendre Verceil, comme elle eût bien pu [le faire], et s'être retirée, non pas de peur des ennemis, mais par ordre et exprès commandement du roy même, lequel, comme celui qui a bon cœur et digne d'un prince chrétien, ne craignit point de mettre ses propres affaires en désavantage pour l'avantage du bien commun, et pour plus clairement faire à chacun manifeste sa volonté en-

---

(a) Pourtant.

cline à l'universel bien de la paix, croyant aussi que l'empereur ne dût point refuser les conditions déjà par lui-même offertes et proposées. Mais ceci, comme j'ai dit, fit effet contraire, pour ce que l'empereur devenoit tous les jours plus gaillard à braver et à menacer. Et continuant son voyage devers les monts, d'autant que plus s'approchoit au pays de France, d'autant plus sûrement parloit-il de la victoire et proie d'icelle, et déjà on assignoit le mois et la semaine de se trouver à Paris. Déjà ses gens partissoient entre eux les terres, châteaux et seigneuries de France, ainsi que bon leur sembloit, et même les chapelains demandoient les bénéfices et prélatures, sans attendre la mort de ceux qui les possédoient; chose vraiment qui ne devoit être sans scrupule de conscience.

Or, il arriva au pays de Saluces, où il séjourna quelque temps, attendant que les trahisons du valeureux marquis fussent bien mûres, lequel désirant de n'arriver point devant l'empereur les mains vides (selon que requéroit l'ancienne coutume de qui se présentoit la première fois devant un grand prince) tout ainsi comme il lui portoit le cœur tout taché de méchanceté, aussi cherchoit-il de lui porter les mains souillées de la ruine des capitaines françois ou d'une partie de l'armée, ou au moins du larcin et robement (*a*) de quelque ville. Mais n'étant venu à bout sinon de la tromperie faite à ceux de Fossan [1], alla finalement devers l'empereur, non seulement avec les mains, mais aussi avec le cœur vide de foi et de loyauté, et plein de toute malice, sans lui porter une seule excuse de sa méchanceté, mais seulement la pure trahison faite à son maître, seigneur et bienfaiteur.

[1] Fossano, ville du Piémont. — Le marquis de Saluces, l'allié de François Ier, et le général en chef de son armée de Piémont, l'avait trahi, était passé dans les rangs de l'armée de Charles-Quint, et cette défection avait été cause de la prise de Fossano (24 juin).

(*a*) Vol, enlèvement.

Depuis s'étant mis au chemin, entrèrent en Provence, là où l'empereur se reposa en plusieurs lieux avec son armée, comme s'il fût allé pour voir le pays et non pour faire la guerre. Et après, voulant faire la pénitence de la faute qu'il avoit commise d'y être entré, alla à Aix comme en un désert[1]. Et là, après qu'il eût jeûné quarante jours et quarante nuits, il eut faim. Parquoi il délibéra de retourner en Italie, l'esprit lui disant : « Si tu as force supernaturelle comme de plusieurs es estimé, en ce lieu appelé des Anciens champs pierreux[2] pour la multitude des pierres, dis que ces pierres deviennent pain ; mais puisqu'en sentant la faim tu es homme, et non plus que homme, comme tu as bien montré en assaillant le royaume de France, retourne d'où tu viens, car le roy est arrivé en son camp[3]. » Auquel esprit il fut obéissant, et n'est rien plus certain que, le jour même que le roy arriva en son camp, l'empereur commença à envoyer son avant-garde pour s'en retourner, n'ayant fait autre chose que ce que j'ai dit, ni pris un seul de plusieurs partis qu'il pouvoit prendre, ou de donner l'assaut à quelque ville[4], ou d'assaillir le camp[5], ou de passer le Rhône, ou d'entrer en Dauphiné, chacune desquelles choses eût au moins montré le vouloir qu'il avoit de mettre à effet une partie de ses maintes (a) menaces.

Mais n'ayant fait chose de ce monde qui appartienne à la guerre, a donné à entendre à beaucoup de gens qu'il n'étoit allé en France pour autre chose sinon pour

---

[1] La Provence avait été ravagée et transformée en un désert par les Français, afin d'y faire périr de faim et de maladie l'armée espagnole. Toutes les villes, Arles et Marseille exceptées, avaient été détruites.
[2] La Crau, vaste plaine couverte de pierres et de cailloux.
[3] A Avignon.
[4] Il avait tenté d'assiéger Marseille, mais il avait été si vigoureusement repoussé, qu'il ne mit pas le siége devant la ville.
[5] D'Avignon où était le roi et son armée.

(a) Répétées, renouvelées.

y sacrifier et immoler Antoine de Leyve[1], et pour lui faire de son péché porter la peine en ce pays-là dont il avoit cherché la ruine ; étant chose très-certaine que ledit Antoine de Leyve avoit envoyé en France un comte Sébastien de Montecuculli, pour empoisonner le Roy Très-Chrétien et ses nobles enfans[2], et de ceci ne faut point douter, car ledit comte Sébastien, mis en prison à Lyon, l'a ainsi confessé devant beaucoup de gens de bien et a montré le sauf-conduit dudit de Leyve, et les venins[3] appareillés, et plusieurs fois a ratifié et confirmé d'avoir eu telle commission de lui; de laquelle chose, comme j'entends, doit être fait un procès solennel et authentique, qui sera lu à la cour du Très-Chrétien devant les ambassadeurs de tous les princes chrétiens. Pour faire adonc (a) cet acte de justice de punir le malfaiteur au lieu où il a commis le mal, l'on estime qu'il ait fait ce voyage en France. Les autres disent qu'il l'a fait pour montrer au marquis de Saluces quel fondement et raison il avoit de trahir le Roy Très-Chrétien, duquel il est vassal, pour suivre le parti de l'empereur, et quels fruits il commençoit à recueillir de ses trahisons. Chacune de ces raisons me semble bonne ; vous en pourrez prendre celle qui plus vous plaira.....

---

[1] Le plus habile des généraux de Charles-Quint; il périt victime des maladies qui détruisirent plus de la moitié de l'armée espagnole.

[2] Le dauphin seul fut empoisonné. Montecuculli, gentilhomme ferrarais, échanson du dauphin, fut mis à la torture ; la douleur lui fit avouer qu'il avait agi à l'instigation d'Antoine de Leyve ; il fut écartelé. Ces évènements se passaient au moment de l'entrée de Charles-Quint en Provence.

[3] Poisons. Montecuculli s'occupait de médecine et d'alchimie; on trouva chez lui toutes sortes de drogues et de *venins*, de l'arsenic et un traité de l'*Usance des poisons*.

(a) Alors.

CHARLES-QUINT TRAVERSE LA FRANCE.

1539-1540.

Mémoires de Martin du Bellay.

L'an 1539, les Gantois ayant été offensés de plusieurs nouveaux tributs qui leur avoient été imposés au nom de l'empereur, et sentant que l'empereur, qui étoit en Espagne, n'avoit grand moyen de promptement venir en ses Pays-Bas, délibérèrent de s'en ressentir, et pour cet effet saccagèrent les officiers de l'empereur; et pour mieux se fortifier et venir à l'effet de leur entreprise, envoyèrent secrètement devers le roy lui offrir de se mettre entre ses mains, comme leur souverain seigneur; lui offrirent pareillement de faire faire le semblable aux bonnes villes de Flandre (chose que le roy refusa, pour n'être infracteur de foy envers l'empereur, son bon frère, attendu la trève jurée entre eux depuis deux ans); en avertit l'empereur, lequel connoissant, par cet avertissement et autres qu'il avoit de ses serviteurs, que ses Pays-Bas, qui étoient sa force[1], étoient en hasard(a) d'être perdus, ne pouvant trouver moyen d'y pourvoir si promptement qu'il en étoit besoin; car, passant par Allemagne, il n'étoit pas assuré des protestans, lesquels lui pourroient empêcher son passage, et se mettant par mer, se mettroit au hazard des vents, qui le pourroient aussi bien jeter en Angleterre comme en Flandre, contre son vouloir, car il n'étoit assuré du roy du pays, pour les divisions qu'ils avoient eues à

---

[1] C'était des Pays-Bas que Charles-Quint tirait ses meilleurs soldats de pied; les Wallons composaient presque entièrement l'infanterie espagnole, comme on le voit, mal nommée.

(a) Danger.

cause du divorce de la reine Catherine, sa tante[1], se résolut de se mettre sur la foi du roy, et pour cet effet envoya ses ambassadeurs devers lui, étant encore malade à Compiègne, lui offrir, au cas qu'il lui baillât passage sûr, de grandes choses, et entre autres d'investir lui ou l'un de ses enfans du duché de Milan.

Le roy, jugeant le cœur d'autrui par le sien et estimant qu'un tel prince que l'empereur ne le voulût abuser de paroles, après plusieurs allées et venues, tant d'une part que d'autre, lui accorda telle sûreté qu'il voulut demander, et même se mit à chemin pour aller au-devant de lui, encore qu'il ne fût bien sain de sa maladie; et envoya monseigneur Henry, dauphin de Viennois, son fils aîné, et monseigneur Charles, duc d'Orléans, son fils puîné, jusques à Bayonne, pour le recueillir à l'entrée de son royaume et l'accompagner jusques au lieu où le roy et lui se pourroient rencontrer. Or est-il que des promesses que ledit seigneur faisoit au roy, il pria de n'être importuné de les signer, à ce que par ci-après on ne pût dire qu'il les eût faites par contrainte pour obtenir son passage, et qu'il plût au roy de s'assurer de sa parole; mais qu'à la première ville de son obéissance où il arriveroit, il lui en donneroit telle sûreté, qu'il auroit occasion de se contenter.

Or est-il que l'empereur, de sa nature malicieux (a), voyant lui avoir été accordé ce passage, pour dénuer (b), le roy de ses amis et alliés, attendu que ledit seigneur y alloit de bonne foi, inventa une chose que je vous dirai. Les Vénitiens, qui étoient entrés en ligue avec l'empereur contre le Grand Seigneur, se trouvant y avoir été abusés, car de jour à autre leurs richesses

---

[1] Henri VIII avait répudié, en 1533, sa femme Catherine d'Aragon, fille de Ferdinand le Catholique et d'Isabelle, et sœur de Jeanne la Folle, mère de Charles-Quint.

(a) Trompeur, porté à la fraude. — (b) Dépouiller.

diminuoient, et connoissant bien qu'il leur étoit besoin, pour la conservation de leur Etat, d'appointer (a) avec ledit Grand Turc, étoient sur le train d'entrer avec lui en une paix ou en une bien longue trève, et abandonner la ligue faite avec l'empereur, qui seroit à son grand préjudice. Pour à laquelle chose obvier, persuada le roy, en sorte qu'il commanda au seigneur d'Annebault, maréchal de France et son lieutenant général en Piémont, d'aller, de compagnie avec le marquis du Guast[1], à Venise, comme ambassadeurs solennels, pour faire entendre à la seigneurie de Venise la grande fraternité qui étoit entre leurs deux maîtres[2]; et qu'ils eussent bon courage, car le roy de France se liant avec eux en ligue, comme il feroit, tous ensemble dresseroient une armée, tant par terre que par mer, pour chasser hors d'Europe la race des Ottomans. Car, en ce faisant, il mettoit les Vénitiens hors d'opinion d'accorder avec le Grand Seigneur, et mettroit ledit Grand Seigneur en haine contre le roy; aussi mettroit le roy d'Angleterre en soupçon, de sorte que ledit Anglois commençat à se rassurer de l'empereur, et s'éloigner de l'amitié de notre roy, même tous les autres alliés du roy[3] entièrement en soupçon, voyant les superintendants des deux Majestés en Italie en telle fraternité; chose qui fut exécutée. Et s'embarqua ledit maréchal d'Annebault au pont du Pô de Turin, et vint rencontrer le marquis du Guast à Casal-Majeur, auquel lieu ils se mirent tous deux en une barque, et en cet équipage allèrent à Venise faire leur légation.

[1] L'un des généraux de Charles-Quint.
[2] Le but perfide de Charles-Quint était de brouiller, par cette démarche, François Ier et Soliman jusqu'alors alliés; et il faut que François Ier ait été bien simple pour ne pas avoir compris de quoi il s'agissait.
[3] Tous les petits princes alliés de la France par peur de la trop grande puissance de Charles-Quint.

(a) Faire un accommodement, traiter.

Or, en ce faisant et durant les choses ci-devant dites, le mois de décembre 1539 arriva l'empereur à Bayonne, auquel lieu il fut recueilli par monseigneur le dauphin et monseigneur d'Orléans, en grande magnificence, et lui fut faite entrée solennelle, où il donna grâces et rémissions, et délivra les prisonniers, ainsi qu'il eût fait en ses propres pays et royaumes; et de là fut accompagné par mesdits seigneurs, et en toutes les villes où il passa, lui fut fait semblable honneur qu'à Bayonne.

Le mois de janvier, arriva à Châtellerault, où le trouva le roy, duquel il fut reçu en grande magnificence, ainsi qu'étoit la coûtume dudit seigneur, car il n'eût pu faire les choses petites. Partant l'empereur de Châtellerault, prit son chemin à Amboise. Or au château d'Amboise y a deux grosses tours édifiées par le roy Charles VIII, par lesquelles on monte au château; et sont lesdites tours si spacieuses et si artificiellement construites (a), que charettes, mulets et litières y montent aisément jusques audit château, qui est assis sur le haut d'une montagne. Et, pour faire l'entrée de l'empereur plus magnifique, le roy ordonna de la faire de nuit, par dedans l'une desdites tours, aornée de tous les aornemens dont on se pouvoit aviser, et tant garnie de flambeaux et autres luminaires, qu'on y voyoit aussi clair qu'en une campagne en plein midi. Mais, étant l'empereur à mi-chemin de ladite tour, quelque malavisé portant des torches y mit le feu, de sorte que la tour fut toute enflambée; et à cause des tapisseries où le feu se mit, la fumée fut si grande, ne pouvant respirer, qu'on fut en grand doute que l'empereur ne fût étouffé, et chacun tâchoit à se sauver pour éviter le danger. Aucuns furent pris, soupçonnés d'avoir fait cette faute, mais non par malice, que le roy voulut faire pendre; mais l'empereur leur fit pardonner.

(a) Construites avec tant d'art.

Partant d'Amboise, prit son chemin à Blois, puis à Orléans, de là à Fontainebleau, auquel lieu, pour être maison que le roy avoit bâtie pour les chasses et déduits (a), le festoya et lui donna tous les plaisirs qui se peuvent inventer, comme de chasses royales, tournois, escarmouches, combats à pied et à cheval, et sommairement en toutes autres sortes d'ébattemens. Dudit Fontainebleau, toujours accompagné de messeigneurs le dauphin et d'Orléans, s'en alla à Paris; et vinrent au-devant de lui tous les états de la ville, en laquelle lui fut faite entrée et réception toute telle qu'à la propre personne du roy; et mit en liberté tous les prisonniers qui se trouvèrent, tant à la Conciergerie qu'aux autres prisons de Paris. Partant duquel lieu, alla à Chantilly, maison de M. le connétable [1], où il fut reçu fort honorablement; puis prenant son chemin par la Picardie, arriva en sûreté en sa ville de Valenciennes, première place de son obéissance, jusques auquel lieu l'accompagnèrent mesdits seigneurs le dauphin et d'Orléans.

Y étant arrivé, les ambassadeurs du roy estimèrent que là il dût confirmer ce qu'il avoit promis au partir d'Espagne; mais le bon prince, lequel n'avoit jamais eu envie de tenir sa promesse, les remit jusques à ce qu'il eût communiqué avec son conseil des Pays-Bas; mais assura qu'ayant châtié ses sujets rebelles, il contenteroit le roy. Je pense bien que si mal lui eût bâté, et qu'il eût trouvé son pays si élevé (b) contre lui qu'il n'y eût pu remédier, il eût pu tenir sa promesse, espérant se pouvoir aider des forces du roy. Mais arrivé qu'il fut dedans ses pays, les Gantois se voyant abandonnés du roy, lequel même lui avoit donné passage par son royaume, et voyant l'empereur marcher avec grandes puissances (c) contre eux, entrèrent en déses-

[1] Anne, duc de Montmorency.

(a) Amusements. — (b) Soulevé. — (c) Forces.

poir de pouvoir soutenir cet effort ; parquoi, au lieu de combattre, envoyèrent devers l'empereur chercher miséricorde, chose qui leur fut accordée avec telles conditions que l'empereur leur proposa. Parquoi, marchant à Gand avec toutes ses forces, se saisit des portes et de la place, mettant partout garnison, et fit mourir sept ou huit des principaux auteurs de la sédition, et à tout le reste du peuple donna pardon, à la charge toutesfois qu'ils feroient édifier une citadelle à leurs dépens, pour tenir la ville en sujétion, et à perpétuité payeroient la solde des hommes qu'il faudroit pour la garde d'icelle ; aussi leur ôta leurs lois et franchises anciennes, et ordonna, pour conduire et dresser ladite fortification, Jean-Jacques de Médicis, marquis de Marignan.

Ayant l'empereur fait tout ce qu'il avoit délibéré, fut sollicité par l'évêque de Lavaur, nommé Georges de Selva, ambassadeur pour le roy devers lui, d'exécuter les choses par lui promises entre les mains dudit ambassadeur partant d'Espagne, et encore par plusieurs fois réitérées passant par ce royaume ; mais l'empereur se voyant hors de toute crainte, ôta le masque de sa dissimulation, et déclara entièrement n'avoir rien promis. Dont le roy porta quelque mauvaise volonté à M. le connétable, se disant avoir été par lui assuré de la volonté de l'empereur. J'estime bien que mondit seigneur le connétable lui en avoit donné quelque assurance, parce qu'il pensoit être assuré de la promesse d'un tel prince que l'empereur, et qu'il se fondoit sur l'assurance de l'ambassadeur du roy étant près de la personne dudit empereur.

MONTLUC AU CONSEIL DE FRANÇOIS Ier.

1544.

Commentaires de Blaise de Montluc [1].

François Ier avait envoyé dans le Piémont, contre les Impériaux commandés par le marquis du Guât, une armée placée sous les ordres du duc d'Enghien. N'osant prendre sur lui de livrer bataille, le duc d'Enghien chargea le capitaine Blaise de Montluc d'aller exposer au roi l'état des affaires et d'obtenir la permission de livrer bataille. Montluc, admis au conseil, adressa au roi le discours suivant.

Sur le midi, M. l'amiral d'Annebaut me manda aller trouver le roy, qui étoit déjà entré en son conseil, là où assistoient M. de Saint-Pol, M. l'amiral, M. le grand écuyer Galliot, M. de Boissy et deux ou trois autres, desquels il me souvient, et M. le dauphin, qui étoit debout la chaire du roy. Et n'y avoit assis que le roy, M. de Saint-Pol près de lui, M. l'amiral de l'autre côté de la table vis à vis dudit sieur de Saint-Pol. Et comme je fus dans la chambre, le roy me dit : « Montluc, je veux que vous retourniez en Piémont porter ma délibération et de mon conseil à M. d'Enghien ; et veux que vous entendiez ici la difficulté que nous faisons pour lui pouvoir bailler congé de lui donner bataille, comme il demande. » Et sur ce commanda à M. de Saint-Pol de parler.

Alors ledit sieur de Saint-Pol proposa l'entreprise de l'empereur et du roy d'Angleterre, lesquels dans cinq ou six semaines avoient résolu entrer dans le royaume, l'un par un côté, et l'autre par l'autre ; et que si

---

[1] Blaise de Montluc, célèbre maréchal de France, est l'un de nos meilleurs écrivains militaires. Il naquit en 1501 et mourut en 1577. Ses mémoires, qui portent le titre de *Commentaires*, étaient appelés par Henri IV « le bréviaire du soldat. »

M. d'Enghien perdoit la bataille, le royaume seroit en péril d'être perdu, parce que toute l'espérance du roy, quant aux gens de pied, étoit aux compagnies qu'il y avoit en Piémont, et qu'en France il n'avoit que gens nouveaux et légionnaires ; étant beaucoup meilleur et plus assuré de conserver le royaume que non le Piémont, auquel falloit seulement se tenir sur la défensive, sans mettre rien au hazard d'une bataille, la perte de laquelle perdroit non-seulement le Piémont, mais mettroit le pied à l'ennemi en France de ce côté-là.

M. l'amiral en dit de même, et tous les autres aussi, discourant chacun comme il lui plaisoit. Je trépignois de parler : et voulant interrompre lorsque M. Galliot opinoit, M. de Saint-Pol me fit signe de la main et me dit : « Tout beau, tout beau », ce qui me fit taire, et vis que le roy se prit à rire. M. le dauphin n'opina point, et crois que c'étoit la coutume, mais le roy l'y fit assister, afin qu'il apprît : car devant ces princes, il y a toujours de belles opinions, non pas toujours bonnes. On ne parle pas à demi, et toujours à l'humeur du maître. Je ne serois pas bon là, car je dis toujours ce qu'il m'en semble. Alors le roy me dit ces mots : « Avez vous bien entendu, Montluc, les raisons qui m'émeuvent à ne donner congé à M. d'Enghien de combattre et de rien hazarder ? » Je lui répondis que je l'avois bien entendu ; mais que s'il plaisoit à Sa Majesté me permettre de lui en dire mon avis, je le ferois fort volontiers, non que pour ce Sa Majesté en fît autre chose, sinon ce qu'elle et son conseil en avoient déterminé. Sa Majesté me dit qu'il le vouloit, et que je lui en disse librement ce que m'en sembloit. Alors je commençai en cette manière, il m'en souvient comme s'il n'y avoit que trois jours : Dieu m'a donné une grande mémoire en ces choses, dont je le remercie. Car encore ce m'est grand contentement à présent qu'il ne me reste plus rien, à me ressouvenir de mes fortunes pour les décrire au vrai, sans rien ajouter; car soit le bien, soit le mal, je le veux dire.

Sire, je me tiens bien heureux, tant de ce qu'il vous plait que je vous die mon avis sur cette délibération qui a été tenue en votre conseil, que parce que aussi j'ai à parler devant un roy soldat, et non devant un roy qui n'a jamais été en guerre. Avant qu'être appelé à cette grande charge que Dieu vous a donnée, et depuis, vous avez autant cherché la fortune de la guerre que roy qui jamais ait été en France, sans avoir épargné votre personne non plus que le moindre gentilhomme. Donc ne dois-je craindre, puisque j'ai à parler à un roy soldat (M. le dauphin, qui étoit derrière la chaire du roy et vis-à-vis de moi, me faisoit signe de la tête, qui me fit penser qu'il vouloit que je parlasse hardiment, ce qui me donnoit plus de hardiesse, de laquelle je n'ai jamais eu faute, car la crainte ne me ferma jamais la bouche), sire, dis-je, nous sommes de cinq à six mille Gascons comptés; car vous savez que jamais les compagnies ne sont du tout complètes; aussi tout ne se peut jamais trouver à la bataille; mais j'estime que nous serons 2500 ou 2600 Gascons comptés, et de cela je vous réponds sur mon honneur; tous capitaines et soldats vous bailleront nos noms et les lieux d'où nous sommes, et vous obligerons nos têtes que tous combattrons le jour de la bataille, s'il vous plaît de l'accorder et nous donner congé de combattre. C'est chose que nous attendons et désirons il y a longtemps, sans tant conniller (a). Croyez, sire, qu'au monde il n'y a point de soldats plus résolus que ceux-là; ils ne désirent que de mener les mains. Il y a d'ailleurs treize enseignes de Suisses. Je connois les six de Saint-Julien mieux que celles du baron, lesquelles Fourly commande. J'ai vu faire la montre (b) à toutes. Il y peut

(a) User de subterfuges. — (b) Passer la revue, pour compter, montrer les hommes.

avoir autant d'hommes comptés parmi eux que parmi nous. Ils vous feront pareille promesse que nous qui sommes vos sujets, et vous envoieront les noms de tous, pour les envoyer à leurs cantons, afin que s'il y en a quelqu'un qui ne fasse pas son devoir, qu'il soit dégradé des armes. C'est chose à laquelle ils se veulent soumettre, comme ils m'ont assuré à mon départ. Et puisque c'est une même nation, je crois que ceux du baron ne feront pas moins. Votre Majesté les a pu connaître à Landrecies. Voilà donc, sire, neuf mille hommes ou plus, desquels vous pouvez faire état, et vous assurer qu'ils combattront jusques au dernier soupir de leurs vies. Quant aux Italiens et Provenceaux qui sont avec M. des Cros, et aussi des Gruyens[1], qui nous sont venus trouver devant Ivrée, je ne vous en assurerai pas ; mais j'espère qu'ils feront tous aussi bien que nous, mêmement quand ils nous verront mener les mains. Je levois lors le bras en haut, comme si c'étoit pour frapper, dont le roy se sous rioit. Vous devez aussi avoir 400 hommes d'armes en Piémont, desquels il s'y en trouvera bien 300, et autant d'archers qui sont en même volonté que nous. Vous y avez, sire, quatre capitaines de chevau-légers, qui sont MM. de Termes, d'Aussun, Francisco-Bernardin et Maure, chacun desquels doit avoir 200 chevau-légers, et entre tous quatre ils vous serviront de 5 à 600 chevaux. Tous lesquels désirent faire paroître l'envie qu'ils ont de vous faire service. Je sais ce qu'ils valent et connois leur courage.

Le roy lors s'émut un peu, de ce que toutes les compagnies de la gendarmerie, ni celles des chevau-légers n'étoient complètes ; mais je lui dis qu'il étoit impossible, et qu'il y en avoit qui avoient obtenu congé de leurs capitaines pour aller à leurs maisons se rafraichir, et d'autres étoient malades : mais que s'il plaisoit

---

[1] Gruyens ou Gruyériens, Suisses de langue française du comté de Gruyères.

à Sa Majesté donner congé aux gentilshommes qui le lui demanderoient pour se trouver à la bataille, ils suppléeroient bien au défaut qui pourroit être èsdites compagnies. Puis doncques, sire, dis-je lors continuant mon propos, que je suis si heureux de parler devant un roy soldat, qui voulez-vous qui tue dix mille hommes et mille ou douze cens chevaux, tous résolus de mourir ou de vaincre ? Telles gens que cela ne se défont pas ainsi ; ce ne sont pas des apprentis. Nous avons souvent sans avantage attaqué l'ennemi, et l'avons le plus souvent battu. J'oserois dire que si nous avions tous un bras lié, il ne seroit encore en la puissance de l'armée ennemie de nous tuer de tout un jour, sans perte de la plus grande part de leurs gens, et des meilleurs hommes. Pensez donc quand nous aurons les deux bras libres et le fer en main, s'il sera aisé et facile de nous battre. Certes, sire, j'ai appris des sages capitaines, pour les avoir ouï discourir, qu'une armée composée de 12 à 15,000 hommes est bastante (a) d'en affronter une de 30,000. Car ce n'est pas le grand nombre qui vainc, c'est le bon cœur. Un jour de bataille la moitié ne combat pas. Nous n'en voulons pas davantage ; laissez faire à nous.

M. le dauphin s'en rioit derrière la chaire du roy, continuant toujours à me faire signe de la tête ; car à ma mine il sembloit que je fusse déjà au combat. Non, non, sire, ces gens ne sont pas pour être défaits ; si messieurs qui en parlent les avoient vus en besogne, ils changeroient d'avis, et vous aussi : ce ne sont pas soldats pour reposer dans une garnison : ils demandent l'ennemi et veulent montrer leur valeur ; ils vous demandent permission de combattre. Si vous les refusez, vous leur ôterez le courage et serez cause que celui de votre ennemi s'enflera. Peu à peu votre armée se défera. A ce que j'ai entendu, sire, tout ce qui émeut mes-

(a) Suffisante.

sieurs qui ont opiné devant Votre Majesté, est la crainte d'une perte; ils ne disent autre chose si ce n'est : Si nous perdons, si nous perdons. Je n'ai ouï personne d'eux qui ait jamais dit : Si nous gagnons, si nous gagnons, quel grand bien nous adviendra ! Pour Dieu, sire, ne craignez de nous accorder notre requête, et que je ne m'en retourne pas avec cette honte, qu'on dit que vous avez peur de mettre le hazard d'une bataille entre nos mains, qui vous offrons volontiers et de bon cœur notre vie.

Le roy qui m'avoit fort bien écouté, et qui prenoit plaisir à voir mon impatience, tourna les yeux devers M. de Saint-Pol. Lequel lui dit alors : « Monsieur, voudriez-vous bien changer d'opinion pour le dire de ce fol, qui ne se soucie que de combattre, et n'a nulle considération du malheur que ce seroit, si nous perdions la bataille ? C'est chose trop importante pour la mettre à la cervelle d'un jeune Gascon. »

Alors je lui répondis ce même mot : Monsieur, assurez-vous que je ne suis point bravache, ni si écervelé que vous me pensez. Je ne dis point ceci pour braverie ; car s'il vous souvient de tous les avertissements que le roy a eus depuis que nous sommes retournés de Perpignan en Piémont, vous trouverez qu'à pied ou à cheval, où nous avons trouvé les ennemis, nous les avons toujours battus ; si ce n'est lorsque M. d'Aussun fut rompu, lequel ne se perdit que pour avoir combattu à la tête d'un camp, ce qu'un bon capitaine ne doit jamais faire. Il n'y a pas encore trois mois, vous l'avez entendu, car tout le monde le sait, les deux beaux combats que nous fîmes à pied et à cheval en la plaine vis-à-vis de Samfre, contre les Italiens premièrement et puis contre les Espagnols en dix jours, ayant M. d'Aussun, quinze jours avant qu'il fût pris, combattu et défait toute une compagnie d'Allemands. Regardez donc nous qui sommes en cœur, et eux en peur ; nous qui sommes vainqueurs, et eux vaincus ; nous qui les désestimons ce pendant qu'ils nous craignent, quelle différence il y a d'eux à nous. Quand sera-ce donc que vous voulez que le roy baille congé de combattre, sinon lorsque nous sommes en l'état auquel nous nous trouvons à présent en Piémont. Ce ne sera pas quand nous aurons été battus qu'il le doive faire, mais à présent que nous sommes coutumiers de les battre. Il ne nous faut faire autre chose, sinon de bien aviser de ne les aller assaillir dans un fort, comme nous fîmes à la Bicoque. Mais monsieur d'Enghien a trop de bons et de vieux capitaines pour faire une telle erreur ; et ne sera question, sinon de chercher le moyen de les trouver en campagne rase, où il n'y ait ni haie ni fossé qui nous puisse garder de venir aux mains, et alors, Sire, vous entendrez des plus furieux combats que jamais aient été et vous supplie très-humblement ne vous attendre à autre chose, sinon d'avoir nouvelles de la victoire. Et si Dieu nous fait la grâce de la gagner, comme je me tiens assuré que nous ferons, vous arrêterez l'empereur et le roy d'Angleterre sur le cul, et ne sauront quel parti prendre.

M. le dauphin continuoit plus fort en riant à me faire signe, qui me donnoit encore une grande hardiesse de parler. Tous les autres parloient et disoient que le roy ne se devoit aucunement arrêter à mes paroles. M. l'amiral ne dit jamais mot, mais se sous rioit ; et crois qu'il s'étoit aperçu des signes que M. le dauphin me faisoit, étant presque vis-à-vis l'un de l'autre. M. de Saint-Pol recharge encore, disant au roy : « Quoi, Monsieur, il semble que vous voulez changer d'opinion, et vous attendre aux paroles de ce fol enragé ? » Auquel le roy répondit, disant : « Foi de gentilhomme, mon cousin, il m'a dit de si grandes raisons et me représente si bien le bon cœur de mes gens, que je ne sais que faire. » Lors ledit seigneur de Saint-Pol lui dit : « Je vois bien que vous êtes déjà tourné. » (Il ne pouvoit voir les signes que M. le dauphin me faisoit, car il avoit le dos tourné à lui, comme faisoit M. l'amiral.) Sur quoi le roy adressant sa parole audit sieur amiral lui dit qu'est-ce que lui en sembloit. M. l'amiral se prit encore à sous rire, et lui répondit : « Sire, voulez-vous dire la vérité ? vous avez belle envie de leur bailler congé de combattre. Je ne vous assurerai pas, s'ils combattent, du gain ni de la perte, car il n'y a que Dieu qui le puisse savoir, mais je vous obligerai bien ma vie et mon honneur que tous ceux-là qu'il vous a nommés, combattront et en gens de bien, car je sais ce qu'ils valent pour les avoir commandés. Faites une chose ; nous connoissons bien que vous êtes à demi gagné, et que vous penchez plus du côté du combat qu'au contraire ; faites votre requête à Dieu et le priez qu'à ce coup vous veuille aider et conseiller ce que vous devez faire. »

Alors le roy leva les yeux au ciel, et joignant les mains, jetant le bonnet sur la table, dit : « Mon Dieu, je te supplie qu'il te plaise me donner aujourd'hui le conseil de ce que je dois faire pour la conservation de mon royaume, et que le tout soit à ton honneur et à ta gloire. » Sur quoi M. l'amiral lui demanda : « Sire, quelle opinion vous prend-il à présent ? » Le roy, après être demeuré quelque peu, se tourna vers moi, disant comme en s'écriant : « Qu'ils combattent, qu'ils combattent. — Or donc il n'en faut plus parler, dit M. l'amiral ; si vous perdez, vous seul serez cause de la perte ; et si vous gagnez, pareillement, et tout seul en aurez le contentement en ayant donné seul le congé. »

Alors le roy et tous se levèrent, et moi je tressaillois d'aise. Sa Majesté se mit à parler avec M. l'amiral pour ma dépêche, et pour donner ordre au payement, dont nous avions faute. M. de Saint-Pol m'accosta et me disoit en riant : « Fol enragé, tu seras cause du plus grand bien qu'il pourroit venir au roy, ou du plus grand mal. » Ledit sieur de Saint-Pol ne m'avoit rien dit pour haine qu'il me portât, car il m'aimoit autant que capitaine de

France, et de longue main, m'ayant connu du temps que j'étois à M. le maréchal de Foix; et me dit encore qu'il falloit que je parlasse à tous les capitaines et soldats, et que la grande fiance et estime que le roy avoit de nous, l'avoit fait condescendre à nous donner congé de combattre, et non la raison, vu l'état auquel il se trouvoit. Alors je lui répondis : « Monsieur, je vous supplie très-humblement, ne vous mettez en peine ni crainte que nous ne gagnions la bataille; et assurez-vous que les premières nouvelles que vous entendrez seront que nous les aurons tous fricassés, et en mangerons si nous voulons. » Alors le roy s'approcha et me mit la main sur le bras, disant : « Montluc, recommande-moi à mon cousin d'Enghien et à tous les capitaines qui sont par delà, de quelque nation qu'ils soient, et leur dis que la grande fiance que j'ai en eux m'a fait condescendre à leur donner congé de combattre, les priant qu'à ce coup ils me servent bien. Car je pense jamais en avoir tant de besoin qu'à présent, et que c'est à cette heure qu'il faut qu'ils montrent l'amitié qu'ils me portent, et qu'en bref je leur envoierai l'argent qu'ils demandent. » Je lui répondis : « Sire, je ferai votre commmandement, et ce sera un coup d'éperon pour les réjouir et donner encore plus de volonté de combattre; et supplie très-humblement Votre Majesté ne vous mettre en aucun doute de l'issue de notre combat, car cela ne vous serviroit que de travail à votre esprit. Mais réjouissez-vous sur l'attente de bientôt avoir bonnes nouvelles de nous. Mon esprit et mon présage ne me trompa jamais. » Et sur ce lui baisai les mains et pris congé de Sa Majesté.

M. l'amiral me dit que je l'allasse attendre à sa garde-robe. Je ne sais si c'étoit M. de Marchemont ou M. de Bayard, qui descendit avec moi; et en sortant je trouvai sur la porte MM. de Dampierre, de Saint-André, d'Assier et trois ou quatre autres qui me demandèrent si je portois le congé à M. d'Enghien pour combattre.

Je leur répondis en gascon, *hares y harem aux pics et patacs*. Entrez, entrez promptement, si en voulez manger avant que M. l'amiral se départe du roy. Ce qu'ils firent, de sorte qu'il y eut de la dispute sur leur congé : toutesfois à la fin Sa Majesté leur permit, lesquels n'empirèrent la fête : car après eux vinrent plus de cent gentilshommes en poste pour se trouver à la bataille. Entre autres les sieurs de Jarnac, de Châtillon, depuis amiral, le fils de M. l'amiral d'Annebaut, le vidame de Chartres et plusieurs autres : desquels n'y mourut que M. d'Assier, que j'aimois plus que moi-même, et Chamans, qui avoit été blessé quand je combattis les Espagnols en la plaine de Perpignan. Quelques autres en y eut de blessés, mais non qu'ils mourussent. Il n'y a prince au monde qui ait la noblesse plus volontaire que la nôtre. Un petit sous-ris de son maître échauffe les plus refroidis ; sans crainte de changer après vignes et moulins en chevaux et armes, on va mourir au lit que nous appelons le lit d'honneur.

Le résultat du congé de combattre accordé par le roi à son armée de Piémont, fut la belle victoire de Cérisoles.

LA FRANCE EN 1546.

Relation de l'ambassadeur de Venise Marino Cavalli.

(Traduit de l'italien, par M. Tommasseo).

La république de Venise exigeait de chacun de ses ambassadeurs qu'il lui adressât une *Relation* contenant la description du pays, de ses ressources, de son commerce et de son industrie, l'état de ses forces militaires et de ses finances et une appréciation du caractère du roi et de ses ministres. Le *Recueil des Relations* des ambassadeurs vénitiens sur les affaires de France au xvie siècle, publié et traduit par M. Tommasseo[1], est une des principales sources de notre histoire à cette époque.

La France, possédée par le roi très-chrétien, est bien moins étendue que ne l'étaient les Gaules conquises par le peuple romain : par conséquent, les noms et les limites du nouvel État ne sont plus les mêmes. La Suisse, les comtés de Bourgogne[2], de Lorraine et de Luxembourg, tout ce qui est au-delà de la Meuse, et les Pays-Bas tout entiers[3], ont passé en d'autres mains, et dépendent en grande partie de l'empereur ou de princes qui relèvent de l'autorité impériale. Le roi de France possède la Picardie, la Normandie, la Bretagne, la Touraine, le Poitou, la Gascogne, le Languedoc, la Provence, le Dauphiné, la Savoie, le Lyonnais, l'Auvergne, la Bourgogne, la Champagne, le Bourbonnais, le Berry, la France proprement dite, avec d'autres pays moins importants, tels que la Brie, l'Anjou, la Saintonge, le Limousin, et autres encore. Toutes ces provinces ont une position très-avantageuse par le voisinage des rivières, de la mer, des monts, des frontières. Ainsi, la France est non-seulement le plus noble royaume de la chrétienté, aussi ancien que notre république, mais encore le plus favorisé de la nature par sa position si commode et si sûre. Du côté de l'Espagne, elle a les Pyrénées; elle a les Alpes du côté de l'Italie; des autres côtés la Saône, la Meuse, la Somme et la mer. Cette enceinte embrasse une étendue plus grande de moitié que toute notre Italie. Le côté de la Champagne, qui n'est pas naturellement assez fort, est muni de bonnes forteresses, qui bientôt le rendront inexpugnable.

Ce pays, à cause de son étendue, a une grande va-

---

[1] 1838, 2 vol. in-4°, dans la collection des *Documents inédits sur l'histoire de France*.
[2] Franche-Comté.
[3] Hollande, Belgique, département du Nord et du Pas-de-Calais.

riété de sol et de produits : ceux-ci sont d'une excellente qualité et tellement abondants qu'il y en a pour la France et même pour les nations étrangères. Quant au blé, les Français en envoient en Espagne, en Portugal, en Angleterre, quelquefois même en Suisse et à Gênes, si pourtant la guerre n'y met pas obstacle [1]. Quoique les Français aiment bien le vin, cependant ils en ont pour les Anglais, les Écossais et les Flamands, pour le Luxembourg, la Lorraine et la Suisse. On retire par an de sa vente un million et demi d'écus, et on le vend plus cher que ceux d'Espagne et de Chypre; il est moins fort, mais plus délicat. Il y a en France toutes sortes de viandes, et le poisson frais et salé y abonde; on en exporte même dans les pays d'alentour. Les laines ordinaires ne manquent pas. Quant aux draps fins, on les fabrique avec les laines anglaises et espagnoles. Il est vrai que la Basse-Normandie et la Picardie donnent une espèce de laine un peu plus fine qui sert pour certains draps, et pour un entre autres qu'on appelle camelot. On fabrique en grande abondance des toiles de toute qualité, mais non aussi fine que la toile hollandaise. On les transporte en Angleterre, en Espagne, en Italie et dans les pays Barbaresques; et justement à cause du bas prix, ce commerce est très profitable.

Le bois de construction et le bois à brûler abondent dans tous les endroits de la France. Ce sont des chênes et des hêtres, car ce sol ne donne plus ni sapins ni mélèzes, comme du temps de César. Chose singulière ! la sixième partie de la France est couverte de bois, et cependant le bois y coûte deux fois plus cher qu'à Venise. C'est que presque toutes les forêts sont au roi, qui permet la coupe et la vente du bois selon qu'il lui plaît.

---

[1] Ce sont les déplorables mesures de Colbert, qui ont mis fin à cet état prospère de notre ancienne agriculture, et créé l'état misérable dans lequel nos campagnes ont été depuis lui jusqu'à notre siècle.

La France n'a d'autres mines que des mines de fer ; pour l'or, elle en tire d'Espagne et de Portugal, et elle donne ses draps en échange. Elle le tire, dis-je, non pas brut, mais frappé en ducats et en doubles, dont elle fait ses écus... L'argent, le cuivre, une grande partie de l'étain, viennent de l'Allemagne ; une autre partie de l'étain et tout le plomb viennent de l'Angleterre...

L'Allemagne et les Pays-Bas fournissent à la France les chevaux de guerre et les chevaux d'attelage ; la Bretagne seulement lui donne quelques haquenées ; partout ailleurs ce sont des bidets sans valeur. Les épices ne viennent plus d'Anvers, mais du Portugal : leur introduction a été récemment affermée. Il en vient d'Alexandrie à Marseille par le moyen de marchands particuliers, mais en quantité très-faible. Le Portugal envoie aussi les sucres et les confitures. Le Portugal et l'Espagne fournissent des fruits, tels que le raisin sec, les oranges, les citrons, les olives et les amandes, ainsi que des huiles, pour de très-fortes sommes, quoique le Languedoc et la Provence en donnent assez. Le commerce des fruits est bien plus important qu'il ne semble. Je me suis assuré que le seul droit sur les prunes sèches que la France envoie en Angleterre, en Écosse et en Flandre, a été affermé 10,000 écus par an. Pensez donc ce que doivent rapporter tant d'espèces de fruits de tant de pays différents !

La France ne tire de Venise que quelques caisses de cristaux, des draps cramoisis, des bijouteries, des soies de Vicence, en tout pour 60,000 écus par an. Mais si l'on pensait à suivre l'exemple de nos voisins, on ferait des affaires pour un million d'écus d'or, et peut-être davantage ; car on consomme en France une plus grande quantité de draps d'or et de soie qu'à Constantinople et que dans presque tout le Levant. Les soieries et les draps fins viennent en France de l'Italie et de l'Espagne ; les draps de l'Italie principalement, et les soieries de l'Espagne. Dans ce genre, les Génois et les Toscans font des profits incroyables : leur travail est tout à fait du goût des Français, c'est-à-dire qu'ils font des draps qui ont peu de prix et encore moins de durée. C'est justement ce qu'il faut aux Français, qui s'ennuieraient à porter le même habit trop longtemps...

Le commerce des soieries est très-important. Madame la régente a ordonné que, dans la ville de Tours, on établît des fabriques de tissus de soie, puisque les pays où ce produit est indigène ne se soucient guère d'en tirer parti. Ainsi, dans la ville de Tours, on travaille la soie qui vient de l'Italie et de l'Espagne ; et cette industrie va toujours en croissant. On y compte 8000 métiers. Plusieurs fabricants vénitiens s'y sont établis avec leurs familles, et des Génois en plus grand nombre encore ; puis des Lucquois, sans compter les Français eux-mêmes qui ont appris le secret du métier. Ils ont même commencé à planter des mûriers, à élever les vers à soie et à en tirer du produit autant que le climat le permet. Ils tâchent de réussir à force d'industrie ; et nous autres, que la nature a favorisés de tant de manières, nous laissons les étrangers s'enrichir des profits que nous devrions faire.

Un autre avantage de la France, c'est la grande abondance du sel en Gascogne, en Provence, en Bretagne. Ce sel là conserve la viande et le poisson mieux que le sel d'Allemagne ; aussi, les Anglais s'approvisionnent-ils en Bretagne du sel qui leur est nécessaire. Si le roi de France avait des ministres aussi intelligents et aussi exacts que ceux de la seigneurie de Venise, il pourrait acheter le sel des particuliers, puis le vendre plus cher aux étrangers et en tirer un très-grand profit annuel.

La France ne manque pas, comme on peut bien le croire, de grandes villes, villages et châteaux bien peuplés. Les villes principales sont Paris, Lyon, Bordeaux, Rouen, Toulouse, dont on pourrait conter des choses curieuses, si c'en était le lieu. Mais il suffira de dire quelque chose de la capitale, qui résume, pour ainsi dire, tout le pays, et qui est supérieure non-seulement aux autres villes de France, mais à celles de l'Europe tout entière ; car elle est le séjour d'une population immense, elle est le cœur de la chrétienté. Paris renferme 500,000 habitants ; on lui en donne même davantage ; et cependant son enceinte n'est que de 22,400 pieds, c'est-à-dire 4 milles italiens ou un peu plus. Mais la nouvelle enceinte, embrassant les faubourgs et autres emplacements vides, est de 35,000 pieds, c'est-à-dire 5 milles et demi. Elle renferme autant de monde parce que sa forme est presque circulaire. La Seine la divise en trois parties. Elle n'est pas une place forte, et elle ne le deviendra jamais. Les fortifications sont bien commencées, mais on n'y travaille qu'en cas de besoin ; et l'on ne pense pas qu'il survienne de sitôt des nécessités urgentes de s'en servir : ainsi la ville n'est défendue que par de hautes chaussées et par cinq ou six boulevards incomplets.

L'Université est fréquentée par 16 à 20,000 étudiants, la plupart misérables, vivant dans les collèges fondés dans ce but. Les choses que l'on y enseigne le mieux sont la théologie et les lettres grecques, latines et françaises. L'enseignement littéraire y est soigné, prompt et solide. Les philosophes, les médecins, les jurisconsultes, les canonistes, les mathématiciens ne manquent pas ; mais, ou ce sont de bien chétifs professeurs, ou bien ce sont des chaires surnuméraires, payées par le roi. Le salaire est faible, les obligations des professeurs sont très-grandes ; et cependant la concurrence y est très-forte ; d'abord, parce que ce sont presque toujours des Français qui professent, puis parce que ce titre-là est si honorable, qu'on gagne en réputation ce qu'on ne gagne pas en argent. Les maîtres de Sorbonne sont investis d'une très-haute autorité sur les hérétiques ; pour les punir, ils se servent du feu ; ils les rôtissent tout vivants. Mais les Luthériens se sont tellement étendus partout, qu'ils occupent des villes entières où le rite protestant n'est pas avoué publiquement, mais tacitement consenti. Cela se voit à Caen, à la Rochelle, à Poitiers et dans plusieurs villes de la Provence.

Le Parlement et la Chambre des comptes contribuent avec l'Université à la grandeur de Paris. Présidents, conseillers, avocats, notaires, procureurs et plaideurs, tout compté, cela fait une ville de 40,000 hommes. La procédure ne finit jamais; en sorte qu'il n'y a que les riches qui puissent plaider, et ceux-là même s'en tirent fort mal. Une cause de 1000 écus en exige 2000 de frais; elle dure dix ans. Cette oppression, qui partout ailleurs paraîtrait intolérable, a fait naître une assez bonne institution : c'est que le gouvernement payant les juges pour un nombre fixe d'heures d'audience par jour, si chaque partie leur donne un écu en sus, ils restent une heure de plus à entendre les débats; de la sorte ils vident beaucoup d'affaires, au grand contentement des parties...

Le roi donnait autrefois les charges de judicature; maintenant on les vend à vie, au prix de 3000 à 30,000 francs chacune. Puisque le marché est ouvert, il n'y a rien de honteux à les vendre aussi cher que possible. Il y en a qui poussent si loin l'envie d'exploiter leur position, qu'ils se font pendre tout bonnement à Montfaucon, ce qui arrive lorsqu'ils ne savent pas se conduire avec un peu de prudence; car, jusqu'à un certain point, tout est toléré, principalement si les parties ne s'en plaignent pas.

Le nombre des marchands est très-grand à Paris; car c'est là comme l'entrepôt de la France. Les ouvriers aussi en toute sorte de métiers y sont fort nombreux; ce qui fait qu'on y consomme beaucoup de denrées. Elles viennent en grande partie de la Normandie et de la Bourgogne par la Seine; celles qu'on apporte par terre viennent de tous les côtés. Cependant la ville ne peut jamais être approvisionnée pour plus d'une semaine ; il y a même plusieurs choses dont elle doit se pourvoir au jour le jour. Aussi, lorsque la Seine gèle pour une quinzaine de jours, quoique les communications par terre restent ouvertes, la disette se fait sentir à Paris.

Les Parisiens jouissaient autrefois d'une liberté presque démocratique ; mais ils n'en ont pas su faire usage, comme il arrive trop souvent, et ils se sont livrés à divers actes de désobéissance insolente. Aussi ils ont commencé sous les derniers rois à perdre leurs priviléges ; et ces pertes sont allées toujours en croissant : maintenant ils ne peuvent plus que faire un peu de résistance aux désirs du monarque lorsqu'il veut de l'argent ; mais, à la fin, bon gré, mal gré, ils payent tout ce qu'on leur demande, ou à peu près....

Il y a des pays plus fertiles et plus riches, tels que la Hongrie et l'Italie ; il y en a de plus grands et plus puissants, tels que l'Allemagne et l'Espagne ; mais nul n'est aussi uni, aussi facile à manier que la France. Voilà sa force à mon sens : unité et obéissance ; deux biens qui dérivent des causes ci-dessus énoncées [1]. La liberté, sans doute, est le plus haut parmi les biens de la terre ; mais tous les hommes ne sont pas dignes de la liberté. Il y a des peuples nés pour obéir ; il y en a d'autres qui sont faits pour commander. Agissez au rebours, et vous aurez les malheurs qui tourmentent l'Allemagne et ceux qui ont jadis agité la nation espagnole. Aussi les Français, qui se sentent peut-être peu faits pour se gouverner eux-mêmes, ont-ils entièrement remis leur liberté et leur volonté aux mains de leur roi. Il lui suffit de dire : « Je veux telle ou telle somme ; j'ordonne, je consens ; » et l'exécution est aussi prompte que si c'était la nation entière qui eût décidé de son propre mouvement. La chose est déjà allée si loin, que quel-

---

[1] Le pouvoir absolu du roi et l'hérédité affirmée par la loi salique.

ques-uns des Français mêmes, qui voient un peu plus clair que les autres, disent : « Nos rois s'appelaient jadis *reges Francorum* [1]; à présent on peut les appeler *reges servorum* [2]. On paye au roi tout ce qu'il demande, puis tout ce qui reste est encore à sa merci. Ce fut Charles VII qui alourdit le fardeau de cette obéissance après avoir délivré le pays des Anglais; puis Louis XI, puis Charles VIII, en conquérant le royaume de Naples. Louis XII aussi y est pour sa part; mais le roi présent peut bien se vanter d'avoir dépassé tous les autres; il fait payer plus abondamment que jamais. Il incorpore toujours de nouvelles possessions à celles de la couronne, sans rien perdre de ce qu'il possédait. Les donations qu'il fait ont pour terme la vie du donateur ou celle du donataire; et si même l'une ou l'autre de ces vies est par trop tenace, on rompt le contrat, comme préjudiciable à la couronne. Il est vrai de dire que certaines donations importantes sont ensuite confirmées....

Depuis quatre-vingts ans, le gouvernement de France ajoute toujours aux propriétés de la couronne, sans rien aliéner : les confiscations, les successions, les achats ont tellement absorbé le bien des particuliers, que désormais il n'y a qu'un seul prince, monseigneur d'Aumale [3], qui possède un revenu de 20,000 écus. Et même ceux qui possèdent des revenus et des états n'en sont les maîtres, pour ainsi dire, qu'en premier ressort ; en cas de doute, on en appelle au roi, qui juge de pleine autorité. Ajoutez les nouveaux impôts, les garnisons des soldats et autres fardeaux qui pèsent sur eux depuis quelque temps. La couronne fait des progrès continuels en crédit et en richesse, et elle se garantit en même temps contre les guerres civiles. Les princes, étant pauvres, ne peuvent rien oser contre le roi, ainsi

---

[1] Rois des Franks, des hommes libres.
[2] Rois des esclaves.
[3] De la maison de Guise.

que le faisaient jadis les ducs de Bretagne, de Normandie, de Bourgogne et tant d'autres grands seigneurs de Gascogne. Si quelqu'un, par un mouvement irréfléchi, se hasardait à résister, comme le fit par exemple le prince de Bourbon, celui-là fournirait seulement au roi l'occasion de s'enrichir encore plus par sa ruine. En somme, on pourrait affirmer que la loi salique, en interdisant le trône aux puinés et aux femmes, et en proclamant l'inaliénabilité des biens de la couronne, si elle n'a pas donné à la France l'empire du monde chrétien, lui a au moins frayé le chemin le plus sûr pour y arriver. Et si le roi de France n'avait pas rencontré dans sa route un prince aussi puissant et aussi bien au fait des desseins de cette couronne que l'est Charles-Quint, certes l'Italie presque tout entière et une partie de l'Espagne (par suite des prétentions sur la Navarre), tous les Pays-Bas et quelques-uns des États de l'empereur obéiraient maintenant aux fleurs de lys, et la dignité impériale appartiendrait de rechef à la France. Mais plus les Français, aidés par leur loi salique, ont tâché de grossir les domaines de la couronne, plus l'empereur, tantôt par les négociations, tantôt par les armes, a cherché à en détacher toujours quelque chose, et à faire en sorte que les Parlements et la nation entière adhérassent à ce qu'il désirait. De là tant de capitulations et tant de guerres. L'empereur visait toujours à l'abaissement de cette puissance française, qui grandissait de manière que les successeurs du roi auraient bien pu devenir les maîtres de l'Allemagne, de l'Italie, de l'Espagne même. C'est pour cela qu'on a amené d'abord la France à renoncer à Naples et à Milan, qui passaient pour être un héritage de la maison d'Anjou; que dernièrement elle a perdu ses droits sur la Flandre, la Bourgogne et sur le comté d'Artois, et que maintenant on parle d'une renonciation semblable pour la Savoie et le Piémont.

Quant au roi de France actuel, il s'est depuis trente-trois ans fait connaître à Votre Sérénité et à tout le monde ; il est donc inutile de vous entretenir du passé. Je ne vous parlerai que de l'état où il se trouve aujourd'hui, et des évènements qui se sont succédé dans les trente-quatre mois de mon ambassade. Je me bornerai à résumer les faits, car mon discours n'a été déjà que trop long.

Le roi est maintenant âgé de cinquante-quatre ans : son aspect est tout à fait royal, en sorte que, sans avoir jamais vu sa figure ni son portrait, à le regarder seulement, on dirait aussitôt : « C'est le roi. » Tous ses mouvements sont si nobles et si majestueux, que nul prince ne saurait l'égaler. Son tempérament est robuste, malgré les fatigues excessives qu'il a toujours endurées et qu'il endure encore dans tant d'expéditions et de voyages. Il y a bien peu d'hommes qui eussent supporté de si grandes adversités. Au surplus, il se purge de toutes les humeurs malsaines qu'il pourrait amasser, par un moyen que la nature lui fournit une fois dans l'année : ce sera là ce qui le fera peut-être vivre encore très-longtemps. Il mange et boit beaucoup ; il dort encore mieux, et qui plus est, il ne songe qu'à mener joyeuse vie. Il aime un peu la recherche dans son habillement, qui est galonné et chamarré, riche en pierreries et en ornements précieux ; les pourpoints mêmes sont bien travaillés et tissus en or ; sa chemise est très-fine, et elle sort par l'ouverture du pourpoint selon la mode de France. Cette vie délicate et choisie contribue sans doute à conserver sa santé. Ce roi, comme tous les autres rois de France, a reçu de Dieu le don singulier de guérir les écrouelles par son attouchement. Les habitants même de l'Espagne accourent pour profiter de cette propriété merveilleuse. La cérémonie a lieu dans quelque jour solennel, comme Pâques ou Noël, ou aux fêtes de la Vierge. Le roi se confesse d'abord et communie ; puis il fait un signe de croix sur les malades en disant : « Le roi te touche, que Dieu te guérisse ! » Si ces malades ne guérissaient point, il n'en viendrait pas sans doute de si loin ; ils n'entreprendraient pas un voyage si coûteux et si pénible. Ainsi, puisque l'affluence augmente toujours, il faut bien croire que c'est Dieu qui se sert de ce moyen pour délivrer les infirmes et pour accroître en même temps la dignité de la couronne de France.

Autant ce roi supporte bien les fatigues corporelles et les endure sans jamais plier sous le fardeau, autant les soucis de l'esprit lui pèsent, et il s'en décharge presque entièrement sur le cardinal de Tournon et sur l'amiral Annebault. Il ne prend aucune décision, il ne fait aucune réponse, qu'il n'ait écouté leurs conseils : en toute chose il s'en tient à leur avis ; et si jamais, ce qui est fort rare, on donne une réponse à quelque ambassadeur, ou si l'on fait une concession qui ne soit pas approuvée par ces deux conseillers, il la révoque ou la modifie. Mais pour ce qui est des grandes affaires de l'Etat, de la paix ou de la guerre, Sa Majesté, docile en tout le reste, veut que les autres obéissent à sa volonté. Dans ce cas-là, il n'est personne à la cour, quelque autorité qu'il possède, qui ose en remontrer à Sa Majesté.

Ce prince est d'un jugement très-sain, d'une érudition très-étendue; il n'est chose, ni étude, ni art, sur lesquels il ne puisse raisonner très-pertinemment, et qu'il ne juge d'une manière aussi assurée que ceux-là même qui y sont spécialement adonnés. Ses connaissances ne se bornent pas simplement à l'art de la guerre, à la manière d'approvisionner, de conduire une armée, de dresser un plan de bataille, de préparer les logements, de donner l'assaut à une ville ou bien de la défendre, de diriger l'artillerie ; il ne comprend pas seulement tout ce qui a trait à la guerre maritime, mais il est très-expérimenté dans la chasse, dans la peinture, en littérature, dans les langues, dans les différents exercices du corps qui peuvent convenir à un bon chevalier. Vraiment, lorsqu'on voit que, malgré son savoir et ses beaux discours, tous ses exploits de guerre lui ont mal réussi, on dit que toute sa sagesse est sur les lèvres et non pas dans l'esprit. Mais je pense que les adversités de ce roi viennent du manque d'hommes capables de bien exécuter ses desseins. Quant à lui, il ne veut jamais prendre part à l'exécution, ni même la surveiller aucunement ; il lui semble que c'est bien assez de savoir son rôle, qui est celui de commander et de donner les plans ; le soin du reste, il le laisse à ses subalternes. Ainsi, ce qu'on pourrait encore désirer en lui, c'est un peu plus de soin et de patience, et non pas plus d'expérience ni plus de savoir. Sa Majesté pardonne facilement les offenses, elle se réconcilie de bon cœur avec ceux qu'elle a offensés ; elle est aussi prête à donner, quoique la nécessité des temps ait un peu tempéré cette envie de largesse. Toutefois elle dépense encore pour son entretien et celui de sa cour 300,000 écus par an, dont 70,000 sont destinés pour la reine. Les années précédentes elle en avait 90,000. On a donné à M. le dauphin la Bretagne et le Dauphiné, dont il tire 300,000 écus par an. Il s'en sert pour payer 150 lances, pour l'entretien de sa femme et de ses enfants, pour toutes les dépenses de sa maison. Le roi veut 100,000 écus pour la bâtisse de ses logements : il a déjà fait bâtir huit palais magnifiques, et il en élève maintenant de nouveaux. Il réserve pour cet emploi non-seulement ladite somme, mais encore certaines amendes assez considérables.

La chasse, y compris les provisions, chars, filets, chiens, faucons et autres bagatelles, coûte plus de 150,000 écus ; les menus plaisirs, tels que banquets, mascarades et autres ébattements, coûtent 50,000 écus ; l'habillement, les tapisseries, les dons privés en exigent autant ; les appointements des gens de la maison du roi, des gardes suisses, françaises, écossaises, plus de 200,000. Je parle des hommes : quant aux dames, les appointements et les présents absorbent, à ce qu'on m'a dit, presque 300,000 écus. Ainsi on croit fermement que la personne du roi, y compris sa maison, ses enfants, et les présents qu'il fait, coûte un million et demi d'écus par an, sans qu'on puisse en rabattre un liard. Si vous voyiez la cour de France, vous ne vous étonneriez pas d'une telle dépense : elle entretient ordinairement 6, 8, et jusqu'à 12,000 chevaux. Sa prodigalité n'a pas de bornes : les voyages augmentent les dépenses du tiers au moins, à cause des mulets, des charrettes, des litières, des chevaux, des serviteurs qu'il faut employer, et qui coûtent le double de l'ordinaire.

Sa Majesté a eu de Madame Claude, sa première femme, fille de Louis XII, trois fils : François, Henri, Charles, ou, selon le nom dont le baptisèrent les Suisses, Abdenago, et trois filles : Louise, Madeleine et Marguerite. François, le dauphin, mourut d'une mort presque subite, en 1536 ; Louise mourut étant fiancée à l'empereur, au très-grand regret de son père ; Madeleine aussi mourut, reine d'Ecosse, sans laisser d'héritier ; Charles, duc d'Orléans, qui fut la cause d'une guerre si longue, mourut justement alors qu'il devait jouir des fruits de ses travaux et procurer la paix à l'Italie et à la chrétienté tout entière ; Marguerite, âgée de vingt-deux ans et peut-être davantage, n'a pas trouvé de mari, quoiqu'elle soit digne des plus grands princes de la terre, tant elle a de prudence, de modestie, de bonté, de talent. Elle est fort versée dans le latin, dans le grec, même dans l'italien. Ainsi, la fortune qui devait tomber en partage aux autres frères semble toute réunie sur celui qui est maintenant le dauphin, dont les grandes qualités promettent à la France le plus digne roi qu'elle ait eu depuis deux cents ans. Cet espoir est encore un très-grand soulagement pour ce peuple, qui se console des malheurs présents par la pensée des biens à venir. Ce prince a vingt-huit ans ; il est d'une constitution très-robuste, d'une humeur tant soit peu mélancolique ; il est fort adroit aux exercices des armes ; il n'est pas beau diseur dans ses reparties, mais il est très-net et très-ferme dans ses opinions ; ce qu'il a dit une fois, il y tient *mordicus*. Son intelligence n'est pas des plus promptes ; mais ce sont souvent ces hommes-là qui réussissent le mieux : c'est comme les fruits de l'automne qui mûrissent les derniers, mais qui, par cela même, sont meilleurs et plus durables que ceux de l'été ou du printemps. Il tient à garder toujours un pied en Italie, et il n'a jamais pensé qu'on dût céder le Piémont : il entretient dans ce but les Italiens mécontents des affaires de leur patrie. Il dépense son argent d'une manière à la fois sage et honorable....

Le revenu annuel des impôts fixes et des domaines royaux en France ne dépasse pas un million d'écus, à ce que j'en sais : c'est ce qu'ils appellent l'argent du roi. Mais les dernières guerres, et l'entretien des gendarmes et des archers à cheval exigeant davantage, on a demandé des tailles extraordinaires, qui furent accordées et qui durent encore, en sorte qu'elles sont désormais devenues ordinaires. Au commencement c'était peu de chose, mais à présent cela fait une somme de deux millions.

Quant au mode de la perception, le voici. Le roi écrit tous les ans aux gouverneurs des provinces, en leur ordonnant de rassembler, dans une des principales villes de leur gouvernement, les trois états, c'est-à-dire le clergé, les bourgeois et les paysans, car les gentilshommes ne payent rien ; ils n'ont que l'obligation d'entretenir à leurs frais, en temps de guerre, tant de chevaux, tant de soldats, pendant l'espace de trois mois. Lesdits états rassemblés, on leur demande une somme au nom du roi, pas toujours la même : tantôt plus, tantôt moins, selon les nécessités de la guerre, et selon le plus ou moins d'impôts qui ont pesé sur la province dans l'année précédente.

On a même le soin de ne pas trop grever les pays de frontière ou bien ceux qui ont été nouvellement conquis. Si le roi veut 600,000 écus, il demande un million :

on discute, on rabat, à la fin on s'accorde, la répartition se fait en parties égales entre lesdits trois états. Chacun paye suivant sa fortune. L'argent est ramassé de tous les endroits, et il passe au coffre de Paris. Cette exaction entretient un nombre infini d'employés, de receveurs, de trésoriers généraux : on vole de tout côté. La Normandie est toujours la plus grevée de toutes les provinces ; les Normands payent plus que les sujets de Votre Sérénité : mais ailleurs on est mieux que chez nous. La Bretagne, la Bourgogne, la Savoie sont de nouvelles acquisitions ; la Picardie et la Champagne sont de pauvres provinces ; étant situées à la frontière, elles sont ruinées par la guerre. Tout le fardeau de l'impôt pèse sur la Gascogne, le Languedoc, la Normandie, la France proprement dite ; puis sur le Poitou et la Rochelle.

S'il faut encore des tailles extraordinaires, le roi les demande, toujours selon son bon plaisir, mais toujours en sommes moindres que les impôts ordinaires. Puis il y a les emprunts, qui sont plutôt des présents, car on ne les rend presque jamais : tout cela se paye avec une grande facilité, et si quelqu'un résiste, on le rudoie de belle manière. Enfin, il y a les décimes du clergé, qui se payaient autrefois avec le consentement du pape ; mais aujourd'hui on ne croit plus ce consentement nécessaire. Les rois soutiennent que tous les bénéfices ecclésiastiques de France sont de fondation royale, ou bien institués par les princes dont les rois sont les successeurs, ou enfin que c'est le peuple qui a pourvu à leur dotation, et que les peuples appartiennent aux rois comme à leurs légitimes seigneurs et maîtres. Ils en concluent que pour disposer de ces bénéfices ils n'ont besoin du consentement de personne ; et ceux qui payent pensent de même. Si on leur défendait de payer, on ôterait le lien principal de reconnaissance et d'affection qui existe entre le prince et ses sujets. Or le clergé de France est très-attaché à ses rois, ainsi qu'il doit l'être. Il paye donc, sans la permission de Rome, deux, trois, et jusqu'à sept décimes par an, dont chacun est de 140,000 écus. On les appelle décimes, mais ce n'est vraiment que la moitié des décimes, puisqu'en 1516, en appréciant la valeur des bénéfices, on s'y prit d'une manière fort adroite, et l'on n'enregistra que la moitié de leurs revenus annuels. Le roi actuel avoue bien qu'un impôt frappé sur le clergé par lui ou par tout autre prince chrétien serait une chose illicite et condamnable selon l'Ancien et le Nouveau Testament ; mais il soutient que ni loi ni coutume ne peuvent empêcher d'accepter ce qu'on vous donne de plein gré, à titre de subsides. Ainsi le roi prend, le clergé paye, et le pape se tait, car il ne sait que dire. Le roi se sert selon ses besoins des biens du clergé. Il s'autorise du *jus eligendi*[1], que lui donna Léon X à Bologne, lorsque fut accordée la révocation de la pragmatique. Mais de plus il prétend que cette faculté de nommer aux bénéfices vacants s'étend même aux domaines qu'il a acquis après cette concession de Léon X, tels que la Bretagne et la Savoie, qui jadis dépendaient tout à fait de Rome, et qui à présent dépendent du roi. Il ne reste au pape que l'expédition des bulles et le revenu des annates[2], qui commence à être mis en question, d'incontestable qu'il était jusqu'ici. Je pense que le roi fera son possible pour soulager ses sujets même de ce fardeau-là. Nous voyons déjà que ni confiscations, ni décimes, ni renonciations entières, ni renonciations avec réserve, ni pensions, ni même jugements des causes ecclésiastiques, ne relèvent du Saint-Siége ; mais tout se fait au-dedans du royaume. Les prélats reconnaissent plutôt l'autorité du roi que celle du pape ; Sa Majesté se sert de leur argent comme du sien propre ; elle envoie en ambassade évê-

---

[1] Le droit de nommer aux bénéfices.
[2] Taxe que payaient à la cour de Rome ceux qui étaient pourvus d'un bénéfice ecclésiastique ; elle se composait du revenu d'une année dudit bénéfice.

ques et abbés, quelquefois sans appointements ; elle leur ordonne de construire à leurs frais des vaisseaux, de bâtir des maisons, des palais, dont elle hérite ; elle loge sur leurs bénéfices, et y envoie qui il lui plaît, sans rien payer : les soldats qui ont bien mérité du roi par leurs services sont distribués dans les abbayes obligées de nourrir leur vieillesse [1]. Ainsi tout tourne au service du roi et au salut des âmes des prélats.

Ensuite, on tire beaucoup d'argent de la vente des emplois, et ce commerce se fait de mille manières. Le nombre des employés augmente toujours : ce sont des avocats du roi à chaque petit village, des receveurs d'octrois, de tailles et taillons, des trésoriers, des conseillers, des présidents de cours des comptes et de cours de justice, des maîtres des requêtes, des procureurs du fisc, des prévôts, des élus, des baillis, des vicomtes, des généraux et d'autres, dont la moitié serait bien suffisante. Tout ce monde donne de l'argent au roi, qui, une année portant l'autre, en tire plus de 400,000 écus.

Il faut enfin compter les forêts qui valent une rente ordinaire de 150,000 écus par an, et qui, dans un besoin extraordinaire, pourraient en procurer, pour une seule fois, 600,000. Il y a la confiscation des biens des étrangers qui meurent en France avec ou sans enfants [2], et celle des biens des nationaux qui ont commis quelque crime frappé d'un tel châtiment. Il y a les différents commerces qu'on afferme et qui donnent aussi d'assez bonnes sommes. Mais tout cela est extraordinaire : pour les revenus ordinaires, on peut les évaluer à 4 millions d'écus d'or. Sous Charles VII, il y a cent ans, le revenu total, tout compté, n'était que d'un seul million ; tant sont augmentés les impôts d'un côté, et de l'autre les domaines de ce grand royaume.

La dépense ordinaire pour la personne du roi et pour

---

[1] On appelait ces soldats oblats ou moines laïques.
[2] Il s'agit du droit d'aubaine.

les besoins particuliers se monte, je le répète, à un million et demi. Il faut ensuite 400,000 écus pour solder 2500 lances, dont le nombre n'est pas toujours le même, mais augmente ou diminue selon le besoin. Ladite somme sert aussi pour payer 1400 chevau-légers. Les dépenses des fortifications qui sont de nouvelle date exigent 250,000 écus, une année portant l'autre, si toutefois on continue sur le même pied, ainsi que cela est nécessaire et que le roi semble le vouloir de grand cœur. Puis il y a les pensions publiques et particulières des Suisses, des Allemands et des Italiens, absorbant 250,000 écus. Quant à la garde des places fortes, c'est peu de chose; car la plupart n'ont pas même un mille de circuit. D'ailleurs on cherche à y dépenser le moins possible : ainsi les travaux ne seront pas de longue durée. On appelle ceux qui les gardent des mortes-payes : on leur donne 5 francs par mois, ce qui fait 200,000 écus par an. Il y a de plus la pension due à l'Angleterre, qui s'élève presque à 100,000 écus, y compris les pensions payées aux princes anglais. Ajoutez 20 galères qui coûtent 400 écus par mois chacune, c'est-à-dire 100,000 écus. Cependant la moitié reste souvent désarmée.

Les traitements et les salaires des juges et des employés de tout le royaume coûtent 300,000 écus. Ainsi, dans les temps de pleine paix, et sans rien employer au payement des anciennes dettes, le roi ne peut mettre de côté qu'un million par an : pensez donc ce qu'il doit en être en temps de guerre. Les dernières campagnes depuis 1542 exigèrent presque 100,000 hommes de pied et 10 à 12,000 chevaux, sans compter l'entretien de tout ce qui regarde la milice, l'artillerie, les employés extraordinaires et les frais de poste. Sa Majesté et d'autres personnes m'ont assuré que la guerre des deux premières années, 1542 et 1543, lui coûta 12 millions d'écus d'or. Au reste, l'argent du roi n'est pas dépensé aussi fidèlement et aussi judicieusement que celui de

Votre Sérénité, dont tous les ministres sont animés de cette loyale affection que tout homme de bien doit à sa patrie. Il n'en est pas de même en France. En ce qui concerne l'infanterie seule, composée de différentes nations et soldée par le roi, on lui escamote par centaines et par milliers la paye des soldats qui ne paraissent pas aux revues : les trésoriers y consentent, et ils ont leur part des sommes volées. Si l'on faisait pendre tous les coupables, il n'y aurait guère de trésoriers en France, tant le mal est profond. La faute en est à la prodigalité habituelle des Français: ils dépensent leur bien si follement, qu'il faut après cela qu'ils portent la main sur le bien d'autrui. C'est pourquoi les mœurs sobres et vraiment dignes de bons citoyens, qui distinguent les habitants de notre république, doivent être soigneusement conservées, puisque c'est là le fondement et du bonheur privé et de la grandeur de l'Etat.

L'infanterie dont le roi se sert à présent est composée de Gascons et d'habitants d'autres provinces de la France, puis d'Allemands : quant aux Suisses, on n'en veut, à ce qu'il paraît, qu'en cas d'extrême nécessité. On ne se fie guère non plus aux Espagnols. Pour les Italiens, le roi a acquis, ainsi que d'autres princes, l'expérience que l'avarice et la lâcheté des chefs en ont fait une milice bien plus nuisible qu'utile, car elle est semblable à une armure de plomb, aussi lourde à porter que si elle était de fer, mais incapable de résister au choc ennemi. Ainsi les chefs italiens qui servent la France ne sont que des ingénieurs ou des architectes[1] : ou bien, s'il y a des capitaines, ils n'ont pas de soldats à leur suite. On ne lèvera de compagnies italiennes que dans quelque guerre d'Italie, et encore sera-ce pour les entretenir et pour montrer que l'on ne se méfie pas de

---

[1] Les ingénieurs italiens étaient généralement très-savants et fort expérimentés. La fortification moderne leur doit beaucoup.

la nation, sans que l'on espère en tirer une véritable utilité. La faute de ce désordre honteux en est toute aux capitaines, qui, pour gagner davantage, promettaient le double des troupes qu'ils avaient à leur suite. Pour remplir les rangs, ils étaient forcés d'enrôler les gens les plus vils; ensuite, afin de rendre leurs profits plus forts, ils volaient aux soldats une partie des salaires promis: or ceux-ci, n'étant pas payés, désertaient leurs postes, négligeaient leur devoir, pillaient et ruinaient les citoyens qu'ils auraient dû défendre, et commettaient toutes sortes d'excès. Ainsi ces soldats, qui jadis bien disciplinés subjuguèrent le monde, maintenant, à cause de leurs chefs, sont repoussés comme une milice inutile et honteuse. Cela doit appeler l'attention de tous les princes italiens, et notamment celle de Votre Sérénité, dont les domaines les plus considérables sont en Italie, et dont la milice doit être nécessairement italienne.....

SIÉGE DE METZ PAR CHARLES-QUINT.

1552.

LETTRE D'ETIENNE PASQUIER A M. DE FONSSOMME.

Etienne Pasquier, avocat célèbre; est l'auteur d'ouvrages historiques importants; ses lettres, fort nombreuses, sont une des principales sources de notre histoire. Pasquier mourut en 1615, âgé de quatre-vingt-six ans.

Vous avez pu entendre (car je crois que les nouvelles en sont arrivées jusques à Rome) comme les Allemans avoient appelé le roy à leur secours contre l'empereur: ensemble la grande levée d'argent et de gens que l'on a faite en France pour fournir à cette entreprise [1]. Entendez maintenant comme les choses se sont depuis passées. Le roy n'étoit presque arrivé au Rhin avec son armée, que l'empereur étonné de cette nouvelle confédération, se trouva en tel désarroi de ses opinions, qu'il rétablit tous les princes et potentats d'Allemagne en leurs anciennes prérogatives et libertés. Lesquels pour cette cause dépêchèrent soudain ambassades par devers le roy, pour le remercier de l'aide qu'ils avoient reçu de lui; ayant par son moyen recouz la liberté, qui leur étoit plus chère que la vie : et dès lors même lui baillèrent le titre de Protecteur de la liberté germanique. Le roy les reçut avec un favorable accueil, et à l'instant rebroussa chemin. A son retour, il remit sous son ancienne protection Metz, Toul et Verdun, villes impériales ; quoi faisant, il a grandement flanqué, du côté de la Champagne, notre France, contre les avenues des étrangers. Je crois que vous serez d'accord que jamais entreprise ne réussit plus à souhait que celle-là, que sans coup férir, notre roy n'étant ni vu ni venu, ait atteint au comble de son intention; mais la suite en a encore été plus belle.

L'empereur fâché que tous ses desseins se fussent, comme un tourbillon, tournés en fumée, et aussi estimant que c'étoit faire brèche à sa mémoire, si, pendant sa dignité impériale, ces trois villes demeuroient sous la protection des François, délibéra de pousser de son reste. Il fait un grand amas de gens ; et pour ne nous donner temps de respirer, vient mettre le siége devant la ville de Metz, sur la fin de l'automne. Le roy avoit

---

[1] Et n'y avoit bonne ville, dit le maréchal de Vieilleville, où les tambours ne se fissent ouir pour faire levée de gens de pied, où toute la jeunesse des villes se déroboit de père et mère pour se faire enrôler ; et la plupart des boutiques demeurèrent vides de tous artisans, tant étoit grande l'ardeur, en toutes qualités de gens, de faire ce voyage et de voir la rivière du Rhin. Aussi, falloit-il bien du monde pour rendre promptement complètes 100 compagnies de gens de pied, de 300 hommes chacune.

été, devant, averti de cette entreprise, et à cette cause y avoit dépêché M. de Guise pour son lieutenant général, qui s'y étoit transporté, suivi d'une bonne troupe de gens de guerre ; et parce qu'il prévoyoit qu'en peu de temps l'orage devoit tomber cette part, il seroit impossible de vous raconter combien de devoir ce gentil prince apporta à la conservation de la ville : car après l'avoir fait retrancher et fortifier de toutes parts à suffisance [1], lui sachant que la noblesse françoise est coutumière de courir à vauderoute, afin d'ôter le désordre, ordonna que tous gentilshommes volontaires, et qui y étoient venus pour leur plaisir, eussent à vider la ville dedans certain temps, ou bien de choisir parti sous l'un des capitaines de la cavalerie ou infanterie, pour avoir logis dedans son quartier et le suivre à toutes saillies, factions et entreprises, tout ainsi que s'ils eussent reçu la solde et fait le serment au roy, sous leur charge. D'une même main il envoya chaque bande aux quartiers qui leur étoient départis : celles des gens de pied, près des murailles, afin d'être voisins des lieux où ils avoient à faire la garde, et les gens d'armes et chevau-légers sur le milieu de la ville : enjoignant très-étroitement à tous capitaines, gentilshommes et soldats, ne faire logis hors de leurs quartiers, à peine de punition corporelle. Et à fin que l'on fît plus de diligence de resserrer les grains et vins, qui étoient encore dehors, il fut par lui ordonné que dedans quatre jours on mettroit tous les vivres et bétail des villages dans la ville [2], pour en fournir la munition (a), ou les vendre

---

[1] En 1870, quand l'ennemi arriva devant Metz, les nouvelles fortifications n'étaient pas achevées, et le rempart des anciennes était à peine armé.

[2] Les tristes successeurs du grand duc de Guise, en 1870, ne s'étaient même pas inspirés des excellents exemples qu'il leur avait donnés ; aussi ont-ils laissé l'ennemi prendre possession des vivres et du bétail qui étaient dans les villages autour de Metz.

(a) L'approvisionnement.

au marché, à tel prix que l'on trouveroit, sur peine que le temps expiré, les gens de guerre en pourroient aller prendre impunément à discrétion là où ils en trouveroient. Et pour nettoyer la ville de personnes superflues[1], pour l'épargnement des vivres, il fit renvoyer à la gendarmerie son train et bagage en ses garnisons ordinaires, sans réserver au gendarme que deux varlets et deux chevaux de service ; et à l'archer, un varlet et un cheval, rangeant la cavalerie légère selon l'ordre des archers : et aux gens de pied, de dix en dix, un goujat (a), et six chevaux seulement en chaque bande. Fait avertir les citoyens de se retirer où il leur plairoit, transportant avec eux or et argent monnoyé et non monnoyé, et tous leurs meubles, hormis ceux qu'ils trouveroient être nécessaire pour l'hébergement des soldats ; et néanmoins qu'ils les baillassent par inventaire aux seigneurs de Piepape et de Saint-Belin, commissaires des vivres, à ce que le tout leur fût conservé. Et entre autres citoyens, il retint les charpentiers, maçons, ouvriers de fer, pour employer aux remparts, fortifications et service de l'artillerie : comme aussi maréchaux, boulangers, cordonniers, chaussetiers (b), certain nombre de chaque métier, et par exprès barbiers et chirurgiens, auxquels il fit avancer argent pour se fournir de drogues et oignemens : que l'on eût à sonner nulle cloche, sinon celle de l'effroi : qu'il n'y eût que deux horloges : que les citoyens n'eussent à sortir de leurs maisons, quand l'alarme sonneroit : à chacun des capitaines fit département de chaque quartier, lequel ils auroient à défendre sans en bouger : et lui et ses compagnies seroient au milieu de la place pour y subvenir selon que besoin le désireroit : que des prisonniers qu'on prendroit, on tiendroit cet ordre, de ne

---

[1] En 1870, on laissa tout le monde entrer et rester dans la ville.

(a) Valets de soldats d'infanterie, d'ordre inférieur comme eux. — (b) Faiseurs de chausses, tailleurs.

mettre dans la ville les varlets et garçons de fourrage, desquels on n'espéroit aucune rançon, afin qu'ils ne consommassent les vivres, ains seulement les gens d'apparence, lesquels on boucheroit (a) en entrant dedans la ville, afin qu'ils ne pussent remarquer chose aucune de notre fortification. Et craignant la longueur du siége, il fit resserrer tout le vin qui se trouvoit au quartier des gens de pied, en une ou deux caves, sous les clefs des capitaines, pour en distribuer puis après à chaque soldat deux pintes le jour, auxquels il ordonna aussi deux pains chacun de 12 onces[1]. Il réduisit le nombre de 1200 pionniers à 600 ; et sous ces belles polices attendit de pied quoi l'empereur, qui se vint heurter contre la ville, presque aux faubourgs de l'hiver[2], voulant, ce sembloit, non seulement combattre les François, mais le temps même. La plus grande partie de ses gens étoient logés en des loges de bois ou de cuir, afin que si le siége s'acheminoit à longueur, ils n'eussent à s'attédier (b). En cette sorte la ville demeura assiégée six mois entiers ; pendant lequel temps, M. de Guise voyant être due à ses soldats la solde de deux mois, et qu'il n'étoit possible que le roy leur envoyât promptement argent, fit battre de la monnoie et lui donna beaucoup plus haut prix que de sa valeur, sous l'obligation toutefois, à laquelle il se soumettoit par cri public, de la reprendre pour autant qu'il la bailleroit.

Vous pouvez recueillir de tout ceci quelle a été la fin du siége : toute telle que vous le pensez. L'empereur s'en est retourné avec sa courte honte, tout ainsi qu'il étoit venu, sans rien faire ; si fâché, que le bruit commun est, qu'il désire de se démettre de l'empire entre les mains de Ferdinand son frère, roy des Romains, et

[1] L'ancienne livre avait 16 onces.
[2] Le siége commença le 31 octobre.

(a) Auxquels on banderait les yeux. — (b) S'attiédir.

aussi de se dépouiller de tous ses royaumes entre celles de l'infant d'Espaigne, son fils, et choisir sur ses vieux jours une vie solitaire. Au contraire, le seigneur de Guise est retourné en cette ville plein de gloire et de réputation, accueilli du roy et de toute sa cour avec telle faveur que vous pouvez imaginer. A son retour, il s'est trouvé au mariage de la fille naturelle du roy [1], que l'on a solemnisée avec une infinité d'allégresses. La magnificence des noces a été faite en la grand' salle de Bourbon, environnée d'une infinité de chapeaux (a) et festons de lauriers, apposés en commémoration de tout ce qui s'étoit passé, dans lesquels étoit ce distique :

Herculis optasti longas transire columnas ;
Siste gradum Metis, hæc tibi meta datur [2].

La rencontre se faisoit sur la devise de l'empereur, qui étoient deux colonnes d'Hercule, entrelacées de ces deux mots : *Plus, Outre*. Les gens de guerre avoient auparavant aiguisé leurs couteaux pour la défense de cette ville de Metz : le siège levé, les poëtes et gens doctes aiguisèrent leurs plumes pour l'illustration et exaltation des tenans, entre lesquels le seigneur de Ronsard a emporté l'honneur. Je vous mande toutes ces particularités, et par spécial toute la police qui a été tenue dans Metz, parce que, comme l'on dit qu'en la conflagration générale de la ville de Corinthe, se fit un tel pêle-mêle de l'airain et autres métaux ensemble, que depuis et longtemps après, on recherchoit par tout le monde le cuivre de Corinthe pour en faire des tableaux de parade : au contraire, en la conservation de la ville de Metz, toutes ces belles ordonnances doivent servir, non de tableaux, ains de miroirs à tous

[1] Diane de France, mariée à Orazio Farnèse, duc de Castro.
[2] Tu as voulu franchir les colonnes d'Hercule ; arrête ta marche à Metz, c'est une borne qu'on a mise pour t'empêcher de passer.

(a) Couronnes.

ceux qui d'oresnavant se délibéreront de soutenir le siége d'une ville. Une chose me réjouit infiniment en ce fait-ci : c'est que l'empereur ayant failli pour un bon coup à son dessein, je me persuade que cette ville nous est assurée pour un long temps [1] ; car je ne vois point en nulle histoire, qu'après que l'on a failli en un long siége, on ne reprenne puis après, longue haleine, avant que d'y retourner. Vous voyez comme je ne suis point chiche à vous mander des nouvelles de notre France : mandez-moi en contr'échange de même libéralité, de celles de l'Italie, et quel jugement on fait dans Rome, de tout ce que je vous écris maintenant. A Dieu.

BREF DISCOURS DU SIÉGE DE METZ

RÉDIGÉ PAR ÉCRIT, DE JOUR EN JOUR, PAR UN SOLDAT A LA REQUÊTE D'UN SIEN AMI.

Cette relation parut d'abord en italien à Lyon, en 1553 ; elle fut traduite et publiée en français la même année par Hubert-Philippe, dit de Villiers. Les *Archives curieuses de l'histoire de France* ont réimprimé cette relation intéressante de l'un des plus fameux siéges des temps modernes.

Très-cher ami, ces jours passés, me retrouvant en la cité de Metz, dans laquelle j'avois toujours été durant le siége d'icelle, je reçus une vôtre lettre, par laquelle vous me priiez fort affectionnément que je vous envoyasse succinctement le discours d'icelle guerre : de laquelle chose, pour n'y être exercé en sorte que ce soit, et

---

[1] Nous l'avons gardée, en effet, 318 ans ; et si nous l'avons perdue en 1870, c'est que ceux qui étaient chargés de la défendre se conduisirent autrement que le duc de Guise.

n'étant point en cela ma profession, j'étois en somme résolu et totalement délibéré de m'excuser envers vous. Mais d'autre côté, considérant l'extrême amitié laquelle a de longtemps entre nous eu lieu, je n'ai voulu faillir de satisfaire, selon que mon petit pouvoir se peut étendre, à votre désir, et ainsi me suis mis à vous rédiger par écrit tout ce que j'en ai pu retirer. Non que je veuille dire que ce soit le tout, pour ce que je pense bien que beaucoup de choses pourroient être passées, lesquelles ne sont venues à ma connoissance; et encore que bien je les eusse sues, si est-ce que plutôt les ai voulu taire, qu'en écrivant les corrompre en aucune partie. Parquoi je vous prie m'avoir pour excusé, si, étant averti de quelqu'autre part, vous trouviez des choses lesquelles j'eusse en ce mien écrit omises. De cela je vous assure bien que je ne me suis voulu aider d'aucun mensonge pour servir d'ornement et embellir icelui mien petit discours, mais ai pris et choisi toute la pure et simple vérité.

L'an de grâce 1552, le 18° jour d'avril, entra le roy très-chrétien dans la cité de Metz, ville capitale de Lorraine, tout armé fors que la tête, et noblement environné d'une fort belle compagnie d'hommes d'armes, chose certes non moins plaisante à voir comme somptueuse et magnifique.

Le jour ensuivant, on commença à démolir et à abattre tous les édifices et bâtimens, lesquels étoient à l'entour de la ville, et ruiner églises, jardins et toutes autres murailles par lesquelles la fortification de la ville eût pu être empêchée, laissant Sa Majesté fort bon ordre à toutes choses. Et se partit le 21° jour dudit mois, afin de poursuivre son voyage d'Allemagne, duquel parler me passerai à présent pour ne me sembler venir à propos. Et poursuivant S. M. l'entreprise commencée, après avoir passé la rivière de Moselle, prit une petite ville nommée Damvilliers et Yvoy, lequel lieu n'est moins fort que le premier; auxquelles deux villes, après y avoir mis bonnes garnisons, se partit, et en bien peu d'heures prit beaucoup de forts châteaux qui se doivent toutesfois plutôt appeler retraites de brigands que d'être nommés lieux de guerre, pource qu'ils n'étoient pas sitôt pris que, par le commandement de S. M., ils ne fussent rasés jusques aux fondemens. Ces choses ainsi accomplies, l'armée se divisa pour donner à chacun garnison sur les frontières, à celle fin que les soldats, lesquels on connoissoit être du long chemin lassés et travaillés, eussent le loisir de se reposer et aucunement rafraîchir.

Mais environ la mi-septembre, étant venu à la notice (a) de S. M. que l'empereur, aidé des villes impériales, faisoit grand amas de gens pour premièrement recouvrer Metz et puis s'en aller courir sur la France, au grand dommage d'icelle, fit rappeler tous les soldats de leurs garnisons, et, côtoyant le pays de Lorraine à petites journées, les faisoit demeurer sur les frontières de France et aux lieux qui lui sembloient les plus foibles et qui en avoient plus de besoin. Et un bien peu après courant le bruit que l'armée de l'empereur croissoit de jour en jour, et que pour toute résolution il faisoit compte de venir camper devant la ville de Metz, S. M. manda l'illustrissime monseigneur de Guise, accompagné de beaucoup de grands seigneurs et capitaines, tant de cavalerie comme de fanterie[1], compagnie certes non indigne d'un tant magnanime duc et courageux. Et pendant le temps que Son Excellence demeura à venir, et à l'arrivée de l'exercite (b) de l'empereur, on ne s'adonnoit à autre chose sinon qu'à renforcer toutes les villes de bons remparts, là où non-seulement les habitans et soldats, mais aussi les princes et grands

---

[1] De l'italien, *fanteria, infanteria*, qui eux-mêmes ont pour racine *fante*, petit garçon, valet, fantassin. *Fante* est un apocope du latin *infantem*, enfant (LITTRÉ).

(a) A la connaissance. — (b) Armée.

seigneurs, et qui plus est le vice-roy même, plus convoiteux de l'honneur que du repos, firent tant et se travaillèrent de telle sorte, que la ville fut si bien garnie et remparée, qu'elle ne donnoit nulle occasion de craindre en sorte que ce soit, ni avoir doute (a) de toutes les forces et puissance de l'ennemi.

Quant aux vivres et munitions, il en fut apporté en si grande abondance, que le raconter seulement surmonteroit le croire d'un chacun. Ainsi étant la ville bien fournie et assez bien fortifiée, on eut nouvelles que l'empereur étoit passé à Strasbourg, et qu'on pensoit qu'il dût conduire son armée devant Metz, chose toutesfois qui n'étoit pas bien acertente (b), et en doutoit-on aucunement. Ce que voyant M. de Guise, il lui sembla bon d'envoyer quelques compagnies de gens d'armes si avant qu'ils pussent entendre et rapporter nouvelles certaines du camp de l'empereur ; ce qui fut fort bien mis en effet[1]. Un peu après, étant déjà l'exercite prochain de Metz, à 12 lieues seulement, M. de Randan alla si avant, accompagné de 12 chevaux de sa compagnie, qu'il découvrit les logis impérialistes et prit prisonnier un homme d'assez basse condition, mais de fort bon discours et jugement, qui fut depuis mené à la cour ; le parler duquel, conféré avec beaucoup d'autres rencontres (c), éclaircit et rendit manifeste ce qui premièrement sembloit avoir un peu d'obscurité ; c'est à savoir que l'empereur, pour finale résolution, s'en venoit assiéger la ville de Metz, qui causa que plusieurs grands seigneurs, émus et aiguillonés d'un bon vouloir, très-ardent désir et cordiale affection qu'un chacun d'eux portoit à monseigneur de Guise, vinrent lui aider à

[1] M. de Guise se faisait renseigner par sa cavalerie ; il l'employait à se mettre en contact avec l'ennemi, pour savoir ce que l'empereur faisait. En 1870, cet usage de la cavalerie était ignoré dans l'armée française.

(a) Ni redouter. — (b) Certaine. — (c) Rencontre, occasion, circonstance qui fait trouver par hasard une chose.

soutenir le plus grand et pesant effort qui fut jamais fait de l'empereur, tellement que la ville se trouva en un instant pleine de la meilleure et de la plus grande partie de la noblesse françoise.

Le 15° d'octobre, le duc d'Albe, général de toute l'armée de l'empereur, accompagné de l'avant-garde qui montoit au nombre de 20,000 piétons et 4000 chevaux, arriva en un village qui s'appelle Sainte-Barbe, distant de Metz environ une lieue et demie, étant situé à l'endroit de la ville, entre levant et mi-jour (a).

Le jour ensuivant vint une grande quantité de chevaux et piétons, pour remarquer et épier la ville devers le coteau de la Belle-Croix, et à l'encontre desquels sortit, par commission de M. de Guise, assez bon nombre de gens à pied et quelques chevaux; mais pour autant que le pays étoit un peu scabreux, à cause de tant de vignes, la cavalerie ne fit pas beaucoup, tellement que la fanterie pour ce jour-là soutint l'escarmouche, étant blessés, tant d'un côté que d'autre, quelque nombre de soldats. Mais pour ce que les Impérialistes avoient ce désavantage à tirer arquebusades pour être sus la sommité de la colline, ils reçurent plus grande perte que ne firent les François, encore que de notre partie furent tués M. de Marigny et l'enseigne du capitaine Gordan, et que le capitaine de Soles fut grièvement blessé, et que le capitaine Monfa, lieutenant de M. de Randan, fut semblablement blessé, de sorte qu'un bien peu après il rendit l'âme. Et s'être retiré le duc d'Albe, pour ce jour ne s'en retourna point camper sur la colline de la Belle-Croix (de lui déjà fort bien remarquée), jusqu'au 21° jour, commençant à y faire tranchées[1]. Mais il se travailla en vain, pour autant qu'aucunes

---

[1] La colline de la Belle-Croix est à l'est de Metz et séparée de la ville par la Seille; plus tard on y éleva un fort, le fort Bellecroix, qui était une des principales défenses de la ville.

(a) Au Nord-Est.

églises étant situées à l'opposite de la colline, dans lesquelles étoient assises aucunes pièces d'artillerie, leur firent fort grand ennui. Si est ce que pour tout cela le duc ne laissa point de faire mener trois ou quatre petits passe-volants [1] avec lesquels il fit tirer cinq ou six coups, sans que pour cela on en reçut aucun dommage. Et en ces entrefaites, ayant assez bien enlevé quelques tranchées, fit poser quatre enseignes sur icelles, lesquelles étoient en un endroit si éminent qu'elles pouvoient être vues de la ville, ne tendant par cela à autre chose qu'à faire naître aux cœurs des soldats aucune peur ou crainte. Mais au lieu que telles enseignes, en ventelant, devoient être occasion de quelque ébahissement, au contraire elles crurent (a) et renforcèrent tant la hardiesse et ardent désir de les pouvoir gagner, qu'une bonne quantité de soldats, en ordre serré et bien armés, avec un grand courage, assaillit les tranchées des ennemis d'une si brave sorte, qu'à bien grand'peine les enseignes purent être garanties qu'elles ne fussent en grand triomphe dans la ville rapportées. Toutesfois, ce fut bien assez que les logis des Impérialistes fussent par eux quittés et abandonnés avec grande quantité d'armes et munitions. Et le tout bien considéré, et le peu de profit qu'ils avoient fait en ce lieu, et avec quel grand danger ils y faisoient séjour, le duc ne voulut qu'ils y demeurassent plus; ains délibéra de s'en aller camper à l'abbaye de Saint-Clément, devant la porte Champenoise et Saint-Thibault.

Ce que voyant monseigneur de Guise, fit sortir quelque nombre de chevaux et piétons, le courageux travail desquels ne cessa jamais de molester et donner fâcherie de tout le jour aux ennemis, qui peu à peu se retirèrent et prirent pour garant certaines petites

---

[1] Canons postiches, faits de bois. Notre auteur appelle ainsi les canons du duc d'Albe, parce qu'ils ne servirent à rien.

(a) Accrurent.

montagnettes, pour plus aisément et avec moindre danger outrepasser la rivière de Seille. L'escarmouche dura assez et fut sanguinolente, tant d'un côté que d'autre, mais beaucoup plus devers les Impérialistes, pource que les François donnèrent sur la queue, là où ils rencontrèrent des soldats (outre ce qu'ils étoient assez affectionnés à poursuivre leur pointe) empêchés avec le bagage, et le pays fort fâcheux pour la grande abondance d'arbres et vignes qui sont en ces lieux; de sorte qu'il fut impossible à la cavalerie, là où consistoit toute la force de leur arrière-garde, de leur nuire en manière que ce soit.

Arrivé que fut le duc d'Albe devant la porte Champenoise, il commença toute la nuit ensuivant à faire dresser tranchées pour se fortifier, et en bien peu de temps fit une levée en manière d'un fort, là où il mit quelque 6 ou 8 pièces d'artillerie de campagne, distant de la porte environ 400 pas, et ne demeura guères qu'il en fit encore une autre de plus près, où il fit asseoir 5 autres grosses pièces. Et ainsi commença à tirer en fort grande diligence du côté de la porte Saint-Thibault, et, la veille de Saint-Martin, donna commencement assez froid et lâche à la batterie des défenses, tellement qu'encore la fraîche mémoire des canonnades qui furent données devant Damvilliers et Ivoy donnoit plutôt occasion de s'en moquer et gaudir qu'aucune matière d'ébahissement, pource que, l'espace de sept jours, ils ne passèrent 250 coups en sus par jour, et quelquefois beaucoup moins. Quelqu'un se pourroit par aventure émerveiller comme on laissoit ainsi les Impérialistes approcher avec leurs tranchées et artilleries, sans aucunement les endommager, vu qu'il est tout certain que Metz n'étoit pas dépourvu d'artilleries, ains qu'il y en avoit un nombre infini. Mais pource que la matière d'icelles étoit trop mal alliée et fondue, elles étoient autant faciles à rompre comme sauroit être un verre. Pourquoi M. de Guise proposa d'en faire rejeter en fonte, de sorte que, quand l'armée déplaça (a), il y en avoit jà de faites 4 pièces fort belles et grosses, qui étoit la cause par laquelle les ennemis ne pouvoient recevoir dommage aucun, ni être offensés par notre artillerie. Et ce pendant que les Impérialistes travailloient à faire battre tantôt une, tantôt une autre tour, tâchant d'abattre et ruiner les défenses, d'autre côté on ne chômoit en sorte quelconque d'élever entre la porte Champenoise et Saint-Thibault de fort bons et gros remparts, pource qu'il sembloit que ce lieu en eût beaucoup plus besoin que nul des autres; tellement que le seigneur Pierre Strosse[1], ayant mis en avant une casemate entre la porte des Allemands et Amaselle, et estimant que ce lieu fût assez suffisant pour soutenir toute rencontre qui eût pu être faite par les ennemis, l'illustrissime seigneur de Guise lui en chargea et donna commission de fortifier la porte Champenoise, par force de canonnade déjà fort endommagée; ce qui fut par le seigneur Pierre Strosse fort bien mis en exécution, avec une autant curieuse diligence et grand labeur, comme chose de telle importance le pouvoit requérir.

Le 12 de novembre, arriva au camp Albert de Brandebourg[2], lequel fit mener son artillerie dans les près qui sont entre Moselle et l'abbaye Saint-Martin[3]; et là fit dresser son camp au-dessous de ladite abbaye, éloignée de Metz environ 1500 pas. Et vous assure bien que tout homme qui n'a point eu la commodité de voir ce camp-là, il a été privé de la vue d'une des merveilleuses choses de logemens et autant bien accommodés qu'il est au

[1] Pierre Strozzi, depuis maréchal de France, mort en 1558.
[2] Après avoir fait partie de la ligue des princes allemands alliée avec le roi de France, le marquis ou margrave de Brandebourg venait de se déclarer pour Charles-Quint. Tout change ici-bas, la duplicité prussienne exceptée.
[3] A l'ouest de Metz.

(a) Se déplaça, partit.

monde possible de voir; de sorte que qui n'en eût été averti, en voyant ce camp-là, on l'eût incontinent pris pour une très-grande et belle cité. Et ayant fortifié [1] à l'entour de son camp avec tranchées et fossés profonds, en essayant et ordonnant son artillerie, partie sur une colline, moyennant laquelle ils pouvoient découvrir tous les prés qui sont entre ladite colline et la ville, et partie sur le clocher de l'abbaye, il trouva le moyen de se ranger et accommoder en sorte que son armée montroit sans comparaison beaucoup plus grande bravade que tous les deux autres camps ensemble.

Le 16° jour sortit par la porte Amaselle la compagnie du comte de la Rochefoucauld, accompagné de celle de M. de Randan avec quelque fanterie, et coururent jusques aux tentes du camp du duc d'Albe. Là un grand nombre des ennemis furent par eux pris, blessés et tués; étant toutesfois le comte de la Rochefoucauld navré en la main dextre d'une arquebusade; et là furent tués le capitaine Corné, le capitaine Casbios, le lieutenant du capitaine Fabas et un cheval-léger de la compagnie de M. de Randan, avec quelques piétons. Et ainsi ne se passoit jour qui fût qu'on n'allât à l'escarmouche en quelque façon que ce fût [2]; mais je n'ai pas délibéré les réciter toutes par le menu, pour autant qu'il ne me semble venir à propos, et aussi que ce me causeroit fâcherie fort grande, et aux lecteurs ne donneroit nul plaisir ni délectation, quand celles auxquelles n'ont été faites choses de grande conséquence, et qui ne méritent louange aucune, je voudrois coucher par écrit. Pourquoi je les passerai légèrement, m'efforçant de tout mon pouvoir et tâchant de n'omettre chose aucune, laquelle puisse mériter d'être racontée et digne de mémoire à l'avenir.

[1] Fait des fortifications.
[2] En 1870, on s'épargna cette guerre quotidienne, dans laquelle l'assaillant souffre beaucoup.

Quand ce vint au 19ᵉ jour, une partie de la compagnie du prince de la Roche-sur-Yon, conduite de son lieutenant, partit par le pont des Mores, là où ceux de cette compagnie se portèrent fort vaillamment, et prirent le maître de l'artillerie du marquis Albert, et beaucoup d'autres furent par eux blessés et détenus sans que pour cela ils fussent grandement grevés ni intéressés ; et en cette faction se trouva toute la cavalerie du marquis, quand la compagnie du prince se retira courageusement sans avoir perdu le moindre soldat qui fût. En ces entrefaites, le capitaine Lafaie, lieutenant du comte de la Rochefoucault (auquel s'étoit joint l'enseigne de M. de Randan, avec un soldat ou deux de sa compagnie), arriva au pont, et connoissant que les ennemis faisoient semblant de s'en vouloir retourner, commença à se faire voir en ordre et délibéré de leur vouloir faire une charge ; ce que connoissant partie des ennemis, fit tête et venoit de grand galop encontre la compagnie du comte, sachant bien qu'ils devoient attendre le choc. Et n'étoient pas attendu des autres avec moindre courage qu'ils étoient animés de donner dedans ladite compagnie, laquelle fort bravement s'acheminoit encontre les ennemis ; et ne voulant, l'une partie ni l'autre, cailler (a) ni plier en manière aucune, se mirent en la mêlée, s'assemblant d'un côté et d'autre ; se trouvèrent blessés des deux parts, mais beaucoup plus de celle des Impérialistes, pource que leur cavalerie étoit armée un peu trop à la légère ; qui causa que de notre partie ne s'en trouva nuls de morts ni blessés, fors l'enseigne de M. de Randan, lequel ayant reçu une arquebusade au bras droit, fut contraint en peu de jours de rendre l'esprit. Vous assurant que les nôtres soutinrent la plus brave rencontre et gaillarde charge qui fut donnée tant que le siége dura.

Le jour d'après l'empereur arriva, à la venue duquel

(a) Cagner, reculer.

il se fit une grandissime salve d'arquebuses et d'artilleries ; le bruit desquelles fut cause de faire mettre toute la ville en armes.

Le 23ᵉ jour, le seigneur Pierre Strosse, ayant envie de remarquer et savoir l'assiette des tranchées, sortit hors de la porte Champenoise avec petit nombre de soldats, et en cet instant la compagnie de M. de Randan se rendit dans le fossé, là où elle se tint en embûche jusques à ce qu'elle fût du seigneur Pierre appelée, laquelle, au signe qu'ils s'étoient entredonné, sortit dehors par un chemin à la couverte, au devant de la tour d'Enfer, et courut jusques sur les tranchées ; chose de laquelle ne se doutoient nullement les ennemis, lesquels n'eurent pas plus tôt les chevaux découvert, que craignant de plus grande suite, se mirent à tourner le dos, n'ayant le cœur ni la hardiesse de montrer le front en sorte quelconque. Cependant ils donnèrent assez bon loisir au seigneur Pierre Strosse de reconnoître ce qu'il avoit en fantaisie. Et s'en retourna la compagnie, ayant mis en fuite et occis aucuns des ennemis, sans être nullement empirée ni endommagée, excepté une arquebusade que reçut le cheval de M. de Randan.

La nuit suivante vinrent à planter gabions devant la courtine de la porte Champenoise et la tour d'Enfer, et là vont poser artillerie, loin du fossé environ 50 pas ; et ayant les jours passés battu toutes les défenses, commencèrent, sans qu'on leur donnât grand empêchement, à canonner avec 50 pièces ou environ ; en ajoutant, la nuit d'après, tout ce qui leur restoit d'artillerie, donnèrent commencement à la plus merveilleuse et épouvantable batterie qui fût jamais par aventure ouïe. Mais deux ou trois jours devant qu'elle commençât, considérant M. de Guise qu'ils s'étoient retirés de leur première entreprise de battre entre la porte Champenoise et Saint-Thibault, connut tout incontinent, à leur manière de procéder et façon de faire, qu'ils vouloient donner entre la porte Champenoise et la tour d'Enfer, encore que cela n'eût rien qui soit de vraisemblable, étant ladite courtine la plus droite et de meilleur flanc, et environnée de fausses braies qui pouvoient avoir en largeur environ 250 pas, et de hauteur ne pouvant quasi être échellée; et, outre ce, soutenue d'une fort belle et grande plate-forme qui étoit sur le canton (*a*) de la tour d'Enfer. Toutes ces raisons ainsi manifestes, personne n'eût jamais su imaginer que l'artillerie dût être menée au devant d'un tel lieu et si fort, pour le battre, pource que l'on n'avoit point abattu les maisons qui étoient en ce lieu là, lesquelles étoient tant contiguës de la muraille, qu'à grand'peine y avoit-il espace pour donner chemin à une charrette, ce qui étoit à dire vrai fort dangereux. Mais on connut incontinent, par plusieurs signes de l'ennemi (qui est le vrai maître pour apprendre à ceux qui sont assiégés de prendre garde à leur fait), que c'étoit le lieu lequel requéroit d'être avec grande diligence remparé. Laquelle chose ne fut pas sitôt connue qu'on commença de la mettre en exécution avec si grande vitesse qu'en l'espace de cinq jours la plus grande partie des maisons fut ruinée et démolie, avec ce qu'un gros rempart de la hauteur d'un homme fut fait tout de terre et de fiens (*b*).

Le 26ᵉ jour, la muraille vint à tomber tout à fleur de terre du fossé, si justement qu'elle sembloit avoir été taillée au burin, de sorte qu'elle laissa ouverture la longueur de 90 pas tout à la fois; mais le rempart, lequel pour la chute de la muraille se présenta à la vue des ennemis, leur donna, comme je crois, autant ou plus de fâcherie comme ils avoient reçu de plaisir à voir ruiner la muraille. Et ne laissa-t-on point (encore que ledit rempart fût de hauteur assez convenable et suffisante) qu'on y travaillât et nuit et jour, autant bien les femmes comme les hommes de la ville et soldats, et en somme toute personne laquelle se trouvoit à l'endroit.

(*a*) Côté, angle, coin. — (*b*) Fumiers.

Et qui est encore beaucoup plus admirable, les filles, qui étoient encore bien jeunes, et les femmes, lesquelles apercevoient continuellement les pièces de muraille, qui étoient frappées d'artillerie, volant en l'air, bien souvent au cheoir (a) tuer maintenant l'un tantôt l'autre, non-seulement n'en recevoir nul ébahissement (b), mais, comme de chose de petit moment, s'en rire l'une avec l'autre, tant elles étoient accoutumées à l'épouvantable bruit, lequel par l'espace de sept jours ne prit jamais cesse, s'il n'étoit par la nuit empêché.

Après donc que fut tombée la muraille, et pensant bien les ennemis que, quand ils se résoudroient de battre un tel lieu, qu'il n'y avoit aucun rempart, l'apercevant, puis après l'ayant sondé avec soudaines canonnades, le trouvant bien ferme et très-fort, se vont imaginer qu'il étoit impossible si grande multitude de maisons avoir pu être ruinées sans que Dieu ou le diable y eussent mis la main, et à fabriquer en si peu de temps un si gros et merveilleux bastion comme étoit celui-là, contre lequel, ayant tiré si grande quantité de canonnades, ils n'avoient eu le pouvoir de l'empirer en quelqu'endroit que ce fût. Pourquoi connoissant apertement qu'il ne leur restoit plus aucun moyen de donner quelque bon autre commencement à la batterie, se délibérèrent de prendre la tour d'Enfer, pour envoyer bas le flanc, lequel leur ôtoit de ce côté-là toute commodité de pouvoir canonner, et puis, moyennant force mines, se faire chemin assez spacieux, ample et convenable.

Ladite tour étoit grande, fort grosse et de très-bonne muraille, et étoit faite à deux voûtes, dont la première n'outrepassoit point de beaucoup le fond du fossé, et la seconde se pouvoit étendre jusqu'à l'endroit du plan de la braie [1]. Or, les ennemis s'étoient accotés et mis

[1] Muraille servant de retranchement.

(a) En tombant. — (b) Nulle crainte.

au-dessous de ladite tour, jusque sur le fossé, avec quatre doubles canons, commençant à battre un peu dessus de la première voûte. Ce que voyant M. de Guise, ne faillit de faire remplir de la première voûte en sus avec force fiens et terre, et l'on va commencer au fond à contreminer, là où on ne fut pas beaucoup allé avant que l'eau se va trouver, qui fut cause qu'on rejeta la plus grande partie du soupçon et crainte qu'on avoit reçue à l'occasion des mines des ennemis. Mais si est, ce que pour tout cela, on ne cessa d'y besogner incessamment, et nuit et jour. Et ce pendant, poursuivant les impérialistes ennemis leur batterie, avoient déjà abattu la plupart de la sommité des murailles, en y faisant si grande brèche, que petit à petit toute la terre tomboit dans le fossé, et ainsi entre les ruines de la muraille et de la terre, laquelle, sans cesse en s'affrisant, s'en alloit au fond, s'étoit fait, depuis le pied de la tour jusques à la première voûte, un monceau de terre si gros, qu'il n'y avoit plus moyen de battre sous ladite première voûte. Voyant M. de Guise qu'on ne pouvoit plus retenir la terre dans le tourion (a), avec force balles de laine mouillée le fait revêtir, qui fut cause de faire demeurer la terre. Cependant les mines des ennemis vinrent à se rompre, et ne leur put rien venir à propos selon ce qu'ils avoient déjà présupposé. Et voilà tout ce que purent les ennemis touchant les mines et batteries.

Le 1er de décembre sortit hors le pont des Mores et le pont Yfroy une grande multitude d'hommes d'armes, desquels fut élu en chef M. de la Brosse, et firent une course jusques au camp du marquis, en rompant un grand bataillon de cavalerie, puis un autre de piétons, lesquels étant succombés, leur convint endurer qu'avec les chevaux on leur passât sur le ventre; et en demeura, tant de navrés comme d'occis assez bonne quantité, avec

(a) Grosse tour.

ce qu'on en détint beaucoup de prisonniers, sans qu'ils reçussent aucune perte ni qu'ils fussent en rien endommagés, sinon M. de Fonterolle et M. de Rocofeuil, lequel étant grièvement blessé expira bien peu de temps après. Et fait-on compte qu'il fut tué de nos ennemis jusques au nombre de deux cents.

Le jour ensuivant, s'étant rangées en batailles plusieurs enseignes du duc d'Albe, on conjectura incontinent qu'ils fussent en délibération de vouloir éprouver (a) un assaut. Pour quoi, sans faire aucun bruit, les soldats commencèrent tous à se mettre en armes, et, avec un très bon ordre rangés, se vont présenter à la bataille, là où fut mis (pource que cela fut de lui avec une grande instance requis), tout au milieu de la batterie, M. de Montmorency, environné d'une belle compagnie de gentilshommes; et conséquemment et par rang étoient ordonnés les autres soldats, tous armés à blanc (b), bravement équipés et si bien rangés que vous eussiez estimé le lieu auquel ils étoient n'avoir aucune semblance de rempart, lequel un peu auparavant avoit été bâti de terre, ains une très-belle et reluisante montagne de fer. Et n'y eut jamais personne qui, par l'espace de quatre grosses heures, montrât semblant qui soit de se remuer ou bouger du lieu lequel lui avoit été premièrement ordonné. Et après qu'on eut aperçu les soldats du duc d'Albe se retirer en leurs quartiers, semblablement aussi M. de Guise fit faire commandement aux siens d'eux retirer, faisant entendre à M. le Vidame (lequel étoit hors de la batterie, commis pour la défense des fausses braies) qu'il s'en pouvoit retourner quand bon lui sembleroit.

Le 26° jour susdit, il prit envie à M. de Randan de sortir hors de la porte Amaselle et courir une lance par chevalerie contre le lieutenant du général impérialiste, où il advint que l'honneur demeura à M. de Randan,

---

(a) Tenter. — (b) Leurs armures fourbies à blanc, éclatantes.

parce qu'il passa vigoureusement le bras droit au lieutenant avec le fer de sa lance.

Le 28ᵉ jour, nouvelles vinrent à M. de Guise comme il y avoit en embûche, hors la porte Amaselle, sur les vignes, un corps de garde environ de 100 chevaux, tant d'Espaignols comme d'Allemands. Ce qu'ayant entendu S. E., fit sortir toute la cavalerie et adrécer (*a*) par certains bas chemins, tant qu'ils parvinrent jusques à l'embuscade desdits Espaignols et Allemands. Si est ce toutesfois qu'ils ne purent si bien marcher à couvert que les ennemis ne s'en aperçurent en les découvrant. Mais, pour tout cela, ils ne purent pas éviter qu'il n'en demeurât de pris et blessés une bien grande partie. Et celle fut la dernière faction mise en effet qui soit digne d'être rédigée par écrit; non que pour cela je veuille donner à entendre que durant le siége on ne fit journellement des saillies et courses les uns sur les autres; mais je les ai laissées pour me sembler chose de petite importance. En ce temps-là, les Impérialistes (ou fût (*b*) pour ne leur rester nulle espérance de pouvoir prendre la ville d'assaut, ou autrement, ou la grande nécessité de vivres à laquelle ils étoient réduits, ou bien les extrêmes froidures qui survinrent en ce mois-là très-cruelles et violentes) commencèrent à retirer leur artillerie; et aussi, par tout le mois de décembre, le duc d'Albe fit passer son camp par le pont-à-moulin, sur la rivière de Moselle. De l'autre part, le camp du seigneur de Barbançon, par un même jour, abandonna les logis; et pour n'avoir la commodité de pouvoir trousser et porter tous leurs bagages, brûla grande quantité de poudre, en laissant un nombre infini de boulets. Et fut trouvé au lieu, là où avoit campé le duc d'Albe, grande multitude de malades, lesquels, à cause du grand mésaise qu'ils avoient enduré, n'avoient eu le pouvoir de déplacer avec les autres ni suivre le camp. Pour quoi

---

(*a*) Mettre en ordre, disposer. — (*b*) Soit.

leur furent portés vivres par le commandement de
M. de Guise, pour aucunement les soulager et substanter, et fit crier à cri public qu'il n'y eût soldat qui
ôsat entreprendre de nullement les molester ni faire
aucun déplaisir; acte certainement digne d'être fait par
un tel prince, lequel, usant d'une si grande clémence
envers les ennemis, donna fort bien à connoître que
d'autant plus étoit-il humain envers eux comme ils
avoient été cruels et pleins de vilenie, non-seulement à
l'endroit de ses soldats, mais aussi contre son frère
même [1], à l'heure qu'il avoit été rompu, un peu auparavant, à Saint-Nicolas, par le marquis Albert de Brandebourg.

Le 8° jour furent menées en une île, laquelle est environnée de la Moselle, à l'endroit et tout auprès de
l'abbaye Saint-Martin, quatre pièces de grosse artillerie pour contraindre le marquis à quitter la place et
déloger, en battant (a) ce jour-là le camp et l'abbaye
susdite d'une si brave sorte, qu'ils furent menés jusqu'à
être contraints de déplacer, avec la grande confusion de
lui, perte et occision des siens, lesquels étoient logés
dans l'abbaye.

Le 9° jour, sortirent grandes compagnies pour donner
sur la queue (b) du camp du marquis. Mais il fut impossible pour ce qu'ils vinrent à rencontrer environ
4000 chevaux et grande fanterie espagnole, laquelle
avoit été délaissée par le duc pour faire escorte à l'arrière-garde. Ce que voyant, laissèrent leur entreprise,
s'en retournant le petit pas dedans la ville. Incontinent
que les trois camps furent délogés, M. de Guise partit
pour revisiter les lieux abandonnés par les Impérialistes, à leur grande perte et honte ignominieuse, auxquels étant parvenu, trouva grand nombre de tentes et

[1] Le duc d'Aumale, qui avait été battu et pris par le marquis de
Brandebourg.

(a) Canonnant. — (b) L'arrière-garde.

pavillons qui n'étoient pas moindres en beauté comme ils étoient excellents en richesse ; et furent délaissés par la grande incommodité qu'ils avoient de trousser bagage. Vous avertissant que là furent trouvées tant de loges et casats fabriqués de terre, paille et bois, que c'étoit une chose merveilleuse et quasi impossible à croire, qu'un si grand nombre de gens se fût amassé et campé à l'entour de cette ville, dont la multitude eût été suffisante pour remplir et habiter une si grande quantité de loges par eux faites et bâties. Et ne se doit-on pas moins étonner de quelle pitié et horreur étoient touchés les cœurs de ceux qui venoient à contempler l'infinité des morts qui furent trouvés à l'entour de la ville, lesquels là, comme opinion est, avoir surpassé le nombre de vingt mille. Voyant M. de Guise toutes les choses être réduites en état ferme et sûr, et que les armées impériales se commençoient à rompre et à s'écarter, il proposa de tirer à la cour. Ce ne fut pas toutesfois, avant que partir, sans faire mener processions par toute la ville et porter le Saint-Sacrement avec une fort grande dévotion et solennité. Et fit le 24º jour faire les montres générales, tant de la fanterie comme de la cavalerie, pour salarier les soldats. Puis se partit Son Excellence le 26º jour, disposant premièrement de toutes choses avec le meilleur ordre qu'il lui sembloit à icelles séant et convenable ; ne pouvant d'autre chose acertener ni écrire plus outre, pource que ma départie fut le 27 du mois. Et ici faisant fin, je prierai Dieu que, tout ainsi qu'il a donné à ces choses bon et heureux commencement, qu'il veuille permettre aussi ne s'en ensuive autre que prospère et meilleure fin.

Il faut noter que, durant ce siége, sont morts environ 500 hommes de guerre françois, comprenant toutes les factions qui ont été faites. Et peuvent avoir tiré les ennemis contre la ville 15,000 canonnades.

PRISE DE CALAIS.

1558.

COMMENTAIRES DE FRANÇOIS DE RABUTIN.

François de Rabutin, mort en 1582, appartenait à la grande famille de ce nom. Il a écrit une histoire bien faite, intitulée *Commentaires des guerres entre Henri II et Charles-Quint*, et publiée en 1555.

Donc, pour conduire ce fait[1] plus couvertement et pour en ôter toute connoissance et suspicion aux ennemis, fut donnée une partie de cette armée à M. de Nevers, comme 18 ou 20 enseignes de Suisses et autant d'Allemands, et 12 ou 15 de François, et 5 ou 600 hommes d'armes, et quelque nombre d'artillerie, pour mener en Champagne, faisant courir le bruit que c'étoit pour aller prendre Luxembourg et Arlon; et M. de Guise, avec l'autre partie, demeuroit en Picardie, tant pour empêcher l'ennemi d'avitailler Saint-Quentin[2] que pour tenir en assurance les places de la frontière, comme il fit pendant que M. de Nevers s'acheminoit en son voyage, pendant aussi que de nouveau l'on reconnoissoit les moyens et avenues pour donner bonne issue au fait de Calais, et que l'on considéroit s'il y seroit point intervenu quelque obstacle et empêchement, et quels soldats et garnisons étoient dedans. Les ennemis étant avertis du département de M. de Nevers, et sachant le duché de Luxembourg dégarni de gens de guerre, avec ce qu'il n'étoit pas fort, et en la plupart enclos de villes et garnisons françoises, départirent quant et quant un secours de gens et munitions pour y envoyer en toute diligence.

[1] Le projet de reprendre Calais.
[2] Que les Espagnols venaient de prendre, après avoir gagné une grande bataille sur le connétable de Montmorency.

Etant M. de Nevers arrivé à Varennes et à Clermont en Argonne, et à l'entour de Stenay, après y avoir fait temporiser pour quelques jours sa petite armée, voyant qu'il ne se rencontroit rien de soudaine prise, selon qu'il avoit été ordonné, renvoya ses forces de par deçà devers M. de Guise, lequel s'étoit déjà avancé vers Amiens, feignant vouloir avitailler le château de Dourlan[1], et lequel ayant entendu nouvelles du bref retour des forces de M. de Nevers, passa encore plus outre, sous ombre d'aller pareillement munir et renforcer Ardres et Boulogne, retenant en cette sorte l'ennemi en doute de ce qu'il vouloit attenter tout à un coup. Après qu'à grandes journées les troupes de M. de Nevers furent arrivées et rejointes à M. de Guise, ce prince ayant tout son appareil prêt suivant sa très-grande promptitude, le premier jour de janvier se présenta devant le fort Nieulay, où d'arrivée trouvant un petit fort palissé et relevé de terre, que les Anglois avoient bâti à Sainte-Agathe, petit village proche et sur le commencement de la chaussée qui va au pont de Nieulay, le fit assaillir par 2 ou 3000 arquebusiers élus, soutenus de 25 ou 30 chevaux, avec telle furie et hardiesse, qu'ayant remis et rechassé une enseigne de ceux qui le gardoient, sortie à l'escarmouche à la faveur du canon et du marais, accompagnée et couverte de 60 ou 80 chevaux, finalement les contraignirent l'abandonner et se retirer au grand fort de Nieulay : ce qui donna, pour le premier bond, grand étonnement aux Anglois, car je crois qu'ils ne se cuidoient pour l'heure être si près d'être assiégés, et ne jugeoient les forces des François si grandes et si voisines ; et, au contraire cette première victoire augmenta le courage aux nôtres, et grand espoir de venir au-dessus du principal, quand ils virent les ennemis de première lutte ne les avoir pu soutenir.

Tout sur l'heure, encore qu'il fut déjà tard, M. de

---

[1] Doullens.

Guise et M. de Termes reconnurent le fort de Nieulay, et à l'instant furent commencées les approches et tranchées, et l'artillerie amenée et logée en diligence pour commencer, dès que le jour poindroit, à le battre. Et pource que tout le fruit de l'effet requéroit une très-grande promptitude, afin de rendre les assiégés entièrement étonnés, et sans loisir de s'assurer et reconnoître, et hors d'espoir de pouvoir être secourus, de même train ce prince avoit fait marcher une partie de son armée et artillerie à main gauche, le long des dunes, pour les occuper, et pour se présenter et gagner un autre fort qui est à la pointe desdites dunes, appelé Risban, lequel commande et tient sujet tout le port et empêche qu'il n'y peut aborder aucun vaisseau ennemi. Ainsi il étoit nécessaire, pour obtenir après la ville de Calais, se saisir tout à coup de ces deux extrémités et forts (l'un desquels, qui est celui de Nieulay, garde et défend toutes les chaussées et avenues par terre, étant celtes parties marécageuses) afin de retrancher ce passage aux Flamands de la pouvoir secourir; et de l'autre, qui est Risban, pour aussi ne laisser prendre terre et port au secours qui leur pouvoit être envoyé d'Angleterre, n'étant ce port de Calais distant du premier port d'Angleterre, qui se nomme Douvres, que 30,000 pas. Parquoi ayant M. de Guise, toute la nuit, avec M. d'Aumale, son frère, le maréchal Strozzi, les sieurs de Termes, d'Estrées, grand maître de l'artillerie, de Tavannes, d'Andelot et de Sénarpont, revisité et reconnu ces dunes, approchèrent encore de plus près ce fort de Risban. Et tout à l'instant, la mer étant basse, fit conduire le jeune Alègre et un autre gentilhomme, par le sieur de Randan, en un endroit du port où il avoit su y avoir un passage, pour le sonder, comme il fut fait et trouvé : sur le champ fut résolu, avec tous les capitaines, de battre et assaillir ces deux forts ensemble. En quoi M. d'Estrées se rendit si soigneux, et fit de telle assiduité travailler et vastadours (a) et canonniers, que le lendemain, quatrième de ce mois, son artillerie se trouva trois heures devant le jour prête et braquée en tous ces deux endroits, et, dès que le jour apparut, en même temps commença à tonner et foudroyer d'une part et d'autre; ce qui épouvanta tellement les assiégés, que ceux du port de Nieulay, à la première ou seconde volée, quittèrent la place et à la hâte se retirèrent dans la ville de Calais. L'on a voulu dire depuis qu'ainsi leur avoit été mandé, pource que la ville étoit mal fournie d'hommes. Et s'étant M. de Guise en cette sorte ouvert cette première entrée et avenue, fit incontinent entrer et loger les François là-dedans, où il trouva force artillerie, poudres et munitions : en après, pour fermer le pas à tout secours qui pouvoit venir par terre dans la ville, fit passer et loger entre la ville et le marais, derrière les chaussées, 20 enseignes de fanterie françoise, et les Allemands du Rhingrave avec 800 reîtres, et 2 ou 300 hommes d'armes, sous la conduite du prince de la Roche-sur-Yon, laissant au surplus M. de Termes avec autres compagnies de cavalerie (b) et gendarmerie, et les Suisses, sur l'avenue de Guines aux dunes, où ce prince avec le demeurant de l'armée alla camper. Une heure ou deux après la prise du fort de Nieulay, ceux qui étoient dans celui de Risban se rendirent à la discrétion de M. de Guise, duquel ils furent traités humainement ; et demeura ainsi ce prince saisi et emparé en un même jour des deux principales places qui lui étoient très-importantes et nécessaires pour jouir de sa pleine et ample victoire. Parquoi, tenant et poursuivant de près cette heureuse occasion que la favorable fortune lui présentoit, le mardi ensuivant, quatrième de ce mois, fit amener et loger six canons et trois longues couleuvrines devant la porte à l'eau, pour rompre les flancs et défenses, et fit là remuer terre et

(a) Ravageurs. — (b) Troupes plus légères que les gens d'armes.

relever terre-pleins et gabionnades, comme s'il eût voulu en cet endroit dresser sa principale batterie : ayant avec plusieurs vollées de canon désarmé cette porte, et ouvert et fracassé en cet endroit quelques tours qui pouvoient nuire aux assaillans d'aller à brèche qu'il délibéroit entamer, tenoit ainsi les assiégés en opinion que ce seroit cette part qu'ils se devroient le mieux défendre, sans se douter du château, qui étoit creux et à sec, et sans aucuns remparts, où tout à un coup l'on dressa 15 autres canons en batterie, chargeant et déchargeant tout le jour cette tempête d'artillerie, de si émerveillable furie, que sur le soir la brèche se fit fort large et apparente.

A l'heure même, avant que la nuit fut venue, M. de Guise fit passer M. d'Andelot, avec 12 ou 1500 arquebusiers et corselets (a), et une infinité de gentilshommes, pour aller investir et se fortifier au long du quai et l'étendue du port qui étoit encore entre les dunes et la ville, et pour auquel lieu aller, falloit passer quelque peu d'eau; lui ordonnant en outre que, sitôt qu'il s'en seroit rendu maître, il fit besongner chacun à creuser une tranchée et traverse avec des outils qu'il fit lors bailler à tous les soldats, qui traversât et allât répondre à la douve (b) et muraille du fossé en cet endroit, que l'on feroit rompre en après, par où s'écouleroit l'eau du fossé dans le port, et par où aussi l'on pourroit aller à couvert depuis ledit port jusques esdits fossés.

Sur ce propos faut-il aussi que je die que de si longue main avoit été pourvu aux artifices et choses nécessaires pour ce siége, qu'expressément pour passer les hommes et autres munitions sur les glaces et lieux marécageux, l'on avoit fait porter par mer grande quantité de claies (c) poissées, afin que l'eau ne pût mordre

---

(a) Piquiers portant une cuirasse légère. — (b) Paroi. — (c) Assemblage de branches entrelacées qu'on jette sur la boue d'un fossé récemment saigné, afin de pouvoir le passer sans enfoncer.

et les transpercer et corrompre. Et pour couvrir les arquebusiers, à cause que le sable et la grève étoit découverte et en vue, l'on avoit fait amener pareillement grand nombre de pierris (a) et pallis (b) de bois très-sec, pour être plus forts et légers, de la hauteur d'un homme, et de l'épaisseur de demi-pied, couverts au dehors de trois ou quatre doigts de papier collé l'un sur l'autre, chose que l'arquebusade ne peut fausser (c) aisément, lesquels avoient par le bas un appui au bout duquel était une pointe de fer, longue d'environ un pied et demi, bien acérée, pour le planter, afin qu'il entrât plus facilement en terre, quelque dure qu'elle fût. Et derrière iceux pallis, les arquebusiers pouvoient tirer plus assurément par une petite lumière qui étoit au milieu. Voyant M. de Guise que la brèche s'ouvroit fort, et pouvoit être raisonnable dans deux ou trois vollées de canon, se délibéra au plus tôt d'y faire donner l'assaut. Cependant, pour tenir toujours les ennemis en alarme et les empêcher de s'y remparer, fit passer, sur les huit heures du soir, après la retraite de la mer, le sieur de Grandmont avec 2 ou 300 arquebusiers des plus assurés et justes, pour aller reconnoître la contenance des assiégés, et pour avec force arquebusades déloger ceux qui s'y présenteroient et montreroient le nez. Et de même suite le maréchal Strozzi avec autres 2 ou 300 arquebusiers conduits par le capitaine Sarlaboz, et 100 ou 200 pionniers, alla gagner l'autre bout du port pour s'y loger en des petites maisonnettes qui y étoient, et là se fortifiant avec une tranchée, y demeurer du tout supérieur et commander à tout ce port. Toutes fois les boulets y pleuvoient si épaissement, qu'après y avoir été tué 20 ou 25, que soldats que pionniers, furent contraints s'en retirer et se rendre vers M. de Guise, lequel n'en étoit loin, s'étant déjà avancé et passé près du port

---

(a) Pierrée, construction faite avec des caisses remplies de cailloux. — (b) Pieux. — (c) Enfoncer en traversant.

avec MM. d'Aumale et marquis d'Elbeuf ses frères, et MM. de Montmorency et de Bouillon, suivis de plusieurs gentilshommes. Sur ces entrefaites, ayant ce prince fait reconnoître la brèche par deux ou trois fois, tant par le seigneur Brancas que par autres, et étant averti qu'il étoit temps et qu'elle se trouvoit prête à être assaillie, sans attendre plus longuement fait donner le signal et fait avancer le seigneur de Grandmont des premiers avec ses arquebusiers, soutenus d'autant de corselets conduits par le maréchal Strozzi, suivis encore d'autres 2 ou 300 soldats. Et lui, d'un autre côté, ayant passé dans l'eau jusqu'à la ceinture, se mit le premier devant toutes les autres troupes jusques au pied de la brèche, laquelle les François assaillirent de première furie de si grande hardiesse et impétuosité, qu'après avoir taillé en pièces ceux qu'ils rencontrèrent des premiers, contraignirent en peu d'heure le surplus leur quitter la place de ce château, et les chassèrent et rembarrèrent dans la ville. Ainsi les nôtres à vives forces s'avantagèrent de ce passage et première entrée dans Calais, où M. Guise leur commanda se fortifier et ne s'en laisser débouter pour le surplus de la nuit, leur laissant pour chefs et conducteurs MM. d'Aumale et d'Elbeuf ses frères; et lui, pour ce que la mer s'enfloit, repassa de l'autre part en l'armée, afin de leur renvoyer secours incontinent qu'il seroit jour; et afin qu'il n'y advînt désordre.

Quand les Anglois se furent un peu reconnus et eurent repris leurs sens, se repentant de la grande faute qu'ils avoient faite d'avoir abandonné si soudainement ce château, par où ils voyoient l'ouverture aux François dans leur ville, ils retournèrent avec une plus grande hardiesse que celle de l'assaut, pour recouvrer ce château, jugeant que ceux qui seroient là-dedans ne pourroient soutenir longuement et ne seroient secourus, à cause que la mer étoit haute et enflée. Pourtant la tête baissée vinrent à r'assaillir les nôtres, où il y eut fort âpre et obstiné combat; mais ils y trouvèrent si grande et rebelle résistance, que finalement ils en furent aussi reculés qu'auparavant. Ce nonobstant, demeurant opiniâtres à regagner leur château, amenèrent 2 ou 3 pièces d'artillerie sur l'autre bout du pont devers la ville, pour enfoncer la porte et en chasser ceux qui s'y mettroient en défense ; et d'une plate-forme, qui étoit sur l'un des coins de la grande place, faisant tirer en plomb (a) là-dedans infinies canonnades, leur sembloit qu'homme du monde ne s'oseroit y montrer, rechargèrent et redoublèrent un autre assaut, encore plus furieux que le premier, où s'il fut bien assailli, encore mieux défendu ; car, les ayant repoussés vivement, et y étant demeurés sur le champ morts ou blessés plus de 2 ou 300 de leurs plus braves hommes, malgré eux et à leur nez, les nôtres fermèrent les portes, et tout soudain les remparèrent par derrière. Dont après, tout courage et espoir défaillirent aux Anglois, tellement qu'ils avisèrent dès lors plutôt à parlementer et traiter de quelque composition gracieuse et honnête, que de cuider davantage résister et l'obtenir par force.

Parquoi le lendemain au matin le milord Dunfort[1], qui en étoit gouverneur, envoya devers M. de Guise deux des principaux de la ville, qui demandèrent fort grosses et avantageuses conditions ; toutesfois finalement ils se rangèrent et reçurent les capitulations et articles qui s'ensuivent : Qu'ils auroient la vie sauve, sans qu'aux personnes des hommes, femmes, filles et enfans, il fut fait force ni aucun déplaisir : se retireroient les habitans de la dite ville la part que bon leur sembleroit, fût en Angleterre ou en Flandre, avec leurs passe-ports et saufs-conduits nécessaires pour leur sureté et passages : demeurant ledit milord Dunfort avec autres 50 personnes prisonniers de guerre, tels que M. de Guise

---

[1] Lord Wentworth.

(a) A mitrailles ou à balles.

voudroit choisir : et quant aux autres soldats et gens de guerre seroient tenus passer en Angleterre. Laisseroient l'artillerie, poudres, boulets, armes, enseignes et généralement toutes munitions tant de guerre que de vivres, en ladite ville, sans en rompre, brûler, cacher ni endommager aucune chose. Quant à l'or et l'argent monnoyé ou non monnoyé, biens, meubles, marchandises et chevaux, le tout demeureroit en la discrétion de mondit sieur de Guise, pour en disposer ainsi que bon lui sembleroit. Toutes lesquelles choses étant transigées et accordées le huitième de ce mois de janvier, ce prince commença à faire sortir et mettre hors la ville une grande partie de ce peuple ; et le lendemain le reste suivit ainsi qu'il leur avoit été promis, tous, sans leur être fait aucun tort ni destourbier (a), n'y demeurant un seul Anglois, mais bien une incroyable quantité de poudres, artillerie, munitions, laines et vivres, qui ont été réservés et retenus, et le surplus fut donné en proie aux soldats.

En cette sorte, en moins de six ou sept jours fut reconquise toute la forteresse de la ville de Calais, que l'on estimoit pour le présent comme imprenable, devant laquelle, ainsi que le témoignent les *Chroniques de France*, régnant Philippe VI, dit de Valois, et en Angleterre Edouard III, l'armée angloise tint le siége l'espace d'un an entier. Finalement, étant les assiégés réduits à telle nécessité et famine que de manger les rats et les cuirs de bœuf, étant dedans capitaine et chef un vaillant chevalier nommé messire Jean de Vienne, leur fut rendue le troisième d'août en l'an 1347. Et de laquelle ville iceux Anglois ont joui depuis le terme de 210 ans ; tellement que maintenant l'on peut dire qu'en ayant été par eux dépossédé un Philippe roy de France, étant un Philippe[1]

[1] Marie Tudor, reine d'Angleterre, avait épousé Philippe II, roi d'Espagne.

a) Empêchement.

roi d'Angleterre, elle a été réduite et remise ès-mains de son vrai et naturel seigneur. Ainsi les faits émerveillables de l'Omnipotent, surpassent toutes les puissances et préméditations des hommes, quelque grands qu'ils puissent être. Il ne faut douter que, lorsque les Anglois l'usurpèrent, elle ne fut de beaucoup moins forte qu'elle n'est pour le jourd'hui; car adonc (a), je pense, et comme encore l'on le peut voir, elle étoit seulement fermée et close de murailles de pierre, avec force tours rondes, proches les unes des autres, percées pour tirer flèches et tous autres coups de traits sans feu, à la vieille mode, sans aucuns remparts, ni autres artifices et fortifications inventées contre l'émerveillable tempête de l'artillerie dont à présent l'on bat les forteresses. Mais, en l'état où elle est maintenant, est jugée l'une des plus belles et fortes villes de guerre de l'Europe, d'autant qu'outre ce que naturellement elle est située en lieu inaccessible, pour être environnée des trois parts de rivière, ruisseaux et marécages, et de l'autre flanquée de la mer, avec un fort grand et spacieux port, sans être en rien sujette ni commandée, artificiellement ils lui ont donné une forme plus carrée qu'autrement, revêtue par le dehors de remparts fort larges et massifs et bien conroyés (b); ayant aux trois coins devers les marais trois gros boulevarts en pointe et triangulaires (c), bien flanqués et armés, pour couvrir les courtines (d); et à l'autre carré, devers les dunes est le château, par lequel, pour n'en avoir été connue, ou pour n'avoir remédié à l'imperfection, est advenue cette dernière prise. Outre plus, cette ville est en tout environnée de fossés larges et fort creux, à fond de cuve (e); toujours pleins d'eau, à cause qu'il y a une petite rivière qui vient devers Hames, laquelle passant à travers la ville les

---

(a) Alors. — (b) Arrangés, préparés. — (c) Bastions. — (d) Partie de rempart entre deux bastions. — (e) *Fossé à fond de cuve*, qui n'a point de talus.

abreuve et remplit; aussi que tous les autres petits ruisseaux qui ressourdent dans ces marais, y tombent et s'y écoulent la plupart. Mais ce qui est encore plus à louer en une ville de guerre, il y a une des plus belles places publiques qu'il est possible, en laquelle pour le moins l'on mettra en bataille de 4 à 5000 hommes. Pour conclure, je crois que cette ville est accomplie de la meilleure part des perfections requises en une forteresse inexpugnable; et si le profit et le grand revenu du port l'améliore encore davantage, pour être l'un des principaux et plus renommés de la mer Océane, auquel sont apportées de toutes les parties du monde infinies et inestimables richesses de toutes sortes de marchandises, et de là aussi en après départies et distribuées en divers pays et régions; duquel trafic et commerce revient journellement grand denier et émolument....

Pendant que l'on combattoit cette ville, le tonnerre et bruit de l'artillerie étant entendu d'Angleterre, ou bien étant avertis de ce siége, furent armés force navires, et remplis de soldats et toutes munitions pour y envoyer secours. Mais quand ils approchèrent, et qu'ils connurent les enseignes et croix blanches [1] plantées et venteler déjà sur la tour de Risban et les murailles de la ville, sans approcher davantage, s'en retournèrent pour reporter avertissement de cette mauvaise aventure en leur pays.

---

[1] Les drapeaux français avaient la croix blanche; les drapeaux anglais, la croix rouge.

MORT DE HENRI II.

1559.

I.

Lettre d'Etienne Pasquier à M. de Fonssomme.

Cette-ci sera maintenant une vraie tragédie, dont je ne parlerai par cœur ou par livre, ains de ce que de mes propres yeux j'ai vu avec une infinité de témoins. La paix[1] ayant été jurée telle que je vous ai écrit, l'on a commencé de dresser dedans Paris tous les préparatifs que l'on pouvoit inventer pour honorer les mariages de si grands princes et princesses[2]. Et a été le roy Philippe marié par procureur avec Madame Elisabeth, fille aînée de notre roy; et quant au mariage du duc de Savoye, différé à quelques jours ensuivans. Pendant ce temps, l'on a ouvert le pas à un tournoi, en la rue Saint-Antoine, devant les Tournelles[3], avec toutes les magnificences et parades dont l'on s'est pu aviser : et ce pour autant que le roy étoit l'un des tenans, suivi de MM. de Ferrare, de Guise et de Nemoux. Ce que plusieurs personnes de bon cerveau trouvoient étrange, disant que la majesté d'un roy étoit pour être juge des coups, et non d'entrer sur les rangs. Même que dans les vieux romans, les roys en tels estours (a), n'avoient appris de

---

[1] De Cateau-Cambrésis.
[2] Philippe II devait épouser Elisabeth de France, fille aînée de Henri II, âgée de treize ans, d'abord destinée à Don Carlos, fils de Philippe II ; — le duc de Savoie, Philibert-Emmanuel, devait épouser Marguerite de France, sœur du roi.
[3] L'hôtel des Tournelles fut une des résidences des rois de France depuis Charles VI jusqu'à Henri II. Il fut abandonné à la mort de ce roi, puis vendu en détail et démoli.

(a) Combats, chocs.

faire actes de simples chevaliers, ainsi ou se déguisoient s'ils avoient envie d'entrer en la lice, ou bien du tout s'en abstenoient. Toutesfois telle a été la mésaventure du roy, qu'il a voulu avoir le premier honneur de la joûte. Et crois que le désir qui lui en prit, fut pour faire paroître aux étrangers combien il étoit à dextre (*a*) aux armes et duit (*b*) à bien manier un cheval. De sorte que ceux qui étoient près de lui ne l'osèrent détourner de cette entreprise. Chose qui a depuis apporté un misérable spectacle à la France. Car s'étant deux jours du tournoy passés avec plusieurs allégresses, le troisième, qui fut le jour et fête saint Pierre, il a reçu un grand coup de lance dans la visière, dont il est mort quelques jours après. Et a été en ceci le malheur tel, que lui-même envoya à Montgommery, capitaine de ses gardes, pour l'opinion qu'il avoit de lui, la lance dont il a été féru. Si la joie s'est tournée en deuil, et si la clameur de tout le peuple a été grande, je le vous laisse à penser. Aussi ne lisez-vous histoire comme je pense digne de telle compassion. Bien trouverez-vous quelques roys au milieu de leurs festins, comme un Philippe de Macédoine, avoir été mis à mort : les autres au milieu des affaires publiques, comme à Rome un Jules César ; mais c'étoit par leurs ennemis, et les autres casuellement (*c*), comme nous eûmes un Philippe, fils de Louis-le-Gros, qui, par la rencontre d'un pourceau, tombant de son cheval, se rompit le col. Mais qu'un roy ait été meurdri (*d*) au milieu de tant d'allégresses, favorisé des siens, même n'ayant lors nul ennemi que la fortune qui s'étoit mise aux embûches, mal-aisément que l'on le trouve dans les histoires tant anciennes que modernes. Et dit-on que tout ainsi que Montgommery tua par mégarde ce pauvre roy, aussi que le feu roy son père, un jour des roys, en la ville de Blois, fut blessé à la tête d'un tison par le seigneur de Lorges, père de Montgom-

(*a*) Adroit. — (*b*) Habile. — (*c*) Par accident. — (*d*) Tué.

mery, et en grand danger de sa personne. Voilà comment notre bon roy Henry est décédé.

Et comme le commun peuple ait naturellement l'œil fiché sur les actions de son roy, aussi ne s'est pas trouvée cette mort sans recevoir quelques commentaires et interprétations de quelques uns. Car pour vous compter tout au long comme les choses se sont passées en cette France, soudain que la paix fut faite, M. le cardinal de Lorraine, qui en avoit été l'un des premiers entremetteurs, déclara en plein Parlement que l'opinion du roy avoit été de la faire à quelque prix et condition que ce fût, pour de là en avant vaquer plus à son aise à l'extermination et bannissement de l'hérésie de Calvin. Et de fait, le dixième jour de juin il se transporta en personne, au milieu de son Parlement, pour tirer de chaque conseiller son avis sur la punition des hérétiques. Sur quoi fut par plusieurs opiné assez librement; quelques-uns étant d'avis d'en faire surseoir la punition jusques à la décision d'un concile général qu'ils disoient être nécessaire. Au moyen de quoi le roy, ému d'une grande et juste colère, commanda dès l'instant même à Montgommery de se saisir de quelques-uns de la compagnie qui avoient opiné plus librement qu'il ne vouloit. Lesquels furent sur le champ menés prisonniers dans la Bastille. Parquoi, disoient ces nouveaux commentateurs, que ce mal étoit advenu au roy par un juste jugement de Dieu, pour venger emprisonnemens tortionniers (a). Que les opinions devoient être libres, et non sondées par un roy, pour puis après les ayant ouïes, envoyer les conseillers dans une prison close. Que Dieu l'avoit châtié par la main de celui du ministère duquel il s'étoit aidé pour faire ces emprisonnemens. Même que tout ainsi que le dixième de juin, il avoit fait cette honte à la cour de Parlement, aussi le dixième de juillet ensuivant, jour pour jour, il étoit allé de vie à trépas.

(a) Tortionnaires, iniques, violents.

Ainsi devisoient les aucuns du peuple, selon leurs passions particulières, de cette mort; ne connoissant pas toutesfois que les mystères de Dieu nous sont totalement cachés, et tels que pour l'imbécilité (a) de nos sens nous les rapportons ordinairement plus à nos opinions qu'à la vérité. Mais entre autres, est chose fort digne d'être remarquée que tout ainsi que le dizième jour de juillet 1547, il commença son règne par un combat de Jarnac et la Châtaigneraie, pareillement le dixième du même mois, 59, il finit de régner par un duel. Aussi semble-t-il que longtemps auparavant (combien que je ne sois d'avis d'ajouter foy à telles illusions et fantômes) ce malheur lui ait été taisiblement (b) pronostiqué par Jérôme Cardan[1], lequel en un projet qu'il dressa de sa nativité, lui promettoit toutes choses aisées sur l'avénement de son règne, mais l'assuroit au déclin de sa vie d'une fin assez fâcheuse, et telle que pour la grandeur d'un roy, il se commande un silence. Aussi a couru un bruit en cour, qu'au retour du dernier voyage d'Italie de M. le cardinal de Lorraine, lui avoit été présentée une lettre de la part d'un juif de Rome, grandement expert et nourri en ces fantasques presciences et divinations, qui l'admonestoit soigneusement de se garder d'un combat d'homme à homme. Desquelles missives, comme illusoires, le roy, après en avoir ouï la lecture, n'en fit compte, ne se pouvant imaginer, vu le grand rang qu'il tenoit, d'entrer jamais en un duel. Ces lettres furent dès lors serrées par M. de l'Aubépine, qui depuis la mort de lui les a exhibées à plusieurs seigneurs, comme l'on dit. Et de fait, l'on ajoute (je ne veux pas l'assurer pour vrai) que la

---

[1] Savant italien, mort en 1576; Cardan s'occupa de mathématiques, de physique, de médecine, d'astronomie, d'alchimie et d'astrologie.

(a) Faiblesse, incapacité. — (b) Tacitement, de *taiser*, forme ancienne de *taire*.

reine, mémorative de ces lettres et du temps qui lui avoit été désigné, le supplia par plusieurs fois, que puisque les deux jours précédens s'étoient passés à son honneur et contentement, il voulût ce troisième jour se déporter de la joute pour éviter à tout inconvénient, et y commettre en son lieu quelque autre seigneur. A quoi toutesfois il ne voulut condescendre. Et comme le jour même qu'il fut blessé, la reine lui eût envoyé, de sa loge, gentilhomme exprès pour le prier de sa part de se contenter de ce qu'il avoit fait, il lui fit réponse qu'il ne courroit plus que cette fois-là, dont le désastre (a) voulut qu'il fût blessé. Son corps, pour la solennité que l'on célèbre aux obsèques de nos roys, a été exposé en la salle de parade qu'il avoit fait bâtir aux Tournelles pour la magnificence des noces. M. le Connétable (éloigné de la faveur) commis à la garde d'icelui. Quant à Messieurs de Guise, ils possèdent tout à fait notre jeune roy, comme celui qui a épousé la reine d'Ecosse, leur nièce [1], et conséquemment toutes les affaires de France passent maintenant par leurs mains. Au regard de la reine mère, elle est grandement éplorée, et tout le peuple étonné. Je prie Dieu qu'il lui plaise recevoir l'âme de ce bon roy en son paradis, et avoir pitié, par ce même moyen, de tous les pauvres sujets de la France, qui sont maintenant infiniment suspens et aux écoutes pour savoir quelle traite prendra toute cette histoire tragique. A Dieu.

II.

Récit du maréchal de Vieilleville.

Le maréchal de Vieilleville naquit en 1509 et mourut en 1571. Il a

[1] François II avait épousé Marie Stuart.

(a) La mauvaise fortune.

laissé des Mémoires qui ont été rédigés par Carloix, son secrétaire, et qui s'étendent de 1527 à 1571.

Enfin, étant toutes choses concernant le mariage de Madame Marguerite de France avec le duc de Savoye, qui toujours s'intituloit ainsi, encore qu'il n'y eût un seul pouce de terre, bien résolues et accordées, le roy voulut recommencer les joutes. Et après le dîner du dernier de juin 1559, il demanda ses armes, ayant fait dès le matin publier l'ouverture du tournoy ; lesquelles apportées, il commanda à M. de Vieilleville de l'armer, encore que M. de Boisy, grand écuyer de France, fût présent, auquel appartenoit, à cause de son état, cet honneur. Mais obéissant M. de Vieilleville à ce commandement, il ne se put garder, lui mettant l'armet en tête, de dire à Sa Majesté, avec un profond soupir, qu'il ne fit de sa vie chose plus à contrecœur que celle-là.

Sa Majesté n'eut pas loisir de lui en demander la raison, parce que M. de Savoye se présenta en l'instant tout armé ; auquel le roy dit en riant qu'il serrât bien les genoux, car il l'alloit bien ébranler, sans respect de l'alliance ni de fraternité. Là-dessus ils sortent de la salle pour venir monter à cheval, et entrent en lice où le roy fit une très-belle course et rompit fort bravement sa lance : M. de Savoye semblablement la sienne ; mais il empoigna l'arçon, le tronçon jeté, et branla quelque peu ; qui diminua la louange de sa course. Toutesfois plusieurs attribuèrent cette faute à son cheval rebours (a).

M. de Guise vint après, qui fit fort bien. Mais le comte de Montgommery, grand et roide jeune homme, lieutenant du sieur de Lorges, son père, l'un des capitaines des gardes, prit le rang de la troisième course, qui étoit la dernière que le roy devoit courir ; car les tenans en courent trois, et les assaillans une. Tous deux se cho-

(a) Qui s'arrête, qui recule.

quent à outrance et rompent fort dextrement leur bois. M. de Vieilleville, auquel appartenoit de courir, comme l'un des tenans après le roy, pour faire aussi ses trois courses, se présente, et veut entrer en lice ; mais le roy le pria de le laisser faire encore cette course contre le jeune Lorges, car il vouloit avoir sa revanche, disant qu'il l'avoit fait branler et quasi quitter les étriers. M. de Vieilleville lui répond qu'il en avoit assez fait, et avec très-grand honneur ; et s'il se sent intéressé, qu'il en alloit tirer pour lui sa raison ; et s'il ne se tient bien, il ne le traitera pas plus doucement qu'il a fait le neveu de don Rigonne[1]. Sa Majesté, ce nonobstant, voulut faire encore cette course contre ce Lorges, et le fit appeler. Sur quoi M. de Vieilleville lui dit : « Je jure le Dieu vivant, sire, qu'il y a plus de trois nuits que je ne fais que songer qu'il vous doit arriver quelque malheur aujourd'hui, et que ce dernier juin vous est fatal : vous en ferez comme il vous plaira. »

Lorges se voulut excuser aussi, disant qu'il avoit fait sa course, et que les autres assaillans ne permettoient pas qu'il fît sur eux cette anticipation. Mais Sa Majesté l'en dispensa, lui commandant d'entrer en lice. A quoi, par très-grand malheur, il obéit, et prit une lance.

Or faut-il noter, premier que d'entrer en ce mortel discours, qu'à toutes courses et tant qu'elles durent,

---

[1] Dans les joutes qui avaient eu lieu au commencement de juin, pendant les fêtes données à l'occasion du mariage de madame Elisabeth et du roi d'Espagne. — « Enfin, dit le maréchal de Vieilleville, le premier de juin, le roy ouvrit le pas du tournoy, où il fut couru d'une merveilleuse adresse. Et montrèrent bien les François aux Espaignols qu'ils sont plus experts qu'eux au fait de la cavalerie, et que la lance sur toutes armes leur appartient, pour s'en savoir mieux aider que toute autre nation de la chrétienté ; car de cent François qui coururent, il n'y en eut pas quatre qui ne rompissent leur bois, et bien peu des Espaignols, qui s'y montrèrent si maladroits, que à plusieurs les lances sortoient des poings et les laissoient tomber à terre, faisant au reste des courses si branlantes, que l'on pensoit à toute heure qu'ils dussent tomber. » — Le neveu de Don Rigonne avait été désarmé et jeté de l'autre côté de la lice.

toutes les trompettes et clairons sonnent et fanfarent sans cesse, à tue-tête et étourdissemens d'oreilles. Mais incontinent que tous deux furent entrés en lice et commencé leurs courses, elles se turent toutes coies, sans aucunement sonner, qui nous fit avec horreur présager le malheureux désastre qui en advint : car ayant tous deux fort valeureusement couru et rompu d'une grande dextérité et adresse leurs lances, ce mal habile Lorges ne jeta pas, selon l'ordinaire coutume, le tronçon qui demeure en la main, la lance rompue, mais le porta toujours baissé ; et en courant rencontre la tête du roy, duquel il donna droit dedans la visière, que le coup haussa, et lui creva un œil ; qui contraignit Sa Majesté d'embrasser le col de son cheval, lequel ayant la bride lâchée, paracheva sa carrière, au bout de laquelle le grand et premier écuyer se trouvèrent pour l'arrêter, selon la coutume : car, à toutes les courses que faisoit le roy, ces deux officiers en faisoient autant hors lice ; et lui ôtèrent son habillement de tête, après avoir descendu de cheval, pour le mener en sa chambre : leur disant avec parole fort foible qu'il étoit mort, et que M. de Vieilleville avoit bien prévu ce malheur quand il l'armoit, et que auparavant il l'avoit instamment voulu divertir de recommencer le tournoy, et « qu'encore toute à cette heure, il a fait tout ce qu'il a pu pour m'empêcher de faire cette maudite course ; mais que l'on ne pouvoit fuir ni éviter son destin ». Et sur ces propos, il fut conduit et porté en sa chambre par M. Le Grand[1] et M. de Vieilleville, qui fut fermée et interdite à tout le monde ; de laquelle le roy ordonna M. de Vieilleville surintendant général, afin que personne n'y entrât, sinon ceux qui y pouvoient faire service, comme médecins, chirurgiens, apothicaires, valets de chambre et de garderobe qui étoient en quartier ; même la reine

---

[1] Le grand écuyer, toujours appelé ainsi par abréviation, comme le premier écuyer est appelé M. le Premier.

MORT DE HENRI II

n'y sut entrer, crainte de lui accroître ses douleurs, ni pas un des princes ne se présenta.

Cinq ou six chirurgiens des plus experts de France firent toute diligence et devoir de profondir la plaie, et sonder l'endroit du cerveau où les esquilles du tronçon de la lance pouvoient avoir donné. Mais il ne leur fut possible, encore que durant quatre jours ils eussent anatomisé quatre têtes de criminels que l'on avoit décapités en la Conciergerie du palais et aux prisons du Grand Châtelet; contre lesquelles têtes on cognoit le tronçon par grande force au pareil côté qu'il étoit entré dedans celle du roy; mais en vain.

Le quatrième jour, il reprit ses esprits, car la fièvre continue l'avoit laissé, laquelle, depuis l'heure de sa blessure, ne l'avoit abandonné, et fit appeler la reine; et se présentant toute éplorée, il lui commanda de faire dépêcher les noces de sa sœur le plus tôt qu'il lui seroit possible. Puis il demanda à M. de Vieilleville, qui n'avoit jamais abandonné son lit, sans se dépouiller (a), et toujours présent quand on le pansoit, où étoit le brevet de l'état de maréchal de France, qui lui fut incontinent présenté; et l'ayant, Sa Majesté le bailla à ladite dame, la priant de le signer tout à l'instant et en sa présence, ce qu'elle fit; et lui enjoignit, comme par testament et dernière volonté, d'exécuter la teneur dudit brevet, sans fraude ni connivence, tout aussitôt que l'occasion s'y offriroit: ce qu'elle promit sur son honneur et sur son âme.

Puis lui recommanda l'administration du royaume, avec leur fils aîné encore bien jeune, qui lui succédoit; et qu'elle eût soin de leurs autres enfans, et qu'elle et eux priassent et fissent prier Dieu pour son âme; car, de son corps, il sentoit bien, par l'horrible mal qu'il souffroit, que c'étoit fait de sa vie: la priant là-dessus de se retirer. Ce propos fini, elle le laissa; mais si M. de

---

(a) Sans se déshabiller.

Vieilleville ne l'eût soutenue, elle tomboit à terre; et la fallut porter en sa chambre, où arrivée et revenue à soy, commença en toute diligence de donner ordre pour les susdites noces, qui furent faites cinq jours après le commandement, et ressembloient mieux un convoy de mortuaire et funérailles que à autre chose; car, au lieu de hautbois, violons et autres réjouissances, ce n'étoient que pleurs, sanglots, tristesses et regrets; et, pour mieux représenter un enterrement, ils épousèrent un peu après minuit, en l'église Saint-Paul, avec torches, flambeaux et toutes autres sortes de luminaires, pour éclairer toute la suite : car le roy avoit déjà perdu la parole, le jugement et tout usage de raison, ne connoissant plus personne. Si bien que le lendemain des noces, qui étoit le dixième de juillet 1559, Dieu en fit sa volonté; et lui, rendit l'esprit.

Laissant par sa mort Paris universellement troublé et le royaume quasi rempli de tristesses, d'extrêmes fâcheries et ennuis; car toute la grandeur des prélats, des seigneurs et de la principale noblesse de France étoit alors venue en ladite ville, pour l'ardent désir que toutes personnes de moyen et de qualité avoient de participer en tant d'aises et de contentemens des mariages des filles de nos roys, et du bien de la paix tant désirée et nécessaire.

Je passe sous silence le deuil désespéré qui se démenoit par la reine, par la reine d'Espaigne, Elisabeth sa fille, Madame Marguerite, nouvelle duchesse de Savoye, et généralement par toutes les princesses et dames de la Cour; car on ne peut ignorer ni douter que la désolation n'y fût excessive et quasi mortelle.

CONJURATION D'AMBOISE.

1560.

Mémoires du maréchal de Vieilleville.

Tous les officiers de la maison du roy, chancelier, trésoriers, secrétaires des commandemens, capitaines des gardes, maréchaux des logis, maîtres d'hôtel et des requestes, se trouvoient de grand matin au lever du roy pour recevoir les commandemens, et s'y faisoient toutes ordonnances par les deux frères [1], sans que sa mère [2], y fut appelée, qui étoit un mépris du tout insupportable. Et, entre autres, ils en firent publier une que quiconque, de quelque qualité qu'il fût, parleroit de convoquer les Etats, seroit déclaré coupable du crime de lèse-majesté, donnant à entendre à Sa dite Majesté que, s'il permettoit à son peuple de lui élire un conseil, il le voudroit dorénavant tenir comme sous la verge, tellement qu'il ne lui demeureroit rien d'un roy que le titre seulement, et que ce seroit faire grand tort et injure à sa prudence, qu'il avoit déjà assez grande et suffisante pour gouverner et soi et son peuple, langage causé (a) et contenu en ladite ordonnance, laquelle, outre la publication qui en fut faite par la ville et faubourgs d'Amboise, ils firent imprimer, afin que toute la France n'en prétendît cause d'ignorance.

Cette publication cependant fit éclore ce que l'on couvoit il y avoit plus de quatre mois; car un grand nombre de noblesse s'éleva et prit les armes pour s'y opposer, et choisirent un chef nommé la Regnaudie,

---

[1] Le duc de Guise et le cardinal de Lorraine.
[2] Catherine de Médicis.

(a) Servant de motif.

qui avoit, pour conduire son entreprise, trente capitaines vaillans et bien expérimentés ; le but de laquelle étoit seulement de se saisir des deux frères, et mettre le roy en liberté, qu'ils retenoient comme par force et violence, et rétablir les anciennes lois, statuts et coutumes de France, sans aucunement attenter à la personne de Sa Majesté. Et avoit ledit la Regnaudie, outre les trente capitaines, environ cinq cents chevaux et grand nombre de gens de pied, qui tous se vinrent rendre, par un fort secret rendez-vous, en un château assez près d'Amboise, nommé Noyzé.

La nouvelle de cette troupe, sitôt et si inopinément assemblée, troubla merveilleusement le roy, MM. de Guise et toute la Cour, ne pouvant, Sa Majesté et ses deux gouverneurs, imaginer l'occasion de cette émeute, et encore moins penser comme il étoit possible que tant de gens se pussent trouver ensemble si près d'eux sans avoir été découverts ; qui fut leur grand étonnement, d'autant que les villages à lieue et demie à la ronde de la Cour, sont chargés ordinairement de trains, de valetaille et de chevaux ; et Noyzé n'en est distant que de cinq quarts de lieue pour le plus. Qui fut cause que Sa dite Majesté, par le conseil des deux frères, envoya quérir M. de Vieilleville, auquel elle commanda d'aller devers eux leur demander pour quelle raison ils sont là assemblés et en armes ; s'ils veulent faire perdre aux François la louange et réputation qu'ils ont de tout temps acquise sur toutes les nations du monde, d'être très-fidèles et très-obéissans à leur prince ; et que ce n'est pas la façon des sujets, quand ils ont quelque remontrance à lui faire, de la présenter avec les armes, mais qu'il y faut venir en toute révérence et humilité ; et que, se mettant en ce devoir, il les peut assurer de sa part qu'il leur accordera tout ce qu'ils demandent, et qu'ils peuvent venir en toute sûreté faire leur remontrance, leur promettant en foi de prince, qu'il ne leur adviendra aucun mal ; et leur pardonne dès cette heure, par serment royal et de prince très-chrétien, toute la faute qu'ils ont commise en ce port d'armes, et avoir tant osé que d'approcher si près de son logis et de sa personne à force ouverte.

Sur quoi M. de Vieilleville, qui connoissoit la félonie des deux frères, ne voulant laisser une telle marque de tradiment (a) à sa postérité, fait une réponse fort subtile et de grande ruse à Sa Majesté, par laquelle il s'exempta de cette ruineuse et sanglante charge, et qui fut telle :

« Sire, Votre Majesté me fait très-grand honneur de m'employer en cette créance, que j'exécuterai de très-ardent courage et en toute fidélité ; mais je m'assure que je perdrai ma peine, parce que, ayant commis une telle faute, qui ne se peut mieux nommer que vraie rebellion à son roy, et par conséquent convaincus du crime de lèse-majesté, il faut nécessairement que ce soit un prince qui leur porte cette parole de votre part ; qu'ils aient double assurance de leur vie, et de tout ce que vous leur promettez : la première, de la parole de Votre Majesté, qui est comme un arrêt sans appel et qui ne se peut rétracter ; et l'autre, de celle du prince qui la leur porte, que vous ne voudriez pour rien enfraindre ni désavouer, à cause de sa grandeur ; car il n'y en a point en cette compagnie qui n'ait cet honneur de vous appartenir en quelque degré de consanguinité : et seront, par ce moyen, vos deux paroles confirmatives, et comme pleigées (b) l'une de l'autre ; là, où de la mienne ils ne douteront jamais que vous ne passiez par dessus quand il vous plaira, n'étant que gentilhomme et serviteur, et que me désavoueriez toujours, pour petite et légère occasion ; qui les fera entrer en un soupçon et défiance non pareille. »

Sur cette sage réponse, que le roy et ses oncles trouvèrent pertinente, ils changèrent d'avis ; et don-

(a) Trahison. — (b) Garanties, cautionnées.

nèrent cette créance à M. le duc de Nemours, qui l'accepta trop promptement, sans en considérer la conséquence ni les événemens, et partit d'Amboise avec cent chevaux pour parler à eux ; qui ouvrirent à lui dixième la porte du château de Noyzé. Et ayant parachevé ses discours, et juré en foi de prince, sur son honneur et damnation de son âme, et outre ce signé de sa propre main, Jacques de Savoye, qu'il les rameneroit sains et saufs, et n'auroient aucun mal, quinze des principaux et mieux parlants d'iceux, s'assurant en sa foi, seing et parole de prince, sortirent avec lui pour faire leur remontrance au roy ; estimants à grand heur et avantage d'avoir libre accès à Sa Majesté, sans qu'il fût besoin de l'acquérir par armes ni par force.

Mais étant arrivés à Amboise, ils furent incontinent resserrés en prison, et tourmentés par cruelles géhennes. Ce que voyant M. de Nemours, il entre en une merveilleuse colère et désespoir du grand tort fait à son honneur ; et poursuit par toutes instances et sollicitations leur délivrance, par l'entremise et intercession de la reine régnante, de madame de Guise et d'autres grandes dames de la Cour ; mais en vain, car à lui et à elles toutes fut répondu par le chancelier Olivier que un roy n'est nullement tenu de sa parole à son sujet rebelle, ni de quelconque promesse qu'il lui ait faite, ni semblablement pour qui que ce soit de sa part ; et défense faite, générale et par cri public, à tous et à toutes de n'en plus importuner Sa Majesté, sur peine d'encourir son indignation. Qui fut cause que cette sollicitation cessa, au grand crève-cœur et mécontentement du duc de Nemours, qui ne se tourmentoit que pour sa signature ; car, pour sa parole, il eut toujours donné un démenti à qui la lui eût voulut reprocher, sans nul excepter, tant étoit vaillant prince et généreux, fors Sa Majesté seulement.

Cependant ces quinze misérables furent exécutés à mort, comme coupables du crime de lèse-majesté, par diverses façons, et selon qu'ils s'étoient chargés eux-mêmes sous la torture par leur confession. Car les uns furent décapités, les autres pendus aux fenêtres du château d'Amboise, et trois ou quatre roués ; se plaignant plus au supplice du tradiment du duc de Nemours, que de la mort même qu'ils souffroient fort constamment ; entre autres, le sieur de Castelnau, gentilhomme de fort bonne maison, l'appela cinq ou six fois sur l'échafaud traitre, très-méchant et indigne du nom de prince ; et trempa ses mains au sang de ses compagnons, encore tout chaud, qui avoient été sur l'heure décapités en sa présence, et les élevant au ciel toutes sanglantes, il prononça de fort belles et très-saintes paroles en la prière qu'il fit à Dieu, et telles qu'il fit pleurer même ses ennemis, principalement le chancelier Olivier, qui l'avoit condamné à mort et tous ses compagnons. Lequel soudain, après cette exécution, piqué d'un remords et vive componction de conscience, tomba malade d'une extrême mélancolie qui le faisoit soupirer sans cesse et murmurer contre Dieu, affligeant sa personne d'une étrange et épouvantable façon ; et étant en ce furieux désespoir, le cardinal de Lorraine le vint visiter ; mais il ne le voulut point voir, ains se tourna de l'autre côté, sans lui répondre un seul mot ; puis, le sentant éloigné, il s'écria en ces mots : « Ha ! maudit cardinal, tu te damnes, et nous fais aussi tous damner ! » Et deux jours après il mourut.

Et parce que la Regnaudie, qui venoit joindre sa troupe à Noyzé, fut tué par les chemins, cette entreprise, qui avoit été conduite par une merveilleuse prudence et dextérité jusqu'au point de son exécution, revint à néant et fut entièrement renversée, non sans grand ébahissement : car les cinq cents chevaux et gens de pied susdits s'étoient trouvés à Noyzé, par un très-secret rendez-vous, de toutes les provinces de France, en moins de deux jours, sans être découverts ; mais par la confession des exécutés sous la question, on alla défaire en la campagne les autres qui s'y venoient joindre ; et semblablement, par l'accusation qu'en fit un de leur parti nommé des Avenelles, qui se tourna du côté de M. le cardinal de Lorraine, qui les vendit et trahit, lui donnant avertissement du passage de la Regnaudie et du chemin qu'il devoit tenir.

Telles et si cruelles exécutions, toutesfois, déplurent à la plus grande et meilleure part de la Cour, principalement de ce qu'elles avoient été faites contre la parole d'un grand roy ; et qu'il avoit été de cette façon contraint, par l'animosité de ses oncles, de la fausser ; vu qu'il apparut à tous, par un papier qui fut trouvé sur la Regnaudie après sa mort, que ce n'étoit point à lui qu'on en vouloit ; car il contenoit au premier article ces propres mots :

« Protestation faite par le chef et tous ceux du conseil et associés en cette sainte et politique entreprise, de ne attenter aucunement, ni en quelque chose que ce soit, contre la majesté du roy, ni les princes de son sang ; mais pour remettre, avec l'aide de Dieu tout-puissant, le gouvernement du royaume en son premier état ; et faire observer les anciennes coutumes de France par une légitime assemblée des Etats. »

Et ce qui rendoit les susdites exécutions plus odieuses, provenoit des plaintes et doléances ordinaires que faisoit le duc de Nemours à tous ses amis de l'engagement de sa parole, et de la subreptice et cauteleuse façon dont on y avoit procédé ; ne pouvant assez haut louer, comme faisoient tous ceux auxquels il en parloit, le très-avisé et résolu entendement de M. de Vieilleville, qui, par une brave et très-sage excuse, se défit d'une si scandaleuse et sanglante charge ; en quoi il acquit un merveilleux honneur.

Or, continuant des Avenelles ses avertissemens, il assura MM. de Guise, sur sa vie, que bientôt on devoit faire partir de Roanne-sur-Loire trois grands bateaux chargés de toutes sortes d'armes, avec grande quantité de poudre ; et qu'il y avoit bon nombre de harquebusiers ordonnés pour leur escorte et conduite, et qu'il seroit bon d'envoyer à Orléans quelques capitaines de marque, avec des forces pour attendre ou prévenir leur passage et les arrêter. Sur quoi M. de Vieilleville fut appelé, et commandement à lui fait, par le roy, d'aller à Orléans pour cet effet.

Lequel, suivant son accoutumée prudence, répondit qu'il étoit tout prêt de partir, mais qu'il étoit à craindre que de M. de Montpensier, qui en étoit gouverneur, trouvât mauvais que l'on entreprît sur son gouvernement, et qu'il seroit bien de l'en avertir. « C'est tout un, dit le roy, en la présence de ses oncles, qui lui avoient dressé cette partie pour l'écarter d'auprès de la reine mère ; il faut nécessairement que vous y alliez ; car la chose requiert une grande célérité. — Que Votre Majesté donc, Sire, répond-il, me fasse promptement dépêcher un pouvoir pour commander absolument en la ville et duché d'Orléans, comme votre lieutenant général, pour deux mois seulement, s'y étant offerte une occasion qui importe grandement à votre service. » Ce qui fut dépêché du soir au lendemain ; car on n'en demandoit que l'absence : et lui furent donnés cent harquebusiers à cheval.

Arrivés que nous fûmes à Cléry, M. de Vieilleville envoya ses fourriers devant, tant pour dresser son logis, que pour le quartier des susdits harquebusiers. Et dépêcha un gentilhomme devers les prévôt, bailli, juges et officiers de l'Hôtel-de-Ville, pour les avertir de sa venue, avec son pouvoir scellé du grand scel et signé de la main du roy ; autrement lui eussent-ils fermé les portes : excusables pour deux raisons ; l'une que l'on étoit en temps d'hostilité, car au loin de la cour on tenoit le roy pour assiégé ; l'autre qu'ils avoient un grand prince pour gouverneur, qui les eût toujours avoués de n'ouvrir point leurs portes à gens de guerre, sous une simple lettre de cachet que l'on falsifie souvent, sans son commandement exprès, ou celui de Sa Majesté.

De sorte que ce pouvoir, obtenu par la grande providence de M. de Vieilleville, fut cause que les juges et officiers susdits, et quasi tous les plus apparens et riches bourgeois de la ville, même du clergé, vinrent au-devant de lui plus d'une lieue, pour lui offrir toute obéissance et service, premièrement au roy, puis pour son particulier ; et qu'il étoit le très-bien venu, s'estimant bien fortifier et assurer par sa présence, en telle fluctuation d'affaires et de troubles qui pour lors régnoient ; et que Sa Majesté ne leur eût su envoyer un seigneur ni autre chevalier pour les garder et conserver qui leur eût été plus agréable ; avec une infinité d'autres louanges qui seroient trop longues à réciter : et le logèrent de commun assentement chez le prévôt de la ville, qui est le premier état de judicature de toute la duché. Et dès la même heure de son arrivée, il posa des sentinelles sur le pont pour découvrir s'il ne passoit point de bateaux, avec commandement de fouiller tous ceux qui aborderoient au port, encore que ce ne fussent que fusteraux (a) ou petites gabares.

Mais craignant que les trois grands bateaux ne lui échappassent, et que l'on les eût déchargés à dix ou douze lieues au-dessus d'Orléans, ayant eu le vent de ce qui s'étoit passé à Amboise, et que, cela advenu, on l'eût pu calomnier d'être adhérent aux rebelles (car les gens de bien et d'honneur ne manquent jamais de prêteurs de charité), il monta à cheval dès le lendemain de son arrivée, et sortit d'Orléans avec ce qu'il avoit de forces ; et dépêcha deux capitaines à chacun vingt soldats, pour aller d'un et d'autre côté de la rivière, afin de découvrir ou gens ou bateaux, et lui en donner incontinent avis, surtout d'arrêter tous ceux qu'ils verroient descendre, entrer dedans, et les fouiller, et qu'il

---

(a) Nacelles.

les suivoit de près. Celui qui tenoit le chemin de Gien, l'envoya avertir qu'il y avoit en un village près Gergeau, une troupe de soldats qu'il savoit être de la faction de la Regnaudie, mais qu'il n'en pouvoit spécifier ni reconnoître le nombre; toutesfois il l'assuroit, par le rapport des paysans, être fort grand. Ce nonobstant, il marche en diligence, toute la nuit, droit au village où ils étoient, distant d'Orléans de douze lieues, et en fit dix de cette cavalcade, où il les surprit environ l'aube du jour; et, sans autrement les reconnoître, il entre de furie dedans le village, auquel il n'y avoit une seule barricade, et donne l'alarme, ayant mis ses harquebusiers à pied, et départi sur les issues et avenues du village M. d'Espinay et M. de Thevalle, avec les gentilshommes de sa maison, pour empêcher la fuite.

Ces pauvres soldats, qui étoient bien cinq cents, ainsi surpris et épouvantés, n'eurent pas loisir de s'assembler, hormis cent des plus aguerris qui voulurent gagner l'église; mais M. de Vieilleville, qui avoit bien prévu que ce seroit leur dernier refuge, avoit envoyé, premier que de donner l'alarme, les vieux capitaines, qui gagnèrent la nuit le porche de l'église et le cimetière, de sorte que s'y acheminant ceux-ci sans ordre, ils furent chargés et défaits en pleine rue, encore qu'ils soutinssent bien valeureusement le combat. M. de Vieilleville y perdit cinq hommes, et son cheval blessé d'un coup de pique, mais ils demeurèrent tous cent sur la place. Les autres jouèrent le jeu *à sauve qui peut*. Mais M. d'Espinay et sa troupe en tuèrent environ six vingts qui se sauvoient par les jardins et derrières des maisons; les autres se jetèrent à la nage dedans la rivière. Les habitans du village assommèrent ceux qui s'étoient mussés (a) aux greniers, caves et autres lieux secrets de leurs maisons, sans miséricorde. Cette rencontre de M. de Vieilleville leur fut malheureuse; car ils se de-

(a) Cachés.

voient départir (a), et se retirer chacun chez soi, dès le jour même, et par petites troupes, ayant entendu la mort de la Regnaudie, et les exécutions de leurs compagnons à Amboise.

Il en fut pris aussi dix ou douze, au nombre desquels étoit le capitaine nommé Sabrevert, que M. d'Espinay présenta à M. de Vieilleville, auquel il confessa qu'il descendoit trois bateaux chargés d'armes de toutes sortes, pour gens de cheval et de pied, et de grande quantité de poudres; semblablement trois fauconneaux et quatre harquebuses à croc; mais qu'il les avoit laissées et abandonnées à trois lieues au-dessus de ce village, ayant été averti que leur entreprise pour le bien public de la France étoit découverte par les tradimens du duc de Nemours et d'un méchant de leurs associés nommé des Avenelles; dont le premier avoit amené, sur sa parole et foi de prince, quinze des plus apparens de leur première troupe à la boucherie, et l'autre avoit fait tuer leur chef M. de la Regnaudie.

Et lui ayant demandé M. de Vieilleville comment ils avoient pu passer, depuis Roanne, par tant de villes qui sont sur la rivière, comme Nevers, Gien et une infinité d'autres, sans être arrêtés et combattus, il répondit sous la faveur d'un passeport, qu'il lui montra, que leur avoit donné le lieutenant général au gouvernement et sénéchaussée de Lyon et Lyonnais, qui contenoit « qu'ils alloient au service du roy : car il savoit bien, comme étant de notre parti, que nous allions mettre Sa Majesté hors de la tyrannie de ceux de Guise, et rendre à l'État et couronne de France son ancienne et première liberté. »

M. de Vieilleville, considérant leur intention être bien fondée, puisqu'elle regardoit le bien public, et que s'il les eût tenus prisonniers de guerre pour payer rançon, il n'eût pas été en la puissance du roy d'empê-

(a) Séparer.

cher qu'ils n'eussent passé comme les autres (car il se déplaisoit extrêmement, comme père des soldats, de voir défaire par un bourreau un honnête soldat qui cherche sa fortune en homme de bien par les armes, et n'en vouloit que aux voleurs, mutins et séditieux), il fut d'avis de leur donner liberté, et permettre de se retirer. De quoi ce capitaine et ses soldats le remercièrent en toute humilité, se mettant à genoux, car ils pensoient être morts. Ils firent quelque instance d'avoir un passeport, mais il le leur refusa, leur conseillant de se débander, et d'aller seulets ou deux à deux, aux lieux de leur retraite, et s'avouer à M. de Guise : ce qu'ils firent. Puis commanda de jeter les corps de leurs compagnons morts en la rivière, afin que ceux d'Orléans, de Blois et d'Amboise vissent cette défaite, par laquelle il mit fin à la guerre ou entreprise Renaudique, que l'on nomma le tumulte d'Amboise : qui advint et dura quasi tout le mois de mars, l'an mil cinq cent soixante.

Puis alla lui-même avec toute sa troupe querir les trois grands bateaux, qui étoient quatre lieues au-dessus de Gergeau, dedans lesquels il n'y avoit que les bateliers et environ vingt soldats malades, qu'il ne permit être jetés dehors ni tués, garnis au reste de toutes les choses récitées par le capitaine Sabrevert. Il commanda aux bateliers de les amener à Orléans, les assurant de leur payement : à quoi ils obéirent ; et fit entrer en chaque bateau dix soldats, pour la sûreté, et pour répondre aux juges de Gergeau, et leur montrer son passeport.

Ceux d'Orléans qui avoient déjà vu les corps, et réjouis infiniment de cette défaite, incontinent qu'ils furent avertis de son acheminement, se préparent en toute magnificence de venir au-devant lui, pour lui faire comme une entrée. Mais il envoya M. d'Espinay devers les principaux de la ville pour leur en faire défense de sa part; et que quand il n'y auroit que cette seule considération, de la jalousie qu'en pourroit prendre

M. de Montpensier leur gouverneur, prince du sang, cela les devoit retenir; car ils le connaissoient assez vindicatif. Ils prirent cette sage remontrance en payement, et l'en remercièrent, faisant retirer tout le monde et rompre les préparatifs : car on commençoit déjà à tendre la porte et la rue de Bourgogne, par laquelle il devoit entrer.

Etant arrivé à Orléans, et les bateaux semblablement, il départit quelques armes à ses gentilshommes, capitaines et soldats, et donna le reste qui étoit en grand nombre, et toutes les poudres qui étoient environ quarante caques (a), semblablement les fauconneaux et harquebuzes à croc, à l'hôtel de ville, pour mettre le tout en leur magasin ; qui lui en firent de très-grands et très-humbles remerciemens; car il préféroit toujours telles faveurs à toutes les richesses du monde. Aussi le savoient-ils bien publier ; disant tout haut que leur gouverneur et son lieutenant en eussent plus tôt mis l'argent en leur bourse. Il vendit semblablement les trois bateaux, et en distribua une partie de l'argent à quelques soldats nécessiteux, mais la plus grande part à l'hôpital d'Orléans et autres pauvres ; qui augmenta grandement sa réputation, et enflamma tellement l'ardeur des habitans de toutes qualités en son amitié, qu'ils le souhaitoient au lieu de leur gouverneur, encore qu'il fût prince du sang. Car de sa vie, disoient-ils, il n'avoit fait un tel présent à l'hôtel de ville ni à l'hôpital non pas encore commencé, ni aux autres pauvres honteux, épars et cachés par la ville, comme M. de Vieilleville avoit fait ; mais prenoit tout, et fouroit tout pour son bâtiment de Champigny.

Et après y avoir séjourné quinze ou seize jours, avec les meilleures chères du monde, car ce n'étoient que festins à tour de rôle par les plus riches et aisés de la ville, même des ecclésiastiques, abbés et chanoines en

(a) Petit tonneau.

dignité de la grande église de Sainte-Croix, nous délogeâmes à leur très-grand regret; et prîmes la rivière, pour descendre à Amboise, où les chefs de l'hôtel de ville ne s'épargnèrent pas; car ils nous fournirent de trois bons grands bateaux, bien couverts et diaprés des armoiries de M. de Vieilleville et garnis de toutes les commodités qui se peuvent désirer, principalement grand nombre de bouteilles de vin d'Orléans très-excellent pour sa suite et domestiques d'apparence seulement; car tous les harquebuziers et les trains avec les chevaux allèrent par terre, qui se devoient rendre à nos couchées ; car tant que le jour duroit, nous ne branlions en ville ni village quelconque, nous dinions en nos bateaux.

Et ne faut demander si à Beaugency, à Blois et par tous les gros bourgs et villages du long de la rivière, nous fûmes reçus d'une merveilleuse allégresse; car ces corps morts, qui pouvoient être environ quatre cent soixante, flottans par devant leurs portes et sous leurs ponts, leur avoient déraciné la frayeur de laquelle ils étoient épouvantés, par le faux bruit que l'on faisoit courir, qu'il descendoit du Lyonnais, de Bourgogne, Auvergne et autres provinces adjacentes, plus de dix mille hommes pour secourir leurs troupes, et venger la mort de ceux que l'on avoit trahis et exécutés à Amboise.

MARIE STUART, REINE D'ÉCOSSE,

JADIS REINE DE NOTRE FRANCE.

1561.

Brantôme.

Ceux qui voudront jamais écrire de cette illustre reine

d'Écosse en ont deux très-amples sujets ; l'un, celui de sa vie, et l'autre, celui de sa mort ; l'un et l'autre très-mal accompagnés de la bonne fortune, ainsi que j'en veux toucher quelques points en ce petit discours, par forme d'abrégé, et non en longue histoire, laquelle je laisse à décrire aux plus savans et mieux couchans par écrit.

Cette reine eut donc son père, le roi Jacques[1], fort homme de bien et de valeur, et fort bon François ; aussi avoit-il raison. Après qu'il fut veuf de madame Madeleine, fille de France[2], il demanda au roi François quelque honnête et vertueuse princesse de son royaume pour se marier, ne désirant rien tant que de continuer l'alliance de France. Le roi François, ne sachant mieux choisir pour contenter ce bon prince, lui donna la fille de M. de Guise, Claude de Lorraine, veuve pour lors de feu M. de Longueville[3], sage, vertueuse et honnête, qu'il fut fort aise et s'estima très-heureux de la prendre ; et s'en trouva tel après qu'il l'eût prise et épousée, et tout le royaume d'Écosse, qu'elle gouverna fort sagement lorsqu'elle fut veuve, qui le fut en peu d'années après son mariage, n'y ayant guère demeuré avecques lui, non sans lui avoir produit une belle lignée, qui fut cette belle, et des plus belles pour lors princesses du monde, notre reine, de laquelle nous parlons. Icelle, n'étant quasi, par manière de dire, que née, et étant aux mammelles têtant, les Anglois vinrent assaillir l'Écosse, et fallut que sa mère l'allât cachant, pour crainte de cette furie, de terre en terre d'Écosse ; et sans le bon secours que le roi Henri II y envoya, à grand'peine eût-elle été sauvée ; et ce nonobstant la fallut mettre sur les vaisseaux, et l'exposer aux vagues, orages et aux vents de la mer, à la passer en France pour sa plus grande sû-

[1] Jacques V, roi d'Ecosse, de 1513 à 1542.
[2] Il avait épousé en 1536, Madeleine de Valois, fille de François Ier, morte en 1539.
[3] Marie de Lorraine, fille de François, duc de Guise.

reté¹, où certes cette mauvaise fortune n'ayant pu passer la mer avecques elle, ou ne l'osant pour ce coup l'attaquer en France, la laissa si bien, que la bonne la prit par la main.

Et ainsi que son bel âge croissoit, ainsi vit-on en elle sa grande beauté, ses grandes vertus, croître de telle sorte que, venant sur les quinze ans, sa beauté commença à faire paroître sa belle lumière en beau plein midi, et en effacer le soleil lorsqu'il luisoit le plus fort, tant la beauté de son corps étoit belle. Et pour celle de l'âme, elle étoit toute pareille; car elle s'étoit faite fort savante en latin. Etant en l'âge de treize à quatorze ans, elle déclama devant le roi Henri, la reine et toute la cour, publiquement en la salle du Louvre, une oraison en latin qu'elle avoit faite, soutenant et défendant, contre l'opinion commune, qu'il étoit bien séant aux femmes de savoir les lettres et arts libéraux. Songez quelle rare chose c'étoit de voir cette savante et belle reine ainsi orer (a) en latin, qu'elle entendoit et parloit fort bien; car je l'ai vue là; et fut si curieuse de faire faire à Antoine Fochain, de Chauny en Vermandois, une rhétorique en françois, que nous avons encore en lumière, afin qu'elle l'entendît mieux et se fît plus éloquente en françois, comme elle a été, et mieux que si dans la France même eût pris sa naissance. Aussi la faisoit-il bon voir parler, fût aux plus grands, fût aux plus petits. Et tant qu'elle a été en France, elle se réservoit toujours deux heures du jour pour étudier et lire; aussi il n'y avoit guères de sciences humaines qu'elle en discourût bien. Surtout elle aimoit la poésie et les poètes, mais surtout M. de Ronsard, M. du Bellay, et M. de Maison-Fleur, qui ont fait de belles poésies et élégies pour elle, et même sur son partement de la France, que j'ai vu souvent lire à elle-même en France

---

¹ Marie Stuart vint en France en 1548.

(a) Haranguer, parler. Nous disons encore pérorer.

et en Écosse[1] les larmes à l'œil, et les soupirs au cœur.

Elle se mêloit d'être poëte, et composoit des vers, dont j'en ai vu aucuns de beaux et très-bien faits, et nullement ressemblans à ceux qu'on lui a mis sus à avoir faits sur l'amour du comte de Bothwel[2]; ils sont trop grossiers et mal polis pour être sortis de sa belle boutique. M. de Ronsard étoit bien de mon opinion en cela, ainsi que nous en discourions un jour, et que nous les lisions. Elle en composoit bien de plus beaux et de plus gentils, et promptement, comme je l'ai vue souvent qu'elle se retiroit en son cabinet, et sortoit aussitôt pour nous en montrer à aucuns honnêtes gens que nous étions là. De plus, elle écrivoit fort bien en prose, surtout en lettres, que j'ai vues très-belles et très-éloquentes et hautes.

Toutesfois, quand elle devisoit avec aucuns, elle usoit de fort doux, mignard et fort agréable parler, et avec une fort discrète et modeste privauté, et surtout avec une fort belle grâce; même que sa langue naturelle qui est fort rurale, barbare, mal sonnante et séante, elle la parloit de si bonne grâce, et la façonnoit de telle sorte, qu'elle la faisoit trouver très-belle et très-agréable en elle, mais non en autres.

Voyez quelle vertu avoit une telle beauté et telle grâce, de faire tourner un barbarisme grossier en une douce civilité et gracieuse mondanité! Et ne s'en faut ébahir de cela, qu'étant habillée à la sauvage et à la barbaresque mode des sauvages de son pays (comme je l'ai vue), elle paroissoit en un corps mortel et habit barbare et grossier, une vraie déesse. Ceux qui l'ont vue ainsi habillée le pourront ainsi confesser en toute vérité; et ceux qui ne l'ont vue en pourront avoir vu

---

[1] Brantôme avait accompagné Marie Stuart en 1561, quand elle quitta la France pour retourner en Écosse.
[2] Un des assassins de Darnley, le second mari de Marie Stuart, qu'elle épousa quelque temps après le meurtre de Darnley.

son portrait, étant ainsi habillée. Si que j'ai vu dire à la reine mère et au roi qu'elle se montroit encore en celui-là plus belle, plus agréable et plus désirable qu'en tous les autres. Que pouvoit-elle donc paroître, se représentant en ses belles et riches parures, fût à la françoise ou à l'espagnole, ou avec le bonnet à l'italienne, ou en ses autres habits de son grand deuil blanc, avec lequel il la faisoit très-beau voir ? Car la blancheur de son visage contendoit (a) avec la blancheur de son voile à qui l'emporteroit ; mais enfin l'artifice de son voile le perdoit, et la neige de son blanc visage effaçoit l'autre... Voilà comment cette princesse paroissoit en toutes façons d'habits, fussent barbares, mondains, austères. Elle avoit encore cette perfection pour faire mieux embraser le monde, la voix très-douce et très-bonne ; car elle chantoit très-bien, accordant sa voix avec le luth, qu'elle touchoit bien joliment de cette belle main blanche, et de ces beaux doigts si bien façonnés qui ne devoient rien à ceux de l'Aurore. Que reste-t-il davantage pour dire ses beautés ? Sinon ce qu'on disoit d'elle : que le soleil de son Ecosse étoit fort dissemblable à elle ; car quelquefois de l'an il ne luit pas cinq heures en son pays ; et elle luisoit toujours... Ah ! royaume d'Écosse, je crois que maintenant vos jours sont encore bien plus courts qu'ils n'étoient, et vos nuits plus longues, puisque vous avez perdu cette princesse qui vous illuminoit ! Mais vous en avez été ingrat, ne l'ayant su reconnoître du devoir de fidélité comme vous deviez......

Or, cette dame et princesse plut tant à la France, qu'elle convia le roi Henri d'en prendre l'alliance, et la donner à M. le Dauphin, son fils bien aimé[1], qui de son côté en étoit éperdument épris. Les noces donc en furent solennellement célébrées dans la grande église

---

[1] Depuis le roi François II, fils de Henri II et de Catherine de Médicis. Le mariage se fit en 1558.

(a) Faisait concurrence, disputait.

et le palais de Paris, où l'on vit cette reine paroître cent fois plus belle qu'une déesse du ciel, fût au matin à aller aux épousailles en brave majesté, fût après dîner à se pourmener au bal, et fût sur le soir à s'acheminer d'un pas modeste, et façon dédaigneuse, pour offrir et parfaire son vœu au dieu hyménée ; si bien que la voix d'un chacun s'alloit épandant et résonnant par la cour, et parmi la grande cité, que bien heureux étoit cent et cent fois le prince qui s'alloit joindre avec cette princesse ; que si le royaume d'Écosse étoit quelque chose de prix, la reine le valoit davantage ; car, encore qu'elle n'eût ni sceptre ni couronne, sa seule personne et sa divine beauté valoient un royaume ; mais puisqu'elle étoit reine, elle apportoit à la France et à son mari double fortune.

Voilà ce que le monde alloit disant d'elle ; et par ainsi elle fut appelée la reine dauphine, et le roi son mari roi dauphin, vivans tous deux en une très-grande amour et plaisante concorde.

Puis, venant ce grand roi Henri à mourir, vinrent à être roi et reine de France, roi et reine de deux grands royaumes, heureux et très-heureux tous deux, si le roi son mari ne fût été emporté par la mort[1], ni elle par conséquent restée veuve au beau avril de ses plus beaux ans, et n'ayant joui ensemble de leur amour, plaisir et félicité, que quelque quatre années.

Voilà une félicité de peu de durée, et à qui la male (a) fortune pour ce coup devoit pardonner ; mais la malfaisante qu'elle est voulut ainsi traiter misérablement cette princesse, qui, de sa perte et de son deuil, fit elle-même cette chanson :

> En mon triste et doux chant,
> D'un ton fort lamentable,

[1] François II mourut en 1560.

(a) Mauvaise.

Je jette un deuil tranchant,
De perte incomparable,
Et en soupirs cuisans
Passe mes meilleurs ans.

Fut-il un tel malheur
De dure destinée,
Ni si triste douleur
De dame fortunée.....

Mets, chanson, ici fin
A si triste complainte,
Dont sera le refrain :
Amour vraie et non feinte,
Pour la séparation,
N'aura diminution.

Voilà les regrets qu'alloit jetant et chantant piteusement cette triste reine, qui les manifestoit encore plus par son pâle teint; car, dès lors qu'elle fut veuve, je ne l'ai jamais vue changer en plus coloré, tant que j'ai eu cet honneur de la voir; et en France et en Ecosse, où il lui fallut aller au bout de dix-huit mois [1], à son très-grand regret, et après son veuvage, pour pacifier son royaume, fort divisé pour sa religion. Hélas! elle n'y avoit aucune envie ni volonté. Je lui ai vu dire souvent, et appréhender comme la mort ce voyage; et désiroit cent fois plus de demeurer en France simple doüairière, et se contenter de son Touraine et Poitou pour son douaire donné à elle, que d'aller régner là en son pays sauvage; mais messieurs ses oncles [2], au moins aucuns et non pas tous, lui conseillèrent, voire l'en pressèrent, qui pourtant s'en repentirent bien puis après de la faute.

Sur quoi ne faut douter nullement si, lors de son partement, le feu roi Charles (IX), son beau-frère, fût été en âge accompli, comme il étoit fort petit et jeune,

[1] En 1561.
[2] François duc de Guise, le duc d'Aumale, les cardinaux de Lorraine et de Guise, MM. de Nemours et d'Elbeuf.

et aussi s'il fût été en l'humeur et amour d'elle comme je l'ai vu, jamais il ne l'eût laissée partir, et résolument il l'eût épousée ; car je l'en ai vu tellement amoureux, que jamais il ne regardoit son pourtrait qu'il n'y tînt l'œil tellement fixé et ravi, qu'il ne s'en pouvoit jamais ôter ni s'en ressasier, et dire souvent que c'étoit la plus belle princesse qui naquît jamais au monde.....

Tous ces discours ai-je vu faire pour ce sujet à lui et à plusieurs, lesquels j'omettrai pour ne varier en notre dit sujet de notre reine, laquelle enfin étant persuadée, comme j'ai dit, d'aller en son royaume, et son voyage ayant été remis à la prime (a), fit tant, que, le remettant de mois en mois, elle ne partit que sur la fin du mois d'août. Et faut noter que cette prime, en laquelle elle pensoit partir, vint si tardive, si fâcheuse, si froide, qu'au mois d'avril n'y avoit pas aucune apparoissance de se parer de sa belle robe verte, ni de ses belles fleurs. Si bien que les galans de la cour alloient augurant là-dessus, et publiant que cette prime avoit changé sa belle et plaisante saison en un ord (b) et fâcheux hiver, et n'avoit voulu se vêtir de ses belles couleurs et verdures, pour le deuil qu'elle vouloit porter de la partance de cette belle reine, qui lui servoit totalement de lustre.

Le commencement de l'automne étant donc venu, il fallut que cette reine, après avoir assez temporisé, abandonnât la France ; et s'étant acheminée par terre à Calais, accompagnée de messieurs tous ses oncles et de la plupart des grands et honnêtes de la cour, ensemble des dames, comme de madame de Guise et autres, tous regrettant et pleurant à chaudes larmes l'absence d'une telle reine, elle trouva au port deux galères et deux navires de charge seulement pour tout armement ; et, dix jours après son séjour de Calais, ayant dit ses adieux piteux et pleins de soupirs à toute la grande

(a) Printemps. — (b) Sale.

compagnie qui étoit là, depuis le plus grand jusques au plus petit, s'embarqua, ayant de ses oncles avec elle MM. d'Aumale et d'Elbeuf, M. Damville aujourd'hui M. le connétable[1], et force noblesse que nous étions avec elle, dans la galère de M. de Mévillon, pour être la meilleure et la plus belle.

Ainsi donc qu'elle commençoit à vouloir sortir du port, et que les rames commençoient à se vouloir mouiller, elle y vit entrer en pleine mer, et tout à coup à sa vue, s'enfoncer un navire devant elle et se périr, et la plupart des mariniers se noyer, pour n'avoir pas bien pris le courant et le fond ; ce qu'elle voyant, s'écria incontinent : « Ah ! mon Dieu ! quel augure de voyage est ceci ! » Et la galère étant sortie du port, et s'étant élevé un petit vent frais, on commença à faire voile, et la chiourme se reposer. Elle, sans songer à autre action, s'appuie les deux bras sur la poupe de la galère du côté du timon, et se mit à fondre en grosses larmes, jetant toujours ses beaux yeux sur le port et le lieu d'où elle étoit partie, prononçant toujours ces tristes paroles : « Adieu France, adieu France ! » les répétant à chaque coup ; et lui dura cet exercice dolent près de cinq heures, jusques qu'il commença à faire nuit, qu'on lui demanda si elle ne se vouloit point ôter de là et souper un peu. Alors redoublant ses pleurs plus que jamais, dit ces mots : « C'est bien à cette heure, ma chère France, que je vous perds du tout de vue, puisque la nuit obscure est jalouse de mon contentement de vous voir tant que j'eusse pu, et m'apporte un voile noir devant mes yeux pour me priver d'un tel bien. Adieu donc, ma chère France, je ne vous verrai jamais plus. »

Ainsi se retira, disant qu'elle avoit fait tout le contraire de Didon, qui ne fit que regarder la mer quand Énée se départit d'avec elle, et elle regardoit toujours

---

[1] Henri de Montmorency, d'abord maréchal de Damville.

la terre. Elle voulut se coucher sans n'avoir mangé qu'une salade, et ne voulut descendre en bas dans la chambre de poupe; mais on lui fit dresser la traverse de la galère en haut de la poupe, et lui dressa-t-on là son lit; et reposa peu, n'oubliant nullement ses soupirs et larmes. Elle commanda au timonier, sitôt qu'il seroit jour, s'il voyoit et découvroit encore le terrain de la France, qu'il l'éveillât et ne craignît de l'appeler. A quoi la fortune la favorisa; car le vent s'étant céssé, et ayant eu recours aux rames, on ne fit guères de chemin cette nuit; si bien que le jour paroissant, parut encore le terrain de France; et n'ayant failli le timonier au commandement qu'elle lui avoit fait, elle se leva sur son lit et se mit à contempler la France encore et tant qu'elle put. Mais la galère s'éloignant, elle éloigna son contentement et ne vit plus son beau terrain. Adonc redoubla encore ces mots : « Adieu la France! je pense ne vous voir jamais plus. »

LES GUISES.

1561.

RELATION DE JEAN MICHIEL, AMBASSADEUR VÉNITIEN.

Comme c'est à eux que j'ai toujours eu affaire depuis le commencement jusqu'à la fin de mon ambassade, et comme on n'en a pas parlé jusqu'ici d'une manière assez développée, il faut bien que je vous en entretienne. Je laisserai de côté la noblesse de leur maison, qui est la même que celle de Lorraine, leur père[1] étant frère de l'aïeul du duc de Lorraine. Ainsi celui-ci est

[1] Claude de Lorraine.

leur neveu. Leur mère [1] est la sœur du père du roi de Navarre [2], de la maison des Bourbons ; elle vit, et jouit encore d'une bonne santé. Les Guises sont par là les cousins germains du roi de Navarre et de ses frères, et parents du roi et de tous les princes du sang. Je ne parlerai pas même de la richesse de ces six frères, dont les revenus pris ensemble, en comptant les biens matrimoniaux, les biens de l'Eglise, les pensions et les traitements qu'ils reçoivent du roi, s'élèvent à 600,000 francs [3]. Le cardinal seul a, de ces biens ecclésiastiques, 300,000 francs. Cette richesse, jointe à la splendeur de leur maison, à leur piété, à leur beauté, à la concorde qui règne entre eux, les place au-dessus de tous les autres seigneurs du royaume. Au surplus les gouvernements et les charges principales sont dans leurs mains. Mais tous ces avantages, ils en jouissent en commun. Examinons chacun d'eux à part.

Le cardinal, qui est l'homme principal de la maison, sans les défauts dont je parlerai ci-après, serait de l'aveu commun, la plus grande puissance politique de ce royaume ; personne ne lui est comparable. Il n'a pas encore achevé sa trente-septième année ; il est doué d'un esprit merveilleux qui saisit à demi-mot l'intention de tous ceux qui lui parlent ; il a une mémoire étonnante, une belle et noble figure, une rare éloquence qui se déploie largement sur tout sujet, mais surtout dans les matières politiques. Il est très-lettré ; il sait le grec, le latin, l'italien ; il parle cette dernière langue avec une facilité à nous étonner nous-mêmes Italiens. Il est fort versé dans les sciences, principalement dans la théologie. L'extérieur de sa vie est très-honnête et très-convenable à sa dignité, ce qu'on ne pourrait pas dire des autres cardinaux et prélats, dont les habitudes

---

[1] Antoinette de Bourbon.
[2] Antoine de Bourbon.
[3] Au moins 6 millions d'aujourd'hui.

sont trop scandaleusement déréglées. Mais son grand défaut est une avarice au-delà de celle qui distingue naturellement la nation française ; c'est une cupidité honteuse, qui emploierait même pour ses fins des moyens criminels. Je dirai toute chose ouvertement, car tout ce que je dis ne doit pas sortir de cette enceinte ; parmi les défauts de cet homme il faut compter une grande duplicité, d'où lui vient l'habitude de ne dire presque jamais ce qui est. Au reste, c'est le vice général des Français. Mais il y a pis encore. Il passe pour être très-prompt aux offenses, vindicatif, envieux, trop lent à bien faire. Il excita la haine universelle en blessant tout le monde, tant qu'il en eût le pouvoir ; il seroit trop long d'en exposer les détails, mais sa violence étoit telle, que dans tout le royaume on ne désirait que sa mort.

Quant à monseigneur de Guise, qui est l'aîné des six frères, on ne peut parler de lui que comme d'un homme de guerre, d'un bon capitaine. Personne en France n'a livré plus de batailles que lui, personne n'a affronté de plus grands dangers. Tout le monde loue son courage, sa vigilance, sa constance à la guerre, son sang-froid, qualité admirablement rare dans un Français. Il ne s'emporte pas, il n'a pas une trop haute opinion de lui-même. Ses défauts à lui sont d'abord son avarice à l'égard des soldats ; puis il promet beaucoup, et lors même qu'il se propose de tenir sa promesse, il y met une lenteur infinie. Comme ces deux frères sont le fondement de la grandeur de leur maison, il n'est pas nécessaire de s'arrêter sur les autres, qui dépendent tout à fait d'eux.

LA FRANCE MENACÉE PAR L'ESPAGNE

ET PARTI ESPAGNOL EN FRANCE.

1561.

Extrait des *Commentaires sur le royaume de France* par Michel Suriano, ambassadeur vénitien.

Le roi d'Espagne est le prince le plus puissant et l'arbitre du monde ; il touche à la France par tant de points[1], qu'il l'entoure presque ; en sorte que si Philippe II avoit l'esprit de son père, ou bien si Charles-Quint avait eu la fortune actuelle de son fils, certes la France ne seroit plus la France. Autant ceux qui gouvernent ce royaume le craignent, autant les catholiques, et les prélats notamment, le désirent ; ils n'attendent leur salut que de lui. Ainsi dans le cas où le roi catholique déclarerait la guerre, il y trouverait peut-être plus d'appui que de résistance. On croit que M. de Guise, avec tous ses amis et partisans, penche de ce côté-là ; ce qui seroit une chose de grande conséquence, car le duc de Guise est homme d'autorité et de courage, et il entraînerait avec lui la fleur du royaume. Les avances qui depuis quelque temps lui ont été faites par le roi catholique ont éveillé les soupçons de la cour. Tous ses pas sont comptés, mais personne n'ose encore l'attaquer ouvertement. Lorsqu'on répandait dernièrement le bruit que le roi d'Espagne vouloit prendre les armes contre la France sur plusieurs points, on disoit en même temps que le duc de Guise avoit cherché à se faire le chef des catholiques pour combattre les huguenots ; de telle sorte que la

---

[1] L'Espagne, au Sud ; les Pays-Bas, au Nord ; la Franche-Comté, à l'Est.

reine lui envoya un de ses gentilshommes pour savoir si cela étoit. Le duc répondit qu'il en avoit été réellement requis, mais qu'il n'avait pas accepté. Cette circonstance peut avoir aggravé les soupçons. Aussi l'on craint extrêmement le roi catholique, non-seulement pour sa grande puissance, mais encore parce qu'il a dans le pays son parti tout fait. Dans cette vue, on comptait même, ces derniers mois, faire un dépôt d'argent, afin de l'avoir prêt au besoin; mais on réfléchit que ce projet pourrait produire des effets contraires à ceux qu'on se proposait, et pousser quelqu'un du royaume à y mettre la main et à s'en servir à l'avantage de la faction ennemie. Ne sachant où mettre en sûreté cet argent, on ne le plaça nulle part. Le mécontentement du roi catholique ne peut donc pas cesser, puisque l'hérésie qu'il déteste tant n'est pas étouffée, ainsi qu'il l'a demandé si souvent (au gouvernement français), d'abord par la persuasion, ensuite par les menaces. Et cependant on ne songe pas à se préparer à la guerre. Seulement j'ai appris que les hérétiques ont assuré que si jamais le roi d'Espagne déclarait la guerre, ils feraient révolter toute la Flandre en un jour; ils en ont, disent-ils, le moyen, parce que ce pays-là est plein de gens de leur secte.

MASSACRE DE VASSY.

Dimanche 1er mars 1562.

Le calvinisme s'était établi à Vassy en octobre 1561. L'évêque de Châlons essaya de faire rentrer la population de cette ville dans le sein de l'Eglise catholique; il ne put y réussir. De son côté, la duchesse douairière de Guise, Antoinette de Bourbon, défendit à ses sujets et à ceux de ses fils d'aller au prêche à Vassy. Son fils, le duc de Guise, étant chargé de gouverner et d'administrer les terres du douaire de Marie Stuart, sa nièce, veuve du roi François II, et Vassy faisant partie de ce douaire, Antoinette de Bourbon fit dire aux principaux de Vassy que ce qui s'y passait « lui déplaisoit grandement », et que ses fils, qui étaient alors en voyage sur les frontières d'Allemagne, pourraient bien, à leur retour, les faire repentir de leur conduite.

I.

Récit extrait des Mémoires de Condé[1].

Le duc de Guise arrivé audit Joinville, demanda à sa mère et autres ses plus familiers si ceux de Vassy faisoient toujours prêches et avoient ministres. On lui répond qu'oui, et qu'ils s'augmentoient de jour en jour et de plus en plus. Lors commença à marmonner et s'animer en son courage, mordant sa barbe, comme il avoit coutume de faire quand il étoit courroucé et fort irrité ou qu'il avoit vouloir de se venger.

Le samedi dernier jour dudit mois de février 1562, ledit duc de Guise, pour plus secrètement exécuter sa vengeance contre les fidèles dudit Vassy, partit dudit Joinville, accompagné du cardinal de Guise, son frère, et de leur suite, et vinrent loger au village de Dammartin-le-Franc, distant de Vassy d'une lieue et demi françoise, désirant les trouver assemblés. Et le lendemain, qui étoit le dimanche premier jour de mars, après qu'il eût ouï messe du grand matin audit Dammartin, accompagné des dessusdits et d'environ 200 hommes de sa suite, garnis de hacquebutes, pistoles et coustelaces, partirent dudit Dammartin et s'acheminèrent droit audit Vassy. Et passant par le village de Brouzeval, prochain dudit Vassy d'un petit quart de lieue, comme on sonnoit hautement la cloche audit Vassy, à la manière accoutumée pour aller au prêche, ledit duc, oyant icelle

[1] Les *Mémoires de Condé* sont un recueil de pièces et de documents, en 5 volumes in-4°, publié en 1743 par le savant historien Secousse.

cloche, demanda à aucuns qu'il rencontra par le chemin que c'étoit qu'on sonnoit à Vassy si hautement; lesquels firent réponse que c'étoit pour aller à la prédication du ministre. Lors fut dit par un nommé La Montaigne, maître d'hôtel du duc d'Aumale (qui avec la Brosse l'aîné marchoit à côté d'icelui duc), que c'étoit pour assembler les huguenots, et qu'il y en avoit beaucoup audit Brouzeval qui fréquentoient les prêches à Vassy, et que ce seroit bien fait de commencer audit lieu et leur bailler une charge, à quoi fut dit par icelui duc ces mots: « Marchons, marchons, il les faut aller voir ce pendant qu'ils sont assemblés. » Plusieurs de cette suite, comme les laquais, se réjouissant de cette entreprise, disoient que le pillage seroit pour eux, juroient la mort et le sang qu'il y en auroit qui seroient bien huguenotés.

Or, il y avoit audit Vassy environ 60 hommes d'armes et les archers de la compagnie dudit duc de Guise, qui naguères avoient fait leurs montres (a) au lieu de Montierender (comme auparavant ils avoient accoutumé de faire), les uns étoient logés audit Vassy, les autres audit Montierender et autres lieux circonvoisins; lesquels, sitôt que la montre étoit faite et leurs gages reçus, s'en retournoient chacun d'eux en leurs maisons; ce que toutesfois ne fut fait ni observé en ce temps. Car au lieu de loger ès-lieux accoutumés, ils se retirèrent tous à Vassy et se logèrent la plupart d'eux ès-maisons des papistes. Et le samedi précédant le carnage, on les voit préparer leurs armes, hacquebutes et pistoles. Toutesfois les fidèles ne se doutoient aucunement de cette conjuration et avoient opinion que ledit duc ne leur voudroit point meffaire, attendu qu'ils étoient sujets du roy, et qu'environ deux mois auparavant ledit duc et ses frères avoient passé assez près de Vassy sans leur porter mauvais visage, sinon que

---

(a) Passé la revue d'effectif, pour toucher la solde.

ledit cardinal avoit envoyé l'évêque de Châlons audit Vassy pour les divertir (a) et séduire, comme il a été déduit ci-devant.

Arrivant ledit duc de Guise à Vassy avec sa troupe, un jeune homme, cordonnier de son métier, sortant de sa maison près de la porte, fut montré au doigt par ledit La Montaigne, disant audit duc que c'étoit l'un des ministres. Ce cordonnier fut appelé par ledit duc, et interrogé s'il étoit ministre et où il avoit étudié ; lequel fit réponse qu'il n'étoit point ministre et n'avoit jamais été aux écoles, ce qui étoit vrai ; et par ce moyen échappa hors de cette troupe qui l'avoit environné ; et lui fut dit par l'un de la compagnie que son cas étoit bien sale s'il eût été ministre.

De là ledit duc de Guise, ayant quelque peu conféré en secret avec lesdits cardinal de Guise, La Brosse, La Montaigne, et autres ses familiers, passa outre en ladite ville avec sa troupe, comme voulant prendre le chemin pour aller droit au village d'Esclaron, où on disoit qu'il alloit dîner ; mais passant par devant la halle dudit Vassy, qui est assise vis-à-vis et prochaine du moustier, au lieu de suivre le chemin audit Esclaron, se détourna et alla descendre en ladite halle, puis entra au moustier. Et ayant appelé à soi un nommé Dessalles, prieur dudit Vassy, un autre nommé Claude Le Sain, prévôt dudit Vassy, le fils duquel est pourvu de la cure dudit Vassy et du prieuré des Hermites près Vassy, dont la maison dudit prévôt est entretenue, ayant un peu communiqué avec eux, il sortit hors dudit moustier comme fort irrité et fut suivi de beaucoup de gens de sa troupe. Et comme il en sortoit, fut commandé aux papistes de se tenir audit moustier et se garder bien de se trouver par les rues, ou autrement ils pourroient être en danger de leur vie.

Etant donc le duc hors de ce moustier, aperçut au-

(a) Détourner.

tres de sa compagnie qui l'attendoient se pourmenant sous ladite halle et à l'entour du cimetière, et leur commanda de marcher droit où le prêche se faisoit, qui étoit en une grange distant dudit moustier d'environ cent passées, tout au contraire et à l'opposite de la rue et chemin que ledit duc devoit prendre pour aller à Esclaron.

Suivant lequel commandement, ceux de ladite compagnie étant de pied marchèrent droit à ladite grange, et pour le premier marchoit le guidon d'icelle compagnie, nommé La Brosse, et à côté desdits gens de pied y avoit des gens de cheval; après lesquels gens de pied le duc de Guise marchoit, accompagné de La Brosse l'aîné et de plusieurs autres, tant de sa suite que de celle dudit cardinal de Guise. Et pour lors le ministre avoit jà commencé sa prédication et fait les premières prières à ceux de ladite assemblée, qui pouvoient être d'environ 1200 personnes, tant hommes que femmes, qu'enfans.

D'arrivée ceux qui étoient à cheval, approchant de ladite grange environ vingt cinq passées, tirèrent deux coups de hacquebutes droit à ceux qui là étoient sur les échafauds, à l'endroit des fenêtres. Quoi voyant ceux qui étoient en icelle grange près la porte, la voulurent fermer; mais ils furent furieusement forcés et empêchés de ce faire par ceux de ladite compagnie, lesquels incontinent commencèrent tous à dégainer leurs épées, criant: « Tue, tue, mort Dieu, tue ces huguenots. »

Le premier qui fut par eux rencontré étoit un pauvre crieur de vin, qui étoit au devant la porte de la grange, auquel ils demandèrent s'il n'étoit pas huguenot et en qui il croyoit; et ayant répondu qu'il croyoit en Jésus-Christ, lui donnèrent deux grands coups d'épée à travers du corps, dont il fut attéré; et s'étant relevé pour se sauver, lui en furent derechef baillés d'autres, tellement que, chargé de plaies de toutes parts, il tomba par terre et mourut tout soudain. Deux autres hommes au même instant furent tués et abattus à l'entrée de ladite porte, comme ils pensoient sortir et échapper d'icelle grange, voyant le désarroi. Et alors ledit duc de Guise et ses gens entrèrent à grande foule en icelle grange, avec grande furie, touchant et frappant âprement à grands coups d'épées, dagues et coustelaces sur ces pauvres fidèles, sans aucunement avoir égard ni au sexe ni à l'âge; et étoient là dedans tellement éperdus qu'ils ne savoient que faire, couroient çà et là tombant les uns sur les autres, fuyant comme pauvres brebis devant une troupe de loups entrés en la bergerie.

Aucuns des massacreux tirèrent plusieurs coups de hacquebutes et pistoles au travers de ceux qui étoient sur les échafauds; les autres, d'une grande furie, fauchoient à grands coups d'estoc à travers le corps de ceux qu'ils rencontroient; autres leur fendoient les têtes, leur coupoient les jarrets, les bras et mains, et tâchoient à les mettre tous en pièces, tellement que plusieurs furent tués et moururent sur la place. Les murailles et échafauds d'icelle grange étoient teintes et arrosées du sang de ces pauvres gens en plusieurs et divers endroits d'icelle.

La furie étoit si très-grande que ceux qui étoient dans icelle grange furent contraints pour la plupart de rompre et percer le toit pour se sauver par dessus icelui; et étant sur ledit toit, craignant de tomber de rechef ès mains de leurs ennemis, sautoient par dessus les murailles de la ville, qui lors étoient de grande hauteur, et s'enfuyoient droit aux bois et aux vignes, où ils pouvoient mieux, les uns étant blessés aux bras, les autres à la tête et autres parties de leurs corps.

Le duc étoit lui-même en la grange, avec son épée nue à la main, commandant à ses gens de tuer, et nommément les jeunes gens; et sur la fin dit qu'on laissât les femmes grosses, criant après ceux qui s'efforçoient de se sauver par ledit toit : « En bas, canailles, en bas, » et usant de grandes menaces.

Ce qui le mut (*a*) lors d'ordonner qu'on laissât les femmes grosses, fut par le moyen de la duchesse sa femme, laquelle passant auprès des murailles dudit Vassy, et oyant un si grand bruit et clameur de ces pauvres gens, et le son des hacquebuttes et pistoles, envoya en diligence vers le duc son mari, le supplier de cesser sa persécution de peur des femmes grosses.

Pendant ce massacre, le cardinal de Guise étoit devant le temple dudit Vassy, appuyé sur les murailles du cimetière, regardant vers ladite grange, où étoient ceux de sa suite, tuant et massacrant.

Plusieurs de ladite assemblée étant ainsi pressés se sauvèrent par dessus ledit toit, sans que l'on s'en aperçut de dehors d'icelle grange, sinon que, sur la fin, aucuns de ladite suite étant assez près dudit temple, en aperçurent qui étoient sur ledit toit et tirèrent sur eux avec longues hacquebuttes, dont il y en eut plusieurs de tués et blessés, même par les serviteurs domestiques dudit Dessalles, prieur de Vassy, lesquels tirant sur ces pauvres gens, les faisoient tomber en bas dudit toit comme on feroit des pigeons étant sur un toit. Et fut l'un des serviteurs dudit Dessalles bien si effronté, qu'il se vanta, depuis ledit massacre, en présence de plusieurs personnes, que de sa part il en avoit fait tomber à bas dudit toit une demi douzaine pour le moins, disant que si les autres eussent fait comme lui, il n'en fût pas tant échappé.

Le ministre, nommé Léonard Morel, pour le commencement de la persécution et massacre ne cessa de prêcher et tint bon jusques à ce que l'on tirât un coup de hacquebutte droit à la chaire où il étoit ; quoi voyant, il se mit à deux genoux en la chaire, priant le Seigneur d'avoir pitié non seulement de lui, mais surtout du

---

(*a*) Porta.

pauvre troupeau ; et après la prière, pensant de se sauver, quitta sa robe afin de n'être connu ; mais ainsi qu'il passoit par la porte, il tomba tout effrayé sur un qui étoit mort et là reçut un coup d'épée en l'épaule dextre. S'étant relevé et pensant se sauver, il fut appréhendé et frappé de rechef à grands coups d'épée sur la tête, dont il tomba tout plat à terre, et se sentant mortellement navré s'écria : « O Seigneur, mon âme en tes bras je viens rendre, car tu m'as racheté, ô Dieu de vérité. » En faisant sa prière, il y accourut un de la troupe sanglante pour lui couper les jarrets ; mais Dieu voulut que l'épée de cestui-là se rompît à l'endroit de la garde ; et pour montrer comment il fut délivré de cet instant de mort, voici que deux gentilshommes, se trouvant à l'endroit qu'on le vouloit achever de tuer, dirent : « C'est le ministre, il le faut mener à M. de Guise. » Ceux-ci le prirent pardessous le bras et l'emmenèrent jusques devant la porte du moustier, d'où le duc, sortant avec son frère le cardinal, demanda audit ministre : « Viens-çà, es-tu le ministre d'ici ? Qui te fait si hardi de séduire ce peuple ? — Monsieur, dit le ministre, je ne suis point séditieux, mais j'ai prêché l'évangile de Jésus-Christ. » Le duc sentant que cette simple et brève réponse le condamnoit du tout, commença à maugréer, en disant : « Mort Dieu, l'évangile prêche-t-il sédition ? Tu es cause de la mort de toutes ces gens ; tu seras pendu tout maintenant. Çà, prévôt, qu'on dresse une potence pour pendre ce bougre. » Cela dit, le ministre fut livré entre les mains des laquais qui l'outragèrent de toutes façons.

Les femmes de la ville, qui étoient ignorantes et papistes, lui vinrent jeter la fange au visage, avec cris et voix de lamentation, disant : « Tuez, tuez le méchant, car il est cause de la mort de tous ces gens ici. » De manière qu'on avoit assez à faire de garder ledit ministre de la rage des femmes.

Cependant que lesdits laquais eurent en gouvernement ledit ministre, le duc rentra en ladite grange, où on lui apporta une grande Bible dont on usoit ès prédications ; et le duc, la tenant entre ses mains, appela son frère le cardinal et lui dit ; « Tenez, mon frère, voyez le titre des livres de ces huguenots. » Le cardinal le voyant dit : « Il n'y a point de mal en ceci, car c'est la Bible et la Sainte-Ecriture. » Le duc, se sentant confus de cette parole, entra en plus grand'rage que par avant, et dit : « Comment, sang Dieu, la Sainte-Ecriture ? Il y a mille et cinq cens ans que Jésus-Christ a souffert mort et passion, et il n'y a qu'un an que ces livres sont imprimés ; comment dites-vous que c'est l'Evangile ? Par la mort Dieu, tout n'en vaut rien. » Cette fureur si extrême déplut au cardinal, tellement qu'on lui ouit dire : « Mon frère a tort. » Et le duc se pourmenoit en la grange et écumoit sa fureur, et tiroit sa barbe pour toute contenance.

Pour revenir à la troupe des pauvres affligés, ceux qui n'eurent moyen et loisir de monter et gagner le toit de la grange, s'en fuyant, étoient rencontrés et suivis par lesdits massacreux qui frappoient sur eux très-roidement avec leurs épées et coustelaces. Et ores qu'ils furent sortis et échappés hors de la grange, néanmoins pour cela n'étoient mis en sûreté ; car étant hors d'icelle, ils étoient contraints et pressés de passer parmi deux autres rangs desdits ennemis qui tenoient le détroit de toutes les rues, tant à pied qu'à cheval, et les poursuivoient très-furieusement, frappant sur eux de manière qu'une grande partie n'alloit pas sans tomber, ou être morts, ou fort navrés et mutilés en leurs membres, et y eut lors grand massacre et tuerie. Toutesfois, par la grâce de Dieu, plusieurs desdits fidèles échappèrent tant par dessus ledit toit qu'autrement, sans être blessés.

Ce massacre dura une grande heure, et pendant laquelle les trompettes dudit duc sonnèrent par deux diverses fois.

Quand aucuns desdits fidèles demandoient miséricorde au nom de Dieu et Jésus-Christ, qu'ils imploroient à leur aide, les meurtriers se moquant d'eux leur disoient en cette manière: « Vous appelez votre Christ ; où est-il maintenant qu'il ne vous sauve ? » Et quand ils disoient : « Seigneur Dieu ! » Eux par grande dérision, leur disoient : « Seigneur diable ! »

Il mourut lors dans ladite grange, et hors d'icelle, parmi les rues, et environ quinze jours et un mois après, de cinquante à soixante personnes, tant hommes que femmes, au moyen dudit massacre..... Outre les personnes ci-dessus nommées, il y eut encore plus de deux cent cinquante autres personnes, tant hommes que femmes, qui furent fort navrées et mutilées, dont aucuns en sont morts, les autres sont manchots et estropias de leurs membres, ayant aucuns d'eux les bras, jarrets et doigts des mains coupés et emportés.

Jeannette, femme de Nicolas Thielemant, fut tuée en la halle dudit Vassy par deux laquais qui lui ôtèrent son demi-sein et agraffes d'argent ; et son fils la voulant secourir et aider, eut un coup d'épée dans le ventre et fut en grand danger de mort. Les autres morts et abattus, tant en la grange que parmi les rues, furent pour la plupart pillés, même jusques à déchausser leurs souliers, les manteaux, bonnets, chapeaux, ceintures et gibecières des hommes, les chaperons, coiffes et couvre-chefs des femmes et filles pris et emportés par les massacreux et pillards.

Le tronc des pauvres, attaché avec un crampon de fer à l'entrée de la porte du temple, fut rompu, et environ 12 livres tournois d'aumône qui étoient dedans pris et emporté par les meurtriers ; la chaire du ministre rompue et mise en pièces ; la Bible où on avoit lu un chapitre avant la prédication fut prise et emportée. La maison d'un nommé Pierre Changuyon, boucher, prochaine de ladite grange, fut totalement pillée, jusques à la dernière serviette.

On ne voyoit parmi les rues sinon femmes décoiffées et déchevelées, couvertes de sang sur le visage, ayant plusieurs coups d'épée et dagues, et faisant grands pleurs et gémissemens. Les barbiers et chirurgiens eurent tant de pratique, qu'il y en avoit aucuns d'eux qui avoient soixante ou quatre vingts personnes à panser; plusieurs qui moururent faute d'être pansés.

Plusieurs Nouveaux Testamens, Psaumes et catéchismes, pris et ôtés par lesdits voleurs à ceux de la dite assemblée, furent rompus et mis en pièces par la voie.

Claude Le Sain, prévôt, l'un des auteurs et solliciteurs dudit massacre, et qui auparavant (avec La Montaigne) avoit sollicité la douairière de Guise, mère dudit duc et cardinal, et icelle animé à l'encontre desdits fidèles, au sortir du temple papal, voyant ledit duc aller à ladite grange, accourut incontinent à l'hôtel du Cygne, où y voyant quinze ou seize laquais desdits duc et cardinal de Guise, il leur dit qu'ils perdoient bien leur temps qu'ils n'étoient avec le duc et ses gens, qui accoûtroient bien les Huguenots de la grange; lesquels, oyant ces paroles, partirent du logis et couroient avec les autres; aucuns d'eux, garnis de longues hacquebutes, les autres de leurs épées et dagues nues, firent grands meurtres et excès.

Ledit ministre, ayant plusieurs coups d'épée sur la tête et autres parties de son corps, fut pris hors dudit temple, comme il pensoit se sauver avec un nommé Etienne Gallois et ledit Nicolas Thielemant, échevins de Vassy, qui furent liés et garrottés de l'ordonnance dudit duc; lequel demanda à Claude Le Sain, prévôt, s'il avoit point de maître des hautes-œuvres; il lui fit réponse que non, mais qu'il en auroit tôt trouvé si lui en plaisoit. Et au même instant, ledit duc manda Claude Tondeur, capitaine de Vassy, qui étoit en sa maison au château dudit lieu, lequel vint audit mandement; et après avoir été par icelui duc âprement repris et tancé de ce qu'il avoir souffert faire assemblée audit Vassy et d'y prêcher, lui commanda de le suivre et dit à ses gens qu'on le menât prisonnier où il alloit; ce qu'ils firent.

Furent lesdits ministres et Gallois liés et menés en traits et cordes de charrues, et traînés comme chiens parmi les fanges et boues, depuis ledit Vassy jusques au village d'Ettancourt, tirant droit à Esclaron, distant dudit Vassy d'une demi-lieue. Et quant à Nicolas Thielemant, il fut élargi à caution, pour aller faire inhumer ladite Jeannette sa femme et panser son fils, qui avoit eu un coup d'épée des mêmes laquais qui tuèrent sa mère en ladite halle, en voulant icelle secourir; sous promesse toutesfois qu'icelui Thielemant se dût représenter audit duc le lendemain matin à Esclaron.

Et alors ledit duc monta à cheval et partit dudit Vassy avec le cardinal de Guise son frère, la duchesse sa femme, et plusieurs autres de leurs plus familiers, et s'en allèrent dîner audit Ettancourt, en la maison d'un nommé Jean Collesson. Et après dîner, fit ledit duc venir devant lui lesdits capitaines et Gallois, auquel il fit plusieurs remontrances, usant toutesfois de paroles fort sévères et rigoureuses, les menaçant de les faire pendre, et ruiner ladite ville de Vassy, si jamais ils entreprenoient de s'assembler et avoir ministre, comme ils avoient fait, leur commanda de vivre comme leurs ancêtres et aller à la messe, ce que par contrainte et crainte ils promirent faire. Nonobstant laquelle promesse ne délaissa ledit duc, à l'instigation desdits prévôts de Vassy et de La Montaigne, leurs plus grands ennemis, de les faire mener audit lieu d'Esclaron, où icelui duc et sa compagnie allèrent au gîte. Auquel lieu ledit ministre fut porté sur une échelle par trois ou quatre hommes depuis ledit Ettancourt; et sur le chemin, outre que le ministre enduroit grand'peine et froidure, il fut battu et outragé par les laquais et autres de ladite suite. Furent lesdits ministre, capitaine et

Gallois, gardés toute la nuit audit Esclaron, comme criminels.

Le lendemain lundi, 2ᵉ dudit mois, lesdits Gallois et capitaine, avec ledit Thielemant, qui s'étoit venu représenter suivant le commandement dudit duc, étant audit Esclaron, furent menés en une galerie où ledit duc devoit passer; et y étant, on les fit mettre à genoux pour crier merci au duc, lequel, peu de temps après qu'ils furent en icelle galerie, passa tout auprès d'eux; et comme il passoit, lui fut dit par aucuns de sa suite que ceux de Vassy avoient envoyé vers le roy. A quoi icelui duc fit réponse : « Qu'ils y aillent, qu'ils y aillent; ils ne trouveront pas leur amiral ni chancelier; » ne daignant quasi regarder vers les dessusdits étant à genoux.

Le lendemain suivant; après que cesdits eurent baillé caution, furent élargis et renvoyés audit Vassy. Et quant audit ministre, fut le jour mené prisonnier, de l'ordonnance du duc de Guise, au château de Saint-Dizier, sous la garde d'un nommé François des Bosves, dit Dumesnil, capitaine dudit Saint-Dizier, maître d'hôtel et ayant la superintendance des affaires d'icelui duc audit pays. Icelui Dumesnil auroit depuis ledit jour détenu ledit ministre prisonnier en une prison fort étroite, misérablement et inhumainement, sans de sa part lui administrer vivres ni autres nécessités, ne voulant souffrir qu'aucun de ceux qui lui portoient à boire et à manger de la ville entrât dans ledit château, pour voir ledit ministre et savoir s'il avoit quelque nécessité. A été ledit ministre, durant ce temps, par quelquesfois plus de vingt-quatre heures sans boire ni manger; a aussi par plusieurs fois été menacé des gens dudit Dumesnil d'être jeté dans un sac à l'eau.

On voulut contraindre ledit ministre à faire ses pâques à la manière des Papistes, sous promesses de l'élargir; toutesfois ne voulut aucunement obéir à ce, et est demeuré ferme, étant prisonnier audit Saint-

Dizier, en la garde dudit Dumesnil, jusques au huitième de mai 1563 qu'il sortit.

Pendant le temps que ledit duc étoit à Esclaron, l'on envoya audit Vassy un nommé maître Alexandre le Gruyer, ancien avocat du roy à Chaumont en Bassigny, pensionnaire de la maison dudit duc de Guise; lequel étant arrivé audit Vassy, ledit Claude Le Sain et lui commencèrent à faire une information du tout à la décharge du duc, pour le fait de ce massacre. En laquelle information furent ouïs et examinés cinq ou six témoins, de ceux mêmes qui avoient assisté audit massacre et aidé à commettre lesdits meurtres et excès faits au moyen d'icelui; mêmement ledit La Montaigne, auteur et solliciteur dudit massacre, avec ledit prévôt, et lequel entre autres aida à tuer et massacrer Jean Pataul[1], diacre de l'église. Semblablement furent ouïs Claude Digoine, maréchal des logis dudit duc, la Brosse l'aîné, et autres apostats de la vérité, et leur déposition mise et rédigée par écrit.

Durant ce temps que ledit duc de Guise étoit à Esclaron, les laquais et plusieurs autres de sa suite vendoient et exposoient en vente, à qui plus en bailleroit, les manteaux, bonnets, chapeaux, ceintures, coiffes, couvre-chefs et autres choses par eux prises et butinées audit massacre, les criant à haute voix, comme feroit un sergent ayant pris des meubles par exécution.

II.

Lettre du duc de Guise[2].

Il faut que cependant je vous fasse entendre un acci-

---

[1] Marchand demeurant dans un village près de Vassy.
[2] Extrait du *Discours au vrai et en abrégé de ce qui est dernière-*

dent qui m'est survenu par les chemins, ainsi que je hâtois mon voyage, qui est que, partant de Joinville, qui est à moi, pour aller à une autre de mes maisons nommée Esclarron, et s'adonnant mon chemin de passer par une petite ville qui est entre deux, appartenant au roy, appelée Vassy, il y est advenu chose que je n'eusse jamais pensé et dont je ne me fusse jamais douté, de voisins si proches que ceux-là et dont la plupart sont mes sujets, qui me pouvoient fort bien connoître. Il est vrai que sachant, long-temps a, que la plupart d'entre eux étoient gens scandaleux, arrogans et fort téméraires, combien qu'ils fussent calvinistes, faisant profession de suivre l'Église qu'ils appellent entre eux réformée, je ne voulus souffrir que l'on dressât ma dinée audit Vassy ; mais j'ordonnai qu'elle fût à un petit village plus avant, à demi-lieue, expressément pour éviter ce que depuis est advenu audit Vassy, pour raison de ma suite, voulant fuir les occasions que quelques-uns des miens ne pussent agacer ni dire mot à ceux de ladite ville et qu'ils n'entrassent ni les uns ni les autres en dispute de religion, ce que j'avois expressément défendu aux miens.

Si est-ce que passant par là, qui fut un jour de dimanche, premier jour de ce mois de mars, et y étant descendu au-devant de l'église, seulement pour y ouir la messe, comme est ma coutume, il me fut bientôt après rapporté, comme j'étois en ladite église où s'étoit déjà commencé le service divin, que guères loin de là, en une grange qui est en partie à moi, se faisoit un prêche où s'étoit faite assemblée de plus de cinq cents personnes. Et m'avoit-on déjà fait plainte qu'à la suasion de quelques ministres, qui peu auparavant s'y étoient trouvés, venus de Genève, ils se montroient

ment advenu à Vassy, etc., brochure imprimée à Paris en 1562, par Guill. Morel, et réimprimée dans les *Archives curieuses de l'histoire de France*, t. IV.

déjà fort refroidis et éloignés de porter au roy l'obéissance qu'ils devoient; par quoi étant ladite ville de l'assignat du douaire de la reine d'Écosse, douairière de France, madame ma nièce[1], et sachant le commandement que j'y avois, tant à cause de l'autorité et superintendance que ladite dame m'a laissée par deçà sur tout son douaire, qu'aussi pour être bonne partie de l'assemblée de mes propres sujets, il me sembloit être trop près d'eux, qu'ils n'étoient qu'à la vue de la porte de ladite église, n'y ayant que la rue à traverser entre deux pour ne leur devoir faire telles remontrances que je connoîtrois plus à propos, à ce qu'ils connussent combien ils se forvoyoient du devoir auquel ils étoient tenus, et le peu de respect qu'ils avoient à l'obéissance qu'ils devoient porter au roy, pour les rébellions, séditions et insolences dont encore peu auparavant ils avoient usé envers aucuns prélats de ce royaume, sans me vouloir autrement empêcher du fait de leur dite religion, sinon en ce qui eût été seulement aussi contraire aux ordonnances et commandemens de Sa Majesté.

Et ému par les considérations dessus dites de ce faire, comme je pensois, en forme d'un admonestement gracieux et honnête, sans que je susse qu'ils fussent saisis d'armes, comme ils furent depuis trouvés avec arquebuses, pistolets et autres munitions, qui étoit contrevenir davantage aux édits et ordonnances de Sa Majesté, j'envoyai devers eux deux ou trois de mes gentilshommes, pour leur signifier le désir que j'avois de parler à eux, lesquels je suivois de bien près. Et ne leur fut sitôt la porte où étoit ladite assemblée entr'ouverte, que tout soudain, par une impétueuse résistance, ceux de dedans ne vinssent à la refermer et à repousser ceux que je leur avois envoyés, si rudement à grands coups de pierre, dont ils avoient une bonne

---

[1] Marie Stuart, veuve de François II.

provision, et des plus grosses, sur un haut échaffaud qu'ils avoient dressé à l'entrée du portail de ladite grange ; tellement que, les uns jetant d'en haut lesdites pierres, et autres tirant leurs arquebuses et pistolets sur moi et les miens, qui pouvions être environ trente personnes, n'ayant que nos épées à nos côtés, ils firent tout devoir de me choisir et de nous assommer, si bien que quinze ou seize de mes gentilshommes furent à mes pieds lourdement offensés et outragés.

J'en reçus moi-même trois coups, qui toutesfois n'eurent pas si grand portée, Dieu merci, car je ne m'en suis qu'un peu senti en un bras, qui n'a été chose d'importance. J'ai eu fort grand regret d'y voir blessé, entre autres, le seigneur de la Bresse, chevalier de l'ordre du roy, qui y fut fort navré en la tête, avec une grande effusion de sang ; le tout par l'insolence et aggression de ceux de ladite ville, qui, avec leurs susdites arquebuses et pistolets, dont plusieurs ont été trouvés saisis, firent tout effort de faire contre moi et les miens le pis qu'ils purent ; et faillirent à gagner une maison, joignant de là, où se trouva une grande table toute couverte d'autres arquebuses et pistolets tous chargés, étant ladite maison percée, qui flanquoit l'entrée de leur dite grange, et dont je n'avois rien encore entendu. Néanmoins ledit effort ne put être si grand que je ne vinsse avec ma petite troupe à être maître de leur dite porte ; mais ce ne put être, dont j'ai un merveilleux regret, que de l'autre part il n'en soit demeuré vingt-cinq ou trente de tués et plus grand nombre de blessés ; combien que, pour chose qui m'ait été faite, je n'aie jamais voulu frapper personne, et le défendisse aux miens tant qu'il m'étoit possible, admonestant les autres aussi de cesser de leur côté, bien marri que leur résistance ne permettoit plutôt de les faire délivrer entre les mains de la justice, comme j'eusse bien désiré.

Ceci ne fut jamais advenu sans l'aggression de ceux

de ladite ville; et s'est faite la plus grande partie de cette exécution par aucuns de nos valets qui étoient à notre suite, trouvant, ainsi qu'ils arrivoient, leurs maîtres tous blessés et offensés, et qui avoient aussi ouï le bruit des arquebuses et pistolets délâchés, nous étant dans ladite grange. Si est-ce que m'apercevant de cette insolence, encore qu'on continuât toujours de ruer sur moi et sur ceux qui étoient autour de moi, je ne laissai de donner incontinent ordre, et le plus tôt que je pus, de faire le tout cesser; et sans cela il y fût beaucoup pis advenu. Je fis soudain aussi mettre prisonniers tous ceux dont je me pus saisir, coupables et auteurs de tel inconvénient, où je m'attendois aussi peu qu'à chose de ce monde; vous assurant que si j'y eusse pensé, j'eusse bien pourvu que les miens n'eussent été désarmés ni blessés comme ils furent, et me fusse fort bien gardé de m'accompagner, comme je faisois, de M. le cardinal de Guise, mon frère, ni de mener quant et moi mon fils ainé, ni ma femme qui étoit à ma suite en sa litière, avec un de ses enfans âgé de sept ans seulement.

Le magistrat ayant reconnu la vérité du fait tel que dessus, j'en donnai tout soudain avis au roy, à la reine et au roy de Navarre, qui ont pu considérer depuis si telles gens que ceux-là, et de mes sujets mêmes, ont eu cette hardiesse d'oser entreprendre à l'encontre de moi, ce que l'on doit espérer d'eux en autres choses et jusques où ils sont déjà parvenus par la tolérance qu'on a faite par deçà de ces nouveaux calvinistes, qui ne prêchent en la plupart qu'une liberté toute pleine de sédition. Il vous peut souvenir, monsieur, de ce que nous en disions dernièrement ensemble. Or ai-je désiré, comme je fais encore, que bonne et duë information en soit faite, non pour en requérir autre vengeance ni réparation, ainsi que Dieu m'en est bon témoin (car la reconnoissance déjà qu'ils ont faite de leur péché m'est suffisante satisfaction), et ne trouvera-t-on jamais en moi, en ce qui me touche, que toute la douceur et humanité qu'on sauroit espérer de prince que ce soit, et qui, en ce que je peux et de bien bon cœur, leur pardonne; mais je dois bien souhaiter que la vérité de ce fait soit entièrement entendue et non déguisée, comme je sais que, par la malice et imposture dont sont pleins plusieurs qui leur adhèrent, elle pourroit en votre endroit et ailleurs, vu qu'ils se sont déjà efforcés de faire entendre à leurs susdites Majestés le rebours de la vérité, et ne prenant que ce qui est à leur avantage. Et combien que je pense bien, monsieur, que vous m'estimiez véritable, si vous prierai-je de surseoir l'opinion que vous en pourriez prendre jusques à ce qu'il vous soit apparu du jugement qu'en aura fait le principal sénat de tout ce royaume, et me tenir toujours en votre bonne grâce, à laquelle, bien humblement et le plus affectueusement que je peux, me recommande.

ASSASSINAT DU DUC DE GUISE.

18 février 1563.

LETTRE D'ETIENNE PASQUIER A M. DE FONSSOMME, GENTILHOMME VERMANDOIS.

O admirable changement et mutation de fortune ! Celui dont je vous ai tant écrit, sur lequel le peuple fichoit principalement ses yeux, ce guerrier inexpugnable, est mort... : mais entendez, je vous prie, comme tout ce malheur s'est passé. Voyant que les forces de ses ennemis étoient divisées, une partie étant allée avec l'amiral[1] en Normandie, et l'autre demeurée avec

---

[1] L'amiral de Coligny.

M. d'Andelot pour la garde d'Orléans, il met le siége devant la ville, où les choses lui succédèrent si à propos qu'il prit d'emblée le faubourg du Portereau, qui étoit un hébergement fort commode pour ses gens, par le moyen duquel il pressoit grandement le seigneur d'Andelot, quoiqu'il fût très-vaillant capitaine : quant à lui, il étoit logé au village de Saint-Mesmin.

Or voici un nouveau dessein que l'on brasse contre lui. Dedans la ville de Lyon commandoit, sous l'autorité du prince, M. de Soubise, qui avoit à sa suite un gentilhomme angoumoisin, natif d'Aubeterre, nommé Jean Poltrot, seigneur de Méré : celui-ci avoit de longue main prémédité la vengeance générale de tout son parti, laquelle il n'estimoit pouvoir accomplir que par la mort du seigneur de Guise ; il s'en découvrit à son maître, qui l'envoya vers l'amiral avec lettres de créance. Si cela est vrai ou non, je m'en rapporte à ce qui en est : mais pour le moins le bruit commun est tel ; dont l'amiral ne s'est pas étonné grandement, encore que par un manifeste il s'en soit voulu depuis excuser. Ayant communiqué avec lui, et le conseil pris entre eux, Poltrot vint trouver devant Orléans M. de Guise, et, lui ayant fait une révérence profonde, lui dit que mal conseillé il avoit suivi M. le Prince[1] ; mais que mu d'une juste repentance, il se venoit rendre à lui, avec un ferme propos de faire un bon service au roi. M. de Guise, estimant que cette parole vint du fond du cœur, le recueillit d'un œil favorable, et même lui donna tel accès en sa maison, que souventesfois il buvoit et mangeoit à sa table. L'on dit (je ne l'assure pas pour vrai) que la débonnaireté de ce prince eut tant de puissance sur l'autre, que pour ce premier coup il perdit le cœur, et retourna tout court devers l'amiral, beaucoup moins résolu que devant, même en délibération d'en oublier le retour, n'eut été qu'il fut

---

[1] Le prince de Condé.

redressé par un ministre plein d'entendement et de persuasion : sous la parole duquel, après qu'on lui eut fait présent d'un bon cheval d'Espagne, et de cent écus et d'une bonne pistole, il reprit le chemin d'Orléans, où pour le faire court, il sut si dextrement jouer son personnage, que ce pauvre prince, retournant du Portereau, après avoir passé la rivière du Loiret, accompagné du seigneur de Rostaing, il le choisit si à propos par derrière au lieu le moins armé, à la jointure de l'épaule, que ce vaillant prince, tombant de son cheval, fut emporté grandement navré à son logis, où madame de Guise, sa femme, étoit.

Poltrot jusque-là étoit demeuré en cervelle (a) ; mais soudain qu'il eut fait le coup, se trouva tellement éperdu, qu'ayant pris la garite (b) pour se sauver, quelque tracassement qu'il fît toute la nuit, qui fut de plus de dix lieues, il se trouva le matin au milieu du camp des Suisses, où, s'étant blotti l'espace de trois jours entiers en une cassine d'un pauvre vigneron, dans les vignes, Le Seurre, secrétaire du seigneur de Guise, qui s'étoit mis en quête, le prit par un soupçon violent, tant pour l'avoir vu souvent au logis de son maître, que pour le trouver vêtu d'une mandille (c) de couleur perse, telle que le seigneur de Rostaing avoit figuré celle du meurtrier. Cependant ce pauvre seigneur, blessé à la mort, est allé de vie à trépas, après que la reine a recherché tous moyens pour le garantir. Mourant, il a fait plusieurs belles remontrances et exhortations au seigneur prince de Joinville, son fils aîné. Son corps apporté dans Paris avec grandes lamentations, au mois de mars 1563, à une journée près de celle qu'il y étoit, l'année précédente, entré très-glorieusement, on lui a fait une grande pompe funèbre : son corps porté à Joinville, tombeau ancien de ses prédécesseurs ; et pour reconnoissance des bienfaits

---

(a) Fort agité. — (b) Fuite. — (c) Casaque.

qu'il avoit procurés à l'Eglise; les doyen, chanoines et chapitre de l'église Notre-Dame lui ont ordonné pour trophée un obit annuel, qui se célébrera tous les ans le septième jour de mars, qui fut le jour de son décès.

Ainsi est mort ce grand capitaine et guerrier, aimé et haï d'uns et autres d'une même balance, accompli certes de plusieurs grandes parties tant de la fortune que de sa valeur. Car, quant à la fortune, il me semble qu'il eut, en tout le cours et teneur de sa vie, un heur (a) qui l'accompagna jusques au dernier soupir : parce qu'étant appelé aux plus grandes affaires du royaume sous le roy Henri second, jamais il n'en entreprit une qu'il n'en retournât avec son honneur. Quelques ans après l'avènement de ce bon roy à la couronne, il lui conserva la ville de Metz contre un long et obstiné siége de l'empereur Charles V, acculant toutes ses victoires de telle façon, que, honteux d'avoir failli à une promesse qu'il avoit faite en une diète aux princes d'Allemagne de ne lever jamais le siége qu'il n'eût pris la ville, il se dépouilla des ornemens et joyaux de l'Empire, choisissant une vie solitaire et privée. Depuis ayant été par le même roy commis pour le voyage d'Italie, hors qu'il n'en rapporta tel fruit comme il espéroit, si ramena-t-il son armée saine et sauvé ; ce qui n'étoit auparavant advenu à autre François que lui : étant l'Italie un pays qui allèche les François à sa conquête, pour puis leur servir de cimetière. A son retour, il réduisit sous l'obéissance du roy Calais, ville auparavant estimée inexpugnable. Tout d'une suite prit Thionville, que l'on estimoit aussi imprenable : montrant qu'il ne lui étoit rien impossible. Puis, pendant nos guerres civiles, reprit les villes de Bourges et Rouen, combien que ses ennemis eussent établi en l'une et l'autre l'un des principaux magasins de leurs forces ; gagna la journée de Dreux, qui lui vint si à propos,

(a) Bonheur.

que d'une même défaite il eut victoire de deux, ne lui étant pas la prise de M. le connétable, corrival de ses louanges, moins avantageuse que celle de M. le Prince, contre lequel il faisoit profession d'hostilité tout ouverte. Et au bout de tout ceci, comblé de toutes ces victoires, il mourut d'un coup de balle proditoirement (a), ne l'ayant ni son ennemi ni la fortune osé tuer de bonne guerre ; car même, au recouvrement de Bologne contre l'Anglois, il reçut un coup de lance entre le front et le nez, qui lui outreperça le chef, dont toutefois, il échappa : afin cependant que je n'oublie que ce ne fut pas peu d'heur pour lui de mourir en ce période, lorsqu'il étoit au-dessus du vent, et que la fortune journalière ne lui avoit encore joué aucun tour dont elle sait écorner les plus braves.

Et s'il eut un heur qui lui fit perpétuelle compagnie en toutes ses actions, encore l'en avoit nature rendu plus digne ; car il fut seigneur fort débonnaire, bien emparlé tant en particulier qu'en public, vaillant et magnanime, prompt à la main, quand le besoin le requéroit, ne sachant que c'étoit de crainte, et néanmoins si attrempé en toutes ses actions, que jamais la témérité ne lui fit outrepasser les bornes de ce qu'il devoit : comme de fait il en fit preuve très-ample en la prise de Rouen ; mais beaucoup plus en la journée de Dreux, en laquelle il se donna le loisir de voir mettre ses ennemis en désordre d'eux-mêmes, en pourchassant la victoire qu'ils avoient du commencement obtenue, lesquels il chargea de telle furie, quand il vit son appoint, que le champ de bataille lui demeura. Et qui est un point de prudence admirable, sachant que c'étoit contre lui que les huguenots jetoient principalement leur visée, et qu'il ne faisoit nulle doute que son armée ne fût pleine d'espions, le soir de devant la bataille, il déclara en plein souper sur quel cheval il vouloit mon-

(a) Traîtreusement.

ter, et de quels armes et appareil il seroit le lendemain : toutefois avant que de venir au joindre, il résigna et le cheval et l'accoutrement dont il avoit parlé à son écuyer. Dont bien lui prit : car son écuyer fut tué ; et quant à lui, il réchappa pour ce coup...

Mais pour laisser les particularités qui le concernoient, l'on a fait le procès à Poltrot, lequel par arrêt, a été condamné à être tiré à quatre chevaux en la Grève. Aussi, quelque peu après le décès du sieur de Guise, on a mis en délibération de faire une paix, pour à laquelle parvenir il n'y a pas eu grande résistance, parce que M. le Prince et M. le connétable prisonniers n'appréhendoient point tant la querelle du public, que leur liberté ne leur fût plus chère. La paix a été faite dans la ville d'Amboise, le 19 de mars 1563, vérifiée au parlement le 27, par laquelle toutes les injures provenant des troubles sont remises et pardonnées ; tous arrêts et jugemens donnés contre ceux de la religion cassés ; chacun d'eux remis en ses biens, prérogatives et dignités ; le prince de Condé, l'amiral, et autres seigneurs de leur association, tenus pour bons et loyaux sujets du roy ; et tous les deniers par eux levés pour le défrai de la guerre alloués ; qu'ils remettroient ès mains du roy toutes les villes par eux prises, esquelles toutefois il leur seroit loisible d'exercer leur religion ; et quant aux autres, leur seroit assigné, en chaque siége présidial, une ville pour l'exercice d'icelle, fors et excepté dans la ville, prévôté et vicomté de Paris, en laquelle néanmoins nul ne pourroit être recherché de sa conscience pour le fait de la religion : pourroient les barons, châtelains, hauts-justiciers, et seigneurs tenant plein fief de haubert[1], exercer leur religion en leurs maisons avec leurs sujets, qui librement et sans crainte s'y voudroient trouver, et autres seigneurs ayant sim-

---

[1] C'est, dit Nicot, le fief pour le service duquel le feudataire est tenu de fournir un homme d'armes.

ples fiefs, poureux et leurs familles seulement. Défense à ceux de la religion de ne troubler les ecclésiastiques en leurs bénéfices, ni en leur service divin ; et prend le roy les uns et les autres d'une même balance en sa protection et sauvegarde, comme ses vrais et loyaux sujets. Cet édit de pacification publié, on a diversement délégué par les provinces uns et autres conseillers du parlement, jusques au nombre de deux en chacune, pour l'exécuter promptement sur les plaintes qui se pouvoient présenter des particuliers, pour lesquelles un parlement n'eût pas été suffisant, qui eût voulu tirer les choses au train ordinaire de justice. Et par même moyen ont été remis en pleine liberté MM. le prince de Condé et connétable ; ensemble les prisons ouvertes à tous autres prisonniers ; et tous, d'un commun accord, tant d'une que d'autre religion, se sont acheminés à la rescousse de la ville du Havre-de-Grâce, occupée par les Anglois, laquelle leur a été quelque peu après rendue. Adieu.

LE CONNÉTABLE ANNE DE MONTMORENCY.

1567.

Brantôme.

Parlons à cette heure de ce grand M. le connétable messire Anne de Montmorency...

Il a bien su en soi entretenir ce christianisme tant qu'il a duré, et n'en a jamais dérogé ; ne manquant jamais à ses dévotions ni à ses prières, car tous les matins il ne failloit de dire et entretenir ses patenôtres (a),

---

(a) Son *Pater noster*.

fût (a) qu'il ne bougeât du logis, ou fût qu'il montât à cheval et allât par les champs aux armées, parmi lesquelles on disoit qu'il se falloit garder des patenôtres de M. le connétable, car en les disant et marmottant, lorsque les occasions se présentoient, comme force débordement et désordres y arrivent maintenant, il disoit : « Allez moi prendre un tel, — attachez celui-là à cet arbre, — faites passer cestuy-là par les piques tout à cette heure, — ou les harquebuses tout devant moi, — taillez moi en pièces tous ces marauts qui ont voulu tenir ce clocher contre le roi, — brûlez moi ce village, — boutez moi le feu partout à un quart de lieue à la ronde. » Et ainsi tels ou semblables mots de justice et police de guerre proféroit-il selon ses occurrences, sans se débaucher nullement de ses *pater*, jusqu'à ce qu'il les eût parachevés, pensant faire une grande erreur s'il les eût remis à dire à une autre heure, tant il y étoit consciencieux.

Je ne veux dire les auteurs des premières guerres civiles ; mais j'assurerai bien que ce brave, bon et très-chrétien chevalier, bien qu'il fût un peu blâmé de s'être fait traduire du latin de Salluste en françois, la guerre de Catilina, voyant le grand enjambement que faisoit la religion nouvelle sur la nôtre et la domination grande qu'elle y vouloit usurper... cela le dépita fort et le fâcha grandement ; et pour ce, se rallia avecques Messieurs de Guise, qui seuls ne penchoient de l'autre côté, et pour ce, lui, M. de Guise et M. le maréchal de Saint-André, firent une association qu'on appeloit *le triumvirat*, pour s'opposer à la ruine de la religion catholique, qui sans cela se mûrissoit bien.

Il n'y a point plus belle accointance ni liaison que celle qu'on fait pour l'honneur de Dieu et son église, dont s'en ensuivit ce qu'on a vu depuis.

M. le connétable commença le premier à chasser les

(a) Soit.

ministres de leurs prêches et chaires de Paris ; et lui-même alla à Poupincourt, lieu destiné pour eux, et en fit devant lui brûler la chaire de M. le ministre, et tous les bancs où s'asseyoient les auditeurs ; et pour ce, ils l'appelèrent *le capitaine brûle-banc* ; dont il ne s'en soucioit guères, car il portoit bien d'autres plus beaux titres et plus illustres marques que celle-là.

Si les haïssoit-il fort, et au commencement de la guerre il en faisoit bien pendre, comme il fit à la prise de Blois ; car je le vis ; et toujours leur disoit : « Puisque vous marchez sur vos têtes et nous sur nos pieds, il faut que vous passiez par là. » Aussi les huguenots lui en vouloient fort ; et pour ce, à la bataille de Dreux, ils allèrent foudroyer sur lui et sur sa bataille (*a*) comme un furieux tonnerre sur un champ de bled ; si bien que ce fut à lui à soutenir tout le grand choc et l'effort du combat, ainsi que je vis, et que M. de Guise le dit puis après à la reine mère, lui discourant de cette bataille et le louant par dessus toutes louanges. Aussi fit-il ce brave vieillard[1] tout ce que vaillant capitaine peut faire : vit sa bataille toute percée à jour, fut porté par terre, fut froissé en un bras, en une jambe, et blessé, enfin pris en vaillant combattant.

Je me souviens que, la vigile (*b*) de la bataille, il fut fort tourmenté de sa colique et gravelle. Alors toute la nuit et tout le soir il eut de grandes douleurs, si bien que l'on ne pensoit, lui allant toujours en litière, que le lendemain l'on ne le dût voir nullement à cheval. Mais le lendemain matin, sachant que l'ennemi se préparoit à la bataille, lui tout courageux se lève, monte à cheval, et vient s'apparoir ainsi qu'on marchoit ; de sorte que chacun en fut fort étonné, l'ayant vu le jour

---

[1] Le connétable était né en 1492 ; il mourut en 1567 des suites d'une blessure reçue à la bataille de Saint-Denis. A la bataille de Dreux, en 1562, le connétable avait soixante-dix ans.

(*a*) Corps d'armée. — (*b*) La veille.

paradvant si mal; mais pourtant tous furent réjouis, voyant ce généreux vieillard montrer si hardie contenance et exemple à tout le monde de bien faire; donc il me souvient, car je le vis et l'ouïs, que M. de Guise vint à l'audevant lui donner le bon jour et demander comment c'est qu'il se portoit. Il lui répondit, tout armé, fors la tête : « Bien, monsieur. Voilà la vraie médecine qui m'a guéri, qui est la bataille qui se présente et prépare pour l'honneur de Dieu et de notre roi. » Belles paroles certes d'un valeureux capitaine, que suivit l'effet.

Quelques mois après, M. de Guise fut tué, et le traité de paix mis en avant, ou aux parlements. Assurez-vous qu'il parloit à bon escient à son neveu et à madame la princesse sa nièce, à M. d'Andelot son neveu, et autres qui parlamentoient; et, les voyant déraisonnables en leur demande, leur parla si bien, qu'il les fit contenter de raison; car il les rabrouoit fort, étant le seigneur du monde qui étoit un grand rabroueur, et savoit aussi bien braver et rabrouer.

Sur quoi je ferai ce petit conte, qu'un jour, au siége de Rouen, ainsi que la reine alloit au fort de Sainte-Catherine de Rouen, accompagnée de ses filles[1], M. le connétable lui ayant dit un mot et pris congé d'elle, vint à rencontrer Mlle de Limeuil, l'une des belles et spirituelles filles de la cour, et qui disoit aussi bien le mot; et vint tout à cheval la saluer et pour causer avec elle, et l'appeloit sa maîtresse (a), et toujours ainsi la voulut accoster; car le bonhomme n'étoit pas ennemi de la beauté ni de l'amour. Mlle de Limeuil, qui n'étoit pas ce jour en ses bonnes, ne fit pas grand cas de lui, car elle étoit altière quand elle vouloit, et commença à le rabrouer fort et le renvoyer. M. le connétable lui

---

[1] Ses filles d'honneur.

(a) Cette locution n'est plus en usage; on dit cependant encore « mon maître » en parlant amicalement à quelqu'un.

dit : « Eh bien, ma maîtresse, je m'en vais, vous me rabrouez fort. » Elle lui répondit : « C'est bien raison que vous rencontriez quelque personne qui vous rabroue, puisque vous êtes coutumier de rabrouer tout le monde. — Adieu donc, dit-il, ma maîtresse, je m'en vais, car vous m'avez donné la mienne. »

Certainement, il étoit grand rabroueur des personnes, cela n'étoit que bon à lui ; car il avoit tant vu, pratiqué et retenu, que quand il voyoit faire des fautes ou qu'on bronchoit devant lui, il le savoit bien relever avec belles raisons. Ah ! comment il vous repassoit ses capitaines, et grands et petits, quand ils failloient à leurs charges et qu'ils vouloient faire des suffisans, et vouloient encore répondre. Assurez-vous qu'il leur faisoit boire de belles hontes, et non-seulement à eux, mais à toutes sortes d'états, comme à ces messieurs les présidens, conseillers et gens de justice, quand ils avoient fait quelque pas de clerc. La moindre qualité qu'il leur donnoit, c'étoit qu'il les appeloit ânes, veaux, sots, et qu'ils vouloient faire des suffisans et n'étoient que des fats ; si bien que, s'ils n'étoient bien habiles, assurez-vous qu'ils trembloient devant lui, et demeuroient si étonnés qu'ils ne savoient que dire ; et les renvoyoit ainsi qualifiés comme j'ai dit.

J'ai ouï faire un conte qu'une fois un président de par le monde, qui sentoit son patria à pleine gorge, vint parler à lui touchant sa charge ; et parce qu'il faisoit grand chaud, il[1] avoit ôté son bonnet, et tenoit la tête découverte ; et, s'approchant de lui, il lui dit : « Dites donc, monsieur le président, ce que vous voulez dire, et couvrez-vous, » en lui répétant souvent. Le président, pensant qu'il se tint découvert pour l'amour de lui, fit réponse : « Monsieur, je ne me couvrirai point que vous ne soyez couvert premier (a). — Vous

---

[1] Le connétable.

(a) D'abord.

êtes un sot, monsieur le président, dit M. le connétable; pensez-vous que je me tienne découvert pour l'amour de vous? C'est pour mon aise, mon ami, et que je meurs de chaud. Il vous semble être ici à votre siége présidentiel; couvrez-vous si vous voulez, et parlez. » M. le président fut si ébahi qu'il ne fit que dire son intention à demi, encore ne faisoit-il que balbutier. « Vous dis-je pas, monsieur le président, dit encore M. le connétable, vous êtes un sot; allez songer votre leçon, et me tournez trouver demain. »

..... Pour retourner encore à M. le connétable, pour le tiers-état, comme à ses conseils, échevins ou autres députés des villes qui venoient parler à lui, et s'excuser de quelques fautes, et dire leurs raisons, il falloit bien qu'elles fussent péremptoires et très-bien alambiquées, s'il ne parloit bien à eux et les ravaudoit et rendoit quinauds (a) comme il falloit.

Messieurs de Bordeaux en sauroient porter un bon témoignage touchant leur gabelle, lesquels, après leur offense très-énorme, le sentant venir, allèrent au-devant de lui à deux journées, et lui portèrent les clefs de la ville : comment il les renvoya avec leurs clefs. « Allez, allez, dit-il, avec vos clefs, je n'en ai que faire; j'en ai d'autres que je mène avec moi, qui me feront autre ouverture que les vôtres (voulant entendre ses canons); je vous ferai tous pendre; je vous apprendrai à vous rebeller contre votre roi et à tuer son gouverneur et son lieutenant. » A quoi il ne faillit, et en fit une punition exemplaire, mais non si rigoureuse certes comme le cas le requéroit, étant tel qu'il ne l'eût pu expier par ruisseaux de sang, ce disoit-on alors, que de tuer un lieutenant de roi, le saler et lui dénier la sépulture.

Ce meurtre et la penderie de la Motte-Gondrin, lieutenant de roi en Dauphiné sous M. de Guise, aux pre-

(a) Confus.

miers troubles, ont été deux crimes fort étranges et barbares. Voilà pourquoi plusieurs furent trompés en M. le connétable sur cette punition, qu'on pensoit qu'il dût rendre plus cruelle et sanglante, et même lui qui étoit un très grand homme de justice.

Or, s'il ne fit mal à tous, assurez vous qu'il leur fit belle peur de menaces et de paroles, qu'il avoit très-rudes et très-braves, et effroyantes quand il vouloit.

Il me souvient qu'au voyage et entrevue de Bayonne, le roi étant à Bordeaux, M. de Strozze l'alla voir un jour dîner avec de ses capitaines, et j'étois avec lui. Aussitôt qu'il le vit, il lui dit : « De Strozze, vos gens firent hier montre (*a*) ; il les fait beau voir (qui étoient les gardes du roi). Ils toucheront aujourd'hui de l'argent ; je l'ai commandé. » M. de Strozze lui dit : « Monsieur, ils voudroient vous faire une prière ; c'est que le bois est cher en cette ville, et se ruinent pour en acheter, car il fait froid ; ils vous supplient de leur vouloir donner un navire qui est sur la grève, qui ne vaut rien, qu'on appelle le navire de Montréal, pour le dépecer et s'en chauffer. — Je le veux, dit M. le connétable ; qu'ils y aillent tantôt et y mènent leurs goujats, et le mettent en cent mille pièces, et s'en chauffent très-bien. »

Par cas, il y avoit là présens quelques jurats de la ville et conseillers de la cour qui le voyoient dîner ; et lui voulurent remontrer que cela n'étoit pas bien fait, et que c'étoit grand dommage du défraudement (*b*) de ce beau navire, qui étoit de trois cents tonneaux, qui pourroit encore servir.

« Et qui êtes-vous, dit-il, messieurs les sots, qui me voulez contreroller et me remontrer ? Vous êtes d'habiles veaux d'être si hardis d'en parler. Si je faisois bien, j'enverrois tout à cette heure faire dépecer vos maisons au lieu du navire. » Qui furent étonnés, ce

---

(*a*) Passèrent hier la revue. — (*b*) Destruction.

furent ces galans qui tous rougirent de honte; et le navire fut défait en une après-dînée, qu'on ne vit jamais si grande diligence de soldats et goujats.

Je conterois une infinité d'autres rabrouemens si je voulois, lesquels il ne faisoit jamais que très à propos; il n'en usoit guères à l'endroit des gens d'église, car il les honoroit fort; bien leur remontroit-il quelquefois assez rudement s'il les savoit faillans. De même à l'endroit des gentilshommes, mais il leur commandoit fort impérieusement.

LA SAINT-BARTHÉLEMY.

24 août 1572.

I.

Récit de Henri III à Miron sur les causes de la Saint-Barthélemy [1].

Sa Majesté, de qui le nom avoit volé jusques aux Sarmates et pays plus éloignés par le bruit de ses victoires et rares vertus, fut élu roy par les Polaques [2], et préféré à tous les princes chrétiens de son temps à ce puissant et ample État de Pologne, où le roy Charles son frère voulut qu'il s'acheminât incontinent, au grand déplaisir néanmoins de tous les ordres de ce royaume, qui firent deuil public d'être privés de la présence de ce prince, seconde personne de la France, valeureux et utile à sa patrie, laquelle il laissoit misérablement

---

[1] Tiré des *Mémoires d'État de Villeroy*, édit. Paris, 1665, 4 vol. in-12; t. II, p. 52. — C'est à Cracovie que Henri III fit ce récit à Miron, son médecin.

[2] Henri III fut élu roi de Pologne en 1573.

travaillée de diverses factions de guerres civiles, si longtemps par aucuns industrieusement entretenues. Lui, touché de la commisération de nos malheurs et d'amour réciproque envers l'État, agité de ces désordres, déplaisant au possible de ce que, contre son gré et intention, il falloit pour une terre étrangère quitter la sienne naturelle, sa première et plus chère nourrice, de laquelle il avoit tant bien mérité, fut contraint et demi forcé par la volonté du roy son frère, et par la nécessité du temps et des affaires, de s'y acheminer, et commença son chemin par Lorraine, traversant par toute l'Allemagne, où il fut bien reçu et grandement festoyé, avec toute sorte d'allégresse et de bonne chère de plusieurs seigneurs, princes, républiques et communautés, et de tous leurs sujets, ainsi que méritoit un si grand roy. Si est-ce que parmi le contentement de tant d'honneurs et de respects qu'il y reçut, il eut ce déplaisir, faisant son entrée en quelques villes des Pays-Bas, où il y avoit des François fugitifs et réfugiés, d'entendre parmi les rues où le peuple étoit assemblé pour le voir passer, des voix s'élever contre lui pleines d'injures et de reproches, s'adressant indignement à lui, par hommes, femmes et enfans, François et Allemands, tant en notre langue qu'en allemand et en latin, contre la volonté néanmoins des plus grands et de ceux qui le recevoient, desquels il étoit recueilli et favorisé en tout ce qu'ils pouvoient, avec résistance à telles invectives, procédant de la seule occasion et en haine de la Saint-Barthélemy. Et davantage, en des banquets et festins faits à S. M. pour d'autant plus l'honorer et le divertir, se disoient des brocards piquans, et des rencontres et allusions qu'aucuns faisoient venir à propos, qui l'offensoient grandement ; et encore des grands tableaux mis exprès aux salles et chambres où il devoit loger, dans lesquels les exécutions de la Saint-Barthélemy faites à Paris et autres lieux étoient peintes au vif, et les figures représentées après le naturel, où aucuns des exécutés et des exécuteurs étoient si bien dépeints, qu'on les remarquoit naïvement, tant cette histoire avoit été par art et par diligence curieusement recherchée, laissant au jugement commun si cette disgrâce récemment reçue en la mémoire de ce prince, et tant de fois, et par nouvelles occasions renouvelée et gravée en son entendement, n'avoit point été cause que deux jours après son arrivée à Cracovie, principale ville de Pologne, étant logé dans le château, se sentant agité la nuit de plusieurs sollicitudes et rêveries qui ne lui permettoient de reposer une seule minute de temps, environ sur les trois heures après minuit envoya quérir par un valet de chambre, le personnage que je ne puis nommer[1], qui pour le rang qu'il tenoit près de sa personne étoit logé dans le château près la chambre du roy, lequel, pour se soulager et divertir des importunes imaginations qui l'empêchoient de dormir, et pour se faire entretenir dans le lit à la façon des roys et princes, ou plutôt, comme il apparut lors, pour lui faire entendre au vrai l'occasion de l'exécution de la Saint-Barthélemy faite le vingt-quatrième août mil cinq cent septante-deux, commença, le voyant entrer dans sa chambre, à lui dire, l'appelant par son nom : « Monsieur tel, etc. Je vous fais venir ici pour vous faire part de mes inquiétudes et agitations de cette nuit, qui ont troublé mon repos, en pensant à l'exécution de la Saint-Barthélemy, dont possible n'avez-vous pas su la vérité telle que présentement je la vous veux dire. »

« La reine ma mère et moi, déjà par trois ou quatre fois, nous étions aperçus que quand l'amiral de Coligny avoit en particulier entretenu le roy mon frère (ce qui advenoit souvent) eux deux seuls, en de bien longues conférences, si lors et par cas d'aventure après le départ de l'amiral, la reine ma mère ou moi abordions le roy pour lui parler de quelques affaires, voire

[1] C'est Miron lui-même.

même de celles qui ne regardoient que son plaisir, nous le trouvions merveilleusement fougueux et renfrogné, avec un visage et des contenances rudes, et encore davantage ses réponses, qui n'étoient point vraiment celles qu'il avoit accoutumé de faire à la reine ma mère précédemment, accompagnées d'honneur et de respect qu'il lui portoit, et à moi de faveur et signes de bienveillance. Cela nous étant ainsi arrivé plusieurs fois, et encore en mon particulier bien peu de temps devant la Saint-Barthélemy, partant exprès de mon logis pour aller voir le roy; comme je fus entré dans sa chambre et demandé où il étoit, et quelqu'un m'eût répondu qu'il étoit dans son cabinet, d'où tout présentement l'amiral venoit de sortir, qui y avoit été seul fort longtemps, j'y entrai incontinent comme j'avois accoutumé. Mais si tôt que le roy mon frère m'eût aperçu, sans me rien dire, il commença à se promener furieusement et à grands pas, me regardant souvent de travers et de fort mauvais œil, mettant par fois la main sur sa dague, et d'une façon si animeuse, que je n'attendois autre chose sinon qu'il me vint colleter pour me poignarder, et ainsi je demeurois toujours en cervelle (*a*). Et comme il continuoit cette façon de marcher et ces contenances si étranges, je fus fort marry d'être entré, pensant au danger où j'étois, mais encore plus à m'en ôter; ce que je fis si dextrement, qu'en se promenant ainsi, et me tournant le dos, je me retirai promptement vers la porte que j'ouvris, et avec une révérence plus courte que celle de l'entrée, je fis ma sortie, qui ne fut quasi point aperçue de lui que je ne fusse dehors, tant j'en sus prendre le temps à propos; et ne la pus faire pourtant si soudaine, qu'il ne me jetât encore deux ou trois fâcheuses œillades, sans me dire ni faire autre chose, ni moi à lui, que tirer doucement la porte après moi, faisant mon compte (comme on dit)

(*a*) Inquiet.

de l'avoir belle échappé. Et de ce pas m'en allai trouver la reine ma mère, à laquelle faisant tout ce discours et conjoignant ensemble tous les rapports, avis et suspicions, le temps et toutes circonstances passées avec cette dernière rencontre, nous demeurâmes l'un et l'autre aisément persuadés, et comme certains, que l'amiral étoit celui qui avoit imprimé au roy quelque mauvaise et sinistre opinion de nous, et résolûmes dès lors de nous en défaire, et d'en chercher les moyens avec Mme de Nemours, à qui seule nous estimâmes qu'on se pouvoit découvrir, pour la haine mortelle que nous savions qu'elle lui portoit; et l'ayant fait appeler, et conféré avec elle des moyens et de l'ordre que nous devions tenir pour exécuter ce dessein, nous envoyâmes incontinent querir un capitaine gascon nommé..., auquel aussitôt qu'il fût venu vers nous, je lui dis : « Capitaine tel, la reine ma mère et moi vous avons choisi, entre tous nos bons serviteurs, pour homme de valeur et de courage, propre à conduire et mettre à chef une entreprise que nous avons, qui ne consiste qu'à faire un brave coup de votre main sur quelqu'un que nous vous nommerons. Avisez si vous avez la hardiesse de l'entreprendre; la faveur et les moyens ne vous manqueront point; et outre ce, une récompense digne du plus signalé service que nous pourrions espérer de vous. » Et après nous en avoir trop brusquement assuré sans réservation d'aucune personne, à l'instant même nous vîmes bien qu'il ne se falloit pas servir de lui; qui fut cause que par manière de jeu nous lui fîmes montrer le moyen qu'il tiendroit pour attaquer celui que nous désirions, et l'ayant bien considéré et tous ses mouvemens, sa parole et ses contenances qui nous avoient fait rire et donné du passe-temps, nous le jugeâmes trop écervelé et éventé (quoi qu'assez courageux et hasardeux pour l'entreprendre), mais non pas sage et prudent pour l'exécuter. De façon que l'ayant remis à une autre fois pour lui dire le reste, nous l'envoyâmes, et nous avisâmes aussitôt de nous servir de Montravel, comme d'un instrument plus propre, et déjà pratiqué et expérimenté, à l'assassinat que peu devant il avoit commis en la personne de feu Mouy.

» Mais afin de ne perdre de temps, l'ayant incontinent mandé, et découvert notre entreprise, pour l'y animer davantage, nous lui dîmes que pour son salut même il ne la devoit refuser, et que nous savions bien que s'il tomboit entre les mains de l'amiral, qu'il lui feroit mauvais parti pour le meurtre de son plus favori ami Mouy, et qu'il ne pouvoit ignorer qu'il ne l'eût fait chevaler (a) pour lui en faire autant, et qu'il n'en devoit jamais attendre qu'un mauvais traitement. Enfin après avoir longtemps débattu là-dessus, et qu'il nous eût promis d'exécuter l'entreprise, et que nous eûmes discouru des moyens et de la facilité d'y parvenir, nous n'y en trouvâmes point de plus favorable que celui de Mme de Nemours, qui avoit Vilaine, l'un des siens, logé bien à propos pour cet effet, donnant ordre à tout ce qui lui étoit nécessaire ; et assuré qu'il fut d'une bonne récompense, et de l'appui et support qu'il devoit espérer de nous, et encore conforté de tout ce que nous pensions servir à l'encourager et fortifier davantage à l'entreprendre assurément, nous le laissâmes (comme l'on dit) aller sur sa foi, tirer le coup d'arquebuse par la fenêtre, où il ne se montra si bon ni si assuré arquebusier que nous pensions, ayant seulement blessé l'amiral aux deux bras. Ce beau coup failli et de si près nous fit penser à nos affaires jusques à l'après dinée, que le roy mon frère le voulant aller voir à son logis, la reine ma mère et moi délibérâmes d'être de la partie pour l'accompagner et voir aussi la contenance de l'amiral. Et étant là arrivés, nous le vîmes dans son lit fort blessé ; et comme le roy et nous lui eûmes

(a) Poursuivre.

donné bonne espérance de guérison, et exhorté de prendre bon courage, l'ayant aussi assuré que nous lui ferions faire bonne justice de celui ou ceux qui l'avoient ainsi blessé, et de tous les auteurs et complices, et qu'il nous eût répondu quelque chose, il demanda au roy de parler à lui en secret, ce qu'il lui accorda très-volontiers, faisant signe à la reine ma mère et à moi de nous retirer; ce que nous fîmes incontinent au milieu de la chambre, où nous demeurâmes debout pendant ce colloque privé, qui nous donna un grand soupçon; mais encore plus que sans y penser, nous nous vîmes tous entourés de plus de deux cents gentilshommes et capitaines du parti de l'amiral, qui étoient dans la chambre et dans une autre auprès, et encore dans une salle basse, lesquels avec des faces tristes, des gestes et contenances de gens mal-contens, parlementoient aux oreilles les uns des autres, passant et repassant souvent et devant et derrière nous, et non avec tant d'honneur et respect qu'ils devoient, comme il nous sembla pour lors; et quasi ils avoient quelque soupçon que nous avions part à la blessure de l'amiral. Quoique c'en fut, nous le jugeâmes de la façon, considérant possible toutes leurs actions plus exactement qu'il n'étoit besoin. Nous fûmes donc surpris d'étonnement et de crainte de nous voir là enfermés, comme depuis me l'a avoué plusieurs fois la reine ma mère, et qu'elle n'étoit oncques entré en lieu où il y eut tant d'occasion de peur, et d'où elle fut sortie avec plus d'aise et de plaisir.

» Ce doute (a) nous fit rompre promptement ce discours que l'amiral faisoit au roy, sous une honnête couverture que la reine ma mère inventa, laquelle s'approchant du roy lui dit tout haut, qu'il n'y avoit point d'apparence de faire ainsi parler si longtemps M. l'amiral, et qu'elle voyoit bien que les médecins et chi-

(a) Cette crainte.

rurgiens le trouvoient mauvais, comme véritablement cela étoit bien dangereux et suffisant de lui donner la fièvre, dont sur toute chose il se falloit garder, priant le roy de remettre le reste de leur discours à une autre fois, quand M. l'amiral se porteroit mieux. Cela fâcha fort le roy, qui vouloit bien ouïr le reste de ce qu'avoit à lui dire l'amiral. Toutefois ne pouvant résister à une si apparente raison, nous le tirâmes hors du logis. Et incontinent la reine ma mère, qui désiroit surtout savoir le discours secret que l'amiral lui avoit communiqué, duquel il n'avoit voulu que nous fussions participant, pria le roy, et moi aussi, de nous le dire, ce qu'il refusa par plusieurs fois. Mais se sentant importuné et par trop pressé de nous, comme il sembloit, et plus par manière d'acquit qu'autrement, nous dit brusquement et avec déplaisir, jurant *Par la mort Dieu,* « que ce que lui disoit l'amiral étoit vrai, et que les roys ne se reconnoissoient en France qu'autant qu'ils avoient de puissance de bien ou mal faire à leurs sujets et serviteurs, et que cette puissance et maniement d'affaires de tout l'État s'étoient finement écoulés entre nos mains ; mais que cette superintendance et autorité lui pouvoit être quelque jour grandement préjudiciable et à tout son royaume, et qu'il la devoit tenir pour suspecte et y prendre garde, dont il avoit bien voulu l'avertir, comme l'un de ses meilleurs et plus fidèles sujets et serviteurs avant que mourir. Et bien mon Dieu, puisque vous l'avez voulu savoir, c'est ce que me disoit l'amiral. » Cela ainsi dit de passion et de fureur, dont le discours nous toucha grandement au cœur, que nous dissimulâmes le mieux qu'il nous fut possible, nous excusant toutefois l'un et l'autre, amenant beaucoup de justifications à ce propos, ajoutant tout ce que nous pouvions de nos raisons pour le démouvoir et le dissuader de cette opinion, continuant toujours ce discours depuis le logis de l'Amiral jusques au Louvre, où ayant laissé le roy dans sa chambre, nous nous retirâmes en celle de la reine ma mère, piquée et offensée au possible de ce langage de l'amiral au roy, et encore plus de la créance qu'il sembloit en avoir, craignant que cela n'apportât quelque altération et changement en nos affaires et au maniement de l'état. Et pour n'en rien déguiser, nous demeurâmes si dépourvus et de conseil et d'entendement, que ne pouvant rien résoudre à propos pour cette heure-là, nous nous retirâmes, remettant la partie au lendemain, que j'allai trouver la reine ma mère qui étoit déjà levée. J'eus bien martel en tête, et elle aussi de son côté ; et ne fut pour lors pris autre délibération que de faire par quelque moyen que ce fût, dépêcher l'amiral, et ne se pouvant plus user de ruses et finesses, il falloit que ce fût par voie découverte ; mais qu'il falloit, pour ce faire, amener le roy à cette résolution, et que l'après-dînée nous l'irions trouver dans son cabinet, où nous ferions venir le Sr de Nevers, les maréchaux de Tavannes et de Retz, et le chancelier de Birague, pour avoir seulement leur avis des moyens que nous tiendrions à l'exécution, laquelle nous avions déjà arrêtée ma mère et moi. Si tôt que nous fûmes entrés au cabinet où le roy mon frère étoit, elle commença à lui remontrer que le parti des huguenots s'armoit contre lui à l'occasion de la blessure de l'amiral, qui avoit fait plusieurs dépêches en Allemagne pour faire levée de dix mille Reîtres, et aux cantons des Suisses avec une autre levée de dix mille hommes de pied, et que les capitaines françois partisans des huguenots étoient déjà la plupart semblablement partis pour faire levées dans le royaume, et les rendez-vous du temps et du lieu déjà aussi donnés et arrêtés; qu'une si puissante armée, une fois jointe aux forces françoises (chose qui n'étoit que trop faisable), ses forces n'étoient pas bastantes à moitié près d'y pouvoir résister, vu les pratiques et intelligences qu'ils avoient dedans et dehors le royaume, avec beaucoup de villes, communautés et peuples (dont elle avoit de bons et certains avis) qui devoient faire révolte avec eux sous prétexte du bien public, et que lui étant foible d'argent et hommes, elle ne voyoit lieu de sûreté pour lui en France. Et si, il y avoit bien davantage, une nouvelle conséquence, dont elle le vouloit avertir; c'est que tous les catholiques, ennuyés d'une si longue guerre et vexés de tant de sortes de calamités, étoient délibérés et résolus d'y mettre une fin. Et où il ne voudroit user de leur conseil, il étoit aussi arrêté entr'eux d'élire un capitaine général pour prendre leur protection, et faire ligue offensive et défensive contre les Huguenots, et ainsi demeureroit seul enveloppé en de grands dangers sans puissance ni autorité; qu'on verroit toute la France armée de deux grands partis, sur lesquels il n'auroit aucun commandement, et aussi peu d'obéissance; mais qu'à un si grand danger et péril éminent de lui et de tout son État, et à tant de ruines et calamités qui se préparoient, où nous touchions déjà du doigt, et au meurtre de tant de milliers d'hommes, un seul coup d'épée pouvoit remédier et détourner tous les malheurs, et qu'il falloit seulement tuer l'amiral, chef et auteur de toutes guerres civiles. Que les desseins et entreprises des huguenots mourroient avec lui, et les catholiques satisfaits et contens du sacrifice de deux ou trois hommes, demeureroient toujours en son obéissance.

Cela ainsi dit, et beaucoup d'autres inconvéniens qui lui furent représentés, lesquels il ne pouvoit éviter s'il n'usoit de ce conseil, y amenant encore les persuasions plus à propos, et d'autres raisons que la reine ma mère y ajouta, et moi aussi, et les autres n'oubliant rien qui y put servir; tellement que le roy entra en extrême colère et comme en fureur, mais ne voulant au commencement aucunement consentir qu'on touchât à l'amiral; enfin ainsi piqué et grandement touché de la crainte du danger que nous lui avions si bien peint et figuré, ému aussi de la considération de tant de pratiques et menées dressées contre lui et son État, comme il crut par l'impression que nous lui en avions donnée, voulut bien néanmoins sur une affaire de telle importance, savoir si par un autre moyen l'on y pourroit remédier, et en avoir sur ce notre conseil et avis, et que chacun en dît présentement son opinion. Or ceux qui opinèrent les premiers furent tous d'avis qu'il en falloit ainsi user, que nous l'avions proposé pour le plus expédient. Mais quand ce fut au rang du maréchal de Retz à parler, il trompa bien notre espérance, et n'attendions point de lui une opinion toute contraire à la nôtre, commençant ainsi : que s'il y avoit homme dans le royaume qui dût haïr l'amiral et son parti, c'étoit lui ; qu'il avoit diffamé toute sa race par sales impressions qui avoient couru par toute la France et aux nations voisines, mais qu'il ne vouloit pas aux dépens de son roy et de son maître se venger de ses ennemis particuliers, par un conseil à lui si dommageable et à tout son royaume, voire qui regardoit la postérité, au grand déshonneur des roys et de la nation françoise, qui étoit déchue de son ancienne splendeur et réputation ; que nous serions à bon droit taxés de perfidie et de déloyauté, et que par ce seul acte nous perdrions toute la créance et confiance qu'on doit avoir en la foi publique et à celle de son roy, et par conséquent le moyen de traiter ci-après de la pacification de ce royaume, advenant qu'il tombât encore aux guerres civiles, comme infailliblement il y seroit bientôt ; et que si, par une si sinistre action nous le pensions libérer des armes étrangères, nous nous trompions bien fort, et n'y en eut jamais tant, ni tant de calamités et ruines, desquelles nous, ni peut-être nos enfans ne verroient jamais le bout.

» Et pour vous le faire plus court, il nous paya de tant d'autres et si apparentes raisons, qu'il nous partit (a) à

(a) Partagea, fendit.

tous la cervelle, nous ôta les paroles et répliques de la bouche, voire la volonté de l'exécution, tant il nous sut bien persuader. Mais n'étant secondé d'aucun, et après avoir ramassé et repris nos esprits, revenant à nous-mêmes, et reprenant tous la parole, en combattant tous fort et ferme son opinion, nous l'emportâmes, et reconnûmes à l'instant une soudaine mutation, et une merveilleuse et étrange métamorphose au roy, qui se rangea de notre côté et embrassa notre opinion, passant bien plus outre et plus criminellement ; car s'il avoit été auparavant difficile à persuader, ce fut lors à nous à le retenir. Car en se levant et prenant la parole, nous imposant silence, nous dit de fureur et de colère, en jurant *par la mort Dieu*, « puisque nous trouvions bon qu'on tuât l'Amiral, qu'il le vouloit, mais aussi tous les huguenots de France, afin qu'il n'en demeurât pas un qui lui pût reprocher après, et que nous y donnassions ordre promptement ». Et sortant furieusement nous laissa dans son cabinet, où nous avisâmes le reste du jour, le soir et une bonne partie de la nuit, ce qui sembla à propos pour l'exécution d'une telle entreprise. Nous nous assurâmes du prévôt des marchands, des capitaines de quartier, et autres personnes que nous pensions les plus factieux (a), faisant un département (b) des quartiers de la ville, désignant les uns pour exécuter particulièrement sur aucuns, comme fut M. de Guise pour tuer l'amiral.

Or après avoir reposé seulement deux heures la nuit, ainsi que le jour commençoit à poindre, le roy, la reine ma mère et moi, allâmes au portail du Louvre, joignant le jeu de paume, en une chambre qui regarde sur la place de la basse-cour, pour voir le commencement de l'exécution, où nous ne fûmes pas longtemps, ainsi que nous considérions les événemens et la conséquence d'une si grande entreprise, à laquelle pour dire

---

(a) Audacieux, entreprenants. — (b) Répartition.

vrai; nous n'avions jusques alors guère bien pensé, nous entendîmes à l'instant tirer un coup de pistolet, et ne saurois dire en quel endroit, ni s'il offensa quelqu'un, bien sais-je que le son nous blessa tous trois si avant en l'esprit, qu'il offensa nos sens et notre jugement, épris de terreur et d'appréhension des grands désordres qui s'alloient lors commettre ; et pour y obvier envoyâmes soudainement et en toute diligence un gentilhomme vers M. de Guise, pour lui dire, et expressément commander de notre part, qu'il se retirât en son logis et qu'il se gardât bien de rien entreprendre sur l'amiral ; ce seul commandement faisant cesser tout le reste, parce qu'il avoit été arrêté qu'en aucun lieu de la ville il ne s'entreprendroit rien qu'au préalable l'amiral n'eût été tué. Mais tôt après le gentilhomme retournant nous dit que M. de Guise lui avoit répondu que le commandement étoit venu trop tard, et que l'amiral étoit mort, et qu'on commençoit à exécuter par tout le reste de la ville. Ainsi retournâmes à notre première délibération, et peu après laissâmes suivre le fil et le cours de l'entreprise et de l'exécution. Voilà, monsieur tel, la vraie histoire de la Saint-Barthélemy, qui m'a troublé cette nuit l'entendement. »

II.

Lettre de Catherine de Médicis à M. du Ferrier, ambassadeur de France à Venise.

1ᵉʳ octobre 1572.

C'est M. Edouard de Barthélemy qui a publié[1] l'important document qu'on va lire :

« La reine y déclare, sans trop de circonlocutions, dit M. de Bar-

---

[1] Dans le *Journal officiel* du 12 mai 1870.

thélemy, avoir ordonné une exécution qui seule, suivant elle, pouvait punir la rébellion et la désobéissance de l'amiral de Coligny et de son parti, tout en daignant regretter que « sur l'émotion plusieurs aultres personnes de leur religion ont esté tuez par les catholiques. » La reine ne repousse pas les bruits qui accusaient le roi d'Espagne d'avoir fait périr sa fille [1] ; enfin, elle laisse clairement entendre que la pensée de recouvrer une liberté d'action suffisante, pour pouvoir châtier Philippe II, n'aurait pas été l'un des derniers mobiles ayant dicté le massacre du 24 août 1572. » M. Du Ferrier avait écrit à la mère des trois derniers Valois qu'à l'étranger on lui attribuait, ainsi qu'à son fils, le duc d'Anjou, la pensée de la Saint-Barthélemy, et qu'on s'étonnait qu'elle se fût ainsi mise du côté de Philippe II, de celui qui, aux yeux de l'opinion publique, « passait pour le meurtrier de sa fille ».

Monsieur du Ferrier, j'ai vu ce que m'avez écrit par votre lettre du 16 de septembre, de l'opinion que aucuns ont que ce qui a été exécuté en la personne de l'amiral et de ses adhérans a été à l'instigation de moi et de mon fils le duc d'Anjou, avec tous les discours qu'ils vous ont fait là-dessus du tort que par ce moyen a été fait à mon dit fils, à l'endroit des princes protestans qui avoient tant désiré de le faire et élire empereur, et de ce que j'avois mieux aimé ruiner ce royaume en me vengeant de l'amiral que de l'augmenter et me ressentir du mal de celui qui a fait mourir ma fille, lequel par ce moyen s'est agrandi de telle façon, que lui seul à présent commande à tous les autres princes chrétiens, sur quoi je vous ai bien voulu avertir, que certainement je n'ai rien fait, conseillé ni permis en ceci que ce que l'honneur de Dieu, le devoir et l'amitié que je porte à mes enfans me commandent, d'autant qu'ayant l'amiral, depuis la mort du feu roi Henri, mon seigneur, montré par tous ses actes et déportemens qu'il ne tendoit que à la subversion de cet État et à ôter

---

[1] Elisabeth de France, promise d'abord à don Carlos, fils de Philippe II, et mariée à Philippe II lui-même en 1559. Don Carlos ayant été mis à mort par l'ordre de son père, la reine Elisabeth mourut la même année (1568), Philippe II étant soupçonné de l'avoir fait empoisonner.

la couronne au roi monsieur mon fils et à son frère, à qui légitimement, comme vous savez, elle appartient, et que, au lieu de se reconnoître comme sujet, il s'étoit si bien établi et agrandi en ce royaume qu'il y avoit le même pouvoir et commandement que lui à l'endroit de ceux de sa religion ; tellement que étant rebelle à son prince, il a pris par force les villes, et tenues et gardées, contre lui et en sa présence et celle de son frère, n'ayant point craint de donner plusieurs batailles et autres causes de la mort d'un si grand nombre de personnes qui ont été tuées pour cette occasion ; et encore depuis la dernière paix et édit de pacification il a conspiré si malheureusement contre la personne de son roi, de moi et de ses frères, comme les princes étrangers et un chacun en seront bientôt éclairés au vrai par le procès qui en est déjà commencé et sera bientôt jugé en sa cour de parlement à Paris ; que je m'assure que l'on dira que le roi monsieur mon fils a fait ce qui appartient à sa grandeur, étant roi et prince souverain, et que l'amiral étant si fort et si puissant en ce royaume comme il étoit, ne pouvoit être autrement puni de sa rébellion et désobéissance que par la voie que l'on a été contraint d'exécuter, tant en sa personne que de ceux qui tenoient son parti, ayant été bien marris que sur l'émotion plusieurs autres personnes de leur religion ont été tuées par les catholiques qui se ressentoient d'infinis maux, pilleries, meurtres et autres méchans actes que l'on avoit exercés et commis contre eux durant les troubles. Mais enfin, grâce à Dieu, tout est appaisé, en sorte que l'on ne reconnoît plus en ce royaume que un roi et sa justice, qui est rendue à un chacun selon le devoir et l'équité ; étant bien résolu pour la marche que ont apporté en icellui la diversité de religion de ne souffrir plus qu'il y en ait d'autre que la sienne, et quant à ce qui me touche à moi en particulier, encore que j'aime uniquement tous mes enfants, je veux préférer, comme il est bien raisonnable, les fils aux filles. Et pour le regard de ce que me mandez de celui qui a fait mourir ma fille, c'est chose que l'on ne tient point pour certaine, et où elle le seroit, le roi monsieur mondit fils n'en pouvoit faire la vengeance en l'état que son royaume étoit lors; mais à présent qu'il est tout uni, il aura assez de moyen et de force pour s'en ressentir quand l'occasion s'en présentera, et m'assure que quand les princes protestans auront bien su la vérité et consulté tout ce que dessus, ils y continueront à l'endroit de mon dit fils la même volonté qu'ils avoient auparavant que ceci fût advenu. Et pour le regard de la reine d'Angleterre, le roi mon dit seigneur n'a point eu aucune volonté et intention de rompre la bonne intelligence, paix et amitié qui est entre nous et elle et les deux royaumes, ains la veut maintenir et conserver entièrement, et ne faut point craindre que quelque investiture, que le pape lui en veuille bailler, comme il nous a été dit, qu'il se laisse ainsi persuader ni que il y entende aucunement, ne voulant rien prétendre ni usurper sur ses voisins, sinon en royaumes, pays et terres où il aura droit ou qui lui écherront par succession. Pour le regard de ce que me mandez, pour l'élection du roi de Pologne, et ce qui en a été fait du côté de l'empereur, et aussi les propos que le légat de notre saint-père vous en a tenus en faveur de mon dit fils le duc d'Anjou, et que S. S. feroit plus pour lui que pour nul autre, si je savois qu'il y vouloit entendre, je vous prie, M. du Ferrier, lui dire que nous le prions de s'y employer de tout son pouvoir, et que en ce faisant S. S. obligera grandement, tant envers elle que le saint-siége, tous nous autres, qui est le roi, son dit frère et moi, et que en ce que nous aurons moyen de le reconnoître envers ledit légat, nous le ferons en tout ce dont il nous voudra requérir. Quant à la préséance pour le roi monsieur mon fils, c'est chose qui lui est due, et dont tous les rois ses prédécesseurs ont paisiblement joui. Et ne faut pas que vous soyez en doute que le roi rompe avec le Grand Seigneur pour entrer à la Ligue, d'autant plus qu'il veut entretenir l'amitié qu'il a avec lui, et ne peut passer à aucune entreprise de dehors que premièrement il n'ait rétabli le dedans de son royaume, qui a bien besoin de repos et de se remettre et fortifier durant quelque année.

Priant Dieu, etc...

CATHERINE.

Écrit à Paris, le 1er jour d'octobre 1572.

III.

Récit de Davila [1].

Toutes les choses étant disposées, la veille de la Saint-Barthélemy, jour de dimanche, vingt-quatrième d'août, le duc de Guise, sorti du Louvre en pleine nuit, s'en alla par ordre du roi trouver le président Charon, prévost des marchands, chef principal de toute la bourgeoisie de Paris, auquel il commanda de faire armer deux mille habitans qui portassent au bras gauche une manche de chemise et sur le chapeau une croix blanche, par le moyen desquels on pût à une même heure exécuter les ordres du roi; qu'il fit tenir prêts tous les capitaines des quartiers, et qu'aussitôt qu'on entendroit sonner le tocsin à l'horloge du palais, on allumât des flambeaux aux fenêtres des maisons. Toutes lesquelles choses furent incontinent exécutées, et pour l'inclination du peuple, et pour la grande autorité du duc de Guise, outre que le roi le

---

[1] Davila est un célèbre historien italien qui naquit à Padoue en 1576 et mourut en 1631. Filleul et page de Catherine de Médicis, il passa plus tard au service de Henri IV et revint, après la paix de Vervins, à Padoue, où il écrivit l'*Histoire des guerres civiles de France de 1559 à 1598*, ouvrage qui parut à Venise en 1630, et fut traduit en français dès 1642.

commandoit ainsi. Les ducs de Montpensier et de Nevers, avec plusieurs autres seigneurs de la cour, assistés de leurs plus chers confidens, demeurèrent en armes près de la personne du roi, et tous les gardes à la porte et en la basse cour du Louvre. L'heure de l'exécution étant venue, le duc de Guise, accompagné du duc d'Aumale, de Monsieur d'Angoulême, grand prieur de France, frère naturel du roi, et d'autres soldats et capitaines, au nombre de trois cents, s'en alla droit au logis de l'amiral où, suivant l'ordre du duc d'Anjou, ayant trouvé la compagnie de Cosseins sous les armes avec les mèches allumées, il fit enfoncer la porte de la basse-cour gardée par quelques hallebardiers du roi de Navarre et par ceux de la maison, qui furent tous mis à mort. Les autres qui s'étoient saisis de la basse-cour y tinrent ferme, tandis que La Besme, lorrain et domestique du duc de Guise, Achille Petruccy, Siennois, l'un des gentilshommes étrangers entretenus par le duc, Sarlabaus, maître de camp, et les autres soldats montèrent à la chambre de l'amiral. Sitôt qu'il ouït le tumulte, il se leva et se tint à genoux appuyé dessus son lit; puis voyant entrer tout en alarme un de ses amis qu'on appelloit Cornasson, il lui demanda quel bruit c'étoit là? A quoi Cornasson fit réponse : *Monseigneur*, *Dieu nous appelle à lui*, et s'enfuit en même temps par l'autre porte. Ceux qui devoient faire le coup arrivèrent incontinent, et n'eurent pas plutôt aperçu l'amiral, qu'il s'en allèrent à lui. Alors voyant La Besme qui avoit déjà tiré son épée pour le frapper : *Jeune homme*, lui dit-il, *tu devrois respecter mes cheveux blancs ; toutefois fais ce que tu voudras, car aussi bien ne m'abrégeras-tu que fort peu la vie*. Après ces paroles, La Besme lui donna de son épée dans le corps, et les autres achevèrent de le tuer à coups de poignards, puis le jetèrent du haut des fenêtres dans la basse-cour, d'où il fut traîné dans une écurie. Dans la même maison furent mis à mort Téligny, gendre de l'amiral, Guerchy, son lieutenant, lequel ayant l'un des bras enveloppé de son manteau, disputa sa vie jusqu'au dernier soupir ; les colonels Montaumor et Rouvray, fils du baron des Adrets, avec tous les autres de sa suite. Sa Majesté en ayant eu avis, fit appeler aussitôt le roi de Navarre et le prince de Condé qui s'y en allèrent avec grande appréhension, voyant qu'on ne laissoit passer aucun de leur train et de leurs gentilshommes. Alors le seigneur d'O, maître de camp du régiment des Gardes, fit venir l'un après l'autre les principaux huguenots qui se trouvèrent dans le Louvre, que les soldats qui étoient rangés en deux longues haies, avec leurs armes prêtes, mirent à mort à mesure qu'ils entrèrent en la basse-cour. Ainsi furent tués le comte de la Rochefoucauld, le marquis de Renel, Piles, qui avoit avec beaucoup de gloire défendu Saint-Jean-d'Angely, Pont-breton, Pluviaut, Baudiné, Francourt, chancelier du roi de Navarre, Pardillan, Laverdin et plusieurs autres au nombre de deux cents. Tout à même temps fut donné le signal au prévost des marchands au son de la cloche du palais ; et alors ceux qui se tenoient prêts pour cette exécution, ayant reçu l'ordre de ce qu'ils avoient à faire par Marcel, qui avoit naguère exercé la même charge et qui étoit en très-grande autorité parmi le peuple, ils s'en allèrent dans les maisons où les huguenots étoient épars ; et sans distinction d'âge, de sexe, ni de qualité, en firent un grand massacre. Tout le peuple étoit en armes, sous les capitaines des quartiers, et en toutes les fenêtres il y avoit des lanternes allumées, si bien que sans confusion, ils s'en alloient de maison en maison exécuter la commission qu'ils avoient. Mais quelque bon ordre qu'y missent les chefs, ils ne purent empêcher que parmi les huguenots ne fussent tués plusieurs catholiques, ou pour la haine publique ou pour des inimitiés particulières, du nombre desquels furent Denis Lambin et Pierre Ramus, hommes célèbres en la profession des lettres. Le

Louvre demeura fermé tout le jour suivant, tandis que Leurs Majestés tâchoient de remettre l'esprit du roi de Navarre et du prince de Condé. Ils leur remontrèrent qu'ils avoient été contraints d'exécuter envers l'amiral ce que luy-même avoit essayé de faire contre eux, mais que pour leur regard on les excusoit à cause de leur âge; qu'on déféroit beaucoup à la proximité du sang; qu'ils auroient la vie sauve et seroient à l'avenir aimés et chéris, pourvu qu'ils voulussent vivre en la religion catholique, reconnoitre le roi et lui rendre obéissance. A ces paroles, le roi de Navarre fit une réponse pleine de soumission, qui fut: *Qu'il seroit toujours prêt de se soumettre aux commandemens et à la volonté du roi*, étant résolu de céder au temps, de dissimuler ce à quoi il ne pouvoit mettre remède, et de se réserver lui-même à une meilleure fortune. D'où il s'ensuit qu'en sa considération, le roi satisfait de ses paroles, donna la vie au comte de Gramont et à Duras, qui lui promirent de le bien servir à l'avenir, comme en effet ils n'y manquèrent pas. Mais le prince de Condé, ou pour l'imprudence de son âge, ou pour avoir hérité du naturel violent de ses ancêtres, fit le résolu, et voulut s'opposer à ce commandement, disant : *Qu'il ne demandoit qu'une chose, qui étoit qu'on ne le genât point en sa conscience*. Ce qui mit le roi si fort en colère, qu'il l'en tança rudement, l'appelant plusieurs fois téméraire, opiniâtre, enragé, traître, rebelle et fils de rebelle, jusqu'à le menacer de le faire mourir, s'il ne se faisoit catholique dans trois jours et ne donnoit d'évidentes marques de sa repentance. Après cela on lui bailla des gardes comme aussi au roi de Navarre, et, après leur avoir ôté ceux qui les servoient auparavant, qui furent à l'heure même taillés en pièces, on renouvela leur train, par l'ordre exprès du roi et suivant sa volonté.

Ceux des huguenots qui se trouvèrent logés au delà de la Seine, dans le faubourg Saint-Germain, entr'autres le comte de Montgommery, et le vidame de Chartres, qui se doutant de quelque malheur n'avoient point voulu demeurer au quartier de l'amiral, n'ouïrent pas plutôt le tumulte, qu'ils prirent la fuite, les Parisiens n'ayant pas été assez prompts à leur fermer le passage. Il y en eut pourtant qui ne purent jamais s'échapper : car environ le point du jour, le duc de Guise ayant passé l'eau, avec quantité de cavalerie, et de gens de pied, en surprit les uns à demi nus, les autres sans selle, et sans bride, mais tous sans armes ; si bien qu'il n'y eut pas beaucoup de peine à leur ôter la vie. Le comte de Montgommery, comme je viens de dire, et le vidame, furent les seuls qui se sauvèrent avec quelques dix hommes, et qui après avoir eu bien de la peine, pour empêcher qu'on ne les connût, gagnèrent enfin la mer, d'où ils passèrent en Angleterre. Le premier jour, et le lendemain, furent tués dans la ville plus de dix mille personnes, où étoient compris plus de cinq cents gentils-hommes et cavaliers, qui avoient eu les principales charges de la milice, et qui de toutes les parts du royaume étoient accourus pour honorer cette noce[1]. On arrêta prisonniers Briquemaut et Arnaud Cavagnes, qui par arrêt du Parlement furent depuis exécutés à mort comme rebelles. Le corps de l'amiral, tiré par le peuple de l'écurie où il avoit été mis, reçut une infinité d'outrages de cette multitude furieuse et forcenée contre son nom ; qui après lui avoir coupé la tête et les mains, le traîna par les rues jusqu'à Montfaucon, lieu où l'on expose ceux qu'on a fait mourir par la justice. Là il fut pendu par l'un des pieds, au même gibet, où l'on mit le feu depuis ; et ainsi, parmi les acclamations et les réjouissances publiques, il fut presque tout brûlé, sans qu'on se lassât des railleries et du mépris que l'on faisoit de son corps ; jusqu'à ce qu'enfin deux domestiques

---

[1] Le mariage du roi de Navarre avec Marguerite de Valois, sœur de Charles IX.

du maréchal de Montmorency emportèrent secrètement la nuit ce peu qui en étoit resté, et l'ensevelirent à Chantilly. Ce fut la fin de Gaspard de Coligny, amiral de France, le nom duquel par l'espace de douze ans entiers avoit rempli tout ce royaume du bruit de sa gloire, et d'une terreur extraordinaire; grand exemple pour montrer à tout le monde combien est ordinairement ruineuse et précipitée la fin de ceux, qui sans autre considération que celle de leurs propres intérêts, se font accroire (a) de pouvoir, par des moyens artificieux et subtils, établir une grandeur perdurable sur le seul fondement de la prudence humaine. Car il ne faut point douter, qu'ayant été élevé dès ses premières années aux principales charges de la milice, et poussé par sa valeur et par sa conduite sur le sommet des honneurs, il n'eût égalé, même surpassé tous les capitaines de son temps; ou même qu'il ne fût parvenu à la dignité de connétable, et à toutes les autres grandeurs du royaume, si au préjudice de l'autorité de son prince, il n'eût entrepris de fonder sa fortune sur les factions et sur les guerres civiles. Quoi‘qu'il en fût néanmoins, dans le profond abîme des discordes et des révoltes publiques, ne laissoient pas d'éclater en lui plusieurs lumières de constance, d'adresse et de grandeur de courage, et particulièrement des preuves illustres de son esprit à manier les plus hautes et les plus hardies entreprises. Le lendemain de la mort de l'amiral, le duc d'Anjou sortit du Louvre et accompagné du régiment des Gardes, s'en alla par la ville et par les faubourgs, pour faire ouvrir les maisons de ceux qui avoient voulu faire résistance. Mais il se trouva, ou que la plupart des huguenots étoient déjà morts, ou qu'épouvantés, ils avoient pris sur leur chapeau la contre-marque de la croix-blanche, comme tous les catholiques la portoient, ou qu'ils tâchoient d'assurer leur vie en se cachant le mieux

(a) Se persuadent qu'ils peuvent.

qu'ils pouvoient. Que si de hasard allant par les rues, ils étoient montrés au doigt, ou reconnus en quelque sorte que ce fût, le peuple leur couroit sus à l'instant, et les jetoit dans la rivière.

Le jour qui précéda cette épouvantable exécution, le roi dépêcha plusieurs courriers en divers lieux du royaume, avec ordre exprès aux gouverneurs des villes et des provinces d'en faire de même. Néanmoins cette commission fut exécutée avec plus ou moins de rigueur, selon l'inclination de chacun. Car cette nuit-là il arriva qu'à Meaux, et le jour suivant à Orléans, à Rouen, à Bourges, à Angers, à Toulouse, et en plusieurs autres lieux, mais surtout à Lyon, il se fit à l'exemple de Paris un grand massacre des huguenots, sans épargner ni conditions, ni âge, ni sexe. Comme au contraire, dans les villes dont les gouverneurs étoient ou dépendant des Princes, ou acquis à la maison de Montmorency, on n'exécuta que foiblement, et le plus tard qu'on pût, l'ordre qu'on avoit reçu ; jusques-là même qu'en Provence, le comte de Tende dit franchement qu'il n'en feroit rien. A raison de quoi, peu de jours après étant dans la ville d'Avignon, il fut mis à mort, à ce que l'on croit, par l'exprès commandement du roi. Je pourrois rapporter ici des accidens qui furent étranges et terribles, vu que ce fléau s'étendit en divers lieux sur des personnes de toutes conditions, avec une merveilleuse variété d'événemens ; si bien que la renommée publia pour chose certaine qu'il fut tué en peu de jours plus de quarante mille huguenots : mais le dessein que j'ai fait de me tenir dans l'ordre des choses, et de les déduire succinctement, ne me permet pas de m'étendre dans le récit de ces aventures tragiques. Le troisième jour d'après la mort de l'amiral, la persécution contre ceux de son parti n'étant pas encore finie, le roi accompagné de tous les princes et des seigneurs de la cour, s'en alla au parlement en personne ; et bien qu'aux premiers jours, et par ses paroles, et par ses lettres, il eût attribué cet événement à une émotion populaire, si est-ce qu'en un lieu si célèbre, rendant manifestes ses desseins, il fit une ample narration des causes qui l'avoient réduit à faire exterminer et mettre à mort ces rebelles, qui ne cessoient de conspirer contre son État et même contre sa personne. Il remontra ensuite que leur ayant pardonné plusieurs fois les fautes passées, il avoit trouvé qu'ils s'étoient toujours plus fort obstinés en leur perfidie, en leurs révoltes et en leurs conjurations ; qu'il avoit enfin été contraint de les prévenir, afin de n'en être prévenu ; ayant découvert, comme par miracle, la conspiration qu'ils avoient fait d'ôter la vie, non seulement à lui, mais à la reine sa mère, aux ducs d'Anjou et d'Alençon ses frères, et même au roi de Navarre, qu'ils n'estimoient pas moins leur ennemi que les autres, pour s'être éloigné depuis peu de leur commerce et de leurs pratiques ; qu'à ces causes il avoit bien voulu en donner avis aux magistrats, afin qu'avec une pareille rigueur ils procédassent contre une conjuration si détestable ; et qu'il désiroit que tout le monde sût les justes et nécessaires sujets qui l'avoient contraint de faire une punition si rigoureuse et si exemplaire. Après cette remontrance, par laquelle il fit tout ce qu'il put pour leur persuader que l'affaire étoit arrivée inopinément, et d'elle-même, la nécessité l'ayant produite, plutôt qu'une longue délibération, il voulut qu'aux actes ordinaires de la cour l'on enregistrât que tout ce qu'on avoit fait à Paris, et aux autres villes du royaume, contre l'amiral et ses adhérens, étoit arrivé de sa volonté propre, et par ses ordres exprès. Il commanda pareillement qu'on fît le procès à ceux qu'on tenoit prisonniers, et que même on procédât contre la mémoire des morts, en s'éclaircissant de leurs rébellions, et leur imposant les peines prescrites et portées par la sévérité des lois. Pour conclusion, il fit publier, non seulement à la cour, mais par toutes les rues de la ville, qu'on eût à faire cesser le massacre en tous les lieux du royaume, et à ne répandre plus de sang, puisque ce qu'on avoit fait jusqu'alors par une juste sévérité, devoit désormais suffire. Cette défense néanmoins n'eut lieu qu'à Paris, où le nombre des huguenots étoit déjà éteint et anéanti; mais non pas aux autres villes, où cet ordre étant arrivé plus tard, fut aussi exécuté avec plus ou moins de délai, conformément à la distance des lieux.

IV.

Récit de d'Aubigné [1].

Dès le soir le duc de Guise (principal chef de l'entreprise) appela à soi quelques capitaines françois et suisses, leur dit : « Voici l'heure que par la volonté du roi il se faut venger de la race ennemie de Dieu; la bête est dans les toiles [2], il ne faut pas qu'elle se sauve; voici l'honneur et le profit à bon marché, et le moyen de faire plus sans péril, que tant de sang répandu par les nôtres n'a pu exécuter. » Cela dit, il loge ses capitaines aux deux côtés du Louvre, avec charge de n'en laisser sortir aucun serviteur des princes de Bourbon; pour Cosseins on lui augmente et rafraîchit ses hommes, avec la même charge pour la maison qu'il gardoit; de là il envoie quérir le président Charron, prévôt des marchands depuis peu de jours; celui-là avertit tous les

---

[1] Théodore Agrippa d'Aubigné, littérateur et historien célèbre, né en 1550 en Saintonge, mourut à Genève en 1630. Zélé protestant, il servit vaillamment Henri IV, mais se fit disgrâcier par le roi en abusant de l'ancienne familiarité des camps, et en ne lui ménageant ni les boutades ni les épigrammes. D'Aubigné est le grand-père de Mme de Maintenon. Son *Histoire universelle* (de 1550 à 1601) parut en 1616-20, en 3 volumes in-folio.

[2] Pour chasser le sanglier, ou toute autre bête noire, on tend autour d'une enceinte de grandes pièces de toile bordées de cordes.

capitaines de la ville de se tenir prêts devant la maison de Ville à minuit; là ils reçurent de la bouche de Marcel (pour ce qu'il avoit grand crédit vers le roi) le commandement, bien venu quoiqu'étrange; surtout défense de n'épargner aucun, et que toutes les villes de France faisoient comme eux; qu'ils prissent tous pour marque un linge blanc au bras gauche, et une croix au chapeau; qu'ils sauroient l'heure de l'exécution par le tocsin de la grosse cloche du palais, et qu'ils missent du feu aux fenêtres. A minuit, la reine (qui craignoit au roi quelque mutation) descend en la chambre de son fils, où se trouvèrent les ducs de Guise et de Nevers, Birague, Tavannes et le comte de Retz, tous menés là par Monsieur. Ayant trouvé au roi quelque doute, la reine, entr'autres propos pour l'encourager, y apporta ces paroles : vaut-il pas mieux déchirer ces membres pourris que le sein de l'Église épouse de Notre Seigneur; elle acheva par un trait pris aux sermons de l'évêque de Bitonte en le citant : *Che pieta lor ser crudele? che crudelta lor ser pietoso?* Le roi se résout, et elle avance le tocsin du palais en faisant sonner une heure et demie devant celui de Saint-Germain de l'Auxerrois.

Les rues étoient déjà pleines de gens armés, par le bruit desquels les réformés, que le roi avoit fait loger près du Louvre, vouloient y accourir; mais après qu'on eut répondu à leurs demandes, que c'étoient des préparatifs pour un tournoi, quelqu'un voulant passer outre fut blessé par un Gascon des Gardes; et à ce point le premier tocsin entendu, il fallut laisser courir le duc de Guise et le chevalier d'Angoulême, qui toute la nuit avoient mis ordre partout, prennent le duc d'Aumale et viennent au logis de l'amiral, qui oyant le bruit s'imagina que c'étoit une émeute contre le roi même; mais il changea d'opinion quand Cosseins s'étant fait ouvrir par celui qui avoit les clefs, le poignarda à la vue des Suisses; desquels un fut tué en voulant remparer la porte; voilà le duc de Guise en la cour, et Cosseins avec les capitaines Atain, Cardillac, Sarlaboux, un Italien, et un Allemand nommé Besme, qui gagnent le degré ; l'Amiral étoit debout avec son ministre Merlin, les chirurgiens, et peu de domestiques : auxquels il parla ainsi sans trouble de visage : « C'est ma mort de laquelle je n'eus jamais peur puisque c'est en Dieu, il ne me faut plus de secours humains ; pour Dieu mes amis sauvez-vous. » Cependant qu'ils y essayent les portes rompues, Besme entre en la chambre l'épée nue au poing, il trouve l'Amiral sa robe de nuit sur lui, à qui il demande : « Es-tu l'Amiral? » La réponse fut (selon le rapport d'Atain) : « Jeune homme, respecte ma vieillesse; au moins si je mourois de la main d'un cavalier et non pas de ce goujat! » Tant y a que sur ces paroles Besme lui passe l'épée au travers du corps, et en la retirant lui met le visage en deux d'un estramaçon.

Le duc de Guise demandant si la besogne étoit faite, et Besme ayant répondu que oui, on lui commande de jeter le corps par la fenêtre, ce qu'il fit, et l'Amiral non encore mort se prit des mains à un morceau de gervis qu'il emporta : on dit qu'ils lui passèrent le mouchoir sur le visage pour ôter le sang et le connoître; aussi que le duc lui donna du pied sur le ventre avant s'en aller par les rues pour donner courage partout à bien achever ce qui étoit heureusement commencé. Le peuple réveillé par l'horloge du palais court au logis du mort, en coupe toutes les parties qui se pouvoient couper, surtout la tête, qui alla jusqu'à Rome ; ils le traînent par les rues (selon ce qu'il avoit prédit sans y penser), le jettent en l'eau, l'en retirent pour le pendre par les pieds à Montfaucon, et allument quelques flammes dessous, pour employer à leur vengeance tous les élémens; il fut, après quelques jours, enlevé de ce gibet par ceux de Montmorency, et enterré en la chapelle de Chantilly.

Nous avons poursuivi le succès de cette personne,

pour ce qu'elle donna le branle au reste. Ce logis donné au pillage à qui voulut, hormis les papiers, que la reine eut soin de faire saisir. Le second fut le comte de la Rochefoucauld, qui avoit demeuré à rire avec le roi jusques à minuit ; celui-ci ayant ouvert à la Barge, et voyant des hommes masqués, pensa que le roi le vouloit fouetter par jeu ; mais il fut fouetté à coups de poignard par Raimon, frère de Chicot ; Téligni, qui le jour auparavant avoit menacé de coups de poignard ceux qui vouloient faire soupçonner le bon roi, ayant échappé trois ou quatre maisons, fut tué sur les tuiles d'une fenêtre par les gardes de Monsieur. Le marquis de Resnel, frère du prince Porcian, fut tué par Bussi d'Amboise et le fils du baron des Adrets, pour un procès qu'il avoit avec son cousin-germain ; Guerchi mit son manteau autour du bras et se fit tuer à coups d'épée, se vengeant comme il pouvoit ; Beau-diné, Puiviaut (à la femme duquel le tueur porta les choses de son mari, pour lui sauver la vie en l'épousant), Berni et Soubise furent traînés morts et arrangés devant le Louvre... ; Laverdin fut caché par son hôte, qui commandé de le tuer, répondit qu'on attendit un peu qu'il fût en colère ; mais le Glas envoyé du Louvre le fit mettre entre ses mains et le tua ; ce fut le premier qui fut jeté en la rivière ; Briou ayant passé quatre-vingts ans et blanc comme neige, fut poignardé, ayant à son col le prince de Conty, qui mettoit ses petites mains au devant des coups ; La Force pris au lit avec ses deux enfans fut poignardé avec le plus grand ; le petit, âgé de douze ans, se mêlant toujours avec les corps de son père et de son frère tout couverts de sang, fut laissé pour mort, et le contrefit si bien, qu'il fut estimé tel de plusieurs qu'il entendoit louer le coup, et dire qu'il falloit éteindre les louveteaux avec les loups ; il demeura ainsi jusqu'à ce que sur le soir il en ouït un qui détestoit la barbarie et appeloit Dieu à la venger ; à ces propos l'enfant déroba son corps de dessous les autres, se montra en vie, et sans dire son nom cria qu'on le menât à l'Arsenal entre les mains de Biron, grand maître, de la fille duquel il a aujourd'hui une excellente lignée.

Tout d'une main Montaumar, Louviers, Rouvrai, Congniers, Montabert, Coulombiers, Valavoille, Francourt, Grolleau bailli d'Orléans, Calixte de même maison, le général Desprunes, Goudimel excellent musicien, et Perrot jurisconsulte, tout cela jeté par les fenêtres et traîné par les rues, fut porté en la rivière à la sollicitation du duc de Montpensier, qui s'étoit joint à ceux que nous avons dit pour crier qu'on tuât, et qu'ils avoient entrepris sur la vie du roi. A la porte du Louvre et dedans furent tués Pardaillan, Saint-Martin, Beauvais et Pilles ; ce dernier, voyant ses compagnons morts : « Est-ce la paix et la foi royale ? venge, ô Dieu, cette perfidie. » Ce disant, il dépouille son manteau et mourut à coups d'hallebarde. Le vicomte de Leran, après les premiers coups, se relève et se va jeter sur le lit de la reine de Navarre ; les femmes de chambre le sauvèrent. Le roi pardonna à Grandmont, Duras, Gamaches et Bouchavanes, parce que principalement du dernier de ces quatre, il avait éprouvé la lassitude ou infidélité pour le parti.

Il fit appeler le roi de Navarre et le prince de Condé, auxquels il déclara que tout ce qu'ils voyoient étoit par son commandement ; qu'il n'avoit eu autre moyen pour couper broche (a) à toutes les guerres et séditions ; qu'il ne perdroit jamais la mémoire des maux qu'on lui avoit faits ; mêmement qu'eux deux lui avoient donné occasion de haine mortelle, pour s'être fait chefs de ses ennemis ; mais qu'il donnoit cela à l'alliance et au sang, pourvu qu'ils changeassent de vie et surtout de religion, n'en voulant plus souffrir en son royaume que la catholique romaine, comme reçue de ses ancêtres ; qu'ils avisa- et

---

(a) Mettre un terme.

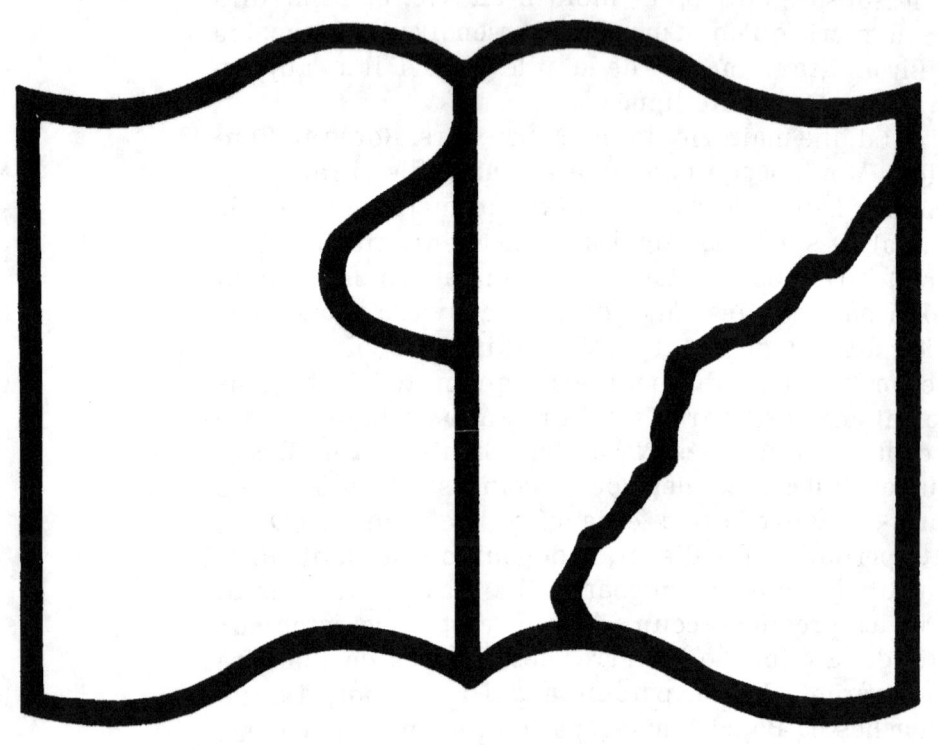

Texte détérioré — reliure défectueuse

NF Z 43-120-11

sent donc s'ils lui vouloient complaire en cela, ou qu'ils se préparassent à perdre la vie et être traités comme leurs compagnons. Le roi de Navarre étonné demanda la première fois qu'on laissât en paix leur vie et leur conscience, et qu'ils étoient prêts d'obéir au roi en toutes choses. Le prince de Condé releva en ces termes : « Je ne puis croire, sire, que nos ennemis aient eu le crédit sur vous que Votre Majesté se puisse départir de la foi que vous avez obligée par un jurement tant solennel aux réformés de votre royaume ; quant à ma religion, Dieu seul qui m'en a donné la connoissance est celui à qui j'en dois rendre compte ; faites de ma vie et de mes biens ce qu'il vous plaira, je suis résolu de ne renoncer la vérité, que je connois bien, par aucunes menaces ni par le péril de mort où je me vois. » De cette réponse, le roi outré, l'appelle enragé, séditieux, rebelle, fils de rebelle, lui jurant que si dans trois jours il ne changeoit de langage qu'il le feroit étrangler.

Frontenai, le vidame de Chartres, le comte de Mongommeri, Ségur, Pardaillan, Beauvois, plusieurs Normands et Poitevins entr'autres, qui avoient aimé l'air du faubourg, les uns par soupçon, les autres pour une autre cause, avertis du tocsin et bruit de la ville (car l'air étoit plein de cris) entrèrent en conseil, où il y en eut si peu qui osassent dire leur opinion du danger, qu'ils furent résolus d'aller secourir le roi, si bien qu'en demandant des bateaux, et qu'on ouvrit les portes, ils demeurèrent sur le bord de la rivière et devant la porte de Nesle jusqu'au grand jour. Plusieurs empêchemens leur sauvèrent la vie ; premièrement les mille hommes que Marcel devoit donner pour l'exécution à Maugiron, qui en avoit la charge, se mirent au pillage de leurs voisins. Le duc de Guise voyant cela, court aux portes à cheval, voulant sortir le premier pour les enfermer ; ais le portier n'ayant pas pris les clefs qu'il falloit, endant qu'il retournoit quérir les autres, ils voient rquer Suisses et François : et même le roi par impatience leur fit tirer quelques arquebusades ; cela leur apprit leur chemin, dans lequel ils eurent bientôt aux fesses le duc de Guise jusqu'à Montfort, et là il leur découpla en relais (*a*) Saint-Léger ; mais ce fut en vain. Cavagnes étoit caché chez un de ses amis ; Bricquemaut chez l'embassadeur d'Angleterre, qui fut contraint de l'envoyer aux prisons. Au retour des poursuivans, le peuple travailloit à tuer ses voisins.

Tous ceux qui ont décrit cette journée, et par dessus tous ce grand sénateur de Thou, n'ont point de honte de dire de leur ville même, que les capitaines et dixainiers excitoient leurs bourgeois à la mort des bourgeois, à une triste et horrible face partout ; si bien que par le bruit, les reniemens de ceux qui se rencontroient au meurtre et à la proie, on ne s'entendoit point parler par les rues ; l'air résonnoit des hurlemens des mourans, ou de ceux qu'on dépouilloit à la mort ; les corps détranchés tomboient des fenêtres ; les portes cochères et autres étoient bouchées de corps achevés ou languissans ; le milieu des rues de ceux qu'on trainoit, non sur le pavé, mais sur le sang qui cherchoit la rivière ; on ne pouvoit nombrer la multitude des morts, hommes, femmes et enfans, quelques-uns sortant du ventre des mères. Je n'ai voulu en ces dernières lignes faire office que de traducteur. Chappes renommé au Parlement y mourut ayant passé quatre-vingts ans ; Loménie éteint aux prisons, sa mort commandée par Lansac, et sa terre de Versailles cause de ce commandement ; la demoiselle d'Iverni, docte aumônière, nièce du cardinal Brissonnet, se sauvoit en religieuse ; mais connue par ses mules de velours cramoisi, la vie lui étant promise si elle vouloit renoncer sa religion, à son refus fut poignardée et jetée en l'eau ; et comme la rivière la souleyoit, on courut de tous côtés l'assommer à coup de bâtons et de pierres. Pierre Ramus, excellent docteur, tiré de son étude et

---

(*a*) Lança à leur poursuite.

précipité par la fenêtre; son corps et les boyaux qui lui sortoient par les plaies furent fouettés le long des rues par les petits écoliers ameutés à cela par son envieux Charpentier : Lambin, lecteur royal catholique, bigot, mourut de l'horreur de ce fait; Villemor, maître des requêtes, fils du cardinal Bertrandi, pillé et tué; le conseiller Rouillart, décélé chez un prêtre par une chambrière, fut poignardé par Croiset.

Entre 400 assommés de la main de celui-là, qui après le massacre se fit hermite, et qui voloit et menoit égorger les passans en son hermitage, ne pouvant se saouler de sang depuis la curée de ce jour jusqu'à celui de son gibet. Salcède, quoiqu'aliéné des réformés, pour ses querelles avec le cardinal de Lorraine, passa le pas. Il y eut peine à empêcher l'orage de tomber sur ceux de Montmorency. Le maréchal de Cossé et Biron, le premier échappa par l'absence du chef de la maison, et l'autre pour avoir fait pointer deux couleuvrines à la porte de l'Arsenal, lors mêmement qu'une fille de la reine, qui depuis épousa Larchant, faisoit presser par divers commandemens et menaces Biron de lui mettre entre les mains le petit la Force, sauvé comme nous avons dit; ce capitaine avoit fait une réponse de Gascon, disant : « Je l'enverrois bien entre les mains de sa parente pour en avoir soin ; mais non entre les mains de son héritière qui en avoit trop de soin hier matin. » Saint-Romain, Bricquemaut le jeune, et quelques autres furent sauvés par leurs hôtes : Monnins, que Fervaques vouloit sauver, fut poignardé en sa garde. Il est certain que ceux de Guise, après leur course, en sauvèrent plusieurs. On a trouvé des buts différens à cette courtoisie ; mais quelle qu'en puisse être la cause, l'effet demeure toujours.

Le soir de la seconde journée, le roi troublé en son esprit, et malgré ses principaux conseillers, fit à son de trompe défendre la tuerie, sur peine de la corde ; mais la défense fut inutile. Encore en cette humeur, il fit dépêcher lettres patentes par toutes les provinces pour se nettoyer de l'horreur du fait, le rejetant sur la maison de Guise, sur leur querelle avec l'Amiral, et sur la crainte que les réformés se voulussent venger de sa blessure, disant qu'ils avoient ému les Parisiens à tuer ceux qui gardoient l'amiral par son commandement, qu'il n'avoit pu arrêter cette fureur; qu'on prît garde à empêcher pareils accidens par toutes les villes du royaume, sur peine de s'en prendre à la vie des gouverneurs; que lui étoit rallié avec le roi de Navarre et le prince de Condé ses proches, résolu de courre même fortune qu'eux, et de venger la mort de l'amiral, son cousin; ses lettres envoyées non-seulement dans le royaume, mais en Angleterre, en Allemagne et aux cantons des Suisses, signées de la même main de laquelle ce prince giboyoit de la fenêtre du Louvre aux pauvres passans.

Durant ces écrits les meurtres et pilleries ne cessèrent point; le président La Place ayant payé rançon au capitaine Miquel, fut garanti quelques jours par le baron de Senesay, nouvellement grand prévôt, et puis par lui-même mené (quelque raison qu'il alléguât) jusques où Pesou, compagnon de Croizet, le fit abattre de son mulet à coups de poignard; l'état donné au président Neuilly, qui avoit ménagé cette mort pour espérance d'en être héritier. Le dimanche, toute la ville se réchauffa pour aller voir une aubépine qui fleurissoit au cimetière Saint-Innocent; les confréries y alloient le tambour battant, criant que ce jour-là l'Église refleurissoit par la mort de tant d'hérétiques; les autres disoient que cette fleur avoit paru dans le champ des innocents meurtris, et non pas des meurtriers, signe que l'Église, qui étoit affligée, revivroit. Nous laissons là ces douteuses interprétations, pour, en poursuivant les effets de la journée, dire que Nançay eut charge d'envoyer quérir les enfants de l'Amiral et Dandelot, les deux plus grands, à savoir François de Coligny et Guy de Laval, étant sauvés ; ils emmenèrent le reste en un coche ; les gardes passant à la vue de Montfaucon appelèrent ces enfans pour leur montrer leur père ou oncle, qui y étoient encore pendus ; tous baissèrent la face en bas avec larmes, hormis celui qui porte aujourd'hui le nom de Dandelot, qui le voulut contempler sans émotion.

Je n'ai pas estimé que l'histoire m'obligeât à vous conter par le menu les noms particuliers de près de 3000 personnes éteintes en diverses manières en cette étrange journée ; il y a des livres publiés qui ont pris un tel soin et auxquels je vous renvoie ; je dirai seulement pour choses très-remarquables entre celles qui le sont assez, que l'on vit traîner des enfans en maillot par d'autres enfans de dix ans ; d'autres qui jouoient à la barbe de ceux qui les emportoient tuer, et ce jeu payé d'un coup de dague à travers le corps ; un oncle tua deux petites nièces qui s'étoient cachées sous le lit pensant qu'on les voulût fouetter ; une tante des filles du ministre Serpon, aidée de son mari, tourmenta trois semaines avec fouets et fers chauds deux de leurs nièces qui s'étoient enfuies durant le massacre en leur maison ; mais ne pouvant par tourmens faire renoncer leur religion, ils les jetèrent à minuit dehors : l'ainée fut enlevée, on ne peut dire par qui ; l'autre, âgée de neuf ans, trouvée évanouie sous un balai fut emportée à l'hôpital, et là étant revenue d'une grande maladie, les gardes l'ayant reconnue, par tourmens et par la faim, pensant lui ôter son opiniâtreté (comme elles disoient), lui ôtèrent la vie.

Voici encore un acte qui ne peut être garanti qu'autant que vaut la bouche des tueurs ; c'est qu'en la vallée de misère il y a une porte que nous avons vue peinte de rouge, à laquelle les principaux massacreurs, comme Tanchou, Pesou, Croisier et Périer estoient durant les trois jours, où tous ou partie d'eux ; là on amenoit à l'entrée de la porte les misérables que ceux-ci recevoient et menoient sur des planches par où on va aux Moulins, pour les précipiter entre deux piliers du pont ; on dit que là il y eut plus de 600 personnes. égorgées, et les coupables ont conté que le vendredi ils avoient poignardé et précipité une femme, de laquelle ils avoient voulu voir les cheveux avant la tuer, et que ses cheveux s'étoient entortillés en une cheville, suspendant le corps en l'eau jusqu'aux mamelles, qui ne pût tomber pour quelques pierres qu'ils lui jetèrent, et autres corps précipités en même lieu ; mais que le dimanche, son mari amené et reconnu par aucuns d'eux, dépêché en même place, tomba des deux bras sur le col de sa femme et l'emporta......

C'est grand cas que de si valeureuse noblesse nul ne mourût l'épée en la main, au moins qu'on ait su que Guerci ; et que d'une si grosse ville nulle maison ne se fit forcer que celle d'un avocat, qui après avoir tué les plus mauvais garçons et repoussé tous les efforts de son quartier, ne pût être forcé que par quelque compagnie du régiment des Gardes.

Le roi poursuivant sa dissimulation étoit après à faire éloigner les Guisards, quand la reine, Monsieur et les principaux du conseil s'ameutèrent pour empêcher cela, soit en faveur de la maison de Lorraine, soit en haine de celle de Montmorency ; car après qu'ils eurent montré comment le désaveu et la feinte n'étoient plus de saison, étant assez déclaré chef et auteur, tant par les commandemens qu'il avoit faits de sa bouche à gens de toutes qualités, que pour les déclarations faites aux princes de Bourbon, ils lui firent voir que la défaveur feinte de ceux de Guise étoit une aliénation non feinte aux bonnes volontés, et un amollissement au courage de ses serviteurs ; qu'il falloit tout rejeter sur la bonne souvenance et juste vengeance de l'entreprise de Meaux[1] ;

---

[1] En 1567, Charles IX avait manqué d'être enlevé à Meaux par les huguenots, et avait été obligé de fuir devant eux pour revenir à Paris.

là-dessus, Monsieur tire des lettres prises de la cassette de Téligny, par lesquelles le duc de Montmorency écrivoit de sa main (comme il disoit) qu'il offroit ses biens et vie à la vengeance de la blessure de l'amiral, contre les auteurs bien connus ; puis la reine et les autres concluoient que si l'affaire portoit haine, les rois ne périssoient point par là, oui bien par le mépris ; et ainsi ils échauffèrent le roi si bien, que le mardi d'après il mène ses frères, le roi de Navarre et tous les grands, pour, en son lit de justice, avouer tout ce qui s'étoit passé, comme fait par son dessein et commandement.

Le premier président de Thou, qui pleuroit et soupiroit à la maison, et détestoit le règne présent, loua le roi de son action, discourant sur cette sentence ; *Qui ne sait dissimuler, ne sait régner*. Pibrac, avocat général, demanda au roi deux choses : l'une s'il ne lui plaisoit pas que cette déclaration fût enregistrée, et l'autre que par édit public on mît fin aux pilleries et aux meurtres ; la réponse du roi fut qu'il commandoit le premier et qu'il aviseroit au second. Morvilliers, qui avoit aussi détesté l'affaire entre ses amis, proposa qu'il falloit faire aux morts quelque sorte de procès, et cet avis pris au pied levé fut cause de faire mourir quelques prisonniers. Les ecclésiastiques couronnèrent la besogne d'un jubilé, et le lendemain fut un édit publié par lequel le roi protestoit que ce qui s'étoit passé n'étoit point en haine des réformés ni à l'infraction de ses édits, mais pour s'opposer aux entreprises de l'Amiral ; que chacun eût à demeurer en paix et sûreté en sa maison, s'abstenant pourtant des assemblées publiques, jusques à ce qu'autrement en fut avisé.

V.

Récit du maréchal de Tavannes[1].

MM. de Sauve et de Retz avertissent la reine des secrets conseils, desseins et paroles du roi[2]; que si elle n'y entendoit, les huguenots le possèderoit : qu'au moins, avant que penser à autre chose, ils lui conseilloient de regagner la puissance de mère que l'amiral lui avoit fait perdre. La jalousie du gouvernement de son fils et de l'État, ambition démesurée, enflamme, brûle la reine dehors et dedans, et tient conseil de se défaire de l'Amiral.

Le roi chasseur[3] va à Montpipeau; la reine y court; enfermée en un cabinet avec lui, elle fond en larmes, dit : « Je n'eusse pensé que, pour avoir pris tant de peine à vous élever, vous avoir conservé la couronne que les huguenots et catholiques vous vouloient ôter, après m'être sacrifiée pour vous et encouru tant de hazards, que m'eussiez voulu donner récompense si misérable. Vous vous cachez de moi, qui suis votre mère, pour prendre conseil de vos ennemis; vous vous ôtez de mes bras qui vous ont conservé; pour vous appuyer des leurs qui vous ont voulu assassiner. Je sais que vous tenez des conseils secrets avec l'amiral; vous désirez vous plonger dans la guerre d'Espagne inconsidérément, pour mettre votre royaume, vous et

---

[1] Le maréchal de Tavannes (Gaspard de Saulx-Tavannes) naquit en 1509 à Dijon et mourut en 1573. Il se distingua à la bataille de Cérisoles, à la prise de Metz en 1552, à Renty, gagna sur les protestants les batailles de Jarnac et de Moncontour, et se montra en toutes circonstances l'adversaire violent des protestants, surtout à la Saint-Barthélemy. On a de lui des Mémoires fort curieux.

[2] Ses projets de conquérir la Flandre avec l'aide de Coligny.

[3] Charles IX était un ardent chasseur.

nos personnes en proie de ceux de la Religion. Si je suis si malheureuse, avant que voir cela donnez-moi congé de me retirer au lieu de ma naissance, et éloignez de vous votre frère, qui se peut nommer infortuné d'avoir employé sa vie pour conserver la vôtre; donnez-lui au moins le temps de se retirer hors du danger et présence de ses ennemis acquis en vous faisant service, huguenots qui ne veulent la guerre d'Espagne, mais celle de France, et la subversion de tous États, pour s'établir. »

Cette harangue artificielle (a) émeut, étonne, épouvante le roi, non tant des huguenots que de sa mère et de son frère, dont il sait la finesse, ambition et puissance en son État ; s'émerveille de ses conseils révélés, les avoue, demande pardon, promet obéissance. Cette méfiance semée, ce premier coup jeté, la reine, continuant son mécontentement, se retire à Monceaux; le roi tremblant la suit, la trouve avec son frère, les sieurs de Tavannes, de Retz et de Sauve, lequel de Sauve, secrétaire d'État, se met à genoux, et reçoit pardon de Sa Majesté pour avoir révélé ses conseils à sa mère. L'infidélité, braverie, audace, menaces et entreprises huguenotes, sont magnifiées avec tant de vérité et artifices, que d'amis les voilà ennemis du roi, lequel fluctuant ne pouvoit perdre le désir conçu d'obtenir gloire et réputation par la guerre espagnole.

La reine juge qu'il n'y alloit seulement de l'état de la France, mais de ce qui lui étoit plus proche, du gouvernement d'icelle, de la renvoyer à Florence, et du danger de M. d'Anjou ; se contente d'avoir disposé le roi sans lui en dire davantage ; résout avec deux conseillers et M. d'Anjou la mort de l'Amiral, croyant tout le parti huguenot consister en sa tête, espérant par le mariage de sa fille avec le roi de Navarre r'habiller tout ; résout l'exécution, et de se couvrir du prétexte

(a) Artificieuse.

de ceux de Guise, dont l'Amiral avoit aidé à faire tuer le père.

Le cardinal de Lorraine absent, le paquet s'adresse à M. d'Aumale, qui le reçoit en joie. Morver, assassin de Mouhy, est choisi, blâmé de ce premier coup par le sieur de Tavannes, maintenant par commandement de la reine agréé par lui pour effet semblable; il promet de tuer l'Amiral d'une arquebusade. M. d'Aumale le loge dans le logis de Chally, son maître d'hôtel; il s'affûte, il se couvre de drapeaux (*a*) aux barreaux des fenêtres, dispose sa fuite par une porte de derrière, sur un cheval d'Espagne.

Cependant les noces du roi de Navarre et de Marguerite de France se font, mariant les deux religions ensemble. Les huguenots dans la nef de Notre-Dame, l'Amiral dit qu'il falloit ôter les enseignes (*b*) conquises sur les hérétiques, marques de troubles; demande gaussant (*c*) les cinquante mille écus promis pendant iceux à celui qui apporteroit sa tête. Masques, bagues, ballets, ne s'épargnent; purgatoire, enfer, représentés en Bourbon, où sont envoyés les huguenots après un combat de barrière, présage de leur malheur. L'amiral, pressé, continue ses audaces, importune, se fâche, croit l'esprit de la cour être enseveli dans tournois et mascarades, menace de partir; qui étoit le premier son de trompette de la guerre civile. Il est pourvu, retournant du conseil, par une arquebusade dans les deux bras; la porte est rompue, pendant que l'arquebusier se sauve.

L'amiral porté en son logis, le roi averti s'offense, menace ceux de Guise, ne sachant d'où venoit ce coup; et après un peu radouci par la reine, à l'aide du sieur de Retz, mettent Sa Majesté en colère contre les huguenots; ils lui font croire avoir su une entreprise des huguenots contre lui; les desseins de Meaux, d'Amboise lui sont représentés; soudain gagné, comme sa

(*a*) Morceaux de linge. — (*b*) Drapeaux. — (*c*) En se moquant.

mère se l'étoit promis, il abandonne les huguenots, demeure fâché avec les autres que la blessure n'étoit mortelle.

Les huguenots, encore aveuglés du roi, ne pénètrent ce coup; passant à grandes troupes cuirassés devant le logis de MM. de Guise et d'Aumale, menacent les attaquer : eux s'excusant, somment le roi de prendre leur querelle ; ce qui fait que lesdits huguenots pénètrent plus avant, soupçonnent M. d'Anjou, demandent justice ou qu'ils la feroient sur le champ ; menacent Leurs Majestés.

Le conseil est tenu composé de six, le roi présent connoissant que tout s'alloit découvrant, et que ceux de Guise même pour se laver accuseroient la reine et M. d'Anjou, et que la guerre étoit infaillible ; qu'il valoit mieux gagner une bataille dans Paris, où tous les chefs étoient, que la mettre en doute en la campagne et tomber en une dangereuse et incertaine guerre. Du péril présent de Leurs Majestés et des conseillers tenus en crainte, naît la résolution de nécessité, telle qu'elle fut, de tuer l'Amiral et tous les chefs du parti : conseil né de l'occasion par faute et imprudence des huguenots, et qui ne se fût pu exécuter sans être découvert, si elle eût été préméditée.

La feinte du roi Charles n'eût pu être telle que la vérité ; il ne lui étoit besoin de déguisement, puisqu'il étoit à eux et porté à la guerre : nul conseil de si longue haleine ne se cèle dans la cour. Le roi jure, proteste son déplaisir, envoie visiter l'amiral blessé, lui promet justice exemplaire. Toute la cour est triste, aucuns du coup, et la plus grande partie de la faute : les huguenots interprètent ce deuil à leur avantage. Les principaux s'assemblent chez l'amiral ; le chirurgien l'assure. Deux avis sont débattus par eux, de sortir le blessé en armes, malgré Paris et la cour : aucuns se méfient de tous, d'autres accusent ceux de Guise, découlpent (a) Leurs Majestés, qui avoient, disoient-ils, autre moyen de le faire mourir que d'une arquebusade. Téligny, beau fils de l'Amiral, le croit ainsi ; pour s'être premier trompé, il assure, il emporte le conseil, jure que le roi étoit pour eux, qu'ils verroient punition exemplaire. Le parentage, la suffisance, l'amitié de Téligny, l'incommodité de transporter le blessé, résout le séjour de deux jours ; l'imprudence, les menaces continuent jusques à accuser M. d'Anjou que l'arquebuse trouvée en la maison de Chailly étoit reconnue pour être à un de ses gardes.

Le conseil du roi rassemblé, le péril présent, la reine en diverses craintes, la vérification du coup que l'on doutoit s'éclaircir (b), la guerre ou l'exécution présente pour l'empêcher, lui tournent dans la tête. Si elle se fut pu parer de la source de l'arquebusade, malaisément eût-elle achevé ce à quoi l'événement la contraint : l'accident de la blessure au lieu de mort, les menaces, forcent le conseil à la résolution de tuer tous les chefs, ce qui est proposé au roy, l'émeuvent et le colèrent contre les huguenots, lui remontrent le danger commun, les moyens de l'éviter, se détrapant (c) de ses compagnons et maîtres. Le chancelier de Birague, M. de Nevers, avoient été adjoints à cet avis ; la mort du roi de Navarre, du prince de Condé, des maréchaux de Montmorency et Damville, est sur le tapis ; l'opinion du sieur de Retz est indécise, si c'étoit pour couper la source des guerres ou pour avoir leurs états de maréchaux, est contredite et rejetée par le sieur de Tavannes, lequel propose que l'innocence devoit exempter les uns, la jeunesse les autres : que le roi de Navarre et prince de Condé étoient du sang de France, qu'il falloit épargner et respecter ; qu'ils étoient jeunes et que l'on leur pouvoit donner des serviteurs qui leur

---

(a) Disculpent. — (b) Que l'on craignait de voir s'éclaircir. — (c) Se tirant du piége, de la trappe.

feroient changer de religion et d'opinion. De ce seul avis et de cette seule voix du sieur de Tavannes, ce grand roi Henry quatrième, régnant aujourd'hui, et le feu prince de Condé, tiennent la vie, et le malheur est pour la postérité du sieur de Tavannes que Sa Majesté n'en sait la vérité; et disoit davantage ledit sieur de Tavannes que ce coup de nécessité devoit être franc d'autre blâme.

La résolution prise, les huguenots semblent aider à leur ruine; aveuglés, demandent les gardes du roi, qui leur furent accordés pour garder l'amiral, autour duquel les principaux se logent, autres avec le roi de Navarre dans le Louvre, pour le conserver, disoient-ils de ceux de Guise. Ils facilitent leur massacre : le roi voit l'amiral le samedi, qui lui dit que Dieu l'avoit réservé pour son service, mêle requête, crainte et menaces, essaye de parler au roi particulièrement; il en est empêché par la reine. Les huguenots se rassurent, se gardent seulement de ceux de Guise, demandent justice un matin au jardin des Tuileries[1] insolemment. La reine craintive s'en retourne au Louvre[2], hâte la résolution de tuer l'Amiral et les chefs huguenots, qui murmuroient contre M. d'Anjou. Eux abandonnés de Dieu, Pardillant, huguenot, veut battre Nambur, huissier du roi à la porte, qui ne le vouloit laisser entrer à son coucher.

Le roi dissimule, entretient lui et La Rochefoucauld de propos joyeux, leur donne congé, se couche et se lève soudain. La reine et les conseillers appelés, elle (comme femme craintive) se fût volontiers dédite sans le courage qui lui fut redonné des capitaines, lui présentant le péril où elle et ses enfants étoient. Deux compagnies des Gardes mandées arrivent à minuit : le

---

[1] Où demeurait Catherine de Médicis, qui avait fait construire ce palais.
[2] Où demeurait Charles IX.

logis de l'Amiral est investi de sentinelles ; de peu de catholiques parisiens avertis il en manque la moitié, tant la crainte a de pouvoir, nonobstant l'autorité du roi qui commandoit les armes. M. de Guise est envoyé querir, sous prétexte duquel est résolue l'exécution ; il lui est permis d'aller tuer l'amiral, venger la mort de son père : il y court, y arrive devant le jour, enfonce les portes avec les gardes de Sa Majesté. L'amiral connoît sa mort ; averti que c'étoient les gardes du roi qui l'attaquoient, admoneste ses amis de se sauver, qui montent sur les toits ; quelques Suisses tués à l'abordée. Besme, Haultefort, Hattain trouvent l'amiral sur pied en l'appréhension de la mort ; les admoneste d'avoir pitié de sa vieillesse ; se sentant leurs épées glacées dans son corps, il prolonge sa vie, embrasse la fenêtre pour n'être jeté en bas, où tombé, il assouvit les yeux du fils dont il avoit fait tuer le père.

Le tocsin du palais point avec le jour ; tout se croise, tout s'émeut, tout s'excite, et cherche colère : le sang et la mort courent les rues en telle horreur, que Leurs Majestés même, qui en étoient les auteurs, ne se pouvoient garder de peur dans le Louvre : tous huguenots indifféremment sont tués, sans faire aucune défense. Je sauvai La Neufville, Béthune, Baignac, et aidai fort à Lavardin. Les gentilshommes et capitaines couchés en la chambre du roi au Louvre en sont tirés et tués ; deux catholiques parmi eux, pour ne vouloir marcher à la mort, s'exemptent n'ayant perdu l'entendement. Le roi de Navarre et prince de Condé craintifs, après avoir essayé de parler à moi, qui ne leur osai répondre, et de quoi Sa Majesté s'est bien souvenue depuis à mon préjudice, sont menés au roi. Il leur propose la messe ou la mort, menace le prince de Condé, qui ne se pouvoit feindre. La résolution de tuer seulement les chefs est enfreinte : plusieurs femmes et enfans tués à la furie populaire ; il demeure deux mille massacrés.

Le sieur de Tavannes sauve le maréchal de Biron, soupçonné sans sujet de favoriser les huguenots, par l'avis qu'il lui donne de se sauver dans l'arsenal. MM. de Guise, en exemptant d'autres, sont calomniés de ne vouloir l'extinction du prétexte des armes. Le sang s'étanche, la sac s'augmente ; le seul sieur de Tavannes a les mains nettes, ne souffre que ses gens prennent aucune chose. Ceux de M. d'Anjou pillent les perles des étrangers ; Paris semble une ville conquise, au regret des conseillers, n'ayant été résolu que la mort des chefs et factieux ; au contraire tous huguenots, femmes et enfans, sont tués indifféremment du peuple, ne pouvant le roi ni lesdits conseillers retenir les armes qu'ils avoient débridées. M. de Guise suit en vain Montgommery, qui se sauve du faubourg Saint-Germain en Angleterre. Les maréchaux de Montmorency et Damville, étonnés, s'abaissent, recherchent leurs amis, évitent le péril ; leur maison étoit soupçonnée des intelligences huguenotes. Plusieurs villes du royaume tuent non-seulement les chefs et factieux, comme il leur avoit été mandé, mais se gouvernent en cette effrénée licence parisienne.

Ce coup fait, la colère refroidie, le péril passé, l'acte paroît plus grand, plus formidable aux esprits rassis ; le sang répandu blesse les consciences. L'exécution de l'acte avoit occupé les entendemens, tellement qu'ils vacilloient aux prétextes, plusieurs fois changés selon les occurrences ; montre qu'il n'y avoit rien de prémédité, et décharge les huguenots de l'accusation de l'entreprise à eux depuis imputée. Les premières lettres du roi contenoient aux princes étrangers et ambassadeurs, que la blessure de l'amiral avoit été commise par ceux de Guise ses ennemis ; le style en est changé après le meurtre général des huguenots, les mêmes villes et ambassadeurs avertis par le roi que c'étoit ceux de Guise qui avoient fait ce massacre ; bruit qui eut continué, si lesdits sieurs de Guise, plus fins, connois-

sant le temps, que leur refus ne pouvoit retarder l'exécution déjà acheminée, n'eussent dit et publié que ce
n'étoit eux, mais Sa Majesté, qu'ils supplioient ne les
vouloir mettre en butte à tous les hérétiques de la chré-
tienneté; que puisque Sa Majesté en avoit peur, par
plus forte raison les devoient-ils craindre. Le conseil
rassemblé, la foi violée, l'hymen arrosé de sang, contraint d'inventer un troisième mensonge. Les huguenots sont accusés d'avoir voulu tuer Leurs Majestés,
dont la force n'avoit donné temps ni moyen d'user de
la formalité de justice, avoit contraint de la supercéder
jusques après l'exécution pour mieux prévenir la leur;
qu'il n'y avoit danger de mentir en les accusant, puisqu'en l'entreprise de Meaux ils avoient feint que l'on
eût entrepris sur eux pour prendre le roi.

Sa Majesté avoue l'acte, assis en sa cour de Parlement; l'Amiral traîné, pendu à Montfaucon par les pieds,
sa tête envoyée à Rome, les processions générales se
font. Le sieur de Tavannes sépare les quartiers de la
ville à plusieurs seigneurs, par le commandement du
roi, pour faire cesser le meurtre et pillage. Brique-
mault et Cavagnes pris, liberté leur est promise s'ils
avouent avoir voulu entreprendre contre le roi; eux
bien avisés le nient, sachant que puisqu'il falloit mourir, il valoit mieux que ce fût sans mentir, que essayer
par artifices à sauver ce qu'il falloit perdre : ils sont
pendus en Grève. C'est Dieu qu'il faut appaiser; étei-
gnant des troubles, s'en allume d'autres. M. d'Alençon,
offensé de n'avoir rien su de ce dessein, se lie davantage avec ceux de Montmorency; autre source de
guerres civiles. Je vis partie des papiers de l'amiral
chez mon père, le rôle de leurs hommes, leurs levées
de deniers, les signaux et menées de leur parti, avec
un discours de Francourt prévoyant de point à autre
ce qui advint: que l'on tireroit l'amiral d'une arquebusade; si failli, seroit cause du meurtre de tous les
huguenots et de leur parti ; tant les hommes d'État ont

pouvoir de dénier. L'aubépine fleurit, une étoile non remarquée par le passé naquit : tout est attribué à miracles.

C'est la vérité que les huguenots furent seuls cause de leurs massacres, mettant le roi en nécessité de la guerre d'Espagne ou de la leur. Sa Majesté, par le conseil du sieur de Tavannes, élut la moins dommageable et salutaire, tant pour la religion catholique que pour l'état et rébellions suscités par les huguenots. Et puisque l'on accuse le sieur de Tavannes de ce conseil, il faut donc que tous ceux de la religion catholique l'en estiment et le louent, en considérant que, s'il n'eût empêché par son bon avis le mariage d'Angleterre avec M. d'Anjou, celui du roi de Navarre étant déjà fait, et le roi Charles étant porté à la guerre d'Espagne, qu'infailliblement le royaume de France, et ensuite toute la chrétienté, hormis l'Italie et l'Espagne, étoit dans le parti hérétique. Et depuis ce coup de la Saint-Barthélemy ils se sont toujours diminués et affaiblis, tellement qu'au lieu qu'ils faisoient de grandes armées toutes de ceux de la religion, ils n'ont depuis pu tenir la campagne en sorte que ce soit, qu'étant assistés des malcontens et princes catholiques, des ducs d'Alençon, maréchal de Montmorency et autres; et sans lesdits malcontens ont toujours été réduits dans les villes et sur la défensive. Que l'on rende donc l'honneur à ceux à qui il appartient, non que ces grands meurtres soient louables, mais bien d'avoir évité et empêché que par les mariages et alliances les trois quarts de l'Europe ne fussent du parti hérétique, et d'avoir détourné de la France une guerre d'Espagne très-périlleuse lorsque le royaume étoit affaibli; ce que le roi Henri IV a tellement jugé, que ceux de Hollande et de Zélande se voulant donner à lui, il n'a point voulu faire la guerre aux Espagnols, connoissant la difficulté de ce dessein et les maux qui en peuvent advenir, nommément à la religion catholique que le sieur de Tavannes a maintenue, non seulement par les batailles de Jarnac et Moncontour, conservation et victoire obtenue en Bourgogne et en Dauphiné, mais aussi par ce dernier empêchement des confédérations prêtes à réussir au préjudice d'icelle.

Il est malaisé d'entreprendre sur un État sans la faveur de quelques-uns de ceux qui gouvernent; ni les huguenots ni ceux de la Ligue n'eussent pu rien faire sans l'assistance de la reine Catherine de Médicis, qui leur révéloit les desseins et conseils qui se résolvoient en sa présence, et par conjecture les plus secrets. Elle a été souvent trompée en ses projets, ne pensant que faire peur, ou quelque changement de faveur pour rentrer au gouvernement; a plusieurs fois hasardé la couronne de ses enfans, ne considérant l'impossibilité de remettre la bride à ceux auxquels elle l'avoit ôtée, qui, ayant divers buts non conformes aux siens se dispensoient au contraire de ce qu'elle n'avoit espéré. Elle favorisa l'entreprise d'Amboise, éloignée du gouvernement par ceux de Lorraine, qui possédoient son fils sous le crédit de la reine leur nièce, sa belle-fille, sans considérer que si l'entreprise eût réussi, ceux de Bourbon eussent pu passer outre s'ils eussent voulu, et se faire rois, contre lesquels ne lui restoient que ceux de Châtillon et de Montmorency, qui lui promettoient de l'empêcher. Elle aida la prise des armes au commencement du règne du roi Charles, aucunement excusable; connoissant la puissance de ceux de Guise, avec quelque raison, elle doutoit de la conservation de la couronne pour ses enfans.

Sous Henri III, elle favorise la Ligue, parce qu'elle étoit dépossédée du gouvernement par les mignons[1]; s'excusoit que voyant son fils sans enfans, qu'après sa mort elle désiroit jeter la couronne au marquis du Pont, fils de sa fille; et en effet étoit jalouse du gou-

---

[1] Les favoris du roi.

vernement; elle trompoit plusieurs, et étoit trompée de beaucoup. Ni ceux de Châtillon ni de Guise n'eussent entrepris sans elle; les voyant affoiblis, elle se renouoit avec ses enfans et abandonnoit leurs ennemis. Que si son assistance apportoit assurance aux prises des armes, aussi mit-elle en danger et causa la mort (souvent sans y penser) aux entrepreneurs et chefs, lesquels, pensant qu'il ne se prendroit point de résolution sans Sa Majesté, s'y assuroient; elle se trompoit avec eux et causoit leur perte. Son assistance, après l'entreprise d'Amboise faillie, fit tenir le prince de Condé à Blois, pendant que l'on justicioit ceux dont il étoit le chef. Sans s'étonner, pensant faire de même, il vint sur sa parole contrainte aux États à Orléans, où sans la mort du petit roi François, il laissoit la tête trois jours après. Pareillement, elle fit venir MM. de Guise à Blois, les assurant que le roi ne résoudroit rien sans son su : ils sont tués, et trompés avec elle, qui ne pénétra cette fois le conseil secret de son fils, qui se méfioit d'elle; un sage entrepreneur ne se fie en sa mère propre.

Les opinions furent différentes à la Saint-Barthélemy sur la mort du roi de Navarre, prince de Condé, maréchaux de Montmorency, Damville et généralement de tous les huguenots et de ceux qui les favorisoient. L'avis du sieur de Tavannes fut que, puisque l'amiral de Châtillon forçoit d'entreprendre contre lui même, et qu'il procuroit son malheur, voulant mettre imprudemment le roi en nécessité de deux guerres, qu'il falloit que Sa Majesté choisît la moins périlleuse, et mettre Dieu de son côté; que ces rebelles étoient bien attrapés de quelque façon qu'on les pût avoir, qui avoient entrepris sur les rois à Amboise et Meaux; que s'ils échappoient, ils feroient mourir un million de pauvre peuple. Il est plus permis d'entreprendre contre les sujets par voies extraordinaires, qu'à eux d'entreprendre contre leur roi. Conseilloit, puisque la blessure de l'Amiral les mettoit infailliblement à la guerre (source de tant de maux), qu'au premier jour on verroit les chefs du parti en armes ; que puisque Dieu les avoit mis ès-mains du roi, que l'on gagnât la bataille dans Paris ; que cette exécution devoit être nette de toutes répréhensions, ayant été faite par contrainte, enfilée d'un accident à l'autre ; que les enfans, ces princes et maréchaux de France et pauvres personnes en devoient être exempts et ne devoient pâtir pour les coupables, les jeunes princes innocens, parce qu'il y avoit espoir qu'étant instruits, ils pourroient être ramenés à la religion catholique et à l'obéissance des rois leurs parens, assistés des serviteurs de Leurs Majestés qu'on leur donneroit. Quant à ceux de Montmorency, bien qu'ils favorisassent les huguenots, ils n'étoient point convaincus de trahison, et que ce seroit éteindre toute une maison qui hausseroit trop celle des Guises, qui sans obstacles à l'avenir penseroient à l'État.

Le maréchal de Retz maintenoit le contraire ; qu'il falloit tout tuer ; que ces jeunes princes nourris en la religion, cruellement offensés de la mort de leur oncle et de leurs amis, s'en ressentiroient ; qu'il n'y avoit faute d'hommes pour les y porter, et qu'il ne falloit point offenser à demi ; que Brutus faillit se mettant sur la prud'hommie, déclarant seulement César coupable, ne voulant qu'on tuât Antoine, qui depuis révolta le peuple contre lui et fut cause de sa ruine ; qu'en ces desseins extraordinaires il falloit considérer premièrement, s'il étoit nécessaire, contraint ou juste ; les ayant jugés tels, il ne falloit rien laisser qui pût causer la ruine du but de paix où l'on tendoit ; que, s'il étoit juste en un chef, il l'étoit en tous ; puisque des parties jointes dépendoit l'effet principal de l'action, il les falloit couper à ce que les racines ne restassent ; aussi, s'il n'étoit juste, il falloit s'en distraire du tout, et n'entreprendre rien au contraire ; que si on rompoit les lois, il falloit les violer entièrement pour sa sûreté, le péché étant aussi grand pour peu que pour beaucoup. L'opinion du sieur de Tavannes subsista pour être plus juste, et que l'on croyoit celle du maréchal de Retz ambitieuse des états qu'il vouloit faire vaquer à son profit.

Aucuns disent que les rois ne doivent procéder extraordinairement contre leurs sujets : qu'ils ont la justice en main pour les punir ; et que lorsque l'exécution précède les informations, c'est une marque que les souverains ne pourroient prouver ce de quoi ils accusent leurs sujets et qu'ils manquent de courage, n'osant encourir du hasard et danger en leur capture.; puisqu'on tourne le dos à l'équité et à la raison, il faut que ce soit du tout; puisque l'on quitte le ciel, se bien assurer en la terre. Et disent ces pernicieux que si ces princes et ceux de Montmorency fussent morts, quoiqu'injustement et avec perte, peut-être n'y eut-il eu tant de guerre, ni le sieur de Tavannes tant d'honneur de leur salut qui dépendoit de sa seule voix.

La mort de MM. de Guise advint aux États de Blois en l'an 1588; il ne tint qu'au roi que MM. de Mayenne et d'Aumale n'y fussent tués. Sa Majesté n'eut pareille louange de les avoir épargnés, parce qu'il craignoit de faire venir M. de Mayenne aux États, à ce qu'il ne découvrit son intention, et s'enhardit de faire ce coup parce que M. de Guise commandoit impérieusement sur ses frères et cousins, s'attribuant sur iceux une puissance absolue, et lui sembloit qu'ils fussent faits pour sa grandeur Eux au contraire disoient que, s'il falloit obéir à un maître, ils vouloient que ce fût au roi, et avoient une telle jalousie entr'eux, que tous traitoient séparément, et disoient que si M. de Guise, leur frère, offensoit Sa Majesté, ils se départiroient d'avec lui, qui fit croire au roi qu'ils ne se remueroient pour la mort de leur frère.

VI.

Ce qui arriva au jeune duc de la Force, à la Saint-Barthélemy [1].

Un chacun sait comme advint la blessure de feu M. l'amiral de Coligny, et peu de jours après, comme on le fut assassiner la nuit dans son logis et jeter par la fenêtre de sa chambre dans la basse-cour. Il y avoit près de là un maquignon de chevaux, de la religion, qui avoit fait acheter à M. de la Force, le père, neuf ou dix chevaux, lequel prévoyant le mal qui s'en pouvoit ensuivre à tous ceux de la religion, part soudainement pour avertir ledit sieur de la Force de ce qu'il avoit vu, et se rend au-devant du Louvre pour passer l'eau, droit à la rue de Seine où il étoit logé. Mais il trouva tous les bateaux retenus [2], ce qui l'obligea de descendre jusques auprès des Tuileries, où pour l'ordinaire il y en avoit toujours ; mais il ne put non plus s'en procurer, de sorte que porté d'affection, il se dépouille, et mettant ses habits sur sa tête, passe à la nage de l'autre côté de l'eau, s'en va droit au logis de M. de la Force et l'avertit de ce qu'il avoit vu.

Le dit sieur de la Force se lève et va trouver d'abord le sieur de Caumont, son frère aîné, pour lui faire savoir ce grand accident. Ils en donnent aussitôt avis à

---

[1] Jacques Nompar de Caumont, duc de la Force, né le 30 décembre 1558, mort le 10 mai 1652. Il fut capitaine des Gardes et fort ami de Henri IV ; sa brillante carrière militaire lui valut le bâton de maréchal de France. Il fut aussi gouverneur de Béarn et vice-roi de Navarre. Le duc de la Force a laissé des Mémoires, publiés en 4 volumes in-8°, 1843, par le marquis de la Grange. Le récit qu'on va lire est extrait de ces Mémoires.

[2] Il n'y avait pas de pont alors qui réunît le faubourg Saint-Germain à la rive droite de la Seine ; on passait la Seine en bateau ; mais la Cour les avait tous retenus pour faire passer les assassins dans le faubourg.

tous les principaux de la noblesse de la Religion, qui étoient logés au faubourg Saint-Germain, afin de s'assembler et d'aviser aux remèdes qu'ils avoient tous à prendre pour se garantir du mal qu'ils prévoyoient leur pouvoir arriver.

Étant tous ensemble, ils résolurent, par l'avis du dit sieur de Caumont (qui croyoit toujours cet acte être advenu contre la volonté du roi), d'aller tous en corps se ranger auprès de la personne de S. M. Et pour cet effet, ils s'acheminèrent tous ensemble droit à la rivière par la rue de Seine : mais cherchant le moyen de passer au Louvre, ils virent que tous les bateaux avoient été emmenés du côté opposé ; ce qui donna lieu à toute l'assemblée de faire mauvais jugement de leurs affaires, et de penser qu'il étoit temps de pourvoir à leur sûreté.

La résolution fut prise de retourner tous à leurs logis, de se préparer promptement, de monter à cheval et de se rendre au Pré-aux-Clercs, en état, si on les vouloit attaquer, de bien défendre leur vie, et s'ils en avoient le temps, de gagner la campagne pour se retirer chez eux dans les provinces. Or tout ceci se passoit le dimanche au matin, le 24ᵉ jour d'août 1572. Le sieur de la Force revint comme les autres à son logis, et ordonna qu'on habillât ses enfans en toute diligence. Voilà que sur le point du jour, on donne avis à ceux de la religion que les bateaux étoient remplis de soldats, qui soudain qu'ils abordoient, couloient le long de la rue de Seine. Les plus diligens, à cette nouvelle, exécutèrent le dessein qui avoit été pris de s'assembler au Pré-aux-Clercs, d'où ils prirent leur retraite, et M. de Caumont, passant devant le logis de son frère, le presse de partir, s'il ne veut être enveloppé dans le massacre. Il alloit prendre ce parti, car déjà il étoit à cheval avec son fils cadet ; mais l'aîné ne se trouvoit point encore prêt, étant très foible d'une grande maladie qu'il avoit eue et dont il n'étoit pas encore bien sorti. Le sieur de la

Force ne voulant point abandonner son fils, retourna dans le logis, et y ayant fermé la porte, se retira dans sa chambre avec ses enfans.

Soudain la porte fut saisie par plusieurs soldats qui crioient puissamment : Ouvre, ouvre ! avec blasphêmes. Il ordonna à une servante de la maison de l'ouvrir et se résolut d'attendre patiemment ce qu'il plairoit à Dieu lui envoyer. La basse-cour se remplit aussitôt de soldats conduits par un capitaine nommé Martin ; lesquels montent à la chambre, l'épée à la main, et se mettent à crier : Tue, tue ! La présence du sieur de la Force, qui étoit en prière avec ses deux enfans, ralentit un peu leur première fougue ; mais ledit capitaine ayant fait saisir leurs épées, les fit arranger en un coin de la chambre, lui disant : « Prie Dieu, si tu veux, car il te faut mourir. » Le sieur de la Force lui répondit par ces paroles pleines de douceur et de constance : « Messieurs, faites ce qu'il vous plaira de moi, aussi bien n'ai-je plus guère de temps à vivre ; mais ayez égard à ces jeunes enfans qui n'ont jamais offensé personne, et à la mort desquels vous n'avez pas grand acquêt. J'ai moyen de vous donner une honnête rançon qui vous sera plus profitable. »

Ainsi leur amollissant le cœur, tandis que leur capitaine entroit en accommodement, ses soldats se mirent à piller la maison, et ne trouvant point les clefs des coffres, parce que le valet de chambre du sieur de la Force s'étoit évadé avec la plus grande partie de ses gens, ils traînèrent les bahuts et les armoires au milieu de la chambre, et commencèrent à les enfoncer avec les chenets de la cheminée. Ainsi, tout ce qu'il y avoit, soit d'argent monnoyé ou de vaisselle, meubles et habillemens, fut tout pillé.

Après quoi ils reprirent leurs premiers discours, criant avec blasphêmes qu'il falloit mourir, et qu'ils avoient commandement de tuer tout sans rien éparguer. Mais Dieu, qui en avoit ordonné autrement, fléchit tellement leurs cœurs par les bons discours que leur tenoit incessamment le sieur de la Force, et ensuite par l'espérance de la rançon promise, qui étoit de 2000 écus, que le capitaine Martin leur dit enfin : « Suivez-moi donc tous. » Et étant descendus dans la cour, avant que de sortir, il leur fait rompre leur mouchoir pour les mettre en croix sur leurs chapeaux et bonnets, et retrousser la manche du bras droit jusqu'au haut de l'épaule, ce qui étoit le signal donné à tous les massacreurs. Il n'y avoit lors que le père et ses deux enfans, leur page nommé la Vigerie, et leur valet de chambre nommé Gast ; ce qui faisoit cinq en tout. On les mena dans cet équipage le long de la rivière, qu'ils passèrent devant le Louvre. C'est alors qu'ils crurent bien que l'on alloit les dépêcher, car ils virent quantité de ceux de la Religion que l'on tuoit et jetoit dans la Seine, qui en beaucoup d'endroits étoit déjà rouge de sang. Néanmoins ils furent encore sauvés pour quelque temps ; car le capitaine Martin continua de les mener à son logis, et passant devant le Louvre, ils virent quantité de corps morts, entre autres celui du sieur de Piles. Étant arrivé dans sa maison, rue des Petits-Champs, ledit capitaine dit au sieur de la Force : « Quand me ferez-vous toucher la rançon que vous m'avez promise ? — Dans deux jours, répondit M. de la Force. — Eh bien, lui dit-il, ce pendant ne me donnez-vous point votre foi et votre parole de ne bouger d'ici, ni vous, ni vos enfans ? — Oui, repartit la Force, je vous engage ma foi et ma parole que ni moi ni mes enfans ne bougerons d'ici. »

Ensuite le capitaine Martin les laissa en la garde de deux Suisses, et sortit avec ses gens pour aller continuer le pillage et les cruautés. Aussitôt qu'ils furent partis, le sieur de la Force dépêche le nommé Gast, valet de chambre de ses enfans à l'arsenal, vers madame de Brisambourg[1], qui étoit sa belle-sœur et sœur du maréchal de Biron, grand maître de l'artillerie, pour lui faire entendre l'état où ils étoient lui et ses enfans, et comme le capitaine Martin, duquel ils se trouvoient prisonniers, leur avoit sauvé la vie, moyennant la rençon de 2000 écus ; que s'assurant sur son affection, il s'adressoit librement à elle pour la prier de les secourir en un si pressant besoin, et que par son moyen ils pussent recouvrer ladite somme ; que cela requéroit secret et diligence. Ladite dame fit aussitôt ce que son beau-frère souhaitoit, et lui manda qu'elle espéroit lui faire tenir ladite somme le mardi (26 août), qui étoit le second jour ; elle lui fit aussi savoir que le bruit couroit qu'on les avoit pris prisonniers, et qu'elle craignoit fort que si cela venoit aux oreilles du roi, on ne les fît mourir. Gast, à son retour, leur confirma cette nouvelle, et leur dit qu'il étoit du tout important, puisqu'ils avoient les moyens de s'ôter de là et de se sauver, qu'ils le devoient faire. Il n'y eut pas jusqu'aux deux Suisses à qui on avoit commis leur garde qui n'eussent pitié de cette famille. En effet, ils disoient incessamment qu'ils les emmèneroient partout où ils voudroient, et que volontiers ils hasarderoient leur vie pour les sauver tous.

Mais le sieur de la Force, avec une grande fermeté, leur représentoit qu'il avoit donné sa parole. « Je lui ai engagé ma foi, disoit-il ; je ne la fausserai point, étant résolu d'attendre la providence de Dieu, qui disposera de nous selon son bon vouloir. » A cela Gast et les deux Suisses le pressèrent qu'au moins il voulût permettre que ses enfans ou l'un d'eux pût se sauver, puisqu'il voyoit, par les avis que l'on lui donnoit, qu'on en vouloit à toute sa famille ; mais il fut inflexible, disant

---

[1] Jeanne de Gontaut, sœur du maréchal de Biron, veuve en premières noces du sieur de Brisambourg, et en secondes noces de Jean de Caumont, seigneur de Montpouillan et frère du sieur de la Force.

qu'il n'en seroit que ce que Dieu avoit ordonné. Les deux Suisses tentèrent de lui en dérober un ; mais le père n'y voulut jamais consentir ; ce qui causa un déplaisir extrême à ces bonnes gens.

Le lendemain matin, qui étoit le jour que l'on devoit délivrer la rançon promise au capitaine Martin, arriva le comte de Coconas avec quarante ou cinquante soldats suisses et françois. Tous montèrent au logis, et commença à dire au sieur de la Force : « Je suis venu vous chercher par ordre de Monsieur frère du roi, qui a été averti que vous êtes détenu prisonnier et veut parler à vous. » Son abord et sa contenance firent assez connoître son dessein ; cependant, voyant comme ils vouloient se mettre dans un état plus décent et prendre leur cape, il ajouta qu'il n'étoit besoin de tant de cérémonie, mais qu'ils se hâtassent seulement de le suivre. Et soudain les dépouillèrent de leurs manteaux, chapeaux et bonnets ; de sorte qu'ils jugèrent bien que c'étoit pour les faire mourir. Le sieur de la Force leur représenta qu'on ne les conduisoit pas au Louvre, mais bien à la boucherie ; il se plaignit fort qu'on manquât ainsi à la parole qu'on lui avoit donnée, assurant que l'argent qu'il avoit promis pour sa rançon étoit prêt.

Il est à considérer que le plus jeune des deux enfans, nommé Jacques Nompar[1], parloit incessamment, leur reprochant leur perfidie, et consoloit toujours son père ; et faut ajouter ici une particularité bien notable que je lui ai souvent ouï dire, c'est que, quoiqu'il vît bien qu'ils avoient dessein de les tuer tous, il étoit cependant fermement persuadé lui-même qu'il ne mourroit point ; ce qui étoit une inspiration venue du ciel. Coconas, ennuyé de ces discours, les fit sortir de la maison, ayant chacun deux hommes à leurs côtés, et voulant vérifier si son compte y étoit et n'en trou-

---

[1] C'est le duc de la Force, l'auteur de ce récit ; il fait parler, dit-il, une tierce personne, ce qui lui a semblé être plus à propos.

vant que quatre, il demande où étoit le cinquième ; car ils avoient été menés là en pareil nombre. Or Gast, prévoyant leur méchante délibération, s'étoit allé cacher en haut dans le galetas ; mais ils le cherchèrent si bien, qu'ils le trouvèrent, et commencèrent alors à les faire sortir et les mener à la tuerie.

Le père marchoit le premier ; son fils aîné ensuite, et le cadet venoit le dernier. Etant arrivés au fond de la rue des Petits-Champs, près le rempart, les soldats crièrent : Tue, tue ! On donne d'abord plusieurs coups de poignard à l'aîné des enfans, qui s'écrie en tombant : « Ah ! mon Dieu, je suis mort. » Le père, se retournant vers son fils, est aussitôt percé de coups ; le plus jeune, couvert de sang, mais qui par miracle n'avoit point été atteint, s'écria aussi, comme inspiré du ciel : « Je suis mort ! » et en même temps il se laissa tomber entre son père et son frère, qui, bien que par terre reçurent encore force coups, tandis que lui n'eut pas seulement la peau percée. Dieu le protégea si visiblement, que quoique les meurtriers les dépouillassent et les laissassent tous nus et sans chemise, ils ne reconnurent jamais qu'il y en avoit un qui n'avoit aucune blessure. Comme ils crurent les avoir achevés, ils se retirèrent en disant : « Les voilà bien tous trois... »

Si le corps du jeune Caumont ne fut point frappé, son esprit fut en récompense cruellement agité, car on lui a ouï dire que son père avoit demeuré longtemps à expirer, et qu'il l'entendit plusieurs fois sangloter. Quelle angoisse et quelle perplexité de se trouver entre un père et un frère cruellement massacrés et dont les sanglots étoient autant de coups de poignard qui lui perçoient le cœur ! et s'il considéroit l'avenir, que devoit-il en attendre ? Quelle espérance selon le monde pouvoit-il concevoir ? Car quoique Dieu l'eût préservé jusque-là, il voit bien que, sans un miracle aussi marqué que le premier, il ne peut se sauver et se garantir de la furie enragée d'un peuple mutiné.

Il demeura ainsi tout nu, jusqu'à ce que sur les quatre heures du soir, ceux des maisons voisines sortant, soit par curiosité, soit dans le désir de profiter de ce que les bourreaux pouvoient avoir laissé, s'approchent pour visiter les corps. Un marqueur du jeu de paume de la rue Verdelet, voulant lui arracher un bas de toile qui lui étoit resté à une jambe, le retourne, car il avoit le visage contre terre, et le voyant si jeune, s'écria : « Hélas! celui-ci n'est qu'un pauvre enfant; n'est-ce pas grand dommage? Quel mal pouvoit-il avoir fait? » Ce qu'oyant le jeune Caumont, il leva doucement la tête, et lui dit tout bas : « Je ne suis pas mort; je vous prie, sauvez-moi la vie. » Mais soudain lui mettant la main sur la tête : « Ne bougez, dit-il, car ils sont encore là. » Ce qu'il fit; et ledit homme se promenant par là peu de temps après, s'en revint à lui, et lui dit : « Levez-vous, car ils s'en sont allés »; et soudain lui jette un méchant manteau sur les épaules, car il étoit tout nu; et faisant semblant de le frapper, le fait marcher devant lui. « Qui menez-vous donc là? demandèrent les voisins. — C'est mon petit neveu, qui est ivre et que je fouetterai à bon escient, » répondit le marqueur.

Il le conduisit ainsi chez lui, passant devant plusieurs corps de garde, car il y en avoit encore à tous les coins de rue, et le mena tout en haut de sa maison, dans une petite chambre, où sa femme et son neveu se trouvoient; là il le fit cacher dans la paille de son lit. Un peu après, ledit marqueur s'étant aperçu qu'il avoit quelques bagues au doigt, il se mit à lui représenter qu'il étoit si pauvre, qu'il n'avoit pas seulement de quoi lui donner à manger, et lui demanda ses bagues. Le jeune Caumont la Force les lui donna toutes, à la réserve d'un seul diamant qu'il gardoit, parce qu'il venoit de sa mère; ce que la femme du marqueur ayant entendu lui dit que puisqu'on lui sauvoit la vie, il étoit bien juste qu'il donnât tout. Il eut beau répondre qu'il ne pouvoit se défaire de cette bague, parce que venant de sa mère, elle serviroit à le faire reconnoître ; cette femme opiniâtre la voulut absolument, et dit que si on ne la lui donnoit pas, elle le feroit reprendre. Alors il la lui donna ; et quand elle l'eut, elle lui apporta alors un morceau à manger et une chopine de vin. Après quoi ledit marqueur lui demanda ce qu'il vouloit devenir, et lui offrit de le conduire partout où il voudroit aller. Il pria que ce fût au Louvre, où il avoit une sœur nommé Mme de Larchant, qui étoit auprès de la reine. A cela le marqueur répondit : « Mon enfant, je n'oserois vous mener là ; même il y a tant de corps de garde à passer que quelqu'un vous reconnoitroit et qu'on nous tueroit tous deux. » Lors le jeune La Force lui proposa de le mener à l'Arsenal où logeait sa tante, Mme de Brisambourg, à quoi le marqueur accéda plus volontiers, disant : « Cela est bien loin, mais je vous mènerai plutôt là, car j'irai tout le long des remparts et nous ne rencontrerons personne. »

Le matin, dès le plus petit point du jour, il lui donna de mauvaises chausses de toile toutes crasseuses, le pourpoint de même, et le manteau qu'il lui avoit prêté la veille, avec un méchant bonnet rouge sur lequel il avoit mis une croix de plomb. Equipé de la sorte, il le conduisit par dessus les remparts jusqu'à l'Arsenal ; ils arrivèrent à la première porte que le jour étoit à peine commencé ; mais comme ladite porte se trouvoit fort éloignée des bâtimens, le jeune La Force dit à celui qui l'avoit si heureusement conduit : « Demeurez ici, je vous renverrai les habits que vous m'avez prêtés, avec les 30 écus que je vous ai promis. » Il demeura longtemps à la porte, n'osant pas heurter, de crainte qu'on ne lui demandât qui il étoit. Au bout de quelque temps, quelqu'un de la maison venant à sortir, il s'avança dextrement sans qu'on lui dît rien ; il traversa donc toute la première basse-cour, et s'en alla jusqu'au droit du logis, regardant s'il ne voyoit personne de sa connoissance, car il jugeoit bien que sous ces mauvais accoutremens on ne le laisserait pas entrer ; il n'osoit dire son nom, craignant de rencontrer quelques bourreaux de l'espèce de ceux auxquels il avoit échappé.

Il est à propos de mentionner ici que l'un des Suisses qui les gardoient avoit fait sauver le page qui, comme nous l'avons dit se trouvoit avec eux et qui se nommoit la Vigerie ; mais dans la maison on l'appeloit l'Auvergnat pour le distinguer d'avec son frère. Lorsque Coconas eut fait sortir M. de la Force de la maison du capitaine Martin, un de ces Suisses dit au page : « Sauvez-vous, car on va dépêcher ceux-ci. » Il se sauva, mais il s'arrêta à quelques pas de là jusqu'à ce qu'il eût entendu crier : Tue, tue! et qu'il eût vu tomber le père et ses deux enfans ; il se retira la même nuit à l'Arsenal, et il lui fut d'autant plus facile d'échapper, qu'il portoit une livrée semblable à celle du comte de la Marck, qui étoit un des chefs du massacre, et ainsi ledit Auvergnat disoit à tous les corps de garde : « Je suis un page du comte de la Marck, et je vais trouver de sa part M. le maréchal de Biron à l'Arsenal. » Et étant arrivé, il se rendit auprès de Mme de Brisambourg, et lui raconta comme il avoit vu tuer M. de la Force et ses deux enfans, ce qui fut un sujet de grande affliction à cette bonne dame, leur tante et veuve d'un de leurs oncles.

Nous avons laissé le jeune La Force fort en peine de savoir comment il feroit pour entrer dans l'Arsenal. Dieu lui suscita un moyen qui fut que comme on ouvroit la porte, il aperçut l'Auvergnat qu'il appela par son nom ; mais il n'en eut point de réponse, soit que, le croyant mort, il ne reconnut pas sa voix, soit qu'il ne l'entendit point. On rouvrit une seconde fois la porte, et le page y étant encore, il appela deux ou trois fois : L'Auvergnat! l'Auvergnat! Le page sortit aussitôt : « Qui êtes-vous? » lui dit-il. Le jeune La Force répondit : « Quoi, ne me reconnoissez-vous point? »

L'ayant considéré plus attentivement : « Eh ! mon Dieu, c'est vous, monsieur, je ne vous reconnoissois pas. »

Lors il lui demanda s'il n'y avoit point quelques-uns des gens de son père à l'Arsenal ; et le page le faisant entrer, le mena vers un gentilhomme de sa maison nommé Beauvillier du Maine, qui se promenoit avec le maître d'hôtel de Mme de Brisambourg, qui furent tous deux fort surpris et ravis de le revoir, le croyant mort, sur le rapport du page. Ils le conduisirent aussitôt à la chambre de ladite dame, qui étoit encore au lit, grandement affligée de tant de malheurs. Arrivés qu'ils furent en sa présence, soudain elle l'embrassa toute baignée de larmes, croyant qu'on les avoit tous dépêchés, et louant Dieu de le voir, lui demanda comment il s'étoit sauvé. Lors il lui raconta brièvement comme quoi Dieu l'avoit assisté, et comme le pauvre marqueur du jeu de paume l'avoit retiré chez lui et conduit jusque-là, qu'il lui avoit promis 30 écus pour sa peine et de lui rendre les habits, et qu'il étoit à la porte attendant le tout. Mme de Brisambourg le fit mettre au lit dans la chambre de ses femmes, et envoya aussitôt les 30 écus au dit marqueur et les habits de son neveu.

Environ deux heures après, on lui fit apporter un habit de page des livrées de M. le maréchal de Biron, qui étoit lors grand-maître de l'artillerie ; puis l'ayant fait passer par la chambre dudit sieur, on le conduisit dans son cabinet pour qu'il ne fût ni vu ni connu de personne, et de peur qu'il ne s'ennuyât, on lui bailla auprès de lui ledit page l'Auvergnat dont il a été fait mention.

Il fut là deux jours, au bout desquels on donne avis audit sieur Maréchal que l'on avoit fait entendre au roi qu'il s'étoit retiré plusieurs huguenots dans l'Arsenal, et que S. M. avoit résolu d'envoyer visiter partout ; ce qui mit le maréchal en telle colère, qu'il dit qu'il empêcheroit bien de venir ceux qui vouloient contrôler ses actions, et fit pointer trois ou quatre pièces de canon vers la porte de l'Arsenal.

Cependant malgré toutes les précautions que l'on prit pour cacher le jeune La Force, la nouvelle de sa délivrance vint jusqu'au Louvre ; ce qui fit que la reine-mère, à la sollicitation de M. de Larchant, capitaine de ses gardes, envoya un gentilhomme à l'Arsenal demander de sa part le jeune La Force. On répondit qu'il n'y étoit point ; et pendant cette conversation, on le fit sortir du cabinet de M. le maréchal de Biron, et on le conduisit dans la chambre de ses filles, où on le fit cacher entre deux petits lits d'enfans ; on les couvrit de vertugadins [1] que l'on portoit en ce temps-là. Ensuite le gentilhomme ayant visité partout, rapporta à la reine qu'il n'avoit point trouvé celui qu'il cherchoit ; ce qui mit le sieur de Larchant au désespoir, car il avoit grand intérêt à la mort du jeune La Force, puisque ayant épousé une fille du premier lit de sa mère [2], il devenoit héritier de tous les biens de M. de la Force par la mort de son fils, et même disoit-on assez publiquement au Louvre et dans Paris que l'on n'auroit pas donné ordre de massacrer ces deux jeunes innocens sans l'intérêt qu'y avoit ledit sieur de Larchant. Mais Dieu en disposa autrement, et il s'est trouvé que M. de la Force a hérité des biens de M. de Larchant ; car Mme de Larchant, sa sœur, ayant hérité des biens de son mari, sans avoir hérité de sa méchanceté, légua en mourant tous ses biens à son frère.

Le jeune La Force demeura ainsi caché jusqu'à environ une heure après minuit ; on l'ôta de là pour le ramener dans le même cabinet du Maréchal. Mme de

---

[1] Jupes soutenues par des cerceaux pour les faire bouffer.
[2] Nicolas de Gremonville, sieur de Larchant, capitaine des Gardes de Charles IX, avoit épousé Diane de Vivonne, fille de François de Vivonne, seigneur de la Châtaigneraie, tué par Jarnac en 1547, et de Philippe de Beaupoil, dame de la Force, qui épousa en secondes noces François Caumont, seigneur de la Force, père de l'auteur des Mémoires.

Brisambourg, qui avoit pris grand soin de son neveu, n'eut point de patience qu'elle ne l'eût fait changer de lieu, à cause que le bruit étoit qu'il s'étoit sauvé et retiré à l'Arsenal[1].

VII.

Récit de Marguerite de Valois[2].

La fortune, qui ne laisse jamais une félicité entière aux humains, changea bientôt cet heureux état de triomphe et de noces en un tout contraire, par cette blessure de l'amiral, qui offensa tellement tous ceux de la Religion, que cela les mit comme en un désespoir; de sorte que l'aîné Pardaillan[3] et quelques autres des chefs des huguenots en parlèrent si haut à la reine ma mère, qu'ils lui firent penser qu'ils avoient quelque mauvaise intention. Par l'avis de M. de Guise et de mon frère le roi de Pologne, qui depuis a été roi de France, il fut pris résolution de les prévenir; conseil de quoi le roi Charles ne fut nullement, lequel affectionnoit M. de la Rochefoucauld, Téligny et La Noue, et quelques autres des chefs de la religion, desquels il se pensoit servir en Flandre. Et, à ce que je lui ai depuis ouï dire à lui-même, il y eut beaucoup de peine à l'y faire consentir;

[1] Mme de Brisambourg fit sortir son neveu de l'Arsenal, le cacha chez un contrôleur de l'artillerie, puis le fit conduire en Guyenne, où il se renferma dans le château de Castelnaut en Périgord, où il retrouva son oncle, le sieur de Caumont.
[2] Marguerite de Valois, sœur des rois François II, Charles IX et Henri III, naquit en 1552 et mourut en 1615. Elle était fort belle et fort savante. Elle fut contrainte par Charles IX d'épouser Henri, roi de Navarre (Henri IV), le 18 août 1572. Les scandales de sa conduite amenèrent la dissolution de son mariage en 1599. Elle a laissé des Lettres et des Mémoires très-intéressants et bien écrits.
[3] Hector de Pardaillan-Gondrin.

et sans ce qu'on lui fit entendre qu'il y alloit de sa vie et de son État, il ne l'eût jamais fait. Et ayant su l'attentat que Maurevel avoit fait à M. l'amiral du coup de pistolet qu'il lui avoit tiré par une fenêtre, dont le pensant tuer il resta seulement blessé à l'épaule, le roi Charles, se doutant bien que ledit Maurevel avoit fait ce coup à la suasion de M. de Guise, pour la vengeance de la mort de feu M. de Guise son père, que ledit amiral avoit fait tuer de même façon par Poltrot, il en fut en si grande colère contre M. de Guise, qu'il jura qu'il en feroit justice. Et si M. de Guise ne se fût tenu caché tout ce jour-là, le roi l'eût fait prendre. Et la reine ma mère ne se vit jamais plus empêchée qu'à faire entendre audit roi Charles que cela avoit été fait pour le bien de son État, à cause de ce que j'ai dit ci-dessus, de l'affection qu'il avoit à M. l'amiral, à La Noue et à Téligny, desquels il goûtoit l'esprit et valeur, étant prince si généreux qu'il ne s'affectionnoit qu'à ceux en qui il reconnoissoit telles qualités. Et bien qu'ils eussent été très-pernicieux à son État, les renards avoient su si bien feindre, qu'ils avoient gagné le cœur de ce brave prince pour l'espérance de se rendre utiles à l'accroissement de son État, et en lui proposant de belles et glorieuses entreprises en Flandre, seul attrait en cette âme grande et royale. De sorte que, combien que la reine ma mère lui représentât en cet accident que l'assassinat que l'amiral avoit fait faire à M. de Guise rendoit excusable son fils, si n'ayant pu avoir justice, il en avoit voulu prendre lui-même vengeance; qu'aussi l'assassinat qu'avoit fait ledit amiral de Charry [1], mestre de camp de la garde du roi, personne si valeureuse, et qui l'avoit si fidèlement assisté pendant sa régence et la puérilité (a) dudit roi Charles, le

---

[1] Qui fut assassiné par Chatelier Portault, dont il avait lui-même tué le frère. Coligny fut accusé de ce crime.

(a) Enfance.

rendoit digne de tel traitement. Bien que telles paroles pussent faire juger au roi Charles que la vengeance de la mort dudit Charry n'étoit pas sortie du cœur de la reine ma mère, son âme, passionnée de douleur de la perte des personnes qu'il pensoit, comme j'ai dit, lui être un jour utiles, offusqua tellement son jugement, qu'il ne put modérer ni changer ce passionné désir d'en faire justice ; commandant toujours qu'on cherchât M. de Guise, qu'on le prît, et qu'il ne vouloit point qu'un tel acte demeurât impuni.

Enfin comme Pardaillan découvrit par ses menaces, au souper de la reine ma mère, la mauvaise attention des huguenots, et que la reine vit que cet accident avoit mis les affaires en tels termes que, si l'on ne prévenoit leur dessein, la nuit même ils attenteroient contre le roi et elle, elle prit résolution de faire ouvertement entendre audit roi Charles la vérité de tout et le danger où il étoit, par M. le maréchal de Retz, de qui elle savoit qu'il le prendroit mieux que de tout autre, comme celui qui lui étoit plus confident et plus favorisé de lui ; lequel le vint trouver en son cabinet le soir sur les neuf ou dix heures, et lui dit que, comme son serviteur très-fidèle, il ne lui pouvoit céler le danger où il étoit s'il continuoit en la résolution qu'il avoit de faire justice de M. de Guise, et qu'il falloit qu'il sût que le coup qui avoit été fait de l'amiral n'avoit été par M. de Guise seul, mais que mon frère le roi de Pologne, depuis roi de France, et la reine ma mère avoient été de la partie ; qu'il savoit l'extrême déplaisir que la reine ma mère reçut à l'assassinat de Charry, comme elle en avoit très-grande raison, ayant lors peu de tels serviteurs qui ne dépendissent que d'elle, étant, comme il savoit, du temps de sa puérilité, toute la France partie (a), les catholiques pour M. de Guise, et les huguenots pour le prince de Condé, tendant les uns et les autres à lui

(a) Partagée.

ôter sa couronne, qui ne lui avoit été conservée, après Dieu, que par la prudence et vigilance de la reine sa mère, qui en cette extrémité ne s'étoit trouvée plus fidèlement assistée que dudit Charry ; que dès lors il savoit qu'elle avoit juré de se venger dudit assassinat ; qu'aussi voyoit-elle que ledit amiral ne seroit jamais que très-pernicieux en cet État, et quelque apparence qu'il fît de lui avoir de l'affection et de vouloir servir Sa Majesté en Flandre, qu'il n'avoit autre dessein que de troubler la France; que son dessein d'elle n'avoit été en cette affaire que d'ôter cette peste de ce royaume, l'amiral seul ; mais que le malheur avoit voulu que Maurevel avoit failli son coup, et que les huguenots en étoient entrés en tel désespoir, que ne s'en prenant pas seulement à M. de Guise, mais à la reine sa mère et au roi de Pologne son frère, ils croyoient aussi que lui-même en fût consentant, et avoient résolu de recourir aux armes la nuit même. De sorte qu'il voyoit Sa Majesté en un très-grand danger, fût ou des catholiques à cause de M. de Guise, ou des huguenots pour les raisons susdites.

Le roi Charles, qui étoit très prudent et qui avoit été toujours très-obéissant à la reine ma mère, et prince très-catholique, voyant aussi de quoi il y alloit, prit soudain résolution de se joindre à la reine sa mère, et se conformer à sa volonté, et garantir sa personne des Huguenots par les catholiques, non sans toutefois extrême regret de ne pouvoir sauver Téligny, La Noue et M. de la Rochefoucauld. Et lors allant trouver la reine sa mère, envoya querir M. de Guise et tous les autres princes et capitaines catholiques, où fut pris résolution de faire la nuit-même le massacre de la Saint-Barthélemy. Et mettant soudain la main à l'œuvre, toutes les chaînes tendues et le tocsin sonnant, chacun courut sus en son quartier, selon l'ordre donné, tant à l'amiral qu'à tous les huguenots.

M. de Guise donna au logis de l'amiral, à la chambre

duquel Besme, gentilhomme allemand, étant monté, après l'avoir dagué, le jeta par les fenêtres à son maître M. de Guise. Pour moi, l'on ne me disoit rien de tout ceci. Je voyois tout le monde en action : les huguenots désespérés de cette blessure; MM. de Guise craignant qu'on n'en voulût faire justice se suchetant tous à l'oreille. Les huguenots me tenoient suspecte parce que j'étois catholique, et les catholiques parce que j'avois épousé le roi de Navarre, qui étoit huguenot. De sorte que personne ne m'en disoit rien, jusques au soir qu'étant au coucher de la reine ma mère, assise sur un coffre auprès de ma sœur de Lorraine[1], que je voyois fort triste. La reine ma mère parlant à quelques-uns m'aperçut et me dit que je m'en allasse coucher : comme je faisois la révérence, ma sœur me prend par le bras et m'arrête, et se prenant fort à pleurer, me dit : « Mon Dieu, ma sœur, n'y allez pas. » Ce qui m'effraya extrêmement. La reine ma mère s'en aperçut, et appelant ma sœur se courrouça fort à elle, et lui défendit de me rien dire. Ma sœur lui dit qu'il n'y avoit point d'apparence de m'envoyer sacrifier comme cela, et que sans doute, s'ils découvroient quelque chose ils se vengeroient de moi. La reine mère répond que, s'il plaisoit à Dieu, je n'aurois point de mal; mais quoi que ce fût, il falloit que j'allasse, de peur de leur faire soupçonner quelque chose.

Je voyois bien qu'ils se contestoient, et n'entendois pas leurs paroles. Elle me commanda encore rudement que je m'en allasse coucher. Ma sœur fondant en larmes me dit bonsoir, sans m'oser dire autre chose; et moi je m'en allai toute transie et éperdue, sans me pouvoir imaginer ce que j'avois à craindre. Soudain que je fus dans mon cabinet, je me mis à prier Dieu qu'il lui plût me prendre en sa protection, et qu'il me gardât, sans savoir de quoi ni de qui. Sur cela le roi mon mari, qui

---

[1] Claude, mariée à Charles II, duc de Lorraine.

s'étoit mis au lit, me manda que je m'en allasse coucher. Ce que je fis, et trouvai son lit entouré de trente ou quarante huguenots que je ne connoissois point encore, car il y avoit fort peu de temps que j'étois mariée. Toute la nuit ils ne firent que parler de l'accident qui étoit advenu à M. l'amiral, se résolvant dès qu'il seroit jour de demander justice au roi de M. de Guise, et que si on ne la leur faisoit, ils se la feroient eux-mêmes. Moi, j'avois toujours dans le cœur les larmes de ma sœur, et ne pouvois dormir pour l'appréhension en laquelle elle m'avoit mise sans savoir de quoi. La nuit se passa de cette façon sans fermer l'œil. Au point du jour, le roi mon mari dit qu'il vouloit aller jouer à la paume, attendant que le roi Charles fût éveillé, se résolvant soudain de lui demander justice. Il sort de ma chambre et tous ses gentilshommes aussi.

Moi, voyant qu'il étoit jour, estimant que le danger que ma sœur m'avoit dit fût passé, vaincue du sommeil, je dis à ma nourrice qu'elle fermât la porte pour pouvoir dormir à mon aise. Une heure après, comme j'étois le plus endormie, voici un homme frappant des pieds et des poings à la porte et criant : « Navarre, Navarre ! » Ma nourrice, pensant que ce fût le roi mon mari, court vitement à la porte. Ce fut un gentilhomme nommé M. de Téjan, qui avoit un coup d'épée dans le coude et un coup de hallebarde dans le bras, et étoit encore poursuivi de quatre archers qui entrèrent tous après lui en ma chambre. Lui, se voulant garantir, se jeta dessus mon lit. Moi, sentant ces hommes qui me tenoient, je me jette à la ruelle, et lui après moi, me tenant toujours à travers du corps. Je ne connoissois point cet homme, et ne savois s'il venoit là pour m'offenser, ou si les archers en vouloient à lui ou à moi. Nous criions tous deux et étions aussi effrayés l'un que l'autre. Enfin, Dieu voulut que M. de Nançay, capitaine des Gardes, y vint, qui me trouvant en cet état là, encore qu'il y eût de la compassion, ne se put tenir de rire, et se courrouça fort aux archers de cette indiscrétion, les fit sortir et me donna la vie de ce pauvre homme qui me tenoit, lequel je fis coucher et panser dans mon cabinet jusques à temps qu'il fût du tout guéri. Et changeant de chemise, parce qu'il m'avoit toute couverte de sang, M. de Nançay, me conta ce qui se passoit, et m'assura que le roi mon mari étoit dans la chambre du roi, et qu'il n'auroit nul mal.

Et me faisant jeter un manteau de nuit sur moi, il m'emmena dans la chambre de ma sœur madame de Lorraine, où j'arrivai plus morte que vive, et entrant dans l'antichambre, de laquelle toutes les portes étoient ouvertes, un gentilhomme nommé Bourse, se sauvant des archers qui le poursuivoient, fut percé d'un coup de hallebarde à trois pas de moi. Je tombai de l'autre côté presque évanouie entre les bras de M. de Nançay, et pensois que ce coup nous eût percés tous deux. Et étant quelque peu remise, j'entrai en la petite chambre où couchoit ma sœur.

Comme j'étois là, M. de Miossans, premier gentilhomme du roi mon mari, et Armagnac, son premier valet de chambre, m'y vinrent trouver pour me prier de leur sauver la vie. Je m'allai jeter à genoux devant le roi et la reine ma mère pour les leur demander; ce qu'enfin ils m'accordèrent.

Cinq ou six jours après, ceux qui avoient commencé cette partie, connoissant qu'ils avoient failli à leur principal dessein, n'en voulant point tant aux huguenots qu'aux princes du sang, portoient impatiemment que le roi mon mari et le prince de Condé fussent demeurés; connoissant qu'étant mon mari, nul ne voudroit attenter contre lui, ils ourdirent une autre trame; ils vont persuader à la reine ma mère qu'il me falloit démarier....

LE CHANCELIER DE L'HOPITAL.

1575.

Brantôme.

C'étoit un autre censeur Caton celui-là, et qui savoit très-bien censurer et corriger le monde corrompu.

Il en avoit du tout l'apparence avec sa grand'barbe blanche, son visage pâle, sa façon grave, qu'on eût dit à le voir que c'étoit un vrai portrait de Saint-Hiérôme; aussi plusieurs le disoient à la Cour.

Tous les états le craignoient, mais sur tous messieurs de la justice, desquels il étoit le chef; et même quand il les examinoit sur leurs vies, leurs charges, sur leurs capacités, sur leur savoir, que tous le redoutoient comme font des écoliers le principal de leur collége; et principalement ceux qui vouloient être pourvus d'états, assurez-vous qu'il les remuoit bien s'ils n'étoient point capables.

Il me souvient qu'une fois à Moulins j'avois prié M. de Strozze (car il l'aimoit fort) de lui parler de quelques affaires que j'avois, qu'il me dépêcha aussitôt; et nous fit dîner très-bien, du bouilli seulement, car c'étoit son ordinaire pour les dîners, avec lui en sa chambre, et n'étions pas quatre à table, où durant le dîner ce n'étoit que beaux discours, beaux mots et belles sentences, qui sortoient de la bouche de ce grand personnage, et quelquefois aussi de gentils mots pour rire.

Après dîner, on lui dit qu'il y avoit là un président et un conseiller nouveaux qui vouloient être reçus de lui en leurs nouveaux états qu'ils avoient obtenus. Soudain il les fit venir devant lui, qui ne bougea ferme de sa chaire. Les autres trembloient comme la feuille au vent. Il fit apporter un livre du code sur la table, et l'ouvre lui-même, et leur montre à l'un après l'autre une loi à expliquer, leur en faisant sur elle des demandes, interrogations et questions. Ils lui répondirent si impertinemment (a) et avec un si grand étonnement, qu'ils ne faisoient que vaciller et ne savoient que dire ; si bien qu'il fut contraint de leur en faire une leçon, et puis leur dire que ce n'étoient que des ânes, et qu'encore qu'ils eussent près de cinquante ans, qu'ils s'en allassent encore aux écoles étudier.

M. de Strozze et moi étions près du feu qui voyions toutes leurs mines, plus ébahis qu'un pauvre homme qu'on mène pendre. Nous en riions sous la cheminée notre saoul. Ainsi M. le chancelier les renvoya sans recevoir leur serment, qu'il remontreroit au roi leur ignorance et qu'il en mît d'autres en leurs places.

Après qu'ils eurent passé la porte, M. le chancelier se tourna vers nous et nous dit : « Voilà de grands ânes ; c'est grand'charge de conscience au roi de constituer ces gens-là en sa justice. »

M. de Strozze et moi lui dîmes : « Monsieur, possible leur avez vous donné le gibier trop gros et plus qu'il n'étoit de leur portée. » Lors il se mit à rire et dire : « Sauf vôtre grâce, ce ne sont que des choses triviales qu'ils devoient savoir. »

Voilà comment les ignorans étoient à l'endroit de ce grand chancelier comme étoient les malfaiteurs...

Il ne falloit pas se jouer avec ce grand juge et rude magistrat. Si étoit-il pourtant doux quelquefois, et là où il voyoit de la raison ; dont il me souvient qu'il y eut une fois un secrétaire de la chancellerie, qui s'appeloit Mornat. Il se mit à faire et contrefaire de faux sceaux ; si bien que qui en avoit à faire, tant fût l'affaire difficile, et que M. le chancelier le refusât, en s'adressant à lui il en avoit expédition, moyennant une bonne pièce ou somme d'argent ; et continua cette banque,

(a) Si peu convenablement, avec si peu de jugement.

si (*a*) qu'en moins de rien il y gagna, avec un sien compagnon, 10 ou 12,000 écus, qui, n'étant assez fin, fut attrapé à la Cour et aussitôt pendu; et Mornat faillit (*b*), qui se sauva en Allemagne et évada; donques puis ne le vit-on.

Or un gentilhomme que je sais, et galant homme, ayant une lettre à faire sceller à M. le chancelier, et lui ayant été refusée, et par deux fois passée par le ganivet (*c*), il s'adressa à Mornat sans y penser, qui moyennant cent beaux écus, la lui scella aussitôt avec ses sceaux; il n'y avoit pas grand'affaire.

Au bout de six mois, il fallut à ce gentilhomme avoir une seconde jussion de M. le chancelier; lequel ayant vu la première, s'alla souvenir et reconnoître qu'il n'avoit jamais scellé cela; et, pour ce, privement demanda au gentilhomme qui lui avoit fait expédier ses lettres. Il répondit que Mornat les lui avoit ainsi données moyennant 100 écus. M. le chancelier lui répondit : « Ça été donc le second chancelier de France qui vous a dépêché. Sans vous scandaliser, je ne vous enquiers davantage, et qu'il n'en soit plus parlé. » L'autre voulut répliquer : « Monsieur, qu'en puis-je mais, puisque l'autre se disoit de la Chancellerie et qu'il me promit de me dépêcher. Je m'adressai au premier venu qui me promit l'expédition de mon affaire. — N'en parlons plus, répliqua M. le chancelier; car si je voulois, vous seriez en peine; et n'y retournez plus. »

Ainsi doucement admonesta ce gentilhomme, à quoi il faut prendre garde que ce grand censeur n'étoit point si rude que quelquefois il ne se modérât.

Aussi étoit-il si parfait en lettres humaines, qu'il savoit bien user d'humanité envers ceux qu'il falloit et connoissoit en être dignes; et ainsi ces belles lettres

---

(*a*) Si bien, de telle sorte. — (*b*) Manqua. — (*c*) Petit canif; on disait alors un ganif.

humaines lui rabattoient beaucoup de sa rigueur de justice.

Il étoit grand orateur et fort disert, grand historien, et surtout très-divin poëte latin, comme plusieurs de ses œuvres l'ont manifesté tel.

Plût-il à Dieu nous fût-il encore en vie, et ce grand M. le connétable, pour nous servir de tels censeurs comme nous en avons bien besoin, qui ont été autres certes qu'un Caton, le censeur romain, qui trouvoit à redire partout, qui censuroit et vouloit réformer tout, se fondant plus en une certaine opiniâtreté et une morgue austère et dure répréhension, qu'en une modeste et gentille réformation et censure, de laquelle se sont aidés M. le connétable et M. le chancelier en leur temps, qui étoient sages et de nature et de pratiques point sévères, sinon que bien à propos, équitables quand il falloit, non point chagrineux et rébarbératifs, ni séparés des douces conversations, entendant les raisons, ni bizarres ni fantastiques comme étoit ce Caton qui, par ses mœurs ainsi farouches et paroles barbares, ne fût été bon pour nous autres François, ainsi qu'ont été ces deux grands personnages que plusieurs années et longues expériences avoient façonnés, et non comme aucuns d'aujourd'hui qui les veulent imiter, qui ne sont été faits que du midi jusques au soir. Ce M. le chancelier fut pourtant haï de plusieurs, et tout pour être politique et tempéré plus que passionné[1].

Il me souvient que, quand M. le cardinal de Lorraine vint du concile de Trente à Fontainebleau, il voulut fort exhorter le roi et la reine de le faire publier; et cela fut fort débattu au conseil devant Leurs Majestés. M. le chancelier en prit fort et ferme la parole et s'y opposa du tout, alléguant qu'il étoit du tout contre les droits et priviléges de l'Église gallicane, et qu'il n'étoit

---

[1] Le chancelier Michel de l'Hôpital, partisan de la tolérance, vouloit, avant Henri IV, que l'on accordât la liberté aux protestants.

raison de les laisser perdre aucunement, ains les maintenir jusqu'à la dernière goutte du sang de tous les François ; et que par trop légèrement les rois passés en avoient laissé perdre un qu'ils n'eussent dû jamais avoir quitté, qu'étoit celui qu'ils avoient d'élire et créer des papes, que par justice, droit et raison, ils avoient conquis en remettant les papes en leurs siéges, desquels n'en fût été jamais mémoire sans eux, et que tels persuadeurs en avoient été cause, comme les prêcheurs de la publication de ce concile.

Puis il allégua que venant de sortir de frais (a) d'une guerre, et ayant acheté la paix à bon prix, et fait cette guerre aux grands coûts de la France, non seulement de l'argent, mais du sang de tant de braves et vaillans François, et même de Monsieur, son frère, qu'il n'y avoit nulle raison que le roi rentrât encore en une autre par ce beau concile publié, auquel ne falloit nullement entendre ; et que si ceux qui le conseillent alloient aux coups comme les autres, entretiendroient plutôt la paix que la guerre.

M. le cardinal prit la parole et fort en colère, et répondit que ce n'étoit point lui qui vouloit la guerre ni qui l'avoit jamais signée, comme M. le chancelier, qui avoit signé et scellé l'édit de janvier (1562), et l'avoit fait publier, qui étoit cause de tous les maux et guerres qui étoient advenus en France.

Pour fin, et l'un et l'autre vinrent fort à se fâcher devant Leurs Majestés, jusques aux outrages, reproches et démentis ; de sorte qu'Elles leur firent commandement de se taire, mais ce fut après beau jeu beau retour. J'étois lors à la Cour, à Fontainebleau, et nous le sûmes aussitôt.

Pour fin, M. le chancelier fut cru, et son conseil bon approuvé. Du depuis ne furent jamais bien ; et lui fut très-bien gardé et rendu, et lorsqu'on lui ôta les

---

(a) Tout nouvellement.

sceaux[1], lesquels il quitta fort librement, disant aussi bien qu'il n'étoit plus propre pour les affaires du monde qu'il voyoit trop corrompues ; et fort content se retira en sa maison près d'Etampes, s'étant peu enrichi en son état, qu'il avoit exercé près de douze ou treize ans, sans jamais avoir usé de tyrannie ni pilleries, comme d'autres ont fait d'autres fois.

Il étoit chez lui lorsque le massacre de Paris fut fait. Quand il l'entendit : « Voilà un très-mauvais conseil, dit-il, je ne sais qui l'a donné, mais j'ai belle peur que la France en pâtisse. » Et ainsi que ses amis lui dirent qu'il se gardât : « Rien, rien, dit-il, ce sera ce qu'il plaira à Dieu quand mon heure sera venue. »

Le lendemain on lui vint dire qu'on voyoit force chevaux sur le chemin qui tiroient droit vers lui, et s'il ne vouloit pas qu'on tirât et qu'on leur fermât la porte : « Non, non, dit-il ; mais si la petite porte n'est battante pour les faire entrer, ouvrez la grande. » Il ne faut point douter que c'étoient gens apostés pour lui faire mauvais tour. Mais ses serviteurs, contre son dire, tinrent très-bien les portes fermées ; et quelques heures après vinrent encore quelques chevaux, dont on avertit M. le chancelier, qui ne changeant ni de visage ni de propos à ces premiers, mais montrant toujours une grand' constance à recevoir la mort, on trouva qu'on lui donnoit avis que sa mort n'étoit conjurée, mais pardonnée. Il répondit qu'il ne pensoit jamais avoir mérité ni pardon ni mort avancée.

Voilà ce qu'un honnête homme de ses amis nous en dit à M. de Strozze et à moi, au siége de la Rochelle ; car nous n'étions, lui et moi, en ce massacre ; et pour y gagner 10,000 écus, comme plusieurs de mes compagnons, je n'y eusse voulu avoir été.

Nous étions en Brouage pour nous embarquer sur mer et faire un beau voyage bien dessiné ; au bout d'un

---

[1] En 1568.

an ou davantage, mourut ce grand chancelier[1]; le plus digne qui ait jamais été.

J'ai ouï de ce temps faire comparaison de lui et de Thomas Morus, chancelier d'Angleterre, le plus grand aussi qui fût en ce pays, fors que l'un étoit fort catholique, et l'autre le tenoit-on huguenot, encore qu'il allât à la messe; mais on disoit à la Cour : « Dieu nous garde de la messe de M. de l'Hopital ! » Enfin quoiqu'il crût, c'étoit un très-grand personnage en tout, et un très-homme de bien et d'honneur.

Si faut-il que j'insère ici ce discours, que j'ai recouvert par grand'peine d'un de mes amis, où l'on peut voir une partie de sa vie, belle certes, la forme de son testament non vulgaire, et sa résolution à la mort.

Michel de l'Hopital, chancelier de France, âgé de soixante-huit ans, a fait son testament en la manière qui s'en suit :

J'ai toujours été en doute de mon âge parce que nos amis disoient en avoir ouï tenir propos à mon père en diverses sortes, lequel maintenant disoit que j'étois né devant la guerre émue contre les Génois, tantôt maintenoit que j'avois pris naissance lorsqu'elle fut mise à fin par le feu roi Louis XII, à laquelle mon père se trouva, servant de médecin à Charles duc de Bourbon[2], duquel alors ledit Charles se servoit, et s'est servi puis après plus de conseiller que de médecin, et n'avoit affaire de si grande importance qu'il ne la communiquât à mon père et ne la passât par son avis; car longtemps après que Charles de Bourbon, étant chassé de France par envie, et privé de tous ses biens, se fut retiré vers Charles d'Austrie, empereur, mon père le suivit, ayant laissé tous ses enfans, tant fils que filles, ne les pouvant

[1] En 1573.
[2] Le connétable de Bourbon.

mener avec soi pour leur bas âge et pour la crainte qu'il en avoit. Moi, qui étois pour lors à Tholose, âgé de dix-huit ans, fus enlevé par soupçon, et enfermé aux prisons publiques, jusqu'à ce qu'on m'eût relâché et fait sortir par mandement exprès du roi, pour ce qu'on ne m'avoit en rien trouvé coupable.

Incontinent après survint cette fâcheuse et renommée bataille de Pavie, où ayant été le roi François vaincu, et peu de temps après mené prisonnier en Espagne, Bourbon, commençant être odieux aux Espagnols, à cause de sa vertu et majesté, vint en soupçon à Charles empereur ; d'autant que nos ambassadeurs le fréquentoient et conféroient de propos délibéré avec lui ; qui fut cause qu'il aima mieux retourner en Italie, se voyant frustré de l'espérance qu'il avoit du mariage de la sœur de l'Empereur.

A son retour en Italie, il trouva toutes les choses changées ; car le roi François, y étant ligué avec les princes, assiégeoit Milan. Auquel temps je vins voir mon père ; lequel, voyant que le siége sembloit prendre trop long trait, ne voulant que je perdisse mon temps, donna charge à quelques voituriers de m'emmener ; avec lesquels, étant sorti de Milan en habit de muletier, je passai, non sans grand danger de ma vie, la rivière d'Adda... et de là j'arrivai à Padoue, où de toute antiquité les études de droit fleurissoient ; auquel lieu ayant demeuré six ans, mon père m'appela à Bologne et à Rome, où l'empereur Charles étoit allé pour se faire couronner roi des Romains, à la suite duquel mon père étoit après la mort du duc de Bourbon. De Bologne, il vint à Rome, puis à Marseille, où le pape Clément et le roi François étoient assemblés ; là se firent les noces de Catherine de Médicis, de la famille du pape Clément, de la part de son frère, avec Henri, fils du roi François.

Alors, étant à Rome, je fus tant honoré que d'avoir une place des juges qu'on nomme les auditeurs de la

Rothe ; de laquelle m'étant défait par l'avis de mon père, à cause des promesses que lui faisoit le cardinal de Gramont de m'avancer au pays à plus grands états, je fus frustré en même temps de l'espérance que j'avois d'une part et d'autre ; car l'état d'auditeur fut donné à un autre ; et étant demeuré en arrière par la mort du cardinal de Gramont, qui m'avoit fait revenir en mon pays sous cette espérance, je me mis à suivre le palais, où ayant demeuré trois ans, je pris à femme Marie Morin, fille du lieutenant criminel Morin, qui eut pour douaire un état de conseiller au Parlement ; lequel ayant exercé environ neuf ans, je fus envoyé pour ambassade à Bologne par le roi Henri, auquel lieu le conseil (a) universel de tous les évêques avoit été établi et publié pour réformer la religion ; auquel lieu ayant fait séjour de seize mois entiers, je trouvai, au lieu d'être récompensé de l'état que j'espérois, de grandes piques et altercations entre les princes et grands seigneurs qui étoient près la personne du roi; car, comme on dit vulgairement : la vertu rencontre beaucoup d'embûches et empêchemens à sa naissance.

Cependant Marguerite, sœur du roi Henri, et princesse très-vertueuse [1], me reçut, n'étant pas seulement contente de m'avoir sauvé du danger, mais me donna un état de souveraine autorité en sa maison, et de grands moyens envers le prince.

Par sa bonté et faveur, bientôt après, ordonné chef et surintendant des finances du roi en sa chambre des comptes, et élu du privé conseil après la mort du roi Henri; et depuis fus choisi pour conduire madame Marguerite, sœur du roi, ma maîtresse, en la maison

---

[1] Marguerite de France, fille de François Ier, née en 1523, duchesse de Berry, mariée en 1559 à Philibert-Emmanuel, duc de Savoie ; morte en 1574 ; elle fut célèbre par sa charité et par la protection qu'elle accorda aux sciences et aux lettres.

(a) Concile.

de son mari nommé Philibert. Là je fis tout devoir étant près de la personne de ma maîtresse très-illustre, qui étoit grièvement malade.

En ces entrefaites (1560), arriva un courrier en grande diligence de la part du roi François (II), qui m'appela pour être chancelier, qui est le premier et seul état (*a*) de gens de robe longue, vacant par la mort de très-noble personnage François Olivier.

J'arrivai à la Cour fort troublé et ému d'un grand bruit de guerre, incontinent après le tumulte d'Amboise, qui ne fut pas tant de soi dangereux que pour le remuement des partis qui bientôt après s'ensuivit.

Alors j'eus affaire à ces personnages non moins audacieux que puissans[1], voire qui aimoient mieux ordonner les choses par violence que par conseil et raison ; dont pourroit donner bon témoignage la reine mère du roi, laquelle fut lors réduite en tel état, qu'elle fut presque déboutée de toute l'administration du royaume ; à raison de quoi se complaignant souvent à moi, je ne lui pouvois autre chose proposer devant les yeux que l'autorité de Sa Majesté, de laquelle, si elle se vouloit dextrement servir, elle pourroit aisément rabattre et affoiblir l'ambition et cupidité de ses adversaires.

Advint que le roi Charles (IX) succéda au royaume par la mort du roi François, son frère aîné. Le parti de ceux qui pouvoient le plus du temps du roi François[2], et la puissance de la reine mère du tout augmentée ; et néanmoins, pour tout cela l'envie ne cessa point, car le roi de Navarre[3], induit par fausse opinion, tiroit à soi toute la puissance de commander, s'usurpant le nom de tuteur du jeune roi, selon les lois des Gaulois. Au contraire, la reine mère se défendoit par mêmes

---

[1] et [2] Les Guises.
[3] Antoine de Bourbon, père de Henri IV.

(*a*) Charge, office, dignité.

lois et coutumes, ajoutant à ce les exemples auxquels on avoit donné lieu et autorité en semblables matières.

Ce débat étant rapporté aux États du royaume, et iceux induits ou par équité (car qui est plus équitable que de donner la charge et tutelle du fils à la mère), étant donc iceux induits ou par équité, ou notre continuelle poursuite, donnèrent à la reine mère la charge et tutelle du roi et de ses biens, lui associant pour aide et conseil le roi de Navarre.

Il nous sembloit par ce moyen avoir réuni les cœurs des princes, et aucunement rétabli en tout le royaume un vrai repos et tranquillité. Mais la faction et ligue qui avoit manié les affaires du temps du règne du roi François (II), ne pouvoit endurer que d'autres maniassent les affaires. Partant, ils suscitoient le roi de Navarre et les autres seigneurs de la Cour (lesquels se complaignoient que leur puissance et autorité étoit diminuée par l'autorité d'une seule mère) à prendre les armes sous prétexte de religion.

Or, ce n'est pas ici le lieu ni notre intention de dire comment ces choses ont été tramées et conduites, et quelles issues elles ont eues. Je puis seulement assurer que, bien que les armes aient été prises par quatre ou cinq fois, j'ai toujours conseillé et persuadé la paix, estimant qu'il n'y avoit rien si dangereux en un pays qu'une guerre civile, ni plus profitable qu'une paix, à quelque condition que ce fût.

De là, tous se prirent presque à se moquer de moi, qui ne demandoient que nouveaux changemens d'affaires, et qui disoient haut et clair que cette guerre se pouvoit mettre à fin sans difficulté.

Pour cela ils incitèrent contre moi toute la noblesse, les princes, magistrats et juges, tenant conseil de la guerre et de la paix en particulier, non en public ; ce qui ne se pouvoit faire sans en demander l'avis et conseil du chancelier, ou autrement le devoient eux exécuter d'eux-mêmes, sans en demander conseil à autrui, ou bien en attendre l'avis des parlemens, qui sont souvent juges des affaires qui se présentent.

Ainsi, nous avons presque perdu le roi et le royaume, toutes choses étant changées à la ruine de la patrie. Et, non contens de faire combattre les forces du pays les unes contre les autres, firent approcher jusques au cœur du royaume des étrangers de diverses parties de l'Espaigne, Italie, Allemagne.

Hélas! nous avons vu, ce que je ne puis presque dire sans larmes et sans gémissemens, que les soldats étrangers se jouoient de nous, de nos corps et de nos biens, quand ceux qui les devoient empêcher les premiers en étoient eux-mêmes les auteurs et conducteurs, et qui trouvoient bons tous les maux et méchancetés qui se commettoient en la France.

Quant à moi, voyant que mon labeur n'étoit agréable au roi ni à la reine, et que le roi étoit tellement pressé qu'il n'avoit plus de puissance, voire qu'il n'osoit dire ce qu'il en pensoit, j'avisai qu'il me seroit par trop plus expédient de céder volontairement à la nécessité de la république (a) et aux nouveaux gouverneurs, que de débattre avec eux, avec lesquels je ne pouvois plus demeurer.

Je fis place aux armes, lesquelles étoient les plus fortes, et me retirai aux champs avec ma femme, famille et petits enfans, priant le roi et la reine, à mon partement, de cette seule chose, que, puisqu'ils avoient arrêté de rompre la paix et de poursuivre par guerre ceux avec lesquels peu auparavant ils avoient traité la paix, et qu'ils me reculoient de la Cour pour ce qu'ils avoient entendu que j'étois contraire et mal content de leur entreprise; je les priai, dis-je, s'ils n'acquiesçoient à mon conseil, à tout le moins, quelque temps après qu'ils auroient saoulé et rassasié leur cœur et leur soif du sang de leurs sujets, qu'ils embrassassent la pre-

---

(a) L'État, la chose publique.

mière occasion de paix qui s'offriroit, devant que la chose fût réduite à une extrême ruine ; car quelque chose que couvoit cette guerre, elle ne pouvoit être que très-pernicieuse au roi et au royaume.

Ayant fait cette remontrance, avant que partir de la Cour, en vain, je m'en allai avec une grandissime tristesse de quoi le jeune roi m'avoit été ravi et ses frères, en tel âge et temps auquel ils avoient plus affaire de notre gouvernement et aide ; auxquels si je n'ai pu assister ni d'aide ni de conseil si longtemps que j'eusse bien voulu, j'en appelle Dieu à témoin, et tous les anges et tous les hommes, que ce n'a pas été ma faute, et que je n'ai eu jamais rien si cher que le bien et salut du roi et de ma patrie ; et en ce me sentant grandement offensé que ceux qui m'avoient cassé prenoient une couverture de religion, et eux-mêmes étoient sans pitié et religion ; mais je vous puis assurer qu'il n'y avoit rien qui les émût davantage que ce qu'ils pensoient que, tant que je serois en charge, il ne leur seroit permis de rompre les édits du roi, ni de piller ses finances et celles de ses sujets.

Au reste, il y a presque cinq ans que je mène ici la vie de Laërte, sans me souvenir des miens et sans qu'ils se souviennent de moi ; et ne veux point rafraîchir la mémoire des choses que j'ai souffertes en ce département de la Cour, tant en public qu'en particulier ; mais aussi ne faut-il pas que je taise qu'il ne m'est rien advenu de mal de la part du roi et de la reine ; que s'il m'en est advenu quelque chose, ça été contre leur gré.

Maintenant, me voyant travaillé d'une maladie incurable, de vieillesse, et outre, d'une infinité d'autres maladies depuis six mois, j'ai pensé de mettre ordre à mes affaires, comme ont accoutumé de faire les hommes, et ordonner choses que je veux que mes héritiers tiennent inviolablement, que j'espère qu'ils exécuteront de leur bon gré, étant plus induits de mon amitié que d'aucune crainte de lois ; car ils ne sont en rien éloignés des droits et règles de nature, lesquelles choses n'ont aussi rien de contraire à leur utilité et profit.

Premièrement, je veux et ordonne que tous mes biens et héritages viennent à ceux auxquels ils appartiennent par les lois et coutumes du pays ; et ne fais en cela loi ni prérogative à aucun.

Je veux outre, que Marie Morin, ma très-chère épouse et femme d'une singulière piété, gouverne le tout en commun ; laquelle, je m'assure, ne diminuera rien des biens, ains plutôt les conservera duement et les accroîtra au profit des enfans ; et, pour ce, je défends qu'on ne lui demande aucun compte ni raison de tutelle et curatelle ; mais je veux que toutes choses se fassent, se rendent et se passent ainsi qu'il lui plaira.

J'ordonne aussi que tout ce qu'elle aura passé soit non-seulement tenu des héritiers pour fait, mais pour agréable.

J'entends semblablement que mes petits fils nés de ma fille, qui sont de la famille des Hurauts, aient un nom ajouté au leur, en sorte que l'aîné, nommé Charles, écrive ainsi son nom : Charles Huraut de l'Hopital, lequel nom ajouté servira pour distinguer les familles des Hurauts qui sont en grand nombre ; ce qui a autrefois été pratiqué à Rome ; et se trouve aussi de semblables exemples en notre France.

Je veux aussi que quelque mémoire de mon nom demeure en cette famille, en laquelle j'ai apporté les plus beaux états de la république, même l'état de chancelier, laquelle chose les encouragera, comme j'espère, à suivre les traces et vestiges de leur grand père pour parvenir à pareils degrés d'honneur.

Je fais Magdelaine de l'Hopital héritière de tous et chacuns de mes biens, et laisse et lègue par testament toute ma librairie et bibliothèque, à Michel Huraut de l'Hopital, qui me semble plus idoine (a) et affectionné

(a) Propre à, disposé à.

aux bonnes lettres que les autres petits. Toutefois, je veux que ma femme et fille gardent ma librairie, afin que personne n'en puisse rien soustraire, et qu'elles la donnent au dit Michel quand il sera en âge, sous condition qu'elle sera ouverte pour la commodité de ceux de sa famille, ensemble des domestiques et autres qui fréquentent la maison.

Au lieu de quoi je veux qu'on donne à chacun des petits fils cinq cens livres, pour une égalité de légitime portion, afin qu'il n'y en ait pas un qui se puisse plaindre que un autre ait été préféré à lui, et lui postposé (a).

Quant aux mémoires d'antiquaille d'or et d'argent, de cuivre et médailles, et le surplus de ce qui est à mon logis, je veux qu'elles soient à celui que ma femme et ma fille nommeront; ce que je laisse à leur discrétion, comme je fais toute autre chose.

Je ne voudrois pas prendre cette hardiesse d'empêcher la reine mère de mes propres affaires, sachant trop mieux qu'elle est d'ailleurs occupée à tant d'affaires publiques, si ce n'est qu'elle même m'eût déclaré apertement qu'elle auroit le soin de moi et des miens, tant durant ma vie que après mon décès, m'assurant haut et clair que, si elle décédoit devant (b) moi, qu'elle feroit contre tout devoir d'humanité si elle taisoit au roi et autres ses enfans ma fidélité, et diligence, et industrie, et labeur envers eux étant en bas âge, lequel même j'ai employé au plus fâcheux temps entre les grands et moindres affaires du roi et du royaume; ce que lesdits enfans ne pouvoient connoître pour leur bas âge; mais, tout ainsi que Sa Majesté m'a été libérale et favorable, aussi est-il raisonnable que je jouisse de sa libéralité et mien bénéfice, en tant que la raison le requiert.

Qu'il nous suffise, à moi et aux miens, qu'elle nous

(a) Mis, placé après. — (b) Avant.

soit propice, et qu'elle et le roi nous font grande grâce de ce qu'ils ne souffrent qu'on nous fasse quelque tort ou injustice, mais qu'ils nous permettent de vivre en toute droiture et équité; que si à ce bien ils en ajoutent d'abondant, nous réputerons le tout pour un singulier bien et profit.

Certes, il ne lui peut tourner à deshonneur ou vitupère (a), d'avoir salarié son humble serviteur de quelque honnête récompense.

C'est à vous, madame Marguerite, duchesse de Savoie, à qui je m'adresse et que je prie, qui avez toujours été cause de mes biens et états, et qui ne m'avez défailli jamais, ni aux miens, pour mon avancement. Je vous supplie que l'affection et faveur que m'avez porté et aux miens en mon vivant, la veuillez continuer après ma mort envers ma femme et enfans; en sorte, toutesfois, que vous employez autant de votre puissance et autorité, et tout ainsi que bon vous semblera tellement que laissiez le maniement de mes biens à ma femme, et de ceux de mes domestiques tel qu'il vous plaira.

Je veux que toutes mes médailles de cuivre, marbre, et aussi les monnoies d'antiquaille d'or et d'argent et autre matière, soient gardées en ma maison par indivis, à la discrétion de ma femme, et quatre beaux vases, ouvrage d'Allemagne, et cette médaille de taureau que Madame ma maîtresse m'a donné.

Je veux qu'on donne vingt écus de revenu en aumône à ma sœur Françoise, religieuse, tant qu'elle vivra.

Mon gendre prendra garde et aura soin que mes livres de droit civil, que j'ai rédigés en articles par méthode étant jeune, ne soient déchirés et brûlés, mais qu'ils soient donnés à l'un de mes petits-fils des plus capables, et qui les pourra, à l'imitation de son ayeul, par aventure parachever.

(a) Blâme.

Quant à mes funérailles et sépulture, que les chrétiens n'ont pas en grand estime, j'en laisse à ma femme et domestiques d'en faire ce qu'ils voudront.

Davantage je veux qu'on fasse la récompense à mes serviteurs et autres, telle que ma femme avisera, laquelle je veux qu'on tienne pour dame et maîtresse de tous mes biens.

Au surplus, je vous recommande à tous de vous honorer l'un l'autre et entr'aimer.

J'ai soussigné ces choses de ma main quand je me sentis approcher de la mort au Seigneur, le 12 mars 1573. »

Voila la fin du discours de ce grand personnage, qu'il fit tout de sa main. Que plût à Dieu en pussions-nous voir d'autres qu'il a fait, qui nous sont cachés, dont c'est grand dommage !

Pour fin, quand il mourut, ses ennemis ne purent lui ôter ce los (a) qu'il ne fût le plus grand personnage de sa robe qui fut ni qui sera jamais, comme je leur ai ouï dire, le calomniant toujours pourtant d'être huguenot.

LA LIGUE.

1576.

DE THOU.

Auguste de Thou, célèbre historien et magistrat, naquit en 1553 et mourut en 1617. Devenu président à mortier au parlement de Paris en 1586, puis conseiller d'État en 1588, il fut l'un des plus importants serviteurs de Henri III et de Henri IV. Son ouvrage capital

(a) Réputation, honneur.

est l'*Histoire de mon temps* (1546-1607) ; elle est écrite en latin, et la traduction française, parue en 1734, forme 14 volumes in-4°.

Par la formule de l'union qui devoit être signée au nom de la très-sainte Trinité par tous les seigneurs, princes, barons, gentilshommes et bourgeois, chaque particulier s'engageoit par serment à vivre et mourir dans la ligue pour l'honneur et le rétablissement de la religion ; pour la conservation du vrai culte de Dieu, tel qu'il est observé dans la sainte Église romaine, condamnant et rejetant toutes erreurs contraires; pour la défense du roi Henri III, sauf le respect et l'obéissance que des sujets doivent à leur prince, ainsi qu'il devoit être expliqué plus au long dans les articles qui seroient présentés aux prochains États généraux; enfin pour le maintien des différentes provinces du royaume dans tous leurs droits, priviléges et libertés, tels qu'elles les possédoient du temps de Clovis, qui le premier de nos rois, établit en France la religion chrétienne.

On prescrivoit aussi les lois suivantes : que chaque particulier s'engageroit à sacrifier ses biens et sa vie même pour empêcher toutes entreprises contraires à l'avancement de la sainte union, et à contribuer d'ailleurs de tout son possible à l'entier accomplissement des desseins qu'elle se proposoit : que si quelqu'un des membres de l'union recevoit quelque tort ou dommage, quel que fût l'agresseur, et sans égard pour la personne, on n'épargneroit rien pour en tirer vengeance, soit par les voies ordinaires de la justice, soit même que pour cela on fût obligé de prendre les armes : que si par un malheur, qu'on devoit prier le ciel de détourner, quelqu'un des unis venoit à rompre ses engagemens, il en seroit puni avec la dernière rigueur, comme traître et réfractaire à la volonté de Dieu, sans que pour cela ceux qui s'employeroient à la juste punition de ces sortes de déserteurs, pussent encourir aucune peine, soit en public ou en particulier : qu'on créeroit un chef de l'union, à qui tous les autres jureroient une obéissance aveugle et sans bornes; que si quelqu'un des particuliers manquoit à son devoir, ou faisoit paroître de la répugnance à s'en acquitter, le chef seroit seul le maître d'ordonner de la peine que sa faute auroit méritée: que dans les villes et à la campagne tout le monde seroit invité à se joindre à la sainte union : qu'en y entrant on s'engageroit à fournir dans l'occasion de l'argent, des hommes et des armes, chacun selon son pouvoir : qu'on regarderoit comme ennemi quiconque refuseroit d'embrasser le parti de la ligue, et que le commandement seul du chef de l'union autoriseroit à lui courir sus à main armée : que si entre les unis il arrivoit des querelles, des contestations, ou des procès, le chef seul en décideroit, sans que pour cela on pût recourir à la justice ordinaire sans sa permission; et qu'il auroit droit de punir les contrevenans dans leurs corps, ou dans leurs biens, selon qu'il le jugeroit à propos. Enfin on avoit encore ajouté la formule du serment que chacun des unis devoit prononcer sur les saints Évangiles, en s'engageant dans le parti.

UNE LEVÉE DE SOLDATS,

BRIGANDAGES ET PILLERIES.

1578.

CLAUDE HATON.

Claude Haton, curé du Mériot, village de Champagne, naquit en 1534 et mourut après 1605. Ses Mémoires, qui vont de 1553 à 1582, sont fort curieux et ont été publiés par M. Bourquelot dans les *Documents inédits sur l'histoire de France*.

A cause que la guerre mettoit trop à se relever au

royaume de France, les méchans garnemens bannis et essoreillés (a) du royaume, par troupes et grosses bandes, tenoient les chemins et forêts, pour détrousser et voler les passans de pied et de cheval ; le capitaine desquels se nommoit Mireloset, autrement La Chasnez. Et non-seulement détroussoient lesdits passans, mais aussi les prenoient à rançon, quand ils connoissoient qu'ils en pourroient tirer argent, outre ce qu'ils trouvoient sur les personnes... Les chemins de Lyon à Paris, de Paris à Rouen, à Orléans, et d'autre côté en Picardie, étoient remplis de telles gens, et souvent faisoient de grands vols aux portes de Paris. Le roi, étant de ce averti, commanda aux prévots des Maréchaux de France et à leurs lieutenans de tenir les champs pour prendre vifs ou morts lesdits voleurs. Ceux de Paris, Meaux, Melun, Provins, Troyes et Sens se mirent aux escars (b) ; mais il ne fut nouvelle qu'ils attrapassent un seul prisonnier ; au contraire fut découvert qu'ils étoient compagnons desdits voleurs, ou pour le moins les recéleurs à gage. Celui de Troyes fut arrêté à Paris, pour ce fait, et renvoyé à Troyes, où on lui fit son procès. Il fut trouvé qu'il avoit pris plusieurs voleurs et les avoit relâchés après avoir eu leur bourse, et s'étoient faits tributaires à lui de certaine somme d'argent par chacun mois ; toutesfois, à cause des grands biens qu'il avoit, en fut quitte pour de l'argent...

Sur des bruits de guerre des levées se font de toutes parts ; de nombreuses compagnies de levées faites en Champagne, dans la Brie, le Hurepoix et le Gâtinais se rassemblent à Montereau ; il s'agissait d'aller guerroyer en Flandre sous la conduite du duc d'Anjou.

Faut entendre que les compagnies qui s'assemblèrent à Montereau-Fault-Yonne et autres lieux n'avoient oublié le métier de rançonner, battre et dérober leur hôte

(a) A qui la Justice avait fait couper les oreilles. — (b) Se mirent en campagne.

ès maisons où ils étoient logés. Sous le nom et prétexte d'aller en Flandre, tous bannis, vagabonds, voleurs, meurtriers, renieurs de Dieu et de vieilles dettes, remenans de guerre, restes de gibet, massacreurs, gens mourant de faim, se mirent aux champs pour aller piller, battre et ruiner les hommes des villes et villages qui tomboient en leurs mains, ès lieux où ils logeoient, et par les chemins, sans crainte aucune. M. de la Haute-Maison, de Saint-Loup, fut des premiers qui se jetèrent aux champs pour amasser tous les méchans garnemens et écume du pays, tant des villes de Provins, Bray, Montereau, que des villages d'alentour, qui furent plus d'un mois à tourner seulement à dix lieues autour dudit Provins sans aller plus loin. Un autre capitaine, qui se faisoit nommer le capitaine Michery, vint à se joindre avec ledit de la Haute-Maison, et eux deux assemblèrent leurs pendards en une bande qui monta au nombre de six cens hommes, et quasi autant de femmes de mauvaise vie et goujats. Lesquels, le 8º jour d'août, passèrent la rivière de Seine pour tirer en la Brie et se logèrent ès villages de Meel-sur-Seine, Ermez et Mériot. Auquel village de Meel trouvèrent quatre maisons toutes en feu et charbons, qui brûloient dès la nuit précédente par la faute de Jean Garnot, sergent demeurant à Provins, en déchargeant une voie de foin en sa grange avec la lumière allumée. Nonobstant ledit feu, les pendards susdits ne laissèrent de se loger audit village et autres susdits, où ils rançonnèrent et pillèrent plus rudement que autres qui y eussent logé il y avoit vingt ans.

Au lendemain ils délogèrent, mais ne firent grand chemin, ains seulement allèrent loger en la paroisse de Léchelle, où ils firent des maux indicibles. M. de Patras se trouva audit lieu de Léchelle, duquel il étoit seigneur, pour les prier de passer outre et de n'y loger, par les plus douces et amiables paroles qu'il pouvoit dire ; mais n'en voulurent rien faire, ains couchèrent la harquebuze en joue pour le faire taire ou tirer d'avec eux, et à peu tint qu'ils ne le tirassent et son homme aussi, pour lequel danger éviter fallut qu'il se retirât diligemment. Ils se gouvernèrent audit village et paroisse si mal, que des Turcs et barbares n'eussent voulu faire pis. Peu de gens, tant hommes que femmes, échappèrent de leurs mains sans être battus outrageusement, quelque argent de rançon qu'ils baillassent, et étoient les moindres rançons de 4 écus, quelque pauvres que fussent les hôtes. Ils tuèrent un honnête homme de Léchelle, nommé Jean Garraut, homme de bien, qui fut fort plaint, en prenant sa besace pour aller aux vivres. Lequel, se voyant blessé d'un coup qu'ils lui donnèrent sur la tête, au lieu d'aller à Provins, prit le chemin aux vignes de la Boullois, où il mourut avec grande tristesse et déplaisance au lendemain 10e ou 11e jour d'août, qu'il fut trouvé n'avoir quasi plus face de connoissance d'homme. Il fut ramené en sa maison, où étoient encore les meurtriers (car ils furent trois jours audit lieu), qui, au lieu de s'enfuir, disoient que s'il n'eût été mort, qu'aussi bien l'eussent-ils tué. Ledit seigneur de Patras, après en avoir été averti, retourna à Léchelle pour voir s'il sauroit avoir quelque raison de leur capitaine et pour le prier de déloger au bout de trois jours. Mais, quand les meurtriers surent qu'il venoit contre eux, menacèrent la femme dudit Garraut, que si elle disoit que ç'avoit été eux qui avoient tué son mari, qu'en la présence dudit Patras ils la tueroient elle-même, et en cette sorte l'intimidèrent qu'elle n'en voulut rien dire, de quoi elle fut digne d'être blâmée.

Ceux qui étoient logés en la maison de Pierre Angenost de Pigy ne lui en eussent pas fait moins s'ils l'eussent tenu, quand il leur envoya sa rançon à 20 sols moins qu'il n'avoit été par eux taxé ; et n'y eut eu faute en ladite rançon, s'il eut pu trouver le tout à emprunter. Pour se venger, les pendards, après avoir fait grande violence à sa femme, comme tous faisoient aux autres femmes et filles, la battirent si outrageusement qu'ils la laissèrent quasi pour morte, puis lui attachèrent une corde aux pieds et la trainoient par les rues, comme on fait une bête morte à la voirie, sans avoir honte ni vergogne de l'honneur des femmes et secret de leur nature. Et non contens de tel acte si barbare, passèrent leur rage au petit enfant dudit Angenost et de ladite femme, le faisant développer par la chambrière de la maison, qu'ils firent asseoir au feu, auquel ils boutèrent tant de bois qu'ils purent, duquel elle n'eût osé se retirer ni le petit enfant, et tant les chauffèrent qu'eux, servante et petit enfant, cuidèrent là rendre l'esprit, le petit enfant criant son petit cri de toute sa force, comme pensoit aussi faire la pauvre chambrière, qui en étoit par les tyrans empêchée avec grands coups de bâton et menaces de la brûler et le petit enfant, qui n'avoit qu'environ quatre mois pour le plus. Lequel, quand il ne pouvoit plus endurer la chaleur du feu et qu'il commençoit à se rôtir, l'alloient plonger dedans un seau d'eau, et firent ce par trois ou quatre fois. Le petit enfant ne mourut pas pour lors, mais endura un grand martyre....

Quirace Prieur, appelé le capitaine Boytout, de Provins, voulut faire du capitaine sous ledit seigneur de la Haute-Maison, et se jeta par les villages pour sonner le tabourin et amasser le reste de l'écume du pays ; mais, pour avoir commencé des derniers, ne put amasser qu'environ 50 pendards, qu'il traîna par les villages d'entre la ville de Sens et la rivière de Marne, lesquels le laissèrent et quittèrent là, ou qu'il ne leur voulut permettre le pillage et rançonner si rudement que faisoient les autres, ou pour autre occasion. Lequel, se voyant abandonné, s'alla lui-même enrôler sous la charge du seigneur de Besancourt, qui s'étoit jeté aux champs comme les autres, ayant charge d'amasser une compagnie de gens de cheval, ce disoit-il ; et sous son nom s'en amassa quelque soixante ou quatre-vingts, la plupart de Nogent et les environs, qui sortirent de leurs maisons tous à pied, mais en peu de temps furent tous à cheval, bien montés, après qu'ils eurent été quelque dix jours à la foire de Grup, en tournant le pays.

Outre les capitaines et les troupes de voleurs susdits, plusieurs autres venant d'alentour de Gien, de Bourges, d'Orléans, de Montargis, d'Auxerre et d'autres lieux de par de là, passèrent la rivière d'Yonne à Pont-Regnard et à Pont-sur-Yonne, pour venir passer la Seine à Noyen, à Villiers, à la Motte et ès environs de Nogent, lesquelles rivières d'Yonne et de Seine étoient guéables par tout; et en passoit plus par Noyen que les autres lieux de la rivière de Seine, pour aller en la Brie. Entre ceux qui passèrent lesdites rivières venant des lieux susdits, fut la compagnie de M. de la Ferté, qui au passage de la Seine se logea ès paroisses d'Ermez, Meel et Mériot, où elle fit un grand dommage de rançons, de dépense et de larcin. Toutefois, il sembloit que cette compagnie eut volonté d'aller en Flandre, car elle cheminoit à grandes journées; et étoient, comme tous les autres, grands larrons de chevaux et jumens pour se monter. Et passa cette compagnie environ le 12º ou 15º jour d'août. Après eux passèrent les dites rivières les régimens du vicomte de Turenne et de Méru.....

Icelles compagnies ou d'autres, environ le 24º ou 25º dudit mois, jour de dimanche, entrèrent par surprise dedans la ville ou bourg de Vodoy, où ils firent des cruautés incroyables. Ils tuèrent et blessèrent plusieurs hommes de ladite ville et autres qui étoient dedans; ils pillèrent les maisons, emmenèrent à rançon plusieurs hommes, violèrent les filles et femmes en la présence de leurs pères et maris, plusieurs desquelles furent par eux emmenées au partir, après y avoir séjourné quatre ou cinq jours pour le moins; et y eussent été plus longtemps, sans les gentilshommes de crédit, comme M. le baron de Sénecé, seigneur d'Amilly et autres, qui les prièrent de déloger. Tous les chevaux de ladite ville furent par eux emmenés, avec plusieurs charrettes et harnois pleins des meilleurs biens de la ville, comme draps de laine, de velours, taffetas, soies, linges, toiles et autres biens ; et ne voudroit-on croire la perte que ladite ville reçut par ces voleurs, lesquels étoient suivis de recéleurs, porte-paniers (a) et autres, qui avoient bon marché du larcin.

Après lesdits régimens du vicomte de Turenne, suivoit un autre régiment qui se faisoit nommer les *vicomtes*, qui étoit conduit par un qu'on appeloit La Chasnez, autrement Mireloset, qui étoit le capitaine des voleurs que nous avons dit qui tenoient les chemins et forêts pour détrousser et voler les passans, avant cette levée d'armes pour aller en Flandre. Lequel régiment étoit renforcé de trois autres compagnies qui le suivoient, conduites par un qui se faisoit appeler M. de Beaulieu, qui en son nom s'appeloit Nicolas Talluet, natif de la Motte-de-Tilly-lez-Nogent, fils d'un pauvre laboureur dudit lieu. Lequel Beaulieu ou Talluet se vantoit d'être archer de la garde de M. le Duc. Lesquels régiment de Mireloset et compagnies de Beaulieu passèrent l'Yonne le 25º jour d'août, et par subtilité entrèrent dans le bourg de Courlons-lez-Sens, qui est tout sur le rivage de ladite rivière, où ils furent trois jours pour le moins à faire du mal au possible. Ils n'oublièrent à piller, violer, battre et rançonner les gens dudit lieu, non moins qu'à boire tout leur saoul de vin, car il y en avoit largement ; et pour les faire partir et déloger, leur fallut bailler je ne sais combien de cents d'écus, et si emmenèrent plusieurs filles honnêtes et de bonnes maisons, que leurs parens poursuivirent pour les ravoir à force d'écus. Ils ne laissèrent que bien peu de chevaux audit lieu, encore qu'il n'y en ait beaucoup d'ordinaire, pour être un lieu de vignoble. Ceux de Sargines se rançonnèrent, pour ne tomber en

(a) Porte-balles, marchands ambulants.

leurs mains, comme ils doutoient de faire s'ils eussent été par eux assaillis, et pour ce passèrent outre et s'allèrent loger à Grange, où ils trouvèrent les portes ouvertes, et personne dedans, qui étoit tout le contraire de leur attente; dedans lequel lieu de Grange ils s'accommodèrent pour une nuit, trouvant encore plus là à manger pour eux et leurs chevaux qu'ès villages où eux et autres gens de guerre logeoient tous les jours.

Au lendemain, à l'improviste pensèrent surprendre la ville de Trinel, mais furent découverts et n'eurent ceux de ladite ville le loisir que de fermer leurs portes, le bestial de la ville et des villages d'alentour étant dehors, qui fut par lesdits voleurs, saisi, mangé, et charcuité ès maisons des faubourgs où ils se logèrent pour un jour ou deux, tenant ceux dudit Trinel captifs qu'ils n'eussent osé sortir hors de la dite ville. Au partir de là, allèrent assiéger le château de la Villeneuve aux Riches-Hommes, appartenant à la dame d'Esternay, dedans lequel ils entrèrent, ayant effondré par derrière la grange qui est sur le bord des fossés, et là tuèrent plusieurs personnes, autres prirent prisonnières; et, non contens de ce, d'un sens rassis, en fouillant partout, trouvèrent dedans ledit château deux hommes cachés dedans une cage de fer, qui s'étoient là resserrés pour éviter leur fureur, quand ils se virent surpris par lesdits gens de guerre. Lesquels furent par les dits voleurs brûlés tout vifs dedans lesdites cages de fer. Ils tuèrent pareillement un homme d'église, en venant de chanter sa messe, audit lieu de Villeneuve ou de Grange. Ils pillèrent le château dudit Villeneuve et emmenèrent prisonnier le receveur d'icelui, qu'ils taxèrent à grande rançon. De là, allèrent loger ès fauxbourgs de Nogent, tant d'un côté que d'autre, où ils furent deux jours à tenir ceux de ladite ville à l'aboi, que nul n'en eût osé sortir, de peur d'être pris prisonnier et par eux emmenés.

Au partir de Nogent, se retirèrent par la Motte, où

ils passèrent la rivière et allèrent mettre le siège devant Chalaustre, où ils pensoient entrer comme ils avoient fait à Courlons. A l'entour de Nogent, se séparèrent les compagnies de Mireloset et de Beaulieu. Beaulieu requit Mireloset de n'aller audit Chalaustre, ce que ne lui voulut accorder, pensant que lui de Beaulieu eût reçu quelque argent desdits de Chalaustre, ce qu'il n'avoit fait, et n'avoit par eux été requis de n'y aller loger ni d'empêcher les autres d'y aller, mais l'en prioit pour leur faire plaisir, comme à ses voisins et amis, comme aussi les empêcha de loger ès paroisses de la Motte, de Meel et de Mériot, pour faire plaisir à ses amis et parens, qui étoient demeurans ès dites paroisses. Beaulieu, voyant ledit Mireloset en délibération d'aller audit Chalaustre, fit cheminer ses troupes droit en Champagne, montant à l'entour de Troyes, où il n'étoit connu.

Mireloset et ses gens d'armes, qui pouvoient être quelque sept ou huit cents hommes de fait de guerre et plus de goujats et femmes de mauvaise vie que d'hommes de fait, le tout ensemble montant au nombre de 1800 pour le moins, là arrivés trouvèrent les portes fermées, qui fut cause de les arrêter en la maison de la damoiselle dudit lieu, qui est hors ledit bourg, et assez près de ladite porte pour l'assaillir, si, après avoir demandé ouverture, on ne les vouloit laisser entrer. Etant tous en ordonnance de bataille, les tabourins sonnant et les enseignes déployées, tournèrent trois fois à l'entour du dit Chalaustre, pour aviser le lieu le plus commode pour l'attaquer. Ils avoient des échelles pour écheller (a) les villes et bourgs où ils ne pourroient entrer. Lesquelles échelles furent par eux mises et jetées dedans les fossés dudit Chalaustre en plusieurs endroits en faisant la tournée. La tournée faite par trois fois, comme dit est, ne trouvèrent lieu plus pro-

(a) Escalader.

pre pour assaillir que à l'endroit de la maison de ladite damoiselle, où ils délibérèrent de donner l'assaut ; mais avant, sommèrent ceux de dedans de se rendre par amitié, pour éviter à plus grand mal, ce qu'ils ne voulurent faire ; au refus desquels fut donné l'assaut. Or étoit-il le vendredi pénultième jour d'août, environ onze heures ou midi, quand le premier assaut se donna, qui fut aussi vertueusement (a) soutenu et défendu que donné.

<small>Un porte-enseigne des assaillants ayant été blessé et jeté dans le fossé avec son enseigne, Mireloset demanda une trève pour pouvoir retirer l'enseigne du fossé. Le capitaine de Chalaustre, ayant commis l'imprudence d'aller lui-même parlementer, fut fait prisonnier, mais parvint à se dégager et rentra dans la ville. Quant à l'enseigne, il demeura au fond du fossé, où il mourut.</small>

Le capitaine rentré, la trève fut rompue, au grand dépit des assaillans et de Mireloset, qui fit recommencer l'assaut plus furieusement que devant, qui fut courageusement défendu par ceux de dedans, auquel s'employoient femmes et filles en plus grand courage que les hommes, pour défendre leurs vies, biens, corps et honneur, aimant mieux mourir sur les remparts, pour les empêcher d'entrer, que d'endurer le mal et déshonneur qu'elles eussent pu recevoir de tels vilains ribauds qu'étoient iceux assaillans. Et pour ce, portoient du feu allumé et des gerbes pour leur brûler le visage, sitôt qu'ils le montroient par dessus les murailles ; autres avoient des cendres chaudes, autres de l'eau bouillante pour leur jeter au visage, et firent icelles femmes et filles un si grand devoir, qu'il fut plus recommandé que celui des hommes. Durant ce second assaut, la nuit arriva, qui imposa un peu de silence aux uns et aux autres. Il y avoit jà bien une douzaine des assaillans morts dans les fossés ; il y en avoit

(a) Courageusement.

beaucoup plus de fort blessés. De ceux de dedans, y en avoit deux de tués, l'un par sa faute, l'autre en défendant. Plusieurs assaillans se débauchèrent et se retirèrent ès villages d'alentour, et en alla au gite jusques à Sordun quelque vingtaine, tant des blessés qu'autres qui n'avoient point de mal. La plupart demeurèrent la nuit campés à l'entour de Chalaustre et donnèrent plusieurs alarmes à ceux de dedans, lesquels vertueusement se défendirent comme de jour, et trouvèrent moyen de mettre hors de leur ville aucuns personnages, pour envoyer demander secours aux villes de Nogent, Villenauxe et Provins, parcequ'ils devenoient foibles de courage et démunis de poudre et boulets.

Au lendemain, à la diane et aube du jour, les voleurs assaillans donnèrent un assaut assez rude par un autre lieu que celui du jour de devant, qui fut aussi bien défendu que donné. Toutesfois, lesdits assaillants faisoient si bonne mine que rien plus, jurant et affirmant de ne partir jamais de là qu'ils n'entrassent dedans ou qu'ils n'y fussent tous tués ou la plus grande partie d'eux, ce qu'il sembloit qu'ils eussent volonté de faire.

On prévient les gens de guerre et voleurs que les habitants de Chalaustre ont envoyé querir du secours aux villes voisines, lesquelles se mettent en armes pour leur venir courre sus avec les gentilshommes du pays.

Ce qui étoit vrai. Car ceux de Provins ayant reçu nouvelles au matin que les voleurs n'étoient encore entrés au dit Chalaustre et qu'ils recommençoient à battre la ville, soudain s'assemblèrent les capitaines et gouverneurs, lesquels mirent en délibération s'il étoit bon de secourir lesdits de Chalaustre. Fut résolu que oui, et tout à l'instant les capitaines de chacun quartier firent sonner le tabourin par les rues et faire le ban que tous arquebusiers eussent, à l'heure de dix heures du matin, à se tenir prêts et à se trouver devant l'huis des capitaines chacun de son quartier, pour aller au secours dudit Chalaustre. Le président Marchant, le lieutenant général, les prévôts des maréchaux, les lieutenans criminel et de courte robe, avec tous les sergens du dit Provins et plusieurs autres personnes, montèrent à cheval pour encourager le reste du peuple de prendre les armes au poing et de les suivre, et y fut fait un tel devoir, qu'environ les onze heures pour le plus tard, partirent de Provins plus de 500 arquebusiers, la plupart morionnés (a), et bien cent hommes à cheval pour les conduire, les capitaines des quartiers cheminant à pied les premiers, les enseignes déployées et les tabourins sonnant pour aller déloger lesdits voleurs de devant Chalaustre. Et furent lesdits de Provins jusques au mez (b) de Sordun en bonne volonté d'aller ; mais là reçurent nouvelles que les gens de guerre étoient décampés et avoient abandonné Chalaustre. Auxquelles nouvelles, ceux de Provins tournèrent visage et s'en revinrent en leur ville. Aucuns de pied et de cheval allèrent jusques à Chalaustre, pour mieux savoir des nouvelles, qui trouvèrent qu'il étoit vrai qu'ils étoient délogés.

Lesdits voleurs étant intimidés de ce bruit, laissèrent leur porte-enseigne et autres morts ès fossés de Chalaustre, chargèrent leurs hardes et blessés, et en grande vitesse cheminèrent jusques à Chamcouelles et les environs, laissant tomber par les chemins de leurs hardes assez largement et les plus malades de leurs blessés, qui moururent. Ils ne rechargèrent toutes leurs échelles qu'ils avoient menées audit Chalaustre.

Quand lesdits de Chalaustre furent assurés que les voleurs étoient loin d'eux d'une lieue ou environ, sortirent en leurs fossés pour aller querre l'enseigne et les armes des morts qui y étoient demeurés. Il faut croire qu'ils ne laissèrent l'or et l'argent qu'avoient lesdits

(a) Coiffés d'un morion, ou casque léger. — (b) Ferme, métairie.

morts assez largement, lesquels furent là jusques au lendemain dimanche tout nus avec leur chemise avant qu'être enterrés. Ils portèrent l'enseigne en leur église. Ses habits furent délivrés à leur capitaine nommé Jacquin Collas ou Jacquin Soret, pour la braveté qu'il avoit faite de rentrer et se délivrer hors des mains dudit Mireloset, ainsi qu'avons dit. Des habitans dudit Chalaustre, qu'hommes que femmes, y en eut de tués six ou sept, et peu ou point d'autres blessés. La compagnie de M. de la Chapelle des Ursins, avec les paysans, depuis Monceaux-en-Brie en tirant à la rivière de Marne, baillèrent la chasse audit Mireloset et ses gens, jusques auprès de Soissons, et si n'en purent attraper que trois ou quatre des blessés qu'ils achevèrent, mais trouvèrent force butin par les chemins ; ils étoient tous montés à cheval, qui fut cause qu'on ne les pût attraper, car ils coururent jour et nuit jusques à ce qu'ils fussent avant en Picardie.

Les compagnies des seigneurs de Besancourt, de la Haute-Maison, de Michery et du capitaine Boitout, avec d'autres dont je n'ai su les noms, ne faisoient que tourner le pays, depuis Sens jusques à Château-Thierry, et depuis Rosay en Brie jusques à Châlons en Champagne, faisant des maux indicibles et incroyables par batures, voleries, violemens de femmes et filles, larcins, meurtres, brûlemens de maisons, et tout autre genre et espèce de maux, sans respecter personne, de quelque qualité qu'il fût, fut-il gentilhomme trois fois. De sorte que les gentilshommes des villages qui n'avoient des châteaux et maisons fortes furent contraints de vider les meubles de leurs maisons et leur bestial aux villes avec leurs personnes pour se sauver. Ceux qui avoient de forts châteaux furent contraints de mettre hommes forts et aguerris dedans, pour tenir contre lesdits voleurs, qui ne craignoient en grandes troupes de les assaillir. Tous les gens qu'ils trouvoient en assez bon équipage de pied ou de cheval étoient par eux dévalisés, et encore le plus souvent emmenés prisonniers. Desquelles rançons faites sur les passans et gens des villages où ils logeoient et passoient, étoient tout prêts d'en bailler quittance et ne s'en cachoient de personne pour les demander et prendre. Qui fut cause que durant ce désastre, les gens des villages pauvres et riches vidèrent leurs maisons et serrèrent aux villes et châteaux des gentilshommes. Le bestial eut fort à souffrir, tant gros que menu, car il étoit autant de temps et plus à jeûner qu'à manger, étant enserré èsdites villes et châteaux, qui fut cause avec la sécheresse, d'enchérir le laitage, beurre et fromage par toute l'année. Tout l'été, la livre de beurre se vendoit 5 et 6 sols tournois. Et ne fut ce pays de Brie et de Champagne exempt desdits voleurs gens de guerre, depuis la mi-juillet jusques passé le 12° septembre, qu'il n'y en eût en quelques trois ou quatre paroisses; et n'étoit un village huit jours sans en avoir, en plusieurs desquels ne trouvoient homme ni femme pour les gouverner. Dieu sait quel ménage ils faisoient à découvrir les maisons et à les abattre, et en plusieurs lieux au partir mettoient le feu dedans, aimant mieux les gens des villages endurer telles pertes que de les attendre, pour éviter le mal et rançons qu'ils faisoient.

A l'extrémité, et quand chacun n'en put plus endurer, on avisa d'en faire plainte au roy, lequel fit longtemps la sourde oreille avant que d'y vouloir donner ordre. Et lui furent portés les premières plaintes du quartier devers Orléans, où lesdits voleurs avoient passé, avant que de se jeter en ce pays. Ceux de Normandie, de Beauce et pays de Perche se plaignirent au roy, comme firent ceux de Poitou et de Touraine, ès-quels pays les voleurs étoient en grandes troupes, tenant les champs sous le nom de la guerre de Flandre, comme par tout le reste du royaume de France. Et n'y eut pays exempt de cette punition qu'environ dix ou douze lieues à l'entour de Paris, et ce qui les exempta fut la présence du roy, qui étoit audit Paris, les gardes duquel étoient logés ès-villages à dix lieues à l'entour. Pour lesquelles plaintes qui lui furent présentées par écrit et de bouche dès la fin de juillet, mêmement par M. le curé de Saint-Séverin, n'en fit Sa Majesté réponse qui fut digne d'un roy. Toutesfois, importuné par le renouvellement des plaintes qui chaque jour lui étoient présentées, fit une ordonnance qu'on se jetât sur ceux qui tenoient les champs, s'ils ne montroient commission signée du grand scel de sa chancellerie, et pour l'heure ne put-on avoir autre réponse..... Pour ce dernier mandement ne s'épouvantèrent guères lesdits voleurs, lesquels étoient en si grandes troupes, qu'ils savoient bien que les gens des villages ni autres ne se fussent osé jeter sur eux, les prévôts des maréchaux[1], aussi peu, lesquels ne demandoient que tel trouble, pour faire bien leur profit sur les trainards de derrière et qui s'écartoient au loin, car quand ils en trouvoient de tels, les guettoient pour la bourse et leurs armes et les renvoyoient. Au commencement, ils en amenèrent quelques-uns ès-prisons de Provins, lesquels par les juges du présidial et gens du roy furent trouvés les meilleurs soldats du monde, sans vouloir enquérir de leur vie ni des hôtes où ils avoient logé, pource que personne ne se vouloit rendre partie, et furent renvoyés au pillage pour remplir leur bourse. De quoi s'indignèrent lesdits prévôts des maréchaux et de courte robe, qui par après en firent à leur discrétion et à leur profit, sans faire autre dommage auxdits voleurs que de les dévaliser d'armes et d'argent. C'est un grand mal en une république, quand les juges et autres qui administrent la justice sont diseteux, engagés et endettés, car tels justiciers ont quelquefois leur âme à vendre pour de l'argent. Les gens des maréchaux et de courte robe n'étoient pas tant

---

[1] La maréchaussée de ce temps est devenue notre gendarmerie actuelle.

blâmés que furent les juges qui lachèrent les prisonniers qu'on leur avoit amenés.

La volerie se continua de plus en plus par tout le mois d'août et commencement de septembre, sans y plus épargner personne, de quelque qualité qu'elle fût, prince ni gentilhomme, même les deniers du roy, qui par lesdits voleurs furent ravis et emportés. Une troupe qui tenoit les champs entre les villes de Sézanne et Châlons, emporta les deniers des tailles de l'élection de Sézanne, que le receveur dudit Sézanne envoyoit audit Châlons enfoncés en des tonneaux. Duquel vol le receveur avertit le roy pour sa décharge, et Sa Majesté envoya mandement au prévôt des maréchaux de Châlons pour informer et faire la poursuite. Le mal s'augmentant de plus en plus et jusques aux portes de la ville, les gens de justice commencèrent à avoir honte des reproches qu'on disoit d'eux d'avoir lâché ceux qu'on leur avoit amenés prisonniers, et de ne se travailler à chasser lesdits voleurs, en vertu des mandemens du roy. Et pour ce, sur la fin du mois d'août, M. le président Marchant, averti qu'il y en avoit une petite troupe logée ès-villages et paroisses de Roully et Mortery, commanda aux gens des prévôts des maréchaux, de courte robe, lieutenant criminel et sergens, avec autres personnes de la ville, qui de leur bon gré y voulurent aller, de monter avec lui à cheval, pour aller voir leur commission et informer des rançons et insolences qu'ils faisoient ès-maisons des villages. Ils se trouvèrent pour le moins cinquante chevaux pour aller à cette affaire, mais lesdits voleurs étoient délogés des paroisses susdites, où leur fut dit que les voleurs avoient tiré le chemin de Coutenzons et Viels-Champagne, et que là ou les environs avoient volonté de se loger. Lequel chemin prirent lesdits de Provins, qui les allèrent attaquer à leur avantage, étant lesdits voleurs logés et désarmés au village de Château-Bleau, où ils avoient tué une femme leur hôtesse, et là leur fut couru sus et furent mis en route et désarroi. Aucuns se mirent en défense; les autres s'enfuirent. Il en fut tué deux sur la place qui ne se voulurent rendre, et huit furent amenés prisonniers. Desquels huit y en avoit quatre du village d'Angaye-lez-Sézanne, bons et riches gens, lesquels ne s'étoient mis aux champs que huit jours auparavant, étant au désespoir de la perte et dommage qu'ils avoient eus par les autres gens de guerre voleurs qui avoient logé en leurs maisons. La bande où ils se mirent et dans laquelle ils furent trouvés, n'avoit commission aucune du grand ni du petit scel du roy ni de personne. Les bonnes gens furent traités et maniés selon le bien qu'ils avoient, et les tint-on en prison jusques il fut bien abrégé ou entièrement mangé. Toutesfois il fut cause de leur sauver la vie; car, quand il n'y en eut plus ou bien peu, furent par la justice condamnés à faire amende honorable par la ville de Provins, en la présence de leurs autres compagnons, qui furent fouettés pour ce qu'ils n'avoient tant de bien qu'eux, et tous ensemble furent condamnés à aller aux galères à perpétuité. Les parens de l'un ou de deux tâchèrent à faire révoquer ladite sentence, afin qu'ils n'allassent auxdites galères, ce qu'on leur promettoit faire; mais, après qu'ils eurent encore beaucoup dépensé de leur bien, leur fut donné à entendre qu'il n'étoit possible, si ce n'étoit par une grâce du roy. Si le roy leur a baillé grâce, je ne m'en suis enquis.

Au mois de septembre, la volerie ne cessant point, mais s'augmentant de plus en plus, tout le monde commençoit à entrer à la désespérade, les gentilshommes et les gens des villes, comme les pauvres laboureurs et gens des villages. Ceux des grosses villes commençoient à avoir peur que lesdits voleurs ne s'assemblassent en grand nombre, comme de vingt mille et davantage, et qu'ils les vinssent assaillir, ce qu'eux voleurs eussent bien pu faire, qui n'y eût remédié. Car aux villages ils ne trouvoient plus que les huis ouverts, et les granges pleines de grains, d'autres meubles bien peu. Les gentilshommes qui avoient châteaux et maisons fortes étoient en pareille peur, ou plus grande que les villes, lesquels, quand ils étoient tenus, étoient pris à rançon. Leur bestial mouroit de faim auxdits châteaux, comme celui des laboureurs, lequel n'eut osé sortir dehors, ce pendant que les voleurs étoient proches de leurs maisons. Lesdits voleurs, ne trouvant plus personne de jour èsmaisons, cheminoient toute nuit pour tâcher à surprendre les gens et le bestial, qu'il falloit racheter d'eux, avec leur en bailler tant qu'ils vouloient pour leur vivre.

Etant donc le tout mis ainsi au désespoir, fallut aviser le moyen d'y remédier, puisque le roy n'y vouloit mettre autre ordre; et à ces fins s'assemblèrent dedans la ville de Provins, le 5º jour dudit mois de septembre, les gentilshommes du bailliage, par le mandement du bailly, qui étoit M. de Potières, capitaine desdits gentilshommes pour l'arrière-ban. Les gens d'église et les bourgeois et marchands s'assemblèrent pareillement, mais chacun à part, pour délibérer du moyen que l'on pourroit trouver; puis après, tous ensemble, gens d'église, gentilshommes et marchands, pour ouïr le rapport de ce que chacun desdits états avoit délibéré, afin des trois délibérations particulières de n'en faire qu'une générale. Or fut la délibération et résolution générale de ces trois états telle, qu'il falloit que les villes de Provins, de Montereau, de Bray, de Nogent, de Pont-sur-Seine, de Sézanne, de Villenauxe, de Chalaustre, de la Ferté-Gaucher, de Vodoy, de Rosoy, Jouy-le-Châtel et Dannemarie, fissent une ligue avec les gens des villages et gentilshommes d'iceux, de fournir hommes de défense, pour, avec lesdits gentilshommes et plat pays[1], se jeter sur lesdits voleurs et gens de guerre,

---

[1] La campagne.

pour les massacrer et mettre en pièces, en quelque lieu qu'ils entreprissent de loger; ès baillages et villages des villes susdites; et pour ce que ce n'est l'état aux gens d'église d'aller à la guerre ni massacrer personne, fourniroient argent pour l'entretènement des hommes qui pour ce faire seroient élus par les villes et villages, ou qui de bon gré se présenteroient pour telle affaire. Et fut dit qu'on écriroit aux villes et bourgs susdits cet avis et résolution, pour savoir d'eux s'ils voudroient entrer en cette ligue. Or se tenoit-on bien assuré de la plupart d'icelles et des gentilshommes et gens des villages d'alentour.

Et toutesfois, en attendant que ladite ligue se feroit, fut résolu qu'on iroit avertir le roy du désordre et volerie desdits voleurs, lui montrer les informations des meurtres, brûlemens, violemens et assassinats que les voleurs faisoient, et prier S. M., qui étoit pour lors à Fontainebleau, d'y mettre ordre, ou autrement, à son refus, les trois états du pays se délibéroient de se ruer sus pour les massacrer, ou d'être par eux voleurs tués tout en un coup, sans languir si longtemps en la tyrannie qu'ils commettoient; ce que lesdits états ne vouloient entreprendre sans son autorité, ou bien lui en donner avertissement.

Des députés sont envoyés au roi, qui avait déjà donné l'ordre à M. de Beauvais, seigneur de Nangis, l'un de ses capitaines des Gardes, d'envoyer trois ou quatre compagnies des Gardes pour courir sus aux voleurs, et de prendre morts ou vifs les capitaines de ces bandes qui n'avaient pas commission du roi.

Iceux capitaines des Gardes, avec leurs compagnies, logèrent ès villages de Savins, Lisinnes, Saint-Loup et Courton, le 11° jour dudit mois de septembre, sur le soir; devant lesquels s'enfuyoient les bonnes gens de village et le bestial, pensant que ce fussent les voleurs accoutumés. Lesdits Gardes coururent après ledit bestial et bonnes gens, pour les ramasser en leurs maisons et les tenir en sûreté, sans leur porter dommage d'autres biens que de celui de leurs maisons pour leur petite vie et pour leur souper, la plupart se contentant d'avoir du pain et un peu de potage, sans vin ni viande. Ce que voyant, les pauvres gens des villages s'efforcèrent toute la nuit de recouvrer vin et vivres pour donner au lendemain auxdits gens des Gardes, chacun en son logis, tant ils étoient réjouis d'avoir passé le soir et la nuit avec eux en paix et sureté eux et leur bestial. Au lendemain, qui étoit le 12º jour, les Gardes délogèrent du matin pour aller à leur commission ; les capitaines passèrent par la ville de Provins pour savoir des nouvelles où étoient lesdits voleurs, et leurs troupes passèrent par Mortery et Roully, et s'allèrent arrêter à Cortacon et ès environs pour dîner. Là, eurent nouvelles qu'il y en avoit de logé aux villages de Saint-Bon et Villers-Saint-Georges. Or étoit-il advenu, un ou deux jours auparavant, que les voleurs et gens de guerre avoient de nuit efforcé la personne et maison de M. de Saint-Bon, gentilhomme honnête, lequel eut fort à faire en ses besognes, et pour se délivrer d'iceux envoya appeler tous les gentilshommes ses voisins, et nommément M. de Maupertuis le jeune, demeurant au château de Villers-Saint-Georges, qui, avec le plus de gens qu'il put, alla le secourir.

Lesdits Gardes du roy, après s'être informés au mieux qu'ils purent quelles gens étoient audit Saint-Bon et combien ils pouvoient être, après avoir pris leur repas, partirent sur les deux ou trois heures après-midi, pour aller là, pian pian et le plus à couvert qu'ils purent, attaquer iceux voleurs, qu'ils surprirent sur la nuit, comme sur les cinq heures du soir, à l'heure de leur souper, où furent chargés proprement à l'arrivée.

Un combat s'engage, dans lequel dix-huit ou vingt voleurs sont tués.

Tout le reste se sauva ainsi qu'ils purent, à l'aide de

la nuit qui leur donna avantage, jetant leurs armes et bissacs par les chemins pour mieux se sauver. Les paysans des villages d'alentour dudit Saint-Bon, qui furent avertis du mandement du roy par lesdits Gardes, furent récompensés d'une partie de leurs pertes; car toute la nuit furent aux écarts pour arrêter les fuyards qui se pensoient sauver, à plusieurs desquels fut pardonné moyennant leurs bourses; autres y laissèrent la vie, bourses et habillemens.

L'échec donné, lesdits Gardes, après avoir butiné ce qu'ils purent, se retirèrent ès villages prochains pour se reposer la nuit et pour prendre leur repas, de la viande qu'ils avoient trouvée ès maisons dudit Saint-Bon, que les voleurs vouloient souper. Lesquels au lendemain ne demandoient que de savoir nouvelle où il y avoit d'autres voleurs, pour s'aller ruer sus et pour y faire du butin; mais n'y purent joindre, parce que les autres bandes qui étoient vers Choisy-en-Brie et aux environs d'Esternay, ayant été averties du mandement du roy dès le soir même que l'échec fut donné audit Saint-Bon, cheminèrent toute la nuit pour se sauver et n'être rencontrés desdits Gardes. Le roy, en envoyant ses Gardes par les champs pour défaire lesdites compagnies, envoya par même moyen son mandement par toutes les villes de France, pour en faire publier la teneur aux carrefours d'icelles, qui contenoit permission aux gens des villes et villages de s'assembler au son du tocsin et de se ruer sur lesdits gens de guerre qui tenoient les champs et de les tuer, qui fut occasion d'en faire tôt détrapper le pays. Après laquelle publication, furent lesdits voleurs et gens de guerre bien adoucis, et fut la chance bien renversée. Les gens de guerre qui avoient fait fuir les gens des villages, les gens des villages les firent enfuir, se jetant sur eux en plusieurs lieux et les dévalisant jusques à leurs chemises; tout ainsi que six desdits gens de guerre, avant ce mandement, faisoient fuir tous les gens d'un gros village, aussi faisoient depuis courir dix ou douze hommes de village, avec le son de la cloche sonnant le tocsin, un cent de gens de guerre, sans regarder derrière eux.

Ansi traquées et poursuivies par les populations, les bandes se retirèrent à la dérobée et en toute hâte vers le Hainaut ; la bande de Mireloset, attaquée en chemin, fut obligée de capituler et de payer une rançon de 33,000 livres. Ceux qui traversèrent la Picardie y furent massacrés par les Picards, « qui n'y allèrent pas à tâtons ».

Par le discours ci dessus-dit, on voit quel profit a apporté à la France le voyage et entreprise de monseigneur le duc[1] d'aller en Flandre ; lequel n'auroit jamais, s'il vivoit cent ans, autant de bons jours qu'il a eu de malédictions du peuple de France. Je prie Dieu qu'il ne lui mésadvienne, pour les imprécations et malédictions que le peuple désespéré de sa nation lui a souhaitées pour le mal que ceux qui tenoient les champs sous son autorité ont fait.

DISCOURS

SUR LES CAUSES DE L'EXTRÊME CHERTÉ QUI EST AUJOURD'HUI EN FRANCE ET SUR LES MOYENS D'Y REMÉDIER.

1586.

Attribué a du Haillan.

Bernard du Haillan, historien, naquit en 1535 et mourut en 1610. Nommé historiographe de France en 1571, il publia en 1576 une *Histoire générale des rois de France depuis Pharamond jusqu'à Charles VII*, qui est son principal ouvrage.

---

[1] Le duc d'Anjou, frère de Henri III.

Les grandes commotions qui troublèrent l'Europe pendant le XVI siècle n'ont pas eu seulement pour causes les questions religieuses qui s'agitèrent à cette époque. Les conditions économiques des sociétés européennes avaient été bouleversées par la découverte de l'Amérique et des Indes, par l'importation considérable des métaux précieux, et par le développement du commerce, de la spéculation et du luxe. Le prix de toutes les denrées et de toutes les marchandises augmenta, doubla et tripla, si bien que les revenus et les salaires restant les mêmes qu'avant la cherté, les classes populaires et moyennes, et les gens à revenu fixe furent réduits à une misère plus ou moins complète. Dès 1576, aux premiers Etats de Blois, on se plaignit de la cherté des denrées ; mais en 1578, « l'enchérissement de toutes choses », et surtout des vivres, étant arrivé à son maximum, il y eut dans toute la France une clameur telle, que Henri III se crut obligé de faire rechercher les causes du mal pour essayer d'y porter remède quand on les connaîtrait. Une assemblée de notables du commerce, de la bourgeoisie et de la finance fut convoquée à Paris et ne trouva rien. Un de ses membres, financier et maître des comptes, le sieur de Malestroit, soutint même que rien n'était enchéri, qu'il n'y avait que des apparences de cherté, parce que la monnaie avait augmenté autant que les denrées. L'assemblée adopta les conclusions du sieur de Malestroit. C'est dans ces circonstances que J. Bodin composa un Mémoire pour répondre aux paradoxes du sieur de Malestroit, qu'il réfuta victorieusement, et sans les trouver toutes, Bodin indique quelques-unes des causes de la cherté. En 1586, la cherté continuait, et un anonyme, qui paraît être l'historiographe du Haillan, fit un abrégé du Mémoire de Bodin et le publia à Bordeaux [1]. C'est le discours que nous réimprimons ici. Sous Henri IV la cherté ne diminua pas, parce que les chertés ne diminuent pas, mais les salaires furent augmentés, et les recettes purent se mettre en équilibre avec les dépenses ; la solution de ce grand problème économique ne contribua pas moins au rétablissement de l'ordre en France que la fin de la guerre civile et étrangère [2].

La cherté de toutes les choses qui se vendent et se débitent au royaume de France est non-seulement aujourd'hui si grande, mais aussi tant excessive, que

---

[1] Nous avons publié ce Mémoire de du Haillan de préférence à celui de Bodin, parce que l'œuvre de du Haillan est plus courte, beaucoup mieux écrite et aussi complète.

[2] Voyez sur cette question un excellent article de M. P. Lacroix dans la *Revue contemporaine* du 31 décembre 1856. Nous avons emprunté à ce travail tous les éléments de ce sommaire.

depuis soixante-dix ou quatre-vingts ans, les unes sont enchéries de dix fois et les autres de quatre, cinq et six fois autant que lors elles se vendoient, ce qui est bien aisé à prouver et vérifier en toutes, soit en ventes de terres, maisons, fiefs, vignes, bois, prés, ou en chairs, laine, draps, fruits et autres denrées nécessaires à la vie de l'homme.

Pour venir à la preuve de cela et commencer par les vivres, il faut seulement regarder aux coûtumes de toutes les provinces de la France, et on trouvera qu'en la plupart d'icelles les aveux (a) font foi que la charge de méteil (b), celle de seigle, celle d'orge et celle de froment, sont évaluées et taxées à moindre prix qu'on ne vend aujourd'hui la dixième partie d'icelles, et qu'un chapon, une poule, un chevreau et autres choses dues par les sujets aux seigneurs, sont au dixième, voir au quinzième, évaluées à meilleur compte qu'on ne les vend à présent. Les coûtumes d'Anjou, de Poitou, de la Marche, de Champagne, de Bourbonnois, et plusieurs autres, mettent la poule à six deniers, la perdrix à quinze deniers, le mouton gras avec la laine à vingt sols, le cochon à dix deniers, le mouton commun et le veau à dix sols, le chevreau à trois sols, la charge de froment à trente sols, la charge de foin pesant quinze quintaux à dix sols, qui sont dix botteaux pour un sol, le botteau pesant quinze livres. Par la coûtume d'Auvergne et Bourbonnois, les douze quintaux étoient estimés dix sols, le tonneau de vin trente sols, le tonneau de miel trente-cinq sols, l'arpent de bois deux sols six deniers, l'arpent de vigne trente sols de rente, la livre de beurre quatre deniers, l'huile de noix autant, le suif autant. En plusieurs autres coûtumes la charge de méteil est de vingt-cinq sols, celle de seigle à vingt-deux sols six deniers, celle d'orge à quinze sols. En d'autres

---

(a) Actes établissant une vassalité. — (b) Blé moitié froment moitié seigle.

coûtumes, le septier de froment est à vingt sols, le seigle à dix sols, l'orge à sept sols, l'avoine à cinq sols, la charretée de foin de douze quintaux à dix sols, prise sur le pré à cinq sols ; la charretée de bois à douze deniers, l'oie à douze deniers ; la chair entière du mouton, sans laine, à trois sols six deniers ; le mouton gras, avec la laine, à cinq sols ; le chevreau à dix-huit deniers, la poule à six deniers, le connil (a) à dix deniers, l'oison à six deniers, le veau à cinq sols, le cochon à dix deniers le paon à deux sols, le pigeon à un denier, le faisan à vingt deniers. Voilà quant aux vivres, qui sont aujourd'hui douze et quinze fois plus chers. Et quant aux corvées et journées des manouvriers, nous voyons, par les coûtumes arrêtées et corrigées depuis soixante ans, que la journée de l'homme en été est taxée à six deniers, en hiver à quatre deniers, et avec sa charrette à bœufs à douze deniers. Peu auparavant la journée de l'homme étoit à douze deniers, celle de la femme à six deniers.

Qnant aux terres, la meilleure terre roturière n'étoit estimée que au denier vingt ou vingt-cinq[1], le fief au denier trente, la maison au denier cinquante. L'arpent de la meilleure terre labourable au plat pays ne coûtoit que dix ou douze écus, et la vigne que trente ; et aujourd'hui toutes ces choses se vendent trois et quatre fois autant, même en écus pesant un dixième moins qu'ils ne pesoient il y a trois cents ans. Par là on peut connoître combien les choses sont haussées de prix depuis soixante ans ; ce qui en outre se peut aisément vérifier par la recherche des aveux de la Chambre des comptes, par les contrats particuliers et par ceux du trésor de France, par lesquels on verra que les baron-

---

[1] L'intérêt au denier vingt est à 5 p. 0/0, soit au vingtième du capital ; au denier vingt-cinq, à 4 p. 0/0, soit au vingt-cinquième ; au denier trente, à 3,33 p. 0/0 ; au denier cinquante, à 2 p. 0/0.

(a) Lapin.

nies, comtés et duchés, qui ont été annexés et réunis à la couronne, valent aujourd'hui autant de revenu qu'elles ont été pour une fois vendues. Il y a plusieurs historiens qui disent que Humbert, dauphin de Viennois, environ l'an 1349, vendit son pays de Dauphiné au roi Philippe de Valois, lors régnant, pour la somme de quarante mille écus pour une fois, et dix mille florins chacun ans sa vie durant, avec quelques autres pactions (a), à la charge que le premier fils des rois de France, héritier présomptif de la couronne s'appelleroit Dauphin, attendant ladite couronne durant la vie de son père. Les autres disent, et même il appert par quelque contrat, que ledit Humbert donna ledit pays de pur don audit roi Philippe, à la susdite condition, avec quelques réserves durant sa vie. Mais s'il vendit ledit pays, le prix de la vendition est si petit, qu'aujourd'hui le pays vaut le revenu autant que la somme se monte. Bien faut-il penser que mettant la condition susdite, que le premier fils des rois s'appelleroit Dauphin, il en fit meilleur marché qu'il n'eût fait autrement. Tant y a que puisque c'est vendition, elle est à si vil prix que c'est presque donation.

Le même roi Philippe de Valois acheta du roi Jacques de Majorque la ville de Montpellier pour la somme de vingt-cinq mille florins d'or; et dans ladite ville il y a aujourd'hui cinquante maisons, dont la moindre se vendroit presque autant ou pour le moins coûteroit autant à bâtir.

Herpin, comte de Berry, voulant aller à la guerre de la terre sainte avec Godefroy de Bouillon, vendit son comté au roi Philippe, premier du nom, pour la somme de cent mille sols d'or; et aujourd'hui ledit pays qui, par le roi Jean, fut érigé en duché en faveur de Jean son troisième fils, qui en fut le premier duc, vaut presque autant de revenu.

(a) Conventions.

Guy de Châtillon, comte de Blois, deuxième du nom, l'an 1391, vendit à Louis, duc d'Orléans, frère du roi Charles sixième, ledit comté pour la somme de cent mille florins d'or. Il y en a qui disent que ce fut Marie de Namur, sa femme, qui, aimant d'une amour déshonnête ledit duc d'Orléans, lui donna ledit comté; mais que, pour couvrir ses amours et sa donation d'une honnête couverture, elle fit passer un contrat de vendition.

Qu'on regarde à plusieurs maisons, terres, fiefs, seigneuries, arpens de terres, de bois, de vignes, de prés, et d'autres choses auxquelles on n'a rien augmenté depuis soixante ans; aujourd'hui elles se vendent six fois autant qu'elles furent lors vendues. Une maison dans une ville, à laquelle il n'y a ni rente ni retenue, qui se vendoit, il y a soixante ans, pour la somme de mille écus, aujourd'hui se vend quinze et seize mille livres, encore qu'on n'y ait pas fait depuis un pied de mur ni aucune réparation. Une terre ou fief, qui se vendoit lors vingt-cinq ou au plus cher trente mille écus, aujourd'hui se vend cent cinquante mille écus. Bien est vrai que on me pourra dire que lors cette terre ne valoit que mille écus de ferme et maintenant elle en vaut six mille; mais je répondrai à cela qu'aujourd'hui on ne fait pas plus pour six mille écus qu'on faisoit lors pour mille, car ce qui coûtoit lors un écu en coûte aujourd'hui six, huit, et dix et douze.

Chacun voit cette extrême et excessive cherté, chacun en reçoit une grande incommodité, et aucun n'y remédie. Il y a plusieurs causes d'icelle, dont la principale est celle qui est comme mère des autres, qui est le mauvais ordre donné aux affaires et à la police de la France. La première cause de celles qui sont engendrées de celle-là est l'abondance de l'or et de l'argent qui est en ce royaume; cette abondance produit le luxe et la dépense excessive qu'on fait en vivres, en habits, en meubles, en bâtimens et en toutes sortes de délices. Le dégât et la dissipation des choses est une autre cause, lequel procède de ladite abondance ; car là où est l'abondance, là est le dégât. Les monopoles des fermiers, marchands et artisans, est la troisième cause. Quant aux fermiers et marchands, il se voit clairement qu'étant aujourd'hui presque tous biens, tant ceux du roy que des particuliers, baillés à ferme, lesdits fermiers et marchands arrent les vivres devant qu'ils soient recueillis, puis les serrent, et en les serrant engendrent la disette et la cherté, et en après les vendent à leur mot. La quatrième cause est la libéralité dont nos rois ont usé à donner les traites des blés et des vins, et autres marchandises, pour les transporter hors du royaume ; car les marchands, avertis de l'extrême cherté qui est ordinairement en Espagne et en Portugal, et qui souvent advient aux autres lieux, obtiennent, par le moyen des favoris de la cour, des traites pour y transporter lesdits blés, le transport desquels nous laisse la cherté. La cinquième cause est le prix que les rois et princes ont donné aux choses de plaisir, comme aux peintures et pierreries, qui ne s'achètent qu'à l'œil et au plaisir, lesquelles aujourd'hui se vendent dix fois plus qu'elles ne faisoient au temps de nos anciens rois, pour ce qu'ils n'en tenoient compte. La sixième sont les impositions et maletostes mises sur toutes denrées, et les tailles excessives imposées sur le peuple. La septième sont les guerres civiles de la France, qui ont mis le feu et la guerre partout, apporté l'insolence et l'impunité de brûler et saccager et dissiper tout. La huitième est le haussement du prix des monnoies. La neuvième est la stérilité de cinq ou six années que subsécutivement nous avons eue, avec la dissipation de la guerre, qui sont deux causes jointes ensemble depuis ledit temps.

Voilà toutes les causes, ou pour le moins les principales qui nous ont amené l'extrême cherté que nous endurons, lesquelles nous déduirons particulièrement l'une après l'autre.

La première cause donc de la cherté est l'abondance de l'or et de l'argent, qui est en ce royaume plus grande qu'elle ne fut jamais, de quoi plusieurs s'ébahiront, vu l'extrême pauvreté qui est au peuple ; mais en cela il faut dire le vieux proverbe : c'est qu'il y a plus d'or et d'argent qu'il n'y eut jamais, mais c'est qu'il est mal parti (a). Et pour prouver mon dire par vives raisons, il faut considérer qu'il n'y a que six vingts ans que la France a la grandeur et la longue étendue qu'elle a maintenant. Et si on veut regarder plus haut, comme du temps du roi saint Lois et dessous après, les rois de France ne tenoient mer en leur puissance et n'avoient nulle province ni ville sur la mer, ains ne tenoient que le nombril (b) de la Gaule, qui encore étoit guerroyé, débattu et oppressé par les Anglais et par plusieurs petits seigneurs particuliers, qui étoient comme rois en leur poignée de terre. Les duchés de Guyenne et de Normandie, et le comté de Poitou et la côte de Picardie étoient possédés par l'Anglois ; la Provence avoit son comte, la Bretagne son duc, et le Languedoc étoit détenu par les rois de Majorque ; voilà quant aux pays maritimes. Les autres pays loin de la mer, comme la Bourgogne, avoit son duc particulier, le Dauphiné son dauphin, l'Anjou, le Poitou, la Touraine, le Maine, l'Auvergne, le Limousin, le Périgord, l'Angoumois, le Berry et autres étoient à l'Anglois, et les autres duchés, comtés et seigneuries de la France étoient tenus ou par lesdits Anglois, ou par princes ou seigneurs particuliers, qui ne permettoient que les rois prissent en leurs terres aucune chose que les devoirs ordinaires ; encore quelques-uns les empêchoient de les prendre. Lors donc il n'y avoit nul trafic sur la mer qui nous apportât en ce royaume l'or ni l'argent des pays étrangers, ains étoient les François contraints de manger leurs vivres et d'user entre-eux de la première coutume des hom-

---

(a) Réparti. — (b) Le centre, le milieu.

mes, qui étoit de permuter avec leurs voisins, à ce qu'ils n'avoient point ce qu'ils avoient, comme de donner du blé et prendre du vin.

Mais pour revenir à ce que nous avons dit, qu'il n'y a que six vingts ans que la France est en la grandeur qu'elle a, nous n'irons point plus haut ni plus avant que ce temps-là, et redirons que devant icelui les provinces ci-dessus nommées n'étoient point aux rois de France, ains avoient les seigneurs que nous avons dit; et les terres que nos rois tenoient en leur puissance étoient si tourmentées des guerres continuelles, que tantôt les Anglois, tantôt les Flamans, et tantôt les Bretons, et tantôt les divisions des maisons d'Orléans et de Bourgogne faisoient, qu'il n'y avoit pas un sol en France; il n'y avoit aucun trafic ni commerce qui nous apportât l'or ni l'argent. L'Anglois, qui, comme nous avons dit, tenoit les ports de la Guyenne, de la Normandie et de la Picardie, et qui avoit les ports de la Bretagne à sa dévotion, nous fermoit toutes les avenues de la mer et les passages d'Espagne, de Portugal, d'Angleterre, d'Écosse, de Suède, de Danemarck et des Allemagnes. Les Indes n'étoient encore connues, et l'Espagnol ne les avoit encore découvertes. Quant au Levant, les Barbares (a) et les Arabes d'Afrique, que nos ancêtres appeloient Sarrasins, tenoient tellement la mer Méditerranée en subjection que les chrétiens n'y osoient aller, s'ils ne se vouloient mettre en danger d'être mis à la cadène (b); nous n'avions aucune intelligence avec le Turc, comme nous avons du depuis que le grand roi François nous l'a donnée. L'Italie nous étoit interdite par les divisions et querelles des maisons d'Anjou et d'Aragon. Donc, nous ne trafiquions en lieu du monde sinon entre nous; mais c'étoit seulement de marchandise à marchandise, comme de blé à vin et de vin à blé, et ainsi des autres; car d'or et d'argent il ne s'en

---

(a) Barbaresques. — (b) Chaîne; d'être réduits en captivité.

parloit point, vu que nous n'avons mine ni de l'un ni de l'autre, que bien peu d'argent en Auvergne, qui coûte plus à affiner qu'il ne vaut.

Aussi, alors le François ne s'amusoit point au trafic ni au commerce, ains s'adonnoit seulement à labourer et cultiver sa terre, à nourrir du bétail et à tirer de sa ménagerie (*a*) toutes les commodités qui lui étoient nécessaires, comme le blé, le vin, les chairs pour sa nourriture, les laines pour faire ses draps, les lins pour faire ses toiles et ainsi des autres.

Mais considérons quelles commodités sont venues à la France depuis six vingts ans. L'Anglois a été chassé des Gaules; nous sommes devenus maîtres de toutes les terres qu'ils tenoient de deçà; la Bourgogne, la Bretagne et la Provence se sont attachées à notre couronne; les autres pays y sont aussi venus. Le chemin nous a été ouvert pour trafiquer en Italie, en Angleterre, en Écosse, en Flandre et par tout le septentrion; l'amitié et intelligence entre le Grand-Seigneur et nos rois nous ont frayé le chemin du Levant. Le Portugais et Espagnol, qui ne peuvent vivre sans nous venir mendier le pain, sont allés rechercher le Pérou, le golfe de Perse, les Indes, l'Amérique et autres terres, et là ont fouillé les entrailles de la terre pour en tirer l'or et nous l'apporter tous les ans, en beaux lingots, en portugaises, en doubles ducats, en pistoles et autres espèces, pour avoir nos blés, toiles, draps, pastel, papier et autres marchandises. L'Anglois, pour avoir nos vins, nos pastels et notre sel, nous porte ses beaux nobles à la rose et ses angelots; l'Allemand nous porte l'or de quoi nous faisons nos beaux écus; et toutes autres nations de l'Europe nous apportent or et argent pour avoir les commodités que notre ciel et notre terre nous apportent et qu'ils n'ont pas, et mêmement le sel que nous avons en Saintonge, le meilleur du monde pour

(*a*) Ferme, propriété.

saler, et qui excède en bonté, en valeur, en longue garde, celui de Lorraine, de Bourgogne, de Provence et de Languedoc.

Outre cette cause de l'abondance d'or et d'argent, procédant de l'augmentation du royaume de France et du trafic avec les étrangers, il y en a une autre, qui est le peuple infini qui depuis ledit temps s'est multiplié en icelui, depuis que les guerres civiles d'entre les maisons d'Orléans et de Bourgogne furent assoupies et que les Anglois furent rencoignés (a) en leur île. Auparavant, à cause desdites guerres qui durèrent plus de deux cents ans, le peuple étoit en petit nombre, les champs par conséquent déserts, les villages dépeuplés, et les villes inhabitées, désertes et dépeuplées; les Anglois les avoient ruinées et saccagé, brûlé les villages, meurtri, tué et saccagé a plus grande partie du peuple, ce qui étoit cause que l'agriculture, la trafique et tous les arts mécaniques cessoient. Mais, depuis ce temps-là, que la paix longue, qui a duré en ce royaume jusques aux troubles qui s'y sont émus pour la diversité des religions, le peuple s'est multiplié, les terres désertes ont été mises en culture, le pays s'est peuplé d'hommes, de maisons et d'arbres; on a défriché plusieurs forêts, landes et terres vagues; plusieurs villages ont été bâtis, les villes ont été peuplées, et l'invention s'est mise dedans les têtes des hommes pour trouver les moyens de profiter, de trafiquer et d'avoir de l'or et de l'argent.

De ces commodités donc est venue en France l'abondance de l'or et de l'argent, qui apporte la cherté; car, comme l'or et l'argent des étrangers nous est venu enlever nos denrées et marchandises par la commodité de la mer et par la subtilité et manigance du trafic, l'or et l'argent sont venus abonder en nous. La plupart de nos marchandises s'en sont allées en pays étrangers, et ce qui

(a) Poussés, chassés.

nous est resté s'est enchéri, tant pour la rareté que pour le grand moyen (a) que nous avons commencé d'avoir, étant tout certain que l'abondance de l'or et de l'argent rend les hommes plus libéraux, et si (b), ainsi faut dire, plus larges à donner plus d'une chose et à acheter plus hardiment et plus souvent, et que là où il y a moins d'or et d'argent, là se vendent moins les choses ; ce qui est aux pays où il n'y a point de commerce, ou là où il n'y a pas grand peuple, et que les habitans, à faute de trouver à qui vendre leurs fruits, soit à faute de ports et de rivières et de peuple, ou pour ce que chacun en a pour soi, sont contraints de les vendre à vil prix. Mais où il y a abondance d'or et d'argent, et de peuple et de trafic, comme Paris, Venise et Gênes, là se vendent les choses chèrement; j'entends des vivres et autres choses nécessaires à l'homme, comme le blé, le vin, la chair, non des choses de plaisir et non nécessaires, comme les parfums, les soies et les petites babioleries des merciers (c), desquelles il y a une infinité de pauvres artisans qui vivent et qui sans cela mourroient de faim en quelque pays barbare, comme en Basque, en la Basse-Gascogne ou en Basse-Bretagne, pour ce que personne n'acheteroit de ces vanités, à cause de la faute d'argent qui y est et la barbarie du peuple, qui ne veut rien avoir que ce qui est nécessaire. C'est donc l'abondance d'or et d'argent qui fait que tout s'achette, et qui est une principale partie de la cherté de toutes choses[1].

[1] Il est à remarquer que les mêmes causes ont produit la même cherté depuis une vingtaine d'années. La découverte des mines d'or de la Californie et de l'Australie, et celle des mines d'argent de la Nevada, le grand développement du commerce et de l'exportation, la multiplication des voies de communication de toute espèce, l'extrême facilité des relations, sont les équivalents, agrandis encore, des causes qui ont produit la dépréciation de la monnaie et la cherté du XVIe siècle.

(a) La grande richesse. — (b) Par conséquent. — (c) Marchands.

Mais après avoir allégué plusieurs raisons péremptoires de la cherté procédant de l'abondance de l'or et de l'argent, prouvées par les exemples des venditions et des achats, venons à d'autres, qui montreront combien la France étoit jadis dénuée d'argent.

Nos anciens rois se sont si souvent trouvés en telle nécessité d'argent qu'à faute de ce ils ont perdu de belles entreprises et occasions. Quelquefois ils ont voulu prendre le centième, puis le cinquantième de tous leurs sujets, pour iceux vendre au plus offrant, pour avoir de l'argent, tant le peuple étoit pauvre qu'il étoit contraint d'endurer qu'on vendit une partie de son bien à faute de pouvoir trouver de l'argent.

Le roi Jean étant pris prisonnier à la journée de Poitiers et mené en Angleterre, son fils Charles, duc de Normandie, et depuis roi sous le nom de Charles le quint, assembla à Paris les trois états pour avoir de l'argent pour racheter son père; et voyant ledit roi que ni sondit fils ne pouvoit obtenir, ni ses bons serviteurs impétrer (a), ni son peuple donner aucune somme d'argent, lui-même y vint en personne; et quelque prière et remontrance qu'il fît à sondit peuple, il ne put trouver argent pour la rançon à laquelle l'Anglois l'avoit mis, et fut contraint s'en retourner en Angleterre pour trouver moyen de la faire modérer, et ce pendant attendre qu'on lui fît deniers. Quelque temps devant que ledit roi fût pris prisonnier, il se trouva en grande nécessité, par laquelle il ne put jamais trouver sur son peuple soixante mille francs d'or, que quelques-uns ont voulu évaluer à écus.

Aussi nous lisons en nos histoires qu'à faute d'argent on fit monnaie de cuir avec un clou d'argent; et si nous venons à notre âge, nous trouverons qu'en six mois on a trouvé à Paris plus de quatre millions de francs, et chaque année en tire-t'on plus que jadis le re-

(a) Obtenir.

venu de la France ne valoit en six ans ; ce qui vient de l'abondance de l'or et de l'argent qui est en ladite ville, de la bonne volonté des Parisiens envers leur roi, et de sa nécessité extrême. On dit que l'année 1556 valut au roi Henry quarante millions de francs, lorsqu'il fit tous ses officiers de France alternatifs. Il n'y a en France recette générale qui ne vaille aujourd'hui trois, quatre et cinq fois plus qu'elle ne valoit jadis ; la Bretagne ne valut jamais au duc d'icelle plus de trois cens mille livres ; aujourd'hui elle en vaut plus d'un million, sans compter les aides et les deniers qui proviennent de la vente des offices dudit pays. On peut juger le semblable des autres. Le comté d'Angoumois ne fut baillé au comte Jean, fils puiné du duc Louis d'Orléans, que pour quatre mille livres de rente en assiette, et aujourd'hui il vaut plus de soixante mille livres. Ledit duc Loüis eut pour son apanage le duché d'Orléans, et les comtés de Valois et d'Angoumois, pour douze mille livres de rente, et regardons combien cela vaut aujourd'hui davantage. Voyons l'âge de Charles septième, auquel la France (comme nous avons dit) dépouilla son enfance et commença de croître en sa grandeur ; il ne fit jamais valoir son royaume qu'à un million et sept cent mille livres. Son fils, Louis onzième, ayant augmenté sa couronne des duchés de Bourgogne et d'Anjou, et des comtés de Provence et du Maine, prit trois millions plus que son père ; de quoi le peuple se sentit si foulé, qu'à la venue de Charles huitième, son fils, à la couronne, il fut ordonné, à la requête et instance des états, que la moitié des charges seroient retranchées.

Depuis, la Bretagne étant venue à la couronne, plusieurs nouvelles impositions ont été mises sur le peuple, et les anciennes, comme les tailles, les aides et les gabelles, sont augmentées ; ce qui est un signe très-évident d'abondance d'argent plus grande qu'elle n'a autrefois été.

Il y a encore deux autres causes de ladite abondance,

dont l'une est la banque de Lyon[1], du profit de laquelle les Lucquois, Florentins, Génois, Suisses et Allemands affriandés, apportent une infinité d'argent et d'or en France. L'autre cause est l'invention des rentes constituées sur la ville de Paris, lesquelles ont alléché un chacun à y mettre son argent; bien est vrai qu'elles ont fait cesser le trafic de la marchandise et les arts mécaniques, qui auroient bien plus grand cours s'ils n'étoient diminués par ce trafic d'argent qu'on fait. Voilà donc plusieurs raisons et exemples de l'abondance de l'or et de l'argent de ce royaume, de laquelle procède une partie de la cherté et haut prix de toutes choses.

Le dégat (a) est la seconde cause de ladite cherté, lequel procède de l'abondance et dissipe ce qu'on devroit manger, et de là procède ladite cherté; car s'il faut commencer par les vivres, pour puis après venir aux bâtimens, aux meubles et aux habits, nous voyons qu'on ne se contente pas, en un dîner ordinaire, d'avoir trois services ordinaires, premier de bouilli, second de rôti et le troisième de fruit; et encore il faut d'une viande en avoir cinq ou six façons, avec tant de sauces, de hachis, de pâtisseries, de toutes sortes de salmigondis (b) et d'autres diversités de bigarrures, qu'il s'en fait une grande dissipation; là où, si la frugalité ancienne continuoit, qu'on n'eût sur table en un festin que cinq ou six sortes de viandes, une de chacune espèce et cuites en leur naturel, sans y mettre toutes ces friandises nouvelles, il ne s'en feroit pas telle dissipation, et les vivres en seroient à meilleur marché. Et bien que les vivres soient plus chers qu'ils ne furent oncques, si est-ce que chacun aujourd'hui se mêle de faire festins, et un festin n'est pas bien fait s'il n'y a une infinité de viandes sophistiquées pour aiguiser l'appétit et irriter la nature. Chacun aujourd'hui veut aller dîner chez Le

---

[1] La banque de Lyon fondée par le cardinal de Tournon en 1543.

(a) Gaspillage. — (b) Ragoûts de viandes réchauffées.

More, chez Sanson, chez Innocent et chez Havart[1], ministres de volupté et dépense, qui, en une chose publique bien policée et bien réglée, seroient bannis et chassés comme corrupteurs des mœurs.

Et est certain que si ceux qui tiennent les grandes tables et font ordinairement festins et banquets, modéroient et retranchoient la superfluité, et qu'au lieu de quatre plats ils se contentassent de deux, ou, au lieu de vingt mets, de dix, et que, pour quatre ou six chapons ils n'en missent que la moitié, ce seroit un gain de cent pour cent, et doublement des vivres, au grand profit du public. Le semblable se peut dire du vin, l'usage duquel, ou plutôt l'abus, est plus commun en ce royaume qu'en nul autre. On blâme les Allemands pour leurs carroux (a) et grands excès en leur manière de boire, et néanmoins ils sont mieux réglés pour cet égard que nous; car en leurs maisons et ordinaire, il n'y a que les chefs des maisons qui boivent du vin, et quant aux enfans, serviteurs et chambrières, il leur est ôté. Le Flamand, l'Anglois et l'Écossois usent de bière; le Turc s'est entièrement privé de l'usage du vin, même l'a introduit en religion. Ils sont grands, puissans, martiaux et exempts de plusieurs maladies causées par le fréquent usage du vin. Au contraire, qu'en France nous voyons le vin est commun à tous, aux enfans, filles, serviteurs, chambrières, charretiers et tous autres; et où anciennement on étoit seulement curieux de garnir le grenier, maintenant il faut remplir la cave; dont advient que la quantité des blés est diminuée en France par moitié, d'autant que le bourgeois ou laboureur, qui avoit cent arpens de terres labourables, est contraint en mettre la moitié en vignes. Cet abus est de tel poids que, si bientôt n'y est remédié par quelque bon règlement, tant sur l'usage du vin

[1] Célèbres cabaretiers-traiteurs.

(a) *Carroux* ou *carrousses*, parties de boire, excès de boisson.

que quantité de vignes, nous ne pouvons espérer que perpétuelle cherté des grains en ce royaume.

Venons aux bâtimens de ce temps, puis aux meubles d'iceux. Il n'y a que trente ou quarante ans que cette excessive et superbe façon de bâtir est venue en France ; jadis nos pères se contentoient de faire bâtir un bon corps d'hôtel, un pavillon ou une tour ronde, une basse-cour de ménagerie, et autres pièces nécessaires à loger eux et leur famille, sans faire des bâtimens superbes comme aujourd'hui on fait, grands corps d'hôtel, pavillons, cours, arrière-cours, basse-cours, galeries, salles, portiques, perrons, balustres et autres. On n'observoit point tant par dehors la proportion de la géométrie et de l'architecture, qui en beaucoup d'édifices a gâté la commodité du dedans ; on ne savoit que c'étoit que faire tant de frises, de corniches, de frontispices, de bases, de piédestales, de chapiteaux, d'architraves, de soubassemens, de cannelures, de moulures et de colonnes ; et, bref, on ne connoissoit toutes ces façons antiques d'architecture, qui font dépendre (a) beaucoup d'argent et qui, le plus souvent, pour vouloir trop embellir le dehors, enlaidissent le dedans. On ne savoit que c'étoit de mettre du marbre ni du porphyre aux cheminées, ni sur les portes des maisons, ni de dorer les faîtes, les poutres et les solives ; on ne fesoit point de belles galeries enrichies de peintures et riches tableaux ; on ne dépendoit point excessivement comme on fait aujourd'hui en l'achat d'un tableau ; on n'achetoit point tant de riches et précieux meubles pour accompagner la maison ; on ne voyoit point tant de lits de drap d'or, de velours, de satin et de damas, ni tant de bordures exquises, ni tant de vaisselle d'or et d'argent ; on ne faisoit point faire aux jardins tant de beaux parterres et compartimens, cabinets, allées, canaux et fontaines. Les braveries (b) ap-

---

(a) Dépenser. — (b) Toilette, vêtements somptueux.

portent une excessive dépense, et cette dépense une cruelle cherté ; car des bâtimens il faut venir aux meubles, afin qu'ils soient sortables à la maison, et la manière de vivre convenable aux vêtemens, tellement qu'il faut avoir force valets, force chevaux, et tenir maison splendide et table garnie de plusieurs mets. Outre ce, chacun a aujourd'hui de la vaisselle d'argent; pour le moins la plupart ont des coupes, assiettes, aiguières, bassins, autres menus meubles, au lieu que nos pères n'avoient pour le plus, j'entends les plus riches, que une ou deux tasses d'argent. Cette abondance de vaisselle d'or et d'argent, et des chaînes, bagues et joyaux, draps de soie et brodures (a) avec les passemens d'or et d'argent, a fait le haussement du prix de l'or et de l'argent, et par conséquent la cherté de l'or et de l'argent qu'on emploie en autres choses vaines, comme à dorer le bois et le cuivre, ou l'argent, et celui qui se devoit employer aux monnoies a été mis en dégât.

La dissipation des draps d'or, d'argent, de soie et de laine, et des passemens d'or et d'argent et de soie, est très grande ; il n'y a chapeau, cape, manteau, collet, robe, chausses, pourpoint, jupe, casaque, colletin (b), ni autre habit, qui ne soient couverts de l'un ou de l'autre passement, ou doublé de toile d'or ou d'argent. Les gentilshommes ont tous or, argent, velours, satin et taffetas ; leurs moulins, leurs terres, leurs prés, leurs bois et leurs revenus, se coulent et consomment en habillemens, desquels la façon excède souvent le prix des étoffes en broderies, pourfilures, passemens, franges, tortis, cannetilles, recamures (c), chenettes, bords, piqûres, arrière-points, et autres pratiques qu'on invente de jour à autre..... Autant en advient-il pour la draperie et principalement pour les chausses (d), où l'on

---

(a) Broderies. — (b) Collet de buffle. — (c) Broderies. — (d) Culottes.

emploie le triple de ce qu'il en faut, avec tant de balafres et chiquetures que personne ne s'en peut servir après. Outre ce, on use trois paires de chausses pour une, et, pour donner grâce aux chausses, il faut une aune d'étoffe plus que il ne falloit auparavant à faire une casaque. Et bien qu'on ait fait de beaux édits sur la réformation des habits [1], si est-ce qu'ils ne servent de rien; car puisqu'à la Cour on porte ce qui est défendu, on en portera partout, car la Cour est le modèle et le patron de tout le reste de la France; joint aussi qu'en matière d'habits on estimera toujours sot et lourdeau celui qui ne s'accoutrera à la mode qui court. Donc il faut conclure que de tels dégâts et superfluités vient en partie la cherté des vivres et des autres choses que nous voyons; sur quoi il ne faut pas passer sous silence beaucoup de choses qui se font au grand détriment d'une chose publique; car, pour entretenir ces excessives dépenses, il faut jouer, emprunter, vendre et se déborder en toutes voluptés, et enfin payer ses créanciers en belles cessions ou en faillites; voilà comment la cherté nous provient du dégât.

Les monopoles des marchands, fermiers et artisans, sont la troisième cause de la cherté; car, premièrement, quant aux artisans, lorsqu'ils s'assemblent en leurs confréries pour asseoir le prix des marchandises, ils enchérissent tout, tant leurs journées que leurs ouvrages, dont par plusieurs ordonnances lesdites confréries ont été ôtées; mais comme en France il n'y a pas faute de bonnes lois, aussi n'y a-t-il point faute de la corruption et contravention à icelles.

Et quant aux fermiers et marchands, on voit ordi-

---

[1] Sous Henri III, après que la loi somptuaire eut défendu les étoffes d'or et d'argent, la vanité des grands se dédommageait en faisant porter aux laquais des livrées de soie. Les dames portaient des robes faites à Milan, du prix de 500 écus (au moins 15,000 fr. d'aujourd'hui) en façon, sans or ni pierreries. (*Note des éditeurs des Archives curieuses de l'histoire de France.*)

nairement que, dès que les blés se recueillent, les marchands vont par pays et arrent et achètent tous les blés ; et mêmement depuis quatre mois cela s'est vu, que les marchands ont enlevé, arré et retenu tous les blés et toutes les granges des champs. Ils ont vu que les deux ou trois années précédentes ont été presque aussi stériles que celle-ci, et que sur leur stérilité est survenue la guerre de la dernière année, qui a promené le gendarme et le soldat impunément et licentieusement par tout le royaume, et qui a non-seulement mangé mais dissipé ce peu qui restoit des reliques (*a*) de ladite stérilité. Ces deux accidens ont ruiné tellement le paysan, que depuis trois ans il s'est engagé année sur année, et principalement depuis la fête de Pâques dernière a été réduit en telle nécessité, qu'il n'a vécu que d'emprunts, ayant emprunté le blé au prix que le boisseau ou le setier, ou autre mesure (et selon la coutume des lieux) se vendoit lors au marché le plus prochain de son domicile. Il a pareillement emprunté l'argent, le drap, la toile et autres choses, à icelles rendre en blé ou à payer à la valeur susdite, espérant (comme l'apparence de l'année dernière a été fort belle jusqu'au mois de juin) que sa récolte lui donneroit les moyens de payer ses dettes, d'avoir du blé pour semer et pour vivre tout le reste de l'année. Mais qui a vu jamais une plus mauvaise récolte, ni une année plus stérile ? Le pauvre paysan en plusieurs endroits n'a pas recueilli sa semence ; et quant aux vignes, qui est une pauvre richesse, là où il y en a les paysans se sont engagés de même, et y a eu si peu de vin qu'ils n'ont pas de quoi payer leurs dettes ; tant s'en faut qu'ils puissent en avoir de quoi acheter du blé pour vivre ni pour semer. Les deux ordinaires minières (*b*) de la vie des hommes sont les blés et les vins, car les autres moyens ne sont si ordinaires ; voilà donc le

(*a*) Restes. — (*b*) Mines.

paysan ruiné. Il faut qu'il paye le marchand son créancier et qu'il lui donne blé pour blé, ou la valeur d'icelui au prix qu'il se vendoit lorsqu'il lui emprunta ; l'espace de six mois il n'a mangé blé qu'il n'ait emprunté ; il a vécu, et n'a pas récolté du blé ou du vin pour en payer les quatre (*a*). Outre ce, il faut qu'il vive et passe le reste de cette année, qui ne fait presque que commencer, et faut qu'il sème. Nonobstant tout cela, le marchand se fait payer, prend le blé du paysan, ne lui en laisse pas un grain pour vivre ni pour vendre aux marchés ordinaires, lesquels demeurent vides ; car aucun n'y porte du blé que bien peu, et celui qui y est porté est déjà si cher qu'on prévoit bien qu'il sera, devant le commencement du mois de mai prochain (si on n'y met ordre), aussi cher ou plus qu'il a été l'année dernière, pour ce qu'il n'y en aura plus à vendre ; car ce pendant les marchands, qui ont leurs greniers pleins de blé, guettent cette faute (*b*) et disette pour vendre les leurs à leur mot. On dira qu'il faut qu'il y ait des marchands de blé, autrement seroit empêché le commerce ; à cela y a réponse que, lorsque l'abondance est telle qu'il n'y a cherté ni danger d'icelle, on peut tolérer les marchands de blé ; mais, en temps de cherté, le commerce du blé, achat et revente d'icelui, n'apportent sinon augmentation de prix au détriment du public ; car celui qui l'a bien acheté cent le veut vendre cent cinquante, et bien souvent doubler et tripler le prix de son achat.

La quatrième cause de la cherté sont les traites (*c*), desquelles toutefois nous ne nous pouvons passer ; mais il seroit nécessaire d'aller plus modérément en l'octroi d'icelles. Chacun sait que le blé en France n'est pas si tôt mûr que l'Espagnol ne l'emporte, d'autant que l'Es-

---

(*a*) La totalité, les quatre parties. — (*b*) Ce manque. — (*c*) Permissions de transporter et de vendre les blés et les vins dans une autre province, ou de les emporter hors de France.

pagne, hormis l'Aragon et la Grenade, est fort stérile, joint la paresse qui est naturelle au peuple d'icelle. D'autre part, le pays de Languedoc et de Provence en fournit presque la Toscane et la Barbarie, ce qui cause l'abondance d'argent et la cherté du blé ; car nous ne tirons quasi autres marchandises de l'Espagnol que les huiles et les épiceries, avec des oranges ; encore les meilleures drogues nous viennent du Levant. La paix avec l'étranger nous donne les traites, et par conséquent la cherté, qui n'est si grande en temps de guerre, durant laquelle nous ne trafiquons point avec l'Espagnol, le Flamand et l'Anglois, et ne leur donnons ni blé ni vin, et à cette occasion il faut qu'ils nous demeurent et que nous les mangions. Lors les fermiers en partie sont contraints de faire argent ; le marchand n'ose charger ses vaisseaux ; les seigneurs ne peuvent longuement garder ce qui est périssable, et conséquemment il faut qu'ils vendent et que le peuple vive à bon marché. En temps de guerre donc, que les traites sont interdites, nous vivons à meilleur prix qu'en temps de paix. Toutefois les traites nous sont très-nécessaires, et ne nous en saurions passer, bien que plusieurs se soient efforcés de les retrancher du tout (*a*), croyant que nous pouvons vivre heureusement et à grand marché sans rien bailler à l'étranger ni sans rien recevoir de lui, ce qui sera déduit ci-après en l'article des moyens de remédier à la cherté. Et n'y a qu'une faute aux traites ; c'est que, sans considérer la stérilité des années et l'extrême disette des blés, on les donne aussi libéralement que si les grains en rapportoient six vingts, comme jadis on a vu en Sicile ; là où si on les donnoit avec considération de la saison, elles nous apporteroient plusieurs grandes commodités, et si elles nous enlevoient le blé et le vin, en récompense elles nous rendroient à bon marché plusieurs choses dont nous avons

---

(*a*) Complètement.

besoin et qu'il faut nécessairement avoir de l'étranger, comme les métaux et autres que nous déduirons ci-après.

La cinquième cause de la cherté provient du plaisir des princes, qui donnent le prix aux choses; car c'est une règle générale en matière d'Etats que non-seulement les rois donnent loi aux sujets, ains aussi changent les mœurs et façons de vivre à leur plaisir, soit en vice, soit en vertu, soit ès choses indifférentes; ce qui mérite un long discours qui pourroit être accompagné de plusieurs exemples. On a vu que, parce que le roi François Ier aimoit fort les pierreries, à l'envi du roi Henri d'Angleterre et du pape Paul III, de son règne tous les François en portoient. Depuis, quand on vit que le feu roi Henri les méprisa, on n'en vit jamais si grand marché; maintenant qu'elles sont aimées et chéries de nos princes, chacun en veut avoir, et elles haussent de prix.

La sixième cause de la cherté provient des impositions mises sur le peuple ; en quoi il faut premièrement excuser la calamité du temps et les guerres que les rebelles de ce royaume ont suscitées contre le roi, qui, pour les soutenir, a été, contre son bon et clément naturel, contraint de charger de quelques impositions son peuple, lequel doit espérer une décharge d'icelles quand Sa Majesté aura purgé son royaume des divisions qui y ont jusques ici été ; et le peuple doit avoir considération à cela, comme pour sa bonté et patience accoutumée il a eu jusques ici. Les charges donc, qui sont survenues sur les calamités des guerres et sur cinq ou six années qui subséquutivement ont été stériles, sont si grandes, que le pauvre laboureur n'a plus aucun moyen de les supporter ; il n'a (comme il a été dit) ni blé pour vivre, ni pour semer, ni pour payer ses dettes. S'il a du blé pour semer, il n'a point de chevaux pour labourer ; car ou les collecteurs des tailles les lui enlèvent pour le paiement d'icelles, ou le soldat, auquel tout est permis, les lui vole, ou il est contraint de les vendre pour n'avoir moyen de les nourrir. Ainsi les terres demeurent à être semées à faute de semence, et à labourer à faute de chevaux ; et n'étant les terres ensemencées, il n'y a point de blé, et de là vient la cherté ; et celles qui le sont apportent peu, comme a été dit, pour ce qu'à cause de la pauvreté du laboureur elles n'ont les façons nécessaires et accoutumées.

La huitième cause est la stérilité et infertilité des cinq ou six années que subséquemment nous avons eues par tout ce royaume, ès-quelles nous n'avons recueilli ni blé, ni vin, ni foin, que bien peu ; et ce peu qui s'est recueilli a été dissipé par la guerre, et les chairs pareillement ont été dissipées, et l'engeance (a) d'icelles mangée et perdue ; de façon que la dissipation fréquente, par la fréquence des guerres, venant sur la fréquente stérilité de plusieurs années, étant jointe à la stérilité présente, est cause de ladite cherté.

Voilà les huit causes les principales de notre cherté, avec lesquelles nous pourrons mettre le haussement du prix des monnoies et les changemens particuliers qui ordinairement adviennent et qui font enchérir les choses de leur prix ordinaire, comme les vivres en temps de famine, les armes en temps de guerre, le bois en hiver, les ouvrages de main, comme peintures, et la quincaillerie, aux lieux où il ne s'en fait pas ; mais ces choses particulières ne sont pas considérables au cas qui s'offre, qui est général. Ici on pourra mettre en avant que, si les choses alloient en enchérissant, en partie pour le dégât, en partie aussi pour l'abondance d'or et d'argent, et pour les causes susdites, nous serions enfin tous d'or, et personne ne pourroit vivre pour la cherté. Cela est bien vrai ; mais il faut considérer que les guerres et calamités, qui ordinairement adviennent aux choses publiques, arrêtent bien le cours de la fortune,

(a) La race, la source.

comme nous voyons que jadis nos pères ont vécu fort escharcement (a) par l'espace de cinq cents ans, sans connoître que c'étoit que d'avoir vaisselle d'argent, ni tapisseries, ni autres meubles exquis, ni sans avoir tant de friandes viandes comme aujourd'hui nous en usons ; et si on considère le prix des choses de ce temps-là, nous trouverons que ce qui se vendoit alors quinze sols, aujourd'hui en coûte cent, voire davantage.

Donc, puisque nous savons que les choses sont enchéries et que nous avons discouru les causes de l'enchérissement, il reste maintenant à trouver les moyens d'y remédier au moins mal qui sera possible, sans vouloir blâmer aucunement ce que les magistrats ont fait jusqu'ici pour trouver quelque remède à cette cherté, ni sans vouloir par trop imputer cela à la mauvaise police (b) de la France. Et commencerons par l'abondance d'or et d'argent, laquelle, combien qu'elle soit cause du grand prix et haussement des choses, néanmoins c'est la richesse d'un pays et doit en partie excuser la cherté; car si nous avions aussi peu d'or et d'argent qu'il y en avoit le temps passé, il est bien certain que toutes choses seroient d'autant moins prisées et achetées que l'or et l'argent seroient plus estimés.

Quant au dégât et à la dissipation, tant des biens que des habits, on a beau faire et réitérer si souvent tant de beaux édits sur les vivres et mêmement sur les habits, sur les draps et passemens d'or et d'argent, si on ne les fait étroitement observer ; mais on diroit que tant plus on fait de belles défenses d'en porter, et de plus on en porte, et jamais elles ne seront bien observées ni exécutées, si le roi ne les fait garder aux courtisans ; car le reste du peuple se gouverne à l'exemple du courtisan en matières de pompes et d'excès, et jamais n'y eut aucun état auquel la bonne ou mauvaise disposition ne découlât du chef à tous les membres. Mais ce dégât n'est rien

(a) Petitement. — (b) Gouvernement, administration.

à la comparaison de celui que fait le gendarme et soldat, vaguant et ravageant impunément toute la France ; chose véritablement lamentable, et laquelle, entre toutes les causes de cherté, il faut coter la principale, étant comme monstrueux de voir le François, contre tout droit et obligation naturelle, dévorer, piller, rançonner le François, et exercer sur lui cruauté plus grande qu'il ne feroit sur un étranger, un barbare ou un infidèle. Le roi mande sa gendarmerie et lève le soldat pour son service, et pour conserver et garantir ses sujets de l'oppression de ses ennemis ; mais tant s'en faut que le soldat fasse ce pourquoi il est levé, qu'au contraire, autant qu'il y a de soldats, autant sont-ce d'ennemis qui se licencient et débordent par ce royaume, et mettent tout en proie comme en pays de conquête. Si une troupe de deux cents soldats passe par un pays, ils y font un tel dégât qu'ils consumeront plus de vivres que ne feroient trois ou quatre mille hommes vivant à leurs dépens, avec raison. Non contens de manger et dévorer au pauvre laboureur sa poule, son chapon, son oison, son veau, son mouton, sa chair salée, et lui consumer ses provisions, ils le rançonnent, battent, emportent ce qui se trouve de reste, et emmènent ses chevaux ou son bœuf, ou son âne, tellement que le pauvre homme, dénué de tous moyens, entre en un désespoir de se pouvoir plus remonter ; ou s'il essaye et vend à vil prix une pièce de terre, ou ce peu de meuble qui lui est resté, il n'a pas plutôt acheté une poule, un oison, un cheval, ou mis quelque chose en son grenier ou saloir, qu'incontinent il lui est ravi. Par ce moyen, étant dénué de tous biens, il se résout de ne plus nourrir de bétail ; il délaisse son trafic, il quitte sa ferme, ou, s'il la continue, il ne peut labourer ses terres, et ce qu'il laboure est mal labouré, mal fumé et mal ensemencé ; de sorte que la moitié des terres demeure en friche et l'autre moitié est si mal cultivée, qu'elle ne rapporte que le tiers et le quart de ce qu'elle rapportoit auparavant. Voilà les fruits et effets des guerres civiles, lesquelles nous apportent cette grande calamité et cherté, sans espérance ni apparence d'aucun profit.

Quant aux monopoles des marchands et artisans, qui s'assemblent en leurs confréries pour asseoir le prix à leurs marchandises et à leurs ouvrages et journées, il faudroit défendre lesdites confréries, et suivre en cela ce qui fut, sur la défense d'icelles, ordonné aux États d'Orléans. Et pour parler des monopoles des marchands et fermiers qui portent la cherté du blé, nous suivrons en cet article les articles compris en la belle et docte remontrance que M. de Bailly, second président en la Chambre des comptes, à Paris, a depuis quelques années faite au roi, et dirons que pour éviter la cherté du blé, qui a souvent cours en ce royaume, et empêcher que les marchands fermiers (qui ne cherchent que leur profit) gardent et réservent trop longtemps leurs grains au grenier, comme ils sont coutumiers, attendant le temps cher à leur avantage, les ventes s'en feront d'an en an et au temps porté par l'ordonnance; et qu'à ce faire lesdits fermiers seront contraints par les juges et officiers des lieux, afin que le pauvre peuple, qui a tant de peine et de travail à labourer et cultiver la terre, et duquel le roi tire ses tailles, aides et subsides, en puisse être secouru pour son argent et au temps porté par l'ordonnance, auquel le blé est volontiers le plus cher.

Que, suivant les anciennes ordonnances des rois, nul étranger ne soit admis ni reçu à enchérir et prendre les fermes du domaine, aides et gabelle, ni à en être associé, afin que le profit qui en pourra provenir ne sorte hors du royaume, comme il se voit qu'il en sort plusieurs deniers par le moyen des annates, banques et draps de soie, subsides des procès, imposition foraine, la douane de Lyon, fermes d'évêchés, abbayes et prieurés, et autres moyens qui passent tous par la main des fermiers étrangers. Et outre ce, nous pouvons dire une chose qui advient ordinairement, et qui depuis naguère est advenue, comme nous avons ci-dessus dit : c'est que, dès que les blés et les vins sont recueillis, ou quelquefois devant, les marchands vont par les champs, arrent tous les fruits ou les achètent à beaux deniers, ou les prennent en paiement de ce qui leur est dû par le pauvre paysan, et les serrent, et en les serrant en engendrent la disette, de laquelle vient la cherté, et après cela ils les vendent à leur mot quand ils voient qu'on ne peut vivre sans passer par leurs mains. A quoi il faudroit remédier par rigoureuses ordonnances, défenses et arrêts, et empêcher tels monopoles et qui portent un préjudice inestimable.

Les fermes seules, sans les monopoles de ceux qui les tiennent, eussent bien pu servir d'une cause de la cherté. Il n'y a pas cinquante ans qu'en France il n'y avoit guère de gens qui donnassent leurs biens à ferme; chacun les tenoit en recette, et surtout les rois ne donnoient pas leur domaine et autres droits à ferme de la façon avec laquelle on a depuis procédé....

Quant aux traites, elles nous seroient grandement profitables si on y alloit plus modestement qu'on ne fait. Chacun sait que le commerce ès choses consiste en permutations (a), et quoique veuillent dire plusieurs grands personnages qui se sont efforcés de retrancher du tout les traites, croyant que nous pourrions bien nous passer des étrangers [1], cela ne se peut faire ; car nous avons affaire d'eux et ne saurions nous en passer ; et si nous leur envoyons du blé, vin, sel, safran, pastel, papier, draps, toiles, graisses et pruneaux, aussi avons-nous d'eux en contr'échange tous les métaux (hormis le fer), or, argent, étain, cuivre, plomb, acier,

---

[1] Le système prohibitif venait d'être établi par le chancelier René de Birague.

(a) Échanges.

vif-argent, alun, soufre, vitriol, couperose, cinabre, huiles, cire, miel, poix, brésil, ébène, fustel, gayac, ivoire, maroquins, toiles fines, couleur de cochenil, écarlate, cramoisi, drogues de toutes sortes, épiceries, sucres, chevaux, salures de saumons, sardines, maquereaux, molues, bref, une infinité de bons vivres et excellens ouvrages de main.

Et quand bien nous nous pourrions passer d'eux, ce que nous ne pouvons faire, encore devons-nous faire part à nos voisins de ce que nous avons, tant pour le devoir de la charité, qui nous commande de secourir autrui de ce qu'il n'a point et que nous avons, que pour entretenir une bonne amitié et intelligence avec eux. Bien seroit-il bon et raisonnable de défendre le trafic des choses non nécessaires et qui ne servent que de volupté, comme des fausses pierres, des parfums et autres choses desquelles nous nous pourrions bien passer; mais il faudroit que, quant aux traites des blés, aucunes n'en fussent accordées ni octroyées auxdits marchands, fermiers et leurs associés, durant le temps de leurs fermes, afin que, par le moyen desdites traites et intelligence desdites fermes et marchands, les blés ne pussent être transportés hors du royaume; et davantage, faire en sorte que les traites ne fussent si libéralement accordées, comme elles sont, aux favoris de Cour, même durant l'extrême cherté qui règne, afin que le transport de nos blés ne nous amène une cherté excessive et dommageable au public.

Pour toucher le moyen de remédier à la cherté du prix des choses auxquelles les princes prennent plaisir, comme aux peintures et pierreries, cela consiste en eux-mêmes; et, pour le moins, s'ils en veulent avoir beaucoup et se faire voir tous luisans en pierreries, ils doivent faire défense à leurs sujets d'en porter ; mais c'est la coutume de France que le gentilhomme veut faire le prince, et s'il voit que son maître se pare de pierreries, il en veut aussi avoir, dût-il vendre sa terre, son pré, son moulin, son blé ou son bois, ou s'engager chez le marchand. Les princes ne devroient tant reluire ni paroître par pierreries que par la vertu ; et sont assez connus, respectés et regardés par leur rang et autorité, sans désirer d'être davantage vus par la lueur des pierres précieuses. Les grands princes de jadis ne s'en soucioient pas beaucoup ; mais depuis ayant goûté les délices du monde, ils en ont voulu avoir en abondance et s'en parer, pensant par là se rendre plus vénérables à leurs peuples. Cela est bon en eux, si les petits compagnons ne vouloient les en suivre en cette dépense, laquelle il faudroit défendre bien étroitement, et lors on ne verroit pas tant de pierreries fausses qu'on en voit aujourd'hui, et si ne seroient pas si chères, pour ce qu'il n'y auroit guères d'hommes qui en achetassent.

Les impositions et gravesses (a) mises sur le peuple, et les tailles excessives, aident grandement à la cherté, comme il a été dit ci-dessus, le remède desquelles aussi consiste en la bénignité du roi, en laquelle nous devons tant espérer, qu'étant ôtées les causes pour lesquelles il les a imposées, qui sont les guerres civiles et le paiement de ses dettes, il en déchargera son pauvre peuple, qui de cette espérance allége sa pauvreté. Et quant aux guerres qui ont enseigné au soldat l'insolence pour brûler, piller, ravager et dissiper, tout cela requiert de belles ordonnances militaires sur le réglement de la vie des gens de guerre.

La cherté de cinq ou six années que nous avons eues stériles l'une après l'autre, causées par les moyens ci-dessus déclarés, peut être corrigée, et y peut être remédié par bonnes ordonnances sur la distribution, ordre, réserve, vente et taux des vivres, lesquels suppléeront aucunement à ladite stérilité, et nous apporteront, sinon un grand marché de toutes choses, pour le

---

(a) Charges.

moins meilleur que nous ne l'avons. Car il n'y eut jamais si grande stérilité ni disette de biens que la bonne police n'y ait suppléé; mais là où elle fait défaut, on pourroit avoir des vivres en abondance, que la cherté y sera toujours. Mais il y a un moyen, lequel, quand tous les autres cesseroient, nous peut seul ôter la grande cherté et couper broche (a) à tous monopoles; c'est qu'aux principales villes de chaque province on dresse un grenier public, dans lequel on pourra assembler telle quantité de blés qu'on verra être nécessaire pour partie de la nourriture des habitans de ladite province; lesquels greniers seront ouverts et le blé distribué au peuple à mesure qu'on verra la nécessité et que le marché ordinaire ne fournira plus, ou que le blé y sera trop cher par le monopole du marchand. Et où une ville se trouvera nécessiteuse, les autres villes seront tenues la secourir, et se pourront les échevins, ou ceux desdites villes qui auront charge de la police, advertir souvent les uns les autres de la quantité et prix de leurs grains, et pourront contraindre tous gentilshommes, fermiers, marchands et autres, de vendre leurs blés et n'en faire autre réserve que pour leur provision. Et si aucun marchand veut acheter des blés en une province pour les transporter en l'autre, il sera tenu advertir les officiers de ladite police de la quantité de blé qu'il veut acheter et du lieu où il le veut transporter, afin que lesdits officiers puissent donner avertissement aux autres de l'achat, quantité, prix et transport desdits blés. Par ce moyen, le gentilhomme, l'abbé, le fermier, seront contraints de vendre leurs blés au même prix qu'il se vendra au grenier public; le marchand ne pourra monopoler; les blés seront conservés auxdits greniers publics, bien ménagés et échangés d'an en an; tellement que si les moyens et remèdes à la cherté ci-dessus déduits sont pratiqués et joints avec ce dernier,

(a) Mettre fin, couper court.

nous ne pouvons qu'espérer une prompte abondance de toutes choses en ce royaume, lequel par ce moyen nous verrons florissant, craint, redouté, et remis en sa première splendeur, voire plus grande qu'il ne fut jamais. Voilà ce que nous pouvons dire des causes de la cherté et des moyens d'y donner bon remède, après ce que, depuis cinq ans, en a bien doctement et encore plus amplement discouru M. Jehan Bodin, avocat en la cour, en un bel œuvre qu'il a fait, duquel nous avons tiré une grande partie de ceci, avec quelques articles de la susdite remontrance dudit sieur président Bailly, y ayant mis du nôtre ce que nous a semblé convenable et propre à la matière que nous avions délibéré de traiter.

FIN DU TOME TROISIÈME.

TABLE DES MATIÈRES

	Pages.
Louis XI à Péronne (*Philippe de Comines*)	1
Lettres de Louis XI au comte de Dammartin, grand-maître de France, écrites pendant son séjour à Péronne	10
Siége et prise de Liége (*Philippe de Comines*)	13
Les fillettes du roi (*Comptes de Louis XI et Philippe de Comines*)	33

Mort du duc de Guyenne :

Récit de Brantôme	40
Lettres de Charles, duc de Bourgogne, par lesquelles il déclare qu'il veut venger la mort du duc de Guyenne.	42
Lettre de Louis XI au comte de Dammartin sur la mort du duc de Guyenne	46
Le siége de Beauvais (*Relation du temps*)	47
Mort de Jean V, comte d'Armagnac (*Discours de Charles d'Armagnac adressé à Charles VIII, pendant les États de Tours*)	63
Lettres patentes par lesquelles Louis XI donne des armoiries à Olivier le Mauvais, et lui change son nom	78
Mort du connétable de Saint-Pol (*Jean de Troyes*)	80
Sentence de condamnation contre Joachim Rohault de Gamaches, maréchal de France	91

Mort de Charles le Téméraire :

I. Bataille de Nancy (*Relation contemporaine*)	93
II. Comment le roi fut averti de la dernière défaite du duc de Bourgogne (*Philippe de Comines*)	98
Lettre de Louis XI à M. de Saint-Pierre sur la conduite qu'il doit tenir à l'égard du duc de Nemours, prévenu de crime d'État, et dont il avait la garde à la Bastille	103

TABLE DES MATIÈRES

	Pages.
Lettre de Jacques d'Armagnac, duc de Nemours, écrite de la Bastille à Louis XI	105
Etats généraux de Tours (*Jean Masselin*)	107
Bataille de Fornoue (*Guichardin*)	117
Bayard défend seul le pont du Garigliano (*Le loyal serviteur*)	131
Bataille d'Agnadel (*Fleurange*)	135
Prise de Gênes par Louis XII (*Symphorien Champier*)	138
Prise de Brescia (*Le loyal serviteur*)	143
Bataille de Ravenne (*Le loyal serviteur*)	153
Lettre de Bayard à son oncle, Laurent des Allemans, au sujet de la bataille de Ravenne	167
Valeur et hardiesse de Primoguet, capitaine du vaisseau la Cordelière (*d'Argentré*)	169
Louis XII, le père du peuple (*Jean de Saint-Gelais*)	171
Bataille de Marignan :	
I. Lettre de François Ier à sa mère	173
II. Récit de Fleurange	178
Bayard arme François Ier chevalier (*Symphorien Champier*)	186
Le camp du drap d'or (*Fleurange*)	187
Défense de Mézières par Bayard (*Le loyal serviteur*)	195
Trahison du connétable de Bourbon (*Martin du Bellay*)	201
Mort de Bayard (*Le loyal serviteur*)	212
Bataille de Pavie (*Sébastien Moreau*)	223
Lettre de François Ier à sa mère, après la bataille de Pavie	228
Lettre de François Ier à Charles-Quint, après la bataille de Pavie	229
Invasion de la Provence par Charles-Quint (*Lettre italienne*)	230
Charles-Quint traverse la France (*Martin du Bellay*)	235
Montluc au conseil de François Ier (*Blaise de Montluc*)	241
La France en 1546 (*Marino Cavalli*)	250
Siége de Metz par Charles-Quint (*Etienne Pasquier*)	270
Brief discours du siége de Metz (*Relation contemporaine*)	276
Prise de Calais (*François de Rabutin*)	294
Mort de Henri II :	
I. Lettre d'Etienne Pasquier	305
II. Récit du maréchal de Vieilleville)	309
Conjuration d'Amboise (*maréchal de Vieilleville*)	315
Marie Stuart (*Brantôme*)	327
Les Guises (*Jean Michiel*)	336
La France menacée par l'Espagne, et parti espagnol en France (*Michel Suriano*)	339

TABLE DES MATIÈRES

	Pages.
Massacre de Vassy....................................	340
I. Récit extrait des Mémoires de Condé............	341
II. Lettre du duc de Guise........................	353
Assassinat du duc de Guise (*Etienne Pasquier*)............	358
Le connétable de Montmorency (*Brantôme*)................	364
La Saint-Barthélemy :	
I. Récit de Henri III à Miron....................	371
II. Lettre de Catherine de Médicis à M. du Ferrier....	383
III. Récit de Davila..............................	387
IV. Récit de d'Aubigné...........................	395
V. Récit du maréchal de Tavannes.................	407
VI. Ce qui arriva au jeune duc de la Force à la Saint-Barthélemy...............................	421
VII. Récit de Marguerite de Valois..................	433
Le chancelier de l'Hôpital (*Brantôme*)....................	440
La Ligue (*De Thou*)....................................	456
Une levée de soldats, brigandages et pilleries (*Claude Haton*)..	458
Discours sur les causes de l'extrême cherté qui est aujourd'hui (1586) en France, et sur les moyens d'y remédier (attribué à du Haillan)	479

FIN DE LA TABLE DES MATIÈRES.

VERSAILLES, IMPRIMERIE CERF ET FILS, RUE DUPLESSIS, 59.

MÊME LIBRAIRIE

Vies des grands capitaines français du Moyen Age; par ALEXANDRE MAZAS. 7 vol. in-12 . . . . . . 14 00

On vend séparément, au prix de 2 francs l'un :

T. I. — *Matthieu de Montmorency et Gaucher de Châtillon.* 1 vol.
T. II. — *Bertrand du Guesclin.* 1 vol.
T. III. — *Olivier de Clisson et Jacques de la Marche.* 1 vol.
T. IV. — *Enguerrand de Coucy et Louis de Clermont.* 1 vol.
T. V. — *Le Meingre de Boucicaut.* 1 vol.
T. VI. — *Arthur de Bretagne.* 1 vol.
T. VII.— *Dunois.* 1 vol.

Sires (les) de Coucy, par CARLE LEDHUY. *Nouvelle édition.* 1 vol. in-12, avec gravures 1 25

Études germaniques, pour servir à l'histoire des Francs, par A.-F. OZANAM. *Quatrième édition.* 2 vol. in-8. 14 00
Le même ouvrage. 2 vol. in-12 . . . . 8 00

On vend séparément :

T. I. — *Les Germains avant le Christianisme.* 1 vol. in-8. . . . . 7 00
Le même ouvrage. 1 vol. in-12. . . . . . . 4 00
T. II. — *La Civilisation chrétienne chez les Francs.* 1 vol. in-8. . . . . 7 00
Le même ouvrage. 1 vol. in-12 . . . . . . 4 00

Royauté (la) française, par M. COQUILLE, rédacteur du Monde. 1 vol. in-8. . . . . 5 00

Histoire de France, par M. LAURENTIE. *Cinquième édition, revue, corrigée et augmentée.* 8 vol. in-12 . . . 28 00

Une Commune du département de l'Aisne : *Archon-Ogny,* brochure in-8 (tirée à un petit nombre d'exemplaires) 1 00

Typographie Lahure, rue de Fleurus, 9, à Paris.

www.ingramcontent.com/pod-product-compliance
Lightning Source LLC
Chambersburg PA
CBHW071615230426
43669CB00012B/1948